MONARQUÍA RECONDUCIDA
Modulaciones del dominio real en el ámbito eclesiástico,
Perú y Nueva España (siglo XVI al XVII)

Mazín Gómez, Óscar

Monarquía reconducida : modulaciones del dominio real en el ámbito eclesiástico, Perú y Nueva España (siglo XVI al XVII) / Mazín Gómez, Óscar/ Ruiz
Ibáñez, José Javier, pr. Cátedra "Felipe II", ed. Universidad de Valladolid, 2025

375 p. 18 cm. Colección "Síntesis" (Universidad de Valladolid. Catedra "Felipe II")
23

ISBN 978-84-1320-353-9

1. Iglesia y Estado -- Iglesia Católica. 2. Monarquía -- España -- Historia -- Siglo XVI-
XVII. 3. Reyes y soberanos -- España -- Historia -- Siglo XVI-XVII. 4. España --
Política y gobierno -- 1517-1700. 5. Nueva España -- Historia. 6. Perú -- Historia. I.
Valladolid: Universidad de Valladolid. Cátedra Felipe II

323.311.121(460):94(72+8)
94(72+8):323.311.121(460)
94(460).03
322(460)"15/16":272
272:322(460)"15/16"

CÁTEDRA «FELIPE II»

ÓSCAR MAZÍN

MONARQUÍA RECONDUCIDA
Modulaciones del dominio real en el ámbito eclesiástico,
Perú y Nueva España (siglo XVI al XVII)

PRÓLOGO DE JOSÉ JAVIER RUIZ IBÁÑEZ

COLECCIÓN «SÍNTESIS» XXIII

En conformidad con la política editorial de Ediciones Universidad de Valladolid (http://www.publicaciones.uva.es/), este libro ha superado una evaluación por pares de doble ciego realizada por revisores externos a la Universidad de Valladolid.

© ÓSCAR MAZÍN. VALLADOLID, 2025

© EDICIONES UNIVERSIDAD DE VALLADOLID

ISBN 978-84-1320-353-9

Dep. Legal: VA 497-2025

Preimpresión: Ediciones Universidad de Valladolid

Imprime: Safekat

Índice

Prólogo

De la iridiscencia del pasado, de la sabiduría de apreciarla y de cómo Óscar Mazín es capaz de iluminar de un solo trazo toda la historia de la Monarquía Hispánica.

El virtuoso zigurat asimétrico

Es difícil expresar con justicia lo emocionante que ha resultado contemplar la evolución del estudio de la historia de los mundos ibéricos en las últimas cuatro décadas. Los historiadores primero lograron emanciparse de una serie de marcos analíticos que encorsetaban la visión del pasado e hipotecaban la comprensión del ahora. La pesquisa sobre el pasado iba a ir mucho más allá, no contentándose los investigadores con rebatir una lectura que proyectaba sobre el pretérito la sombra del presente, sino asumiendo el riesgo y viviendo la aventura de hacer el esfuerzo de alzar una nueva fábrica. Sus contrafuertes no habrían de ser el presentismo, la ideología o unos marcos teóricos huecos y autorreferenciales, sino la más modesta investigación de base, la reflexión y el diálogo. Ha sido una operación realizada lejos del viejo Babel, o, al menos, se ha logrado esquivar la maldición bíblica, lo que no ha sido un logro menor considerando las condiciones de la construcción. El nuevo edificio historiográfico no ha caído en la tentación de afirmar que su obra habría de alcanzar el mismísimo cielo de la verdad histórica: sus alarifes, albañiles y carpinteros han sido muy conscientes de que su torre es una construcción provisional, contextual, imperfecta y nada simétrica y de que, en ella, sólo se alcanzará la altura de una certeza que siempre es visitada por su hermana, la duda científica. Es significativo que lo que acabó con la elevada torre veterotestamentaria haya sido la fuerza central de la renovación para la historia de los mundos ibéricos: la diversidad de voces. La multitud de tradiciones historiográficas, de lenguas, de metodologías, de ideas, de personas, de procedencias y de opiniones ha propiciado su construcción y le ha dado su forma peculiar de parecer una estructura tan contrahecha como eficaz. En este Babel tan peculiar la pluralidad no ha sido sinónimo de caos, desorden y confrontación, sino de todo lo contrario. Es más, se puede afirmar sin sonrojo que sólo esa diversidad podía superar unos retos que parecían invencibles hace unas décadas[1].

Salvo algunas excepciones notables, la visión que se podía tener de los mundos ibéricos hacia 1970 insistía en contemplarlos como un ámbito con muy poco interés, cuyas poblaciones se veían determinadas por su anclaje en la periferia de la historia. Su siglo de Oro cultural era admirable, cierto, pero no dejaba de ser la expresión de unas sociedades atónicas que representaban algo así como la fase superior de un feudalismo caduco y agonizante. Las visiones que se construían de ellos repetían cacofonías gastadas desde hacía uno o dos siglos. Según éstas, las raíces fundacionales del entramado que fundaron los dominios de los reyes de España y de Portugal explicaron su rápida emergencia, pero al mismo tiempo determinaban su agostamiento acelerado. Su matriz católica, mediterránea, romana y universalista habría de ser incompatible con las formas de modernidad que eclosionarían en el siglo XIX. El fracaso general, o al menos el retraso en su formación, de los estados herederos de las Monarquías Ibéricas a lo largo de Novecientos fueron invocadas pronto como pruebas irrefutables de las taras que los constituían.

La historia nacional, la visión autocentrada de la historia anglosajona o francesa, la concepción liberal del mundo, el estructuralismo

---

[1] La defensa de la pluralidad de la lengua como un elemento vertebrador necesario de una historiografía que sume todas las energías para comprender la historia de los Mundos Ibéricos evitando la colonización de la historiografía anglosajona y la consolidación de una jerarquía académica que se hace pasar por científica ha sido uno de los caballos de batalla de Óscar Mazín como demostró su organización en febrero de 2010 del *Coloquio Internacional. Escribir y Leer: Lengua, autoridad y plataforma tecnológica en Revistas de Historia* (México) y de la redacción de la declaración subsiguiente.

económico o demográfico y el folclorismo de una parte, sólo una parte, de los hispanistas y americanistas, incidieron en ver a los mundos ibéricos como una alteridad necesaria para sustentar sus propias afirmaciones portadoras de la luz y la modernidad. El periodo de dominio de los reyes de España y Portugal fue presentado como un tiempo en el que la soberanía había sido confiscada a los pueblos (entendidos como actores políticos y/o *nacionales*), como una vía opuesta al progreso, como un entramado incapaz de evolucionar y como una experiencia desarrollada en el sentido erróneo de la historia. La acumulación de estas visiones se declinaba de manera práctica para los historiadores en una serie de afirmaciones dogmáticas: incompatibilidad entre el estudio de territorios con especial hincapié en la cesura infinita entre los mundos europeos, americanos y asiáticos, falta de protagonismo de las poblaciones no ibéricas, naturaleza absoluta de un poder regio omnímodo y caprichoso, confusión entre la historia de la Corona y de la Monarquía, y carácter inmóvil y oscurantista de la sociedad. La historia de la Monarquía sería la de sus gobernantes y de los relatos construidos por o contra ellos. Respecto a la otra cara de esta moneda, la hagiográfica, también estuvo presente sobre todo después de 1898 e insistía un tanto más en el protagonismo múltiple de territorios (más que de personas), lo que hay que reconocer que era una vía más fértil, pero al dotarse de un sentido ideológico y trascendental supeditaba las acciones de las gentes a un gran designio y de esta forma esencializaba también el pasado.

No hace falta recordar aquí las principales etapas por las que una historia de los mundos ibéricos se abrió camino, ya se ha hecho en otros textos y baste con evocar sus grandes momentos: la influencia de la historiografía francesa e inglesa, el debate de la historia del Estado, la irrupción de la historia de la práctica, la interconexión de historiografías y la formulación de interpretaciones globales. Todo ello se conoce y está bien documentado. Lo que es muy interesante es que, frente a otros momentos historiográficos, estas transformaciones no obedecían a la hegemonía de ninguna escuela, a la recepción reverencial de los textos de un filósofo, politólogo, antropólogo o sociólogo en boga, ni, mucho menos, a los estímulos de prestigio y recursos que se pudieran dar por el reconocimiento de parte de las grandes instituciones de investigación y docencia de Estados Unidos, las Naciones Unidas o la Unión Europea. Si se trató, si se trata, de un gran proyecto no fue por ser definido por un ingeniero en un arcano despacho, sino por sumar el esfuerzo, la curiosidad, la ambición de saber, las errancias, las experiencias y las aspiraciones de un par de generaciones de historiadores que se atrevían a hacer preguntas que no se habían hecho, de seguir las pistas dadas por los archivos, de romper los límites analíticos y territoriales y, sobre todo, de hablar entre ellos y hacerlo en todas sus lenguas.

Fue la experiencia del trabajo en documentos y en bibliotecas lo que llevó a los historiadores a formular pesquisas comunes y definir problemas cuya respuesta requería de la cooperación con sus pares pues desbordaban los límites de la historia nacional o de los temas canónicos[2].

En esa ocasión la pluralidad no fue una consecuencia de la renovación de la historia, fue su causa. La diversidad de lenguajes y el diálogo a través de ellos hizo surgir interrogantes comunes. Esos lenguajes podían ser historiográficos, de tradiciones, de ideología o de credo, así que nada garantizaba que su coincidencia no escribiera un episodio de confrontación y competición, un círculo vicioso de desafección que enterrara antes siquiera de apilar los ladrillos en sus propios cimientos la posibilidad de edificar una reflexión común y diversa. Si no fue así fue por haber tenido la inmensa fortuna de contarse con maestros de taller que pudieron coordinar a historiadores que procedían de múltiples países, que entendían el mismo idioma, el de la historia, hablando en muchas lenguas, y que tenían la misma pasión por ella. En ese momento clave emergió un tipo de historiador que no se dejaba impresionar por los grandes lugares, que se negaba a jerarquizar a sus colegas

---

[2] Se remite aquí al capítulo correspondiente contenido en el texto realizado por Óscar Mazín junto al autor de estas líneas, en la *Historia mínima de los mundos ibéricos*, Ciudad de México, El Colegio de México, 2021. Para no ocupar más espacio en este prólogo remito a mis referencias sobre ese instante historiográfico en "La irrupción de una historia de los mundos ibéricos como tiempo de creación histórica", en Antonio Álvarez-Ossorio Alvariño, Cristina Bravo Lozano y Roberto Quirós Rosado (eds.), *Bifronte imperio de dos mundos. La monarquía de Carlos II en Europa y América*, Madrid-Frankfurt, Iberoamericana-Vervuert, 2025, pp. 67-88.

dependiendo de su procedencia, que se dejaba sorprender por las ideas de sus compañeros de trabajo, que gracias a la sabia humildad no caía en la fácil tentación de pretender ser algo más que un hacedor de historia, que estaba dispuesto a aprender, a mejorar, a leer a los colegas en sus propios idiomas, y que no habría de ahorrar desvelos para conectar el esfuerzo de los demás. Fueron estos historiadores los que, con su acción y con su ejemplo, más que con retóricas, derrumbaron los muros que frenaban la pesquisa histórica y protagonizaron, seguramente sin pretenderlo, una verdadera, y verdaderamente hermosa, revolución científica. Entre los más grandes de ellos está Óscar Adolfo Mazín Gómez, historiador mexicano y autor del libro que tienes en tus manos, estimado lector.

Nacido un doce de septiembre, dato nada desdeñable todo hay que decir, el profesor Mazín Gómez encarna muchos de los principios más nobles de lo que es un historiador, quizá por abarcar su experiencia profesional muchos más campos. Su recorrido ha sido largo y rico en anécdotas y espacios, y va desde hacer de chófer para Robert Brady, cuya maravillosa casa aún se puede ver en Cuernavaca, pasando por ir a buscar al aeropuerto y servir cócteles a Joséphine Baker, hasta trabajar de periodista y desentrañar los misterios de las ciudades. Pero, para suerte de la historia, ésta llamaba con demasiada fuerza a las puertas de la vocación de Mazín. Pronto, armado con muchas más experiencias de las que caben en estas páginas, se lanzó con sus armas a desentrañar el pasado, pero sin olvidar todo lo que había ya aprendido en el Valle de Chalco, en la Ciudad de México y en Cuernavaca. Lejos de ser cerrado, su carácter es proteico y su curiosidad le ha hecho, y le hace, desconfiar de los marcos teóricos y de las verdades paradigmáticas que imponen una perspectiva, una sola forma de ver la historia y una disciplina analítica. Sus años de formación en la Universidad Iberoamericana y el magisterio de Jorge López Moctezuma Cumming S.J. (1927-2007) le vacunaron contra una historia estructuralista que, elevada a canon por los menos ingeniosos de sus hacedores, dominaba el mundo académico mexicano. La pasión, nada servil, hacia la historia erudita hizo que los horizontes de aprendizaje del joven Mazín no se restringieran, sin menospreciarlas, al estudio de las haciendas o de la demografía. El mundo de los ochenta era grande, era muy grande, y él no tenía ninguna intención de perdérselo para satisfacer las verdades históricas o los "conceptos elementales" que otros formulaban y no pocos querían imponer.

Sus pasos le llevaron a estudiar en El Colegio de Michoacán, en una Zamora donde fluye optimista un río Duero que no desemboca en el Atlántico. En esos años de formación coincidió con otros historiadores que habrían de ser amigos y maestros, maestros y amigos, y que le acompañarían en la senda de sus días, y esa es una de las cualidades que hacen a nuestro autor tan especial. Quién conoce a Óscar Mazín sabe que es de una naturaleza singular que hace a las gentes de su entorno ver en él el reflejo de lo mejor de ellos mismos. La modestia, la generosidad, la curiosidad y una nada fingida inocencia aplastan cualquier reserva o discrepancia que se pudiera tener y convierten sin esfuerzo a sus colegas en sus amigos, trazando un poderoso lazo de fraternidad. La admiración, tan generalizada como justa, de unos, y la abierta devoción de otros hacia su trabajo, su sentido común y su amor a la historia es el pilar sobre el que se ha asentado su capacidad por transformar la historiografía, por liderar sin querer liderar. No me arriesgo a evocar aquí el nombre de sus amigos y discípulos por miedo a ganar yo enemigos por olvidar a los más… lo que sucedería pese a que ocupara en ello un par de decenas de páginas.

No hay que ver en el devenir de nuestro autor la plasmación de un plan maestro, sino el viaje caótico de alguien que responde a sus propias inquietudes, aunque las armas con las que embarcó en su Argos eran muy sólidas. Algo fundamental a recordar es que en el corazón de la formación de Mazín está la devoción al archivo; y lo está tanto que ordenar depósitos documentales catedralicios ha sido una de sus obsesiones con la que ha desfilado por Morelia, la ciudad de México y San Cristóbal de las Casas. Ir al archivo es hablar con las sombras del pasado, interrogarlas lo que destruye los *a prioris* del historiador, así que enormes eran los campos que se le abrían.

A principios de la década de 1990 París era un centro decisivo para los historiadores de los mundos ibéricos, mucho más que las universidades anglosajonas. En la École des Hautes Études en Sciences Sociales coincidían doctorandos y profesores del mundo iberoparlante y dialogaban con los brillantes académicos franceses. Allí hizo Mazín su tesis de doctorado sobre el obispado de Michoacán bajo la dirección de Jean-Pierre Berthe, quien no dejó de espolearle a acabarla, pues cuando la defendiera "Il sera toujours trop tard". Buen consejo éste para cualquier doctorando. En todo caso, una vez alcanzado el grado de doctor, la historiografía mexicana y la de los mundos ibéricos en general tuvo la enorme suerte que Mazín no fuera reclutado, pese a sus intentos de ese momento, en la universidad francesa y que tuviera que volver a su patria.

Las riquezas acumuladas en las alforjas de la vida de Mazín le habían preparado para, sin pretenderlo, ser un vector de modernización historiográfica. No sólo se había formado en la historiografía mexicana y mexicanista francesa, y no sólo era ya reconocido como uno de los más importantes historiadores de la Iglesia en el mundo virreinal[3], sino que su formación le había abierto otros caminos. Desde muy pronto el autor de este volumen sintió una profunda fascinación por la obra de John H. Elliott y eso le puso en contacto con una historiografía que, desde hacia dos o tres décadas, estaba confrontando el estudio de lo político sin complejos y sin asumir que se tratara de una superestructura pintoresca. Al no tener los condicionantes de la historia nacional ni del estructuralismo plano, Mazín era lo suficientemente libre para poder integrar las diversas tradiciones (inglesa, francesa, mexicana...) en las que se había movido en una propuesta historiográfica propia. Su inteligencia sobresaliente, su

---

[3] Se pueden recordar algunos de sus trabajos sobre el mundo del primer orden en las Indias como son *El cabildo catedral de Valladolid de Michoacán*, Zamora, El Colegio de Michoacán, 1996; "Cristianización de las Indias: algunas diferencias entre la Nueva España y el Perú", *Historias*, n°.72, 2009 pp.75-90; "Clero secular y orden social en la Nueva España de los siglos XVI y XVII", en Margarita Menegus, Francisco Morales, Óscar Mazín, *La secularización de las doctrinas de indios en la Nueva España*, México, UNAM, Instituto de Investigaciones sobre la Universidad y la Educación, 2009, pp. 139-202; "Una jerarquía hispánica. Los obispos de la Nueva España", en Víctor Gayol, *Formas de gobierno en México. Poder político y actores sociales a través del tiempo*, Zamora, El Colegio de Michoacán, vol. I, 2012, pp. 121-142; la edición de *La Iglesia y el Centro-Occidente de México. De la singularidad a la universalidad a través de 'Relaciones'. Estudios de Historia y Sociedad*, Zamora, El Colegio de Michoacán, 2014; o "Alarde de Monarquía: las diócesis del Cuzco y Michoacán en 1650", en Francisco Javier Cervantes Bello y María del Pilar Martínez López-Cano (coords.), *La iglesia en la construcción de los espacios urbanos, siglos XVI al XVIII*, México, Universidad Nacional Autónoma de México-Benemérita Universidad Autónoma de Puebla, 2019, pp. 297-338.

dominio de los idiomas, sus experiencias universitarias, su innegable encanto, sus contactos y su don de gentes le hizo rápidamente moverse entre espacios académicos plurales, violentando los límites de unas especialidades caducas ya para ese momento y que seguían sosteniendo, en ocasiones por razones extracadémicas, la separación entre los campos de estudio que visitaban el pasado a ambos del Océano.

Mazín tenía las ideas, estaba encontrando a sus interlocutores y pronto tendría el espacio de actuación. Su mente ordenada hizo que tanto en El Colegio de Michoacán como después en El Colegio de México a la hora de satisfacer funciones académicas le tocara, más que coordinar o dirigir Centros, encargarse de las revistas. En ese ámbito, nuestro historiador mexicano, acostumbrado a hacer talacha, se sentía más a gusto, aunque el trabajo resultara abrumador y a veces ingrato. Primero en *Relaciones* y después en *Historia Mexicana* (que dirigió tanto tiempo que las lenguas venenosas empezaron a definir como *Historia Maziniana*) imprimió un sello muy personal que hacía dialogar a una historiografía cuyas bases ya se definían en el objeto del pasado y no en los arcanos políticos y administrativos del presente. El primer paso, que habría de ser decisivo, fue el famoso volumen número 73 de 1998 de la primera revista, un monográfico sobre el conjunto de las élites de los dominios del rey de España. Sin necesidad de explicitar un proyecto analítico global, Mazín acababa de sembrar las bases de una renovación historiográfica clave y lo hacía a la vez que otros historiadores (Vincent, Bennassar, Gruzinski, Elliott…) estaban preparando libros que recorrían el mismo camino.

Mientras continuaba con sus estudios de archivo a ras de suelo, hacía tiempo que Mazín también aceptó el reto de mirar desde arriba. Sus libros sobre el conjunto de los dominios americanos del rey de España fueron algo mucho más que un ejercicio de síntesis, fueron una proeza al hacer inteligible tantas historiografías y puntos de vista interpretando en conjunto ese mundo. Óscar Adolfo destruía de un plumazo así varias cosas: no sólo la separación de especialidades o las jerarquías analíticas asumidas, sino también la inútil cesura entre el historiador de archivo, que sigue yendo al archivo y lo disfruta, y quienes hacen las grandes interpretaciones… y todo ello desde México, sin buscar la complacencia o tolerancia de los grandes centros historiográficos[4].

Por sus cualidades científicas y humanas era lógico que Mazín estuviera en la fundación misma de Red Columnaria en 2004 junto a Gaetano Sabatini, Ana Díaz Serrano y Pedro Cardim. En torno a él se juntó un grupo de historiadores formidables en lo que fue el primer nodo establecido en México: Alicia Azuela, Nelly Sigaut, Víctor Gayol, y los tan pronto como cruelmente ausentes Bernardo García Martínez, Juan Pedro Viqueira Alban y Juan Carlos Ruiz Guadalajara. A ellos se sumarían con los años las incorporaciones de Gibrán Bautista y Lugo, Lidia Gómez, Juana Salas, mi madrina Erika Pani… y toda una nueva generación de investigadores mexicanos, colombianos y chilenos insultantemente jóvenes y brillantes.

La centralidad de este nodo quedó de manifiesto con la participación de los integrantes del grupo en las actividades de la Red. Desde México se empezaron a tomar más y más iniciativas y pronto algunos elementos centrales de Columnaria procedían de sus propuestas y patrimonio: baste pensar en el cuadro de la Inmaculada Concepción conservado

---

[4] Es muy de destacar la voluntad de nuestro autor por hacer o editar libros de interpretación global y no de simple reiteración de datos, una práctica que debería ser visitada por más académicos pues fuerza a una apertura de mentes y exige un mayor nivel de dominio de la información. Algunos de estos trabajos son reconocidos como decisivos, y tal es el caso de, junto a Carmen Val Julián, *En torno a la Conquista, une anthologie*, París, École Normale Supérieure de Fontenay-Saint Cloud y Ellipses, 1995; *Iberoamérica. Del Descubrimiento a la Independencia*, México, El Colegio de México, 2007; junto con Hausberger Bernd, "Nueva España, los años de autonomía", en Bernardo García Martínez, (dir.), *Nueva Historia General de México*, México, El Colegio de México, 2010, pp. 263-28; la edición de *Las representaciones del poder en las sociedades hispánicas*, México, El Colegio de México, 2012; junto al autor de este prólogo, *Las Indias Occidentales. Procesos de incorporación territorial a las Monarquías Ibéricas*, México, El Colegio de México, 2012 o junto a Gibrán Bautista y Lugo (eds.), *El espejo de las Indias Occidentales*, México, El Colegio de México, UNAM (Instituto de Investigaciones Históricas), Red Columnaria, 2023. También se pueden recordar sus trabajos sobre patrimonio, como son las ediciones junto a Ana Díaz Serrano y el autor de este prólogo, de *Alardes de armas y festividades: valoración e identificación de elementos de patrimonio artístico*, Murcia, Editum, 2008 y, de *Permanencias y Huellas. Comprender un mundo global en la identificación del patrimonio*, Murcia, Editum, 2012.

en la iglesia de San Francisco Acatepec en San Pedro Cholula, cuya restauración y salvaguarda fue sostenida por el grupo liderado por la doctora Lidia Gómez. El liderazgo en la renovación de la historiografía del nodo de Mazín quedó claro en la organización de tres *Jornadas Internacionales de Historia de los Mundos Ibéricos*[5]… y eso sólo es el principio, más aún cuando de ese nodo está surgiendo una lluvia de Perseidas en forma de nuevos grupos y nodos.

No deja de ser elocuente que el liderazgo efectivo lo ejerza quien no lo pretende, ni que el reconocimiento vaya a quien no lo busca por no necesitarlo. En el último cuarto de siglo el profesor Mazín ha dirigido tesis, ha estado en jurados y ha participado en un sinfín de coloquios, conferencias y congresos, pero, sobre todo y por eso ha sido tan eficaz en todo, ha seguido teniendo como objetivo hacer historia, confrontar aquellos fenómenos que quería comprender, orientando su pesquisa a resolver aquello que le inquietaba a él. Dicho de otra forma, la historia ha seguido siendo una aventura personal que ha buscado resolver mediante el recurso al archivo. Las buenas ideas florecen de la pasión, por mucho que ésta no resulte *à la mode* o no tenga el aplauso inicial de la masa, y esa pasión sólo puede fluir de la libertad, pues es la ruta para esquivar la cacofonía de los lugares comunes y de las hegemonías intelectuales que en realidad son cárceles.

Óscar ha ampliado su inquietud de forma constante, manteniendo una profunda relación de profundo amor con la Ciudad de México, eso que los turistas poco avisados llaman el Centro Histórico. Pocos placeres habrá en este mundo mejores para un historiador que recorrer sus calles con el maestro Mazín, aprender de él sus rincones y colores, visitar sus iglesias, barrios y alamedas. A ella, a sus historias y a sus piedras, ha dedicado trabajos tan eruditos como entrañables, sin por ello dejar de

---

[5] Se trata de las Jornadas de 2007: "Las Indias Occidentales: procesos de integración territorial (siglos XVI-XIX)", Ciudad de México; 2019: "El espejo de las Indias Occidentales. Iberoamérica en la historia global", Ciudad de México, y 2022: "Las Monarquías Ibéricas: una mirada desde la historia ambiental".

preguntarse, y de hacer que los demás lo hagan, qué significaba esta ciudad para el mundo, y qué el mundo para la ciudad[6].

En sus peripecias nuestro autor se encontró algún día con don García de Avellaneda y Haro, un personaje peculiar, parece ser. Gobernador y presidente del Consejo de Indias, virrey de Nápoles y presidente del Consejo de Castilla, quien se ha convertido en su compañero de viaje. Sin prisa, sin pausa y sin angustia, Óscar viene trabajando sobre este Conde de Castrillo desde hace ya más de una década y media y todos esperan con justicia el trabajo definitivo que vendrá. Su investigación hace avanzar, sin pretenderlo pero sin evitarlo, algunas de las líneas de reflexión que son medulares en la nueva forma de pensar cómo funcionó el mundo moderno y las personas que lo habitaron. Esta investigación ya ha presentado algunos avances, pero la máquina que traerá seguro que ilumina, una vez más el pasado y hace sencillas y evidentes muchas de lo que a los demás se nos antojan sombras inaprehensibles.

Para poder tomarse en serio su trabajo, el historiador debería de prevenirse de tomarse demasiado en serio a sí mismo, sobre todo para evitar convertirse en un personaje de parodia. Óscar Mazín es uno de los académicos que mejor ilustra ese principio. Su historia es una historia incompleta, su dominio del archivo le permite imaginar lo que saber no puede. La conciencia de la perfectibilidad de sus certezas le hace evitar el uso de afirmaciones categóricas o de dar un valor mecánico a la histórica. Su historia está lejos de ser una poción que libera automáticamente a quien la consume y lo hace mediante el empleo de reglas estrictas. Su historia va mucho más allá, es mucho más modesta e infinitamente más ambiciosa, pues es en su realización misma, en el recurso a la duda y a la especulación, donde la persona se puede emancipar de las verdades impuestas y heredadas por una historia nacional esencial o de la asunción dogmática de los colectivos como actor histórico, y, al pensar por sí

---

[6] Un amor expresado en una serie de trabajos como junto a Francisco Pérez de Salazar, *El edificio sede de la Academia Mexicana de la Historia, una fachada del siglo XVIII. Historia y propuesta de restauración*, México, Academia Mexicana de la Historia, 2019; junto a Andrés Lira González (eds.), *La Ciudad de México en sus Barrios. San Juan Moyotla y la Academia Mexicana de la Historia*, México, Academia Mexicana de la Historia, Correspondiente a la Real de Madrid, 2023.

mismo, ser libre…, y éste no es pequeño premio, por cierto, para quien recurre a ese bálsamo de Fierabrás que es el conocimiento científico. La fortaleza científica de nuestro admirado colega proviene de su compromiso irrenunciable con la búsqueda del conocimiento, pero también de la conciencia de que este lleva a la incerteza y de que aquella siempre alimentará a la curiosidad. No es casual que esta solidez nazca de su convicción profunda y de su esperanza pétrea, compartida absolutamente por quien escribe estas torpes páginas, que la Verdad sí es alcanzable, pero no en este mundo, así que en él toca ser libres y para poder serlo, no se puede dejar esa búsqueda.

De Nueva España al Perú pasando por Madrid, Nápoles, El Perú y Nueva España

La lectura de este volumen es una invitación a recorrer múltiples etapas y en ellas comprender la historia de la Monarquía Hispánica de forma tan novedosa como originada en los saberes atesorados en las últimas generaciones. La primera lección que se puede aprender en este libro es hacer historia sin caer en la solemnidad, la pesadez, el dogmatismo, la suficiencia, la ideología o la ñoñería, algunas de las más poderosas sirenas que pueden desviar el rumbo del historiador. Mazín confronta problemas mayores de la historia de los mundos ibéricos usando artefactos analíticos que ya han visitado las páginas de otros historiadores, pero nuestro autor, cuyo dominio historiográfico es tan abrumador como conocido, no hace alarde de erudición inútil[7], ni reclama para sí haber descubierto el sílex. El estudio de los conflictos de jurisdicción, de la movilidad de modelos y personas, de la inserción de la Iglesia en la administración Monárquica, del peso de las tradiciones del Imperio Romano Cristiano y de la Edad Media en la

---

[7] El dominio de la historiografía por el doctor Mazín queda sobradamente clara en aportes decisivos como son *Una ventana al Mundo Hispánico. Ensayo bibliográfico*, México, El Colegio de México, 2006 y 2013; o "Historia en construcción: la historiografía de tema ibérico en México", en Ariel Guiance (dir.), *La influencia de la historiografía española en la producción americana*, Madrid, Instituto Universitario Simancas-Marcial Pons, 2011, pp. 77-114.

conformación de la Monarquía Hispánica en Indias, de la pluralidad de lecturas de la cultura política, del protagonismo de las élites locales, de las formas de patronazgo de la corte, de la diversidad de centros constitutivos del poder monárquico y de la articulación del poder local como fundamento de la autoridad regia... y tantos otros debates que han marcado los logros del conocimiento sobre los Mundos Ibéricos no sólo sustentan estas páginas, sino que avanzan en ellas al encontrar en sus líneas respuestas y propuestas originales que sobrepasan la simple reiteración.

El historiador parte del trabajo acumulado en la disciplina, pero no puede quedarse en él, debe ir más allá. Es muy difícil que un académico hubiera podido aproximarse a la historia de los dos virreinatos americanos de manera tan brillante si no hubiera contado con la formación y la curiosidad de nuestro autor. Su diálogo con las especialidades declinadas en el párrafo anterior va mucho más allá de la lectura-saqueo de ideas o datos tan presente desde que se ha perdido el gusto por entender los libros en conjunto. La comprensión de las propuestas con las que dialoga Mazín desborda la vulgar práctica de censar su existencia. En rumbos distintos a ese, nuestro autor entiende el sentido de estos ejes de innovación tanto en el devenir intelectual de quienes las comentaron como en el aporte que trajeron al conocimiento en general. Desde esa lectura fina, y casi diría que entrañable, de los textos que han abandonado la repetición de la historia de América o del Imperio hispánico, se puede incorporar a la propia reflexión aquellos elementos con los que se concuerda, criticar con los que se disiente y usarlos como ladrillos para hacer el propio edificio[8].

Sin las patéticas estridencias pueriles de alguien que quiera ser visto como un *enfant terrible* o de quien se atribuye un cargo honorable en el Santo Oficio de los historiadores, en el libro que prologamos se

---

[8] Con Juan Francisco Pardo Molero se ha editado un volumen sobre las principales metodologías que han renovado la historia de los mundos ibéricos. Precisamente en ese libro se incluye un estudio señero de Óscar Mazín que está en la genealogía del presente libro: "Culto y territorio en la integración de la monarquía indiana, dos estudios de caso", *Los mundos ibéricos como horizonte metodológico. Homenaje a Isabel Aguirre Landa*, Valencia, Tirant lo Blanc, 2021, pp. 131-164.

encuentran afirmaciones sólidas de adhesión a posturas historiográficas y rechazos. Mazín define de forma positiva su empresa sobre unos cimientos que él mismo cava y lo hace aceptando los elementos que juzga útiles y descartando esos otros con los que no concuerda. Esa elección historiográfica, consciente y generosa, le permite dominar desde el primer momento el sendero historiográfico que ha emprendido y que va a ser en la selección documental donde encuentre sus argumentos. El autor es consciente de lo que quiere saber y cómo lo quiere saber, y, ante lo infinito de la documentación consultable, opta por movilizar una información que considera que le puede aclarar sus pesquisas. Todo ello es provisional y voluntarioso, pero es provisional y voluntarioso por elección positiva. Mazín emprende el viaje a lo desconocido, hacia la comprensión de ese pasado intangible, sabiendo de sus carencias y de las carencias de la interpretación que producirá y es, precisamente por eso, que puede crear algo nuevo, iluminar la noche de la ignorancia y descorrer las cortinas que cegaban las ventanas de análisis de los mundos ibéricos.

El libro que tiene el lector en sus manos trata de cómo se articuló el poder en la Monarquía Hispánica y para saberlo estudia su práctica en los virreinatos americanos, Nueva España y Perú, en la segunda mitad del siglo XVI y principios del siglo XVII. Varios elementos rompen de entrada las interpretaciones tradicionales: se evita el análisis de uno de ellos de forma exclusiva, se evita confundirlos como un todo unitario, se evita reiterar el tan tedioso como estéril eco de reducir la conquista a un derbi hispano-indígena, se evita acumular juicios morales y, ya puestos, se evita reducir el pasado a la acción de grupos sociales máquina. Emancipado de falsos debates ideológicos e historiográficos, Mazín puede centrarse en su objeto y buscar la respuesta a un problema que él mismo define desde su experiencia como historiador, pero para encontrar esa respuesta habrá de movilizar todos los recursos que tiene disponibles. Lejos de volver a hollar eras trilladas nuestro autor emprende un viaje, se embarca en una aventura comprendiendo que sólo navegar es vivir y rompiendo así las jerarquías de la frase de Pompeyo el Grande

Formulado un poderoso objeto de análisis, Mazín debe buscar los pilares sobre los que sostendrá su respuesta. Nuestro autor parte de tres hipótesis fundadoras: el diferente peso de la acción efectiva de los virreyes de Perú y de Nueva España, la legitimidad de leer como un objeto común los dos virreinatos americanos y lo oportuno que es hacerlo desde la historia del patronato regio y la incorporación del clero como actor decisivo del gobierno. Puede que al lector le sorprenda, pero estas afirmaciones hubieran sido vistas como exóticas hace no tantos años; afortunadamente, la historia como disciplina ha evolucionado no sólo para hacerlas posibles, sino para encontrar el historiador que las confronte.

En lo que toca a la metodología aquí también se da un paso adelante. No voy a detenerme en recordar que toda historia es por definición comparada, pero no hay que leer este texto en el sentido vulgar y gastado del término. Este libro no contrapone un modelo frente a otro, ni hace un catastro de similitudes y diferencias o una comparación de un gobierno contra el otro. Tales esfuerzos se antojan inútiles al contener en su misma cimentación la esencialidad de los especímenes analizados. A Mazín Gómez le interesa cómo se define en la práctica una autoridad imperial y cómo semejante empresa se ve muy influida por las realidades sobre las que se construye. Perú y Nueva España son casos de una misma realidad, la Monarquía Hispánica, no realidades contrapuestas insertas en ella: verificar en ambas su extensión, su evolución y las representaciones, los agentes que la condicionan[9] y su

---

[9] Sobre los actores que hicieron el mundo ibérico y su protagonismo y circulación nuestro autor ha abierto caminos y es, como en otros ámbitos, autoridad reconocida. Me basta recordar para sostener esa afirmación su magistral *Gestores de la Real justicia. Procuradores y agentes de las catedrales hispanas nuevas en la corte de Madrid*, México, El Colegio de México, 2007 y 2017; pero también "Architect of the New World: Juan de Solórzano Pereyra and the Status of the Americas", en Pedro Cardim, Tamar Herzog, Gaetano Sabatini et. al. (eds.), *Polycentric Monarchies. How did Early Modern Spain and Portugal Achieve and Maintain a Global Hegemony?* Sussex, Cham-Sussex, Sussex University Press, 2012, pp. 27-42; «Entre Dos Majestades». Orden social y reformas en la Nueva España borbónica. Pedro Anselmo Sánchez de Tagle, obispo de la provincia y diócesis de Michoacán (1758-1772)", en Martha Eugenia García Ugarte, (coord.), *Ilustración Católica. Ministerio*

misma materialidad, permite al historiador hacer visible los trazos, en claroscuro o sutiles, que la dibujaron con mayor o menor frecuencia dependiendo de la realidad local. Esta metodología incorpora múltiples virtudes, valida muchas intuiciones ya formuladas y destierra la tentación de trazar una interpretación común que diluya en un relato estructural ajeno al objeto la realidad local y a sus protagonistas. En otras palabras, historia un pasado histórico y permite comprender en su conjunto, por hacerlo desde su singularidad, lo que supuso el poder imperial español.

Un punto de partida ilumina el problema que confronta este libro: la fragilidad tradicional de la posición de los virreyes en México frente a Lima, sobre todo ante el peso político del alto clero en el virreinato septentrional. Toca explicar esta diferencia a sabiendas que había tantas cosas compartidas y que ambos virreyes servían al mismo señor. No se olvida en el libro que sobre ambos territorios se desplegó una común cultura política y administrativa, tan común que circulaba a través de la correspondencia con un mismo rey y un mismo Consejo de las Indias, y que incluso fue esgrimida por las mismas personas en ambos espacios cuando se trasladaban de una corona a otra para ocupar virreinatos, obispados o puestos de defensa y justicia. Los elementos comunes, pero no iguales, incluyen también la experiencia de la conquista, la cooperación con las élites indígenas, los debates sobre la humanidad de los indios y las tensiones que trajo el deseo de la Corona de afirmar su superioridad en dos campos coadyuvantes que debían expresarla: la exclusividad del patronato regio, frente a Roma y al propio clero, y la aplicación efectiva de la voluntad soberana exigida en el cumplimiento efectivo de las Leyes de protección a sus súbditos indios y de contención del surgimiento de señoríos hereditarios.

Similares pero diferentes eran estos reinos, pues el autor vislumbra dos poderosos matices en el origen de los virreinatos siameses. El primero es la geografía que se impuso mucho más compacta en una Nueva España contrapuesta al archipiélago de valles que fue Perú. La

episcopal y episcopado en México (1758-1829), México, UNAM, Instituto de Investigaciones Sociales, 2018, pp. 417-452.

segunda es la propia evolución histórica previa al asentamiento de la autoridad del César Carlos. El gobierno Inca, lejos de cualquier Arcadia idílica o de un ilusorio socialismo andino, ya había desarrollado potentes mecanismos de centralización del territorio y reforzado una verticalidad administrativa que ubicaba en su élite gobernante cuzqueña una formidable autoridad; mientras, la Triple Alianza nunca llegó a controlar el conjunto de los espacios agrarios del Centro de lo que habría de ser Nueva España y el dominio que ejerció sobre los que sí reconocían su superioridad fue siempre indirecto.

A esos antecedentes se añadían otras experiencias que iban a pesar mucho, que eran más recientes y habían nacido del proceso de integración violenta en la Monarquía. Cierto, las Nuevas Castilla y España habían sido el resultado de unas conquistas en las que los agentes de Carlos V lograron establecer sólidos lazos de alianza con un parte de la élite india, pero hubo otros conflictos. Cortés luchó una rápida y exitosa guerra civil contra la fuerza enviada por el entramado administrativo del Caribe logrando así convertirse en el único interlocutor con la Corona, pero lo que sucedió en Perú fue mucho más complejo. Casi desde el mismo momento en que quedó clara la imposibilidad de resistencia exitosa por parte de la élite inca, las diversas facciones españolas entraron en guerra dando lugar a un conflicto interminable al que añadió mucha pólvora la aplicación de las Leyes Nuevas. La victoria final de la administración real significó un segundo tiempo en el que se volvió a dar por el rey la confirmación de los estatutos sociales adquiridos, un beneplácito que pasaba, frente a la sospecha de traición, por el reconocimiento de una superioridad regia incontestable, identificable en sus vehículos administrativos y centralizada en la figura del virrey.

Este tipo de conflicto, en su extensión y duración, no estuvo presente en Nueva España pese a los perennes choques jurisdiccionales, el malestar de los beneméritos o la conspiración de Martín Cortés. El virrey de México era, sí, el representante del rey, pero muchas otras entidades, desde ciudades a comerciantes, oidores de las audiencias, órdenes religiosas, nobles indios, obispos o encomenderes podían reclamar, y así lo hicieron hasta la saciedad, la autonomía de una posición político-administrativa que había sido bendecida por el rey-emperador antes del mismo establecimiento del sistema virreinal. Esta intimidad con el soberano permitía una oposición a las decisiones contingentes del alter ego del soberano mucho menos dramática y alejada en general de sombras de deslealtad. Salvo para los torpes que participaron en el motín del marqués del Valle de Oaxaca, los demás podían presentar su resistencia como obediencia, sin el temor de ser tachados de felones o sindicados.

Las coronas gemelas de Perú y Nueva España sin duda compartían placenta, pero también habrían de mostrar un carácter distinto. Explicar por qué, cuándo, cómo y quién lo expresó es un desafío historiográfico mayor. No cometeré el exceso de intentar adelantar en estas breves páginas los logros documentales, analíticos o críticos de nuestro autor. Simplificarlos sería degradarlos y robar al lector el privilegio de acompañar al doctor Mazín en un viaje de conocimiento que es, al mismo tiempo, un ejercicio magistral de cómo hacer historia, de cómo definir un problema, de cómo identificar las vías de su resolución y de cómo generar una explicación cuya utilidad sobrepasa con creces el ámbito particular de estudio. Todo ello además circulando en una redacción muy elegante, enormemente erudita, amable y asequible que nos recuerda que no sólo estamos ante un historiador de primera, sino ante un escritor tan fino que permite resolver los grandes asuntos sin recurrir a los artificios, a las astracanadas o a los aspavientos tan frecuentes en quienes tienen poco que decir.

Permítaseme, eso sí, glosar el título de este libro, pues en él se enconde la promesa de las potencialidades interpretativas que después, generoso, el autor cumple en buena hora. Las palabras centrales sobre la Monarquía y las formas del poder real, "reconducida" y "modulaciones", son una declaración de intenciones historiográfica fuerte y valiente. "Reconducida" hace alusión a la mutabilidad de la articulación de la autoridad real, fracturando así la imagen tradicional de un poder monolítico, estéril o inmóvil…, si es reconducible el poder imperial es capaz de evolucionar, lo que plantea una serie de interrogantes que serán enfrentados en el texto; cómo, quién, hasta dónde y por qué se genera esa evolución y tal adaptación a la realidad, pudiendo avanzar aquí que, puesto el foco en los reinos americanos, estas preguntas no han de tener una solución puramente ibérica o cortesana. Dicho en otros términos, asumir este punto de vista implica reconocer un alto nivel de protagonismo de las gentes y reinos de las Indias y no sólo en su propio devenir, sino en la definición misma de lo que fue el entramado imperial. Así, los virreinatos no son una vía muerta o el eco de una lejana voz madrileña, ni tampoco un ente exótico que sólo se dignifica por las imágenes que registran de él los ojos de un viajero berlinés llamado Alexander. Las coronas de Indias fueron la expresión de un mundo en continuo cambio, capaz de adaptarse hasta agotar el modelo que construían, y, por lo tanto, su análisis permite entender el cosmos del que forman parte, su historia es propia, pero también es sintomática de una realidad plural, en su propio devenir se redefine, una y otra vez, el conjunto del que, por insistir en la metáfora paulina, fueron parte tan digna como cualquier otra.

Sumar la evolución con "modulaciones" ahonda en lo anterior, lo policroma y refuerza la apuesta científica de la propuesta de un pensamiento histórico basado en el estudio de las experiencias. Los mundos ibéricos y las monarquías que los integraron al ser la suma de múltiples protagonistas dieron lugar a diversas realidades que se amoldaban a la realidad y la reconstruían con resultados diferentes. No se trató del resultado de un intento programático o de una planificación exógena, sino que fue consecuencia de lo que era posible, de proyectos e intereses enfrentados y de la interacción de múltiples actores y situaciones. En la declinación de cómo se debía gobernar cada territorio, unos modos y unas formas resultaron más correctas sobre un espacio y otras en otro; esas "formas" no eran modelos políticos distintos, sino interpretaciones que se realizaban dentro de los límites de los marcos jurídicos, administrativos y culturales compartidos. Esto implicó la generación de una sabiduría de gobierno que ponía en valor la acción de los hombres "pláticos", de aquellos que contaban con experiencia sobre ese dominio concreto. Los contextos, los actores, las memorias… todo ello contribuía a definir las prácticas aceptables y los límites de lo posible. Se trataba de matices, pero éstos eran decisivos para gestionar un gobierno con suficiente apoyo socio-institucional como para ser eficaz.

El lector de este volumen tendrá la suerte de comprobar cómo Óscar Adolfo Mazín Gómez hace posible esta historia de los matices que, en realidad, es la vía acertada de comprender, y no definir, cómo funciona un imperio. Los avances metodológicos de este libro son tan contundentes como la discreción, o casi diría la modestia, con que se presentan[10]. Los retos que genera para el estudio ulterior de una Monarquía a partir de sus territorios invitan a los investigadores, jóvenes y talludos, a verificar estas propuestas sobre otros espacios, otras realidades. Es una historia sobre personas concretas, que por más muertas que estén, aquí se les da vida como protagonistas de su tiempo.

No es ningún misterio que, gracias a su generosidad y gentileza más que a mis méritos, tenga el honor de contarme entre los amigos de Óscar Mazín. Llevamos colaborando muchos años y hemos realizado no pocas empresas comunes, a alguna de las cuales, por cierto, se ha sumado por puro aprecio a mi persona. Ambos en las solapas de nuestras chaquetas llevamos el escudo de Red Columnaria que diseñó nuestro querido Mario Canales, ambos compartimos muchas visiones de este mundo, de la historia y del otro, pero cada uno vive su propia aventura como historiador. Es emocionante compartir con el lector el sentimiento que se adquiere trabajando con Mazín de poder aprender fácilmente arcanos que parecían insondables y también apreciar con él el cariño y afecto hacia la historia que rezuman estas páginas.

Prologar este libro es un privilegio que agradezco a Alberto Marcos Martín por tres razones, la primera por permitirme agradecerle a él y su equipo la gestión de la Cátedra "Felipe II" durante estos años, la segunda para poder dialogar una vez más con mi hermano mexicano, y la tercera por, al hacerlo, aprender tanto y ver cómo muchas de las intuiciones y caminos que nuestra generación había imaginado él ya las ha confirmado y ya los ha recorrido, pero, más aún, por haber abierto nuevos senderos y haber tenido la generosidad de compartirlos.

---

[10] Algunos de ellos parecen ya presentes en "Hacia una historia comparada del Perú y la Nueva España: presupuestos desde la Iglesia y el orden social", en Alicia Mayer y José de la Puente Brunke (eds.), *Iglesia y sociedad en la Nueva España y el Perú*, Pamplona, Centro de Estudios Mexicanos-UNAM-España/ Instituto Riva-Agüero/ Pontificia Universidad Católica del Perú/ Monasterio de Irache, 2011, pp. 249-262.

Es lo que hacen los maestros y, más importante aún, es lo que define a las personas buenas.

Prefacio

La gratitud suele expresarse al final. Aquí lo hago al principio por una razón de peso. Sin la designación que el profesor Alberto Marcos Martín me hiciera como titular de la edición LIV de la Cátedra Felipe II, yo no habría escrito este libro. He tenido la oportunidad de hacer acopio de aprendizaje y de corroborar que, por ser acumulativo, el saber histórico permite alcanzar síntesis de temas sobre los que se ha trabajado durante décadas. Expreso, pues, mi gratitud y reconocimiento a todos los colegas y amigos que me han acompañado en esta afortunada instancia y ocasión[11].

Las páginas que siguen se desprenden de las dos conferencias que impartí en Valladolid en noviembre de 2023[12]. Su desarrollo ha dado lugar a este ensayo. En él hago propuestas acerca del proceso de reconducción del dominio real bajo Felipe II para consolidar la monarquía. Es un tema mayúsculo, de ahí que me atenga a un enfoque o perspectiva. He escogido el de la Iglesia y el orden social por ser predominante en mi experiencia profesional. ¿Cómo contribuye ese binomio a la comprensión de aquel proceso tanto en el Perú como en Nueva España? ¿Qué nos enseña?

Sabemos que la cristianización fue el principal sustento de legitimidad del dominio real. Presenta implicaciones más allá del marco

[11] La investigación subyacente a este relato ha sido realizada en el marco del proyecto "Hispanofilia V. Las formas de interacción con el mundo: cautiverio, violencia y representación". Referencia PID2021-122319NB-C21 financiado por Ministerio de Ciencia, Innovación y Universidades/AEI/10.13039/501100011033 y por FEDER, UE. También expreso mi gratitud a Carolina Abadía, Martha Atzín Bahena y Gibran Bautista y Lugo por su atenta lectura.
[12] Han dado lugar a mi artículo "Dominio real y patronato eclesiástico en las Indias Occidentales (siglos XVI-XVII)", *Autoctonía*, vol. 8, Núm. 2, (2024), pp. 959-1004.

formal jurídico del patronato eclesiástico del monarca. No suele suscitar un interés correspondiente a su importancia entre los estudiosos[13]. A causa de su trabazón con el orden social, el cristianismo constituyó un fenómeno complejo y versátil de integración cultural. Consecuentemente suscitaba usos y costumbres. Es decir, un sustento que hacía discurrir procedimientos y estrategias que las autoridades consideraron convenientes para reconducir el dominio del rey en cada latitud. Dicho de otra manera, en el ámbito eclesiástico la reconducción discernió modulaciones o variaciones de poder y autoridad que eran geográficamente diferenciadas. Su implementación exitosa hizo que los actores y órganos de gobierno las consagraran ulteriormente en la corte.

Dos de ellas han retenido mi atención en la medida en que redimensionaron el derecho del patronato eclesiástico del monarca. Cristalizaron entre las décadas de 1570 y 1590 en el Perú y la Nueva España. En seguida, experimentaron un proceso de normalización o regularización en las dos primeras décadas del siglo XVII. Como resultado, la autoridad del virrey fue reconfigurada en los Andes hasta hacerla preeminente para contener las tendencias a la disgregación. En el sentido de que la conducción del mandatario y de otras autoridades delegadas haría converger jurídicamente actores antagónicos como los cleros regular y secular. En la Nueva España, en cambio, compacta y centralizada, fue necesario hacer frente a crisis recurrentes de integración del reino. Suscitar consensos e instaurar equilibrios implicó validar la mediatización que el arzobispo de México imponía al virrey. Ahí se impuso la concertación por separado con los actores, en lugar de su convergencia.

Se comprenderá que discurrir, implementar y dar continuidad a esas modulaciones de dominio fue una empresa compleja. Supuso un basamento doctrinal en que confluían ambos derechos, moral, teología, historia y retórica. También concurrirían condiciones geográficas, sociales, económicas y religiosas que dieron al proceso su carácter diferenciado. Intervinieron, finalmente, circunstancias para normalizar y hacer persistir las modulaciones. En consecuencia, he organizado este relato en tres partes: en la primera, llamada "Fundamentos", expongo nociones

---

[13] Gálvez Martín, 2023.

de un sustento cultural común a la monarquía de España, así como elementos de él específicos del conjunto de las Indias del Nuevo Mundo. La segunda parte, "Reconducción", se refiere a la fragua de las dos modulaciones del dominio real en el plano eclesiástico. En lo concerniente al Perú me hago cargo de las acciones del virrey Francisco de Toledo en ese ámbito. Luego examino la situación en la Nueva España con la presencia sobresaliente del arzobispo Pedro Moya de Contreras y del noble más influyente del reino, don Luis de Velasco y Castilla. En "Pervivencias", tercera y última parte, me ocupo de la normalización de dichas modulaciones a causa de su buena fortuna. A regularizarlas y depurarlas contribuyó tanto la interacción de autoridades y corporaciones con la corte del rey, como la circulación de los virreyes en concomitancia con sus traslados de México a Lima.

Identificar y caracterizar el proceso hasta verificar su normalización ha implicado dotarme de instrumentos de análisis. Para hacer acopio de los testimonios más idóneos me pregunté por la política eclesiástica y religiosa de los virreyes del Perú, así como por el "episcopalismo" que mediatizaba a los mandatarios en la Nueva España. También traje a la memoria las similitudes y diferencias del proceso de cristianización en las Indias septentrionales y meridionales, o sea, las virtualidades del enfoque comparativo al que me he aproximado en algunos de mis trabajos.

En lo tocante a método, mi relato se atiene a tres propuestas correspondientes a cada una de las secciones. La primera sostiene que en la conformación local de la monarquía mediaba un sustento de saber antiguo. Lo que me previene para dejar de hacer de las edades históricas compartimentos estancos. Varios autores de los siglos XVI y XVII ponderaron la adscripción del conjunto de reinos y provincias de las Indias del Nuevo Mundo a esa matriz cultural que hoy nos parece tan remota (siglos VI a XV). Tengo la impresión de que ella pareció más relevante mientras mayor era la distancia a la corte del rey. Mi segunda propuesta establece que las modulaciones o variaciones del dominio real en el ámbito eclesiástico eluden el análisis formalista basado en las "instituciones". Este me resulta anacrónico y rígido al hacerme cargo del tenor local y diferenciado de la reconducción. Y es que intervenían condiciones geoestratégicas, situaciones de índole jurídica, religiosa y étnica que, al repercutir en el orden social, piden complejizar cualquier marco formal, como por ejemplo, el patronato real. Está, en tercer lugar, la propuesta que hace de la circulación un sedimento de índole cualitativa de la movilidad que está mediada por la agencia y la representación. De ahí que haya contribuido a normalizar ambas modulaciones como pautas probadas y duraderas.

Integrar un relato que aspira a la síntesis implica corroborar su verosimilitud por medio de la cronología y de una periodización que la justifica. En su momento lo expresó bien don Fernando Carrillo, presidente del Consejo de Indias (1617-1622) y miembro del Consejo de Estado

> Lo que en un tiempo no fue necesario, lícito o conveniente, en otro lo es por la exigencia o necesidad que obliga a poner nuevos remedios a nuevas necesidades[14].

Advierto dos etapas, una de elaboración o forja, la otra de normalización de las modulaciones de dominio. En esa secuencia, ¿Qué acontecimientos tanto de los reinos como de la corte ciñen la inteligencia de lo que aquí propongo? En un límite temporal remoto, correspondiente al origen de las modulaciones, para el Perú es especialmente relevante la visita "espiritual y secular" realizada en persona por el virrey Francisco de Toledo (1570-1575) y su influencia en la elaboración de la Real Ordenanza del Patronazgo de 1574. Para la Nueva España lo es la visita a ese reino del Lic. Jerónimo de Valderrama (1563-1565) y sus repercusiones en la Junta Magna de 1568; pero, sobre todo, que el Lic. Juan de Ovando, presidente del Consejo de Indias (1571-1575), percibiera que la mediatización de los virreyes por los arzobispos de México podía suscitar consensos y concertar equilibrios. Como aconteció en los años de 1580.

En la última década del reinado de Felipe II y primeros años del de su hijo, se dio la normalización (1589-1604). En ella intervino la presencia en Madrid del arzobispo de México como asesor de rey para las Indias (1587-1592), las adaptaciones del legado de don Francisco de Toledo que regularizaron la preeminencia del virrey del Perú (1583-1596) y la secuencia en el gobierno de ambas Indias Occidentales de tres

---

[14] Ruiz Ibáñez, 2022, vol. I, 46.

virreyes trasladados de México a Lima: don Luis de Velasco, don Gaspar de Zúñiga y Acevedo, quinto conde de Monterrey y don Juan de Mendoza y Luna, tercer marqués de Montesclaros (1589-1607). Para ambas sedes, el límite temporal inferior corresponde a la gestión de Velasco como presidente del Consejo de Indias (1611-1617). Fue entonces cuando los procesos de ambas latitudes confluyeron y consolidaron las modulaciones del dominio.

Ahora bien, esos límites cronológicos coinciden con lo que José Javier Ruiz Ibáñez ha llamado el "nudo temporal" de la hegemonía de España y su monarquía. Se entiende como un dominio efectivo relativamente bien delimitado y a escala planetaria. Efectivamente, a partir de las décadas de 1570 y 1580 tuvo lugar una reorientación clara y perceptible. "Se abría un tiempo nuevo, un tiempo de excepción con reglas propias". Ese tiempo de la hegemonía iba a resultar de la acumulación y simultaneidad de episodios de excepcionalidad en cada latitud, como los que aquí estudiamos. Y nada en esa época reforzaba tanto la imagen universalista de la monarquía como la adhesión militante a la fe del Rey Católico[15].

Sin embargo, las modulaciones de dominio perduraron más allá de ese nudo temporal. En "miradas al porvenir", epílogo de balance y prospectiva, explico que ellas adoptaron rasgos estructurales para la conservación de la monarquía, designio que sustituyó al de hegemonía confesional. Ahí advierto que el episcopalismo de la Nueva España dio lugar al nombramiento hasta de once prelados virreyes interinos (1584-1809) como recurso estabilizador del reino. También corroboro que la presencia en el Perú de tres prelados virreyes (1678-1724) no trastocó la preeminencia del virrey como figura de autoridad, sino que se adaptó a ella.

Tres grandes cuerpos o grupos documentales editados en el siglo XX se han revelado idóneos para mi procedimiento. Hasta ahora, solamente los había consultado para indagar en momentos o coyunturas específicas, pero no de manera seriada. Está, en primer lugar, el conjunto de instrucciones, memoriales y advertimientos de los virreyes del Perú y Nueva España recogidos entre 1976 y 1980 por Lewis Hanke y

---

[15] Ruiz Ibáñez, 2022,

publicados en sendos volúmenes de la Biblioteca de Autores Españoles, siete para el Perú y cinco para Nueva España. Vienen en seguida los 14 volúmenes de cartas y papeles del siglo XVI procedentes del Archivo General de Indias editados por Roberto Levillier bajo el título *Gobernantes del Perú* (1924-1926), sin olvidar la monumental historia de la Iglesia del Perú del padre Rubén Vargas Ugarte S.I. (1953-1959). El tercer cuerpo documental es el de los primeros trece volúmenes de la serie conocida como *Epistolario de Nueva España*, obra que reúne los testimonios que Francisco del Paso y Troncoso recopilara en Sevilla. Fueron publicados de manera póstuma en México por la Antigua Librería Robredo de José Porrúa e Hijos en 16 volúmenes (1939-1942).

Aun cuando es a menudo necesario verificar la transcripción y signaturas de archivo de los documentos de las dos últimas colecciones, su sondeo sistemático, en sentido diacrónico, ha sido imprescindible para mi cometido. Es una experiencia fascinante porque invita a corroborar temas, a discurrir ritmos, a identificar nudos o parteaguas y a escoger las citas más apropiadas para ilustrar una explicación, a manera de "gemas de entendimiento". También me ha permitido compasar el fluir de los procesos.

He asimismo interactuado con aquella literatura histórica que refuerza mis propuestas: "medievalistas" como Adeline Rucquoi, "modernistas" especializados en la historia de las monarquías de España y Portugal, expertos de la historia de la Iglesia y la sociedad, así como obras recientes de estudiosos de las Indias meridionales en el contexto de la monarquía española de los siglos XVI y XVII. El lector podrá identificarlas porque las menciono de manera expresa a lo largo del texto principal o bien porque me refiero a ellas en las notas al pie, más allá de su sola consignación.

Ciudad de México,
en el Domingo de Pascua, 20 de abril de 2025.

Parte primera

Fundamentos

La primera parte de este relato tiene por objeto poner en relieve algunos fundamentos jurídicos, religiosos y sociales. Corresponden al basamento de gran calado que sustentaba el dominio del rey de España, es decir, se hallan insertos en una matriz cultural antigua que fue común a los mundos ibéricos. Discurren, por lo tanto, en un tiempo largo. Nos permitirán entender varias cosas: por qué la monarquía se configuraba en el plano local, de qué manera grupos y actores se reivindicaban y negociaban con la Corona, hasta el grado de que el dominio real podía ser reconducido. Finalmente, los fundamentos nos permitirán verificar que desde una perspectiva eclesiástica esa reconducción adoptó modulaciones o variaciones con arreglo al orden social y político prevaleciente en cada latitud.

Para entrar en materia, conviene evocar una frase de Jerónimo Castillo de Bobadilla (1597) referente a los vínculos jurídicos y sociales subyacentes a esa monarquía de ciudades: "Juntándose casas a casas y familias de hombres particulares a otras [es] la manera como vienen, por sucesión de tiempo, a poblarse y edificarse y componerse aldeas, villas, ciudades, provincias, reinos e imperios"[16]. Efectivamente, la interacción de los vecinos en las diversas aglomeraciones, incluidas las congregaciones y pueblos de indios, daba lugar a actos de derecho referentes a familia, parentela, patronazgo o clientela conforme al paradigma antiguo de la república cristiana entendida como *Civitas Dei*, es decir, de un entramado social, legal y sagrado. De suerte que los espacios se configuraban como territorios. Tenido durante muchos siglos como "ley", el cristianismo católico produjo fuentes de derecho "municipal" que conferían a cada sitio individualidad, dignidad y jerarquía y se fundían en el *ius commune*. Al sancionarlas, el dominio del rey las legitimaba. De ahí que se expresara lealtad a ambas "majestades", la divina y la del monarca como

---

[16] Castillo de Bobadilla, 1978, vol. I, p.2.

"señor natural". Dicho de otra manera, para ser legítimo, el dominio real tenía que ser local y estar dotado de su propio sustento sagrado y jurídico.

En los reinos y señoríos las aspiraciones autonómicas se robustecían mediante una especie de zócalo con que se explicaba su "agregación a la monarquía". Para ganar legitimidad, era necesario que esos afanes fueran armonizados con el dominio real. Lo ilustra una exhortación de Fernando el Católico a la necesaria empatía del rey con cada uno de sus reinos, lo que en un principio aludiría a la fragmentación política de la Península. Antonio Pérez, el secretario de Felipe II, recordó esa exhortación en 1590: siempre que en la balanza de satisfacción, el rey y el reino estuviesen iguales, ambos podían durar. A defecto de lo cual las alteraciones acarreaban consecuencias aciagas[17].

Reitero, el dominio real era negociado y armonizado por su propia monarquía en la medida en que reconocía y sancionaba sus rasgos definidores y, por lo mismo, diferenciadores de los reinos y provincias. Ahora bien, esa armonía estaba fincada en un repertorio de principios jurídicos vehiculados por convenciones retóricas procedentes de tradiciones muy diversas de retórica, lengua, historia, moral, filosofía, geografía, artes y otras. En otras palabras, la serie de fundamentos a que me he referido, anclados en una matriz cultural común antigua, de origen mediterráneo, daba cuerpo y ropaje al sustento de cada dominio. Tres de ellos han retenido mi atención: las nociones de imperio, tierra y saber. Poseen cualidades heurísticas que articulan y dan consistencia a los procesos que estudiaremos.

Lo hacen en tres sentidos: la noción de imperio nos manifiesta la legitimidad del dominio real. Y, para efecto de lo que aquí interesa, también nos exhibe la complejidad y versatilidad del derecho de patronato del Rey Católico sobre la Iglesia en las Indias. En segundo lugar, la noción de tierra pone en relieve las formas de arraigo según los componentes geoestratégicos de cada fragmento de monarquía. La tierra da, por lo tanto, sustento a las modulaciones locales del dominio real. Finalmente, la noción de saber se refiere a los contenidos que más convenían al sustento del dominio real en cada latitud en términos de ejemplos (*exempla*),

---

[17] Gil Pujol, 1989; Pérez, 2009: 106, 94; citado por Gil Pujol, 2016, 153.

episodios y paradigmas. El saber también llegó a caracterizar los rasgos más conspicuos de cada conjunto de dominios, como el de las Indias Occidentales en el concierto de la monarquía. Daba asimismo consistencia a los medios y acciones de interacción con la corte del rey. Es preciso detenernos en cada una de estas nociones así sea de manera somera.

I.- Tres nociones

Imperio

Fue el *imperium* el poder supremo de vida y muerte concedido a los magistrados de Roma cuando salían al frente de los ejércitos. Era también la forma superior de la potestad o facultad para ejercer varios derechos. Dependía no sólo del *ius* o derecho humano, sino del *fas* o de lo lícito según la divinidad. En el siglo primero, de cara a la lucha de facciones, Octavio César Augusto concentró poderes políticos, religiosos, militares y económicos en un solo *princeps*. Esa autoridad suprema era, pues, ejercida sobre los hombres, los ciudadanos y, por extensión, sobre el territorio donde estos residían. El *imperium* exigía que se reconociera la supremacía de Roma, que se le pagaran impuestos y que se acatara el culto oficial tanto a la Urbe como al emperador divinizado o *pontifex maximus*. Sin embargo, Roma no exigía que la religión o culto imperial fuera el único, tampoco que hubiera uniformización lingüística y fiscal en las provincias y territorios donde ejercía el imperio[18].

El carácter religioso del título imperial se halló redimensionado cuando el cristianismo fue declarado religión oficial bajo Teodosio I en el año 396. El emperador debía defender la fe, garantizar su ortodoxia, proteger las iglesias y al clero, promulgar leyes y cánones, así como nombrar a los obispos. El concepto de *basileus* consta a la vez de una potestad espiritual y de otra temporal o secular y fue heredado a la Hispania cristiana. Bajo Teodosio II (408-450) se elaboró el código de leyes que lleva su nombre. Su libro 16, titulado *De fide catolica*, encabezaría el *Corpus Iuris Civilis* de Justiniano promulgado en 533, la recopilación de leyes más influyente en Occidente[19]. El *Corpus* se halla impregnado

---

[18] Rucquoi 2012b.
[19] Dagron, 1996); *Le Code Théodosien*, 2002; Rucquoi 2012 a.

de consideraciones de un régimen de cristiandad en que el emperador es a la vez *rex* y *sacerdos*. No hay que olvidar que las fuentes primeras del derecho canónico o eclesiástico como el *Digesto* o *Pandectas* son, o bien de origen justinianeo o reúnen las colecciones de cánones del primer milenio del cristianismo, como hace el *Decreto de Graciano* (1125-1140) a partir del cual apareció por vez primera la mención de un *Corpus Iuris Canonici* [20].

En la península Ibérica los reyes visigodos establecieron un reino cristiano a imagen del imperio bizantino. Su memoria y fundamentos sobrevivieron durante siglos antes, durante y después de las invasiones musulmanas a causa de la continuidad de los contactos entre la Península y el Mediterráneo oriental. Obispos célebres de la España visigótica como Leandro e Isidoro de Sevilla se formaron en Constantinopla en contacto con aquellas fuentes de legislación[21]. Recuérdese, además, que todos los concilios ecuménicos que fijaron los dogmas de la fe cristiana, incluido el primado del apóstol Pedro, tuvieron lugar en la parte oriental del imperio romano y de la Iglesia.

Sobre la noción de *imperium* siempre disertaron los juristas a causa de su extensión jurisdiccional y polisemia. En las *Siete Partidas* (1260-1280), legislación hispánica medieval por excelencia, el título de rey se halla asimilado al de emperador[22]. Efectivamente, al reivindicar no recibir el poder supremo sino de Dios, Alfonso VI, rey de Castilla y León, se intituló *imperator totius Hispaniae*, emperador de toda España, a partir del año 1077. Sobre todo porque, tras la conquista de Toledo en 1085, la herencia de los reyes visigodos fue cada vez más reivindicada. Su nieto Alfonso VII, conocido como "El Emperador", seguía usando del título y además exigía juramento de vasallaje a los demás reyes de la Península[23]. "Vicarios de Dios son los reyes cada uno de su reyno", afirma Alfonso X en la Segunda Partida y añade "bien así como el emperador en su imperio". La Partida segunda también declara que el rey "non es tenido de obedecer a ninguno fueras ande el papa en las cosas

---

[20] Wiel, 1991, 100.
[21] Rucquoi, 2012 a.
[22] Gil Pujol 2023.
[23] Rucquoi, 1992.

espirituales" y que en "el señorío no quiere compañero ni lo ha menester"[24]. La prerrogativa suprema del *imperium* consistía, pues, en que el rey no reconocía poder temporal superior al suyo[25].

Ahora bien, los medievalistas, en especial Adeline Rucquoi, han reparado en un aspecto del *imperium* que es aquí determinante. A saber, que no presuponía unidad alguna jurídica, política, lingüística, religiosa o fiscal sobre el territorio en el cual se ejercía. En otras palabras, a él subyacía la posibilidad de que el dominio real fuera ejercido de manera diferenciada en cada reino. Con precedentes en la *Isopoliteia* o igualdad de derechos entre las ciudades de la Grecia clásica, a causa de la individualidad de cada una, se forjó la tradición mediterránea consistente en permitir al "otro" conservar su ley y sus jueces, sus lugares de culto y sus costumbres, tan solo imponiéndosele un impuesto suplementario de "reconocimiento" del dominio que garantizaba su protección[26].

El *imperium* exigía, eso sí, que todos aquellos que le estaban sometidos reconocieran su autoridad. De ahí que Alfonso X haya podido figurar como "el rey de las tres religiones", ya que el territorio sobre el que ejercía ese poder supremo no precisaba de unificación o uniformización. La autoridad de los reyes hispanos era, pues, de índole imperial, existía más allá de aquel o de aquellos que lo ejercían, era eterno e indivisible. Cuando moría la persona real el poder no desaparecía, por más que su sucesor tardara en asumirlo[27]. La famosa frase acuñada más tarde, en el siglo XV, "obedézcase, pero no se cumpla", atestigua de la supremacía de ese poder y de su reconocimiento por todos sobre su efectividad local. Autenticadas por el sello real que hacía presente al monarca, las reales cédulas, provisiones y ejecutorias debían en todos los casos ser acogidas con veneración, es decir, "obedecidas", como si el rey mismo estuviera presente independientemente de su cumplimiento o puesta en efecto.

Un ejemplo más ilustra el carácter atemporal o abstracto del poder imperial. Nos lo proporcionan las monedas acuñadas por los reyes

---

[24] *Partidas*, 1555, 2ª, I, 1.
[25] Gil Pujol 2023.
[26] Buttin, 2000, 39.
[27] Rucquoi, 1992, 66.

Fernando III (1217-1252) y Alfonso X (1252-1284) que no despliegan la representación física del monarca, sino tan sólo los símbolos del reino: la corona, el cetro, el trono, la espada de justicia[28]. De manera análoga, siglos más tarde, en los reinos del Nuevo Mundo, los elementos de la titulatura real de España e Indias fueron preeminentes y desde luego los de la corona de Castilla: leones, castillos y la granada, por estar a ella incorporados esos dominios[29]. La efigie de la persona real en turno es prácticamente inexistente en las monedas de oro acuñadas en las Indias antes de 1732 y hubo que esperar hasta 1772 para verla aparecer en las de plata, cuando a la concepción "imperial" se había sobrepuesto una visión "patrimonial", la que los reyes de Francia elaboraron, basada en una progresiva centralización y uniformización[30]. Por lo demás y, como veremos, la tónica imperial fue quizá más relevante mientras mayor era la distancia respecto a la corte del rey y más pesaba la obligación de este último de velar por la cristianización de sus vasallos neófitos del Nuevo Mundo[31].

Tierra

Ahora bien, el espacio sobre el cual el rey ejerce el poder no es el "reino", sino la "tierra", segundo de los fundamentos o nociones aquí consideradas. De acuerdo con su matriz cultural antigua, la voz "tierra" tiene diversas acepciones e incluso connotaciones profundas. Así tenemos que, según la *Estoria de España*, escrita bajo Alfonso X el Sabio (1252-1284), Julio César explicó a "un so estrellero muy bueno" que había soñado que embarazaba a su madre. El astrólogo le reveló que esta última era la tierra y que si la tomaba toda en su poder se hacía señor de todo[32].

Entonces la palabra "reino" evocaba el poder del monarca sobre esa tierra madre. La obediencia y lealtad se deben a que él es "señor natural" de *esa* tierra en particular, como si hubiera nacido en ella. Por otra

---

[28] Rucquoi, 1992.

[29] Mazín, 2007b, 128-130.

[30] Rucquoi, 2012 b.

[31] Mazín, 2023.

[32] *Primera Crónica General de España*, 1977, p. 9, pasaje citado por Rucquoi, 2012 b, p. 57.

parte, el término "natural" es un concepto filosófico heredado de la "natura", noción polisémica que define en primer lugar la Creación, al mundo creado por Dios. El derecho natural es, por lo tanto, superior al derecho de gentes (*ius gentium*) común a toda la humanidad y al derecho civil (*ius civilis*) o propio de cada reino[33].

De acuerdo con la noción antigua de tierra, el poder que ejerce el rey sobre los naturales de ella se inscribe entonces en el orden divino, es derecho de Dios. Por eso ese "señor natural" ejerce su "señorío" sobre los naturales de la tierra convirtiéndola, así, en reino. La tierra está entre el rey que ejerce el *imperium* como vicario de Dios, principal responsable de la salvación de su pueblo, y los habitantes de ese territorio. El vínculo primordial de los hombres era su lugar de origen, su patria. Aun cuando entre el siglo XIII y el XV la palabra y concepto "súbdito" entró en el vocabulario, la naturaleza que une a las personas a ese lugar de origen siguió siendo preeminente. La lealtad de cada reino se debía ante todo a la tierra donde habían nacido los súbditos, a aquella que habían poblado y, sólo después, a la Corona. Por eso, cuando a finales del siglo XVIII esta última antepuso de manera despótica, sistemática y permanente sus propios intereses a los de los "naturales de la tierra", la monarquía se rompió, saltó en pedazos[34].

Sin solución de continuidad, la noción de la tierra estuvo presente desde la conquista y poblamiento de las Indias del Nuevo Mundo. Fray Juan de Zumárraga, el primer obispo de México, asociaba "dar asiento" a la tierra con el arraigo de los españoles a ella mediante su laboriosidad. Decía que así aprenderían a amarla, honrarla y defenderla como a su madre[35]. De ese arraigo, que algunos conquistadores entendieron como "fuerza" o apego, dependía la conservación de la tierra, su perpetuidad y seguridad[36]. Por lo tanto, las autoridades delegadas por el monarca como

[33] Rucquoi, 2012 b, 63 y ss.
[34] Mazín, 2018 b, 417-452.
[35] Fray Juan de Zumárraga al emperador, México, 4 de octubre de 1543, en Biblioteca Nacional de España (BNE), Ms. /20285/3, 14-15. Citado por Vallen, 2015.
[36] Carta de Jerónimo López al presidente del Consejo de Indias, México, 25 de febrero de 1545, en *Epistolario de Nueva España*, IV, 236.

señor natural de *esa* tierra enfrentaban el reto de acrecentar su señorío, en primer lugar, mediante la propagación del Evangelio.

Si el poder del rey se ejercía sobre esa tierra madre, quien traicionaba su lealtad y confianza podía enfrentar el des-tierro. Así lo dispuso el *Fuero Viejo de Castilla* en su primera redacción de 1248, sistematizado más tarde (1356): "Que, si el rey echa algund rico ome, que sea suo vasallo, [lo echa] de la tierra (...) Mas, si algund rico ome o otro fijodalgo se va de la tierra, non le echando el rey...", se desnaturalizaba o exiliaba. La palabra "reino", entonces, evoca el poder del soberano sobre la tierra y no el espacio en sí[37]. La noción de tierra también se halló asociada a la vecindad y a los vínculos sociales y jurídicos que los vecinos eran capaces de establecer en su respectiva aglomeración. Hasta el grado de que la movilidad podía llevarlos a des-arraigarse de tal o cual villa o ciudad, es decir, a des-avecindarse[38].

En virtud del nexo con la tierra, la percepción y representación del rey asimilaba elementos locales distintos a la representación "oficial" en su corte. La "fuerza" del arraigo era tal, que aun los reyes de tiempos de la gentilidad fueron evocados al filo del tiempo y se les representó entroncados con los personajes paradigmáticos de la realeza hispánica. Según veremos, la asimilación también se daba en relación con el pasado antiguo y medieval, donde radican los fundamentos de la realeza hispánica.

Saber

En la cuenca mediterránea, intensamente romanizada, se echaron las bases de una alianza entre el poder y el saber. Para dar cuenta de los dominios del César, el imperio romano se apoyaba de manera original sobre una sólida trama de poderes locales organizados en torno a la ciudad, unidad básica en el ámbito local y por provincias en uno más general. Siglos más tarde, los funcionarios de la Corona de España tuvieron bien

---

[37] Rucquoi 2012 b.
[38] Bahena, 2024, 134.

presente el paradigma de Roma. Así lo puso de manifiesto en 1645 Juan Díez de la Calle, oficial segundo del Consejo de Indias

> He ido apuntando con particular atención los puntos que comprenden las materias más importantes de él [el Consejo] en lo divino, lo humano, lo político y militar para que cumplidamente se informe de ellos a V.M. y sus ministros con una breve noticia segura y clara, como la tuvo el Romano de cada provincia para comprender, gobernar, prevenir y conservar con suavidad y acierto y brevedad las muchas, remotas y dilatadas que imperaban entre sí tan diferentes en condición, leyes, costumbres, ritos y adoraciones de dioses[39].

Al menos desde los siglos XII y XIII, en la península Ibérica los sabios, seglares y eclesiásticos, habían dotado a sus reyes con un atributo divino que era signo y señal de su papel como "lugartenientes de Dios en la tierra"[40]. Escogieron la sabiduría, tercera noción que aquí interesa. Ella hacía de la justicia el principal atributo y obligación del monarca y de los obispos sus consejeros para impartirla y preservarla. La sabiduría también inspiró los libros destinados a la educación de los príncipes, que se escribieron sin cesar en España con el nombre de "espejos". A quien la poseía le permitía "ordenar los pueblos", es decir, ser a la vez rey y juez.

Al seguir el modelo bíblico del rey Salomón, Alfonso X el Sabio asentó que "los reyes son en los sesos más agudos que los otros omnes", lo cual suponía que ellos debían comunicar esa sabiduría para sacar a los pueblos de la ignorancia, considerada como pecado. Efectivamente, la asimilación entre la función del rey y la función del juez fue reforzada desde antiguo por el paradigma de Salomón. Y este último fue asimilado de manera natural al concepto de *basileus*, emperador que domina a la vez lo espiritual y lo temporal. Según vimos, fue transmitido a los reinos ibéricos como lo codificara Justiniano en el derecho romano a principios del siglo VI en Constantinopla. La convicción de que todo saber viene

---

[39] *Memorial y noticias sacras y reales…*, 1932.
[40] Rucquoi, 1992.

de Dios y acerca a Dios confirió a la función real un carácter sacerdotal que compartió con el clero[41].

Siglos después, Felipe II seguía emulando al rey Salomón, como lo corrobora la biblioteca del monasterio real de San Lorenzo El Escorial. Ahora bien, ese saber no era especulativo, sino pragmático. De ahí que ese rey insistiera en estar informado por relación "según las cosas se fueren descubriendo y variando, creciendo y disminuyendo" y también por noticia, para que "se vayan añadiendo y enmendando las descripciones"[42]. El monarca del Escorial lo expresó claramente en relación con sus dominios del Nuevo Mundo

> Porque entendiendo la obligación que tenemos de procurar que esos reynos y provincias de las nuestras Indias sean bien regidos y gobernados en lo espiritual y temporal, y habiendo esto de ser *por relación y noticia* por estar tan distantes de estos reynos, deseamos que se tenga muy particular para que mejor pueda acertarse y principalmente [en] lo que toca a la predicación evangélica y administración de los santos sacramentos, como cosa más importante y a que más procuraremos que se acuda[43].

Por otra parte, la sabiduría como atributo reviste un carácter unitario en que prevalecen vínculos estrechos entre el derecho, las lenguas y la religión, instancias que siguieron una misma evolución. De suerte que el conocimiento de la lengua del "otro" debía servir sobre todo a fines religiosos y de justicia. A inicios de la década de 1580 Felipe II ordenó a don Martín Enríquez, su virrey del Perú, que le proporcionara "información acerca de las costumbres que tenían los Incas antes de la conquista española en la manera de administrar justicia civil y criminal". La requería para "que los pleitos de dichos indios se determinen guardando sus usos y costumbres, no siendo claramente injustos". El corregidor y

---

41 Rucquoi, 1992.
42 De Solano, 1988, XCVI; Mazín, 2018a, 9.
43 Real cédula dada por Felipe II en Portalegre, Portugal, el 5 de marzo de 1581. Fue enviada a 28 diócesis de las Indias. En ella el monarca encarga a los obispos y sus cabildos hacer preparar un informe detallado del estado de su diócesis *Relaciones Geográficas del Perú*, 1887, III, 25, cursivas mías.

justicia mayor de la ciudad del Cuzco hizo recabar esa información ante testigos. Se valió de un cuestionario minucioso que indagaba acerca de funcionarios, prácticas y sentencias de los delitos. Evidentemente, en ella abundan analogías respecto a las costumbres y procedimientos de Castilla. Subyace, por lo tanto, un esfuerzo muy considerable de interpretación y traducción[44].

Otro tanto aconteció con el aprendizaje de las lenguas dado que la cristianización de los indios, análoga a su hispanización, no suponía el aprendizaje del español. De ahí que la evangelización no fuera posible sin aquella empresa de traducción. El núcleo de esta fue la adopción de la escritura latina, verdadera revolución técnica e intelectual. Gracias al abecedario de esa lengua clásica se aprendió a escribir las lenguas autóctonas, que hasta entonces no tenían sino una escritura ideográfica[45]. De esta suerte, el franciscano fray Bernardino de Sahagún procedió a elaborar cuestionarios para que sus estudiantes indios, una vez latinizados, recabaran de los informantes ancianos de la cuenca de México una auténtica enciclopedia de usos, costumbres, ritos, fiestas y "de todas las cosas" de los mexicas en orden a su cristianización. Pero no solamente para esta última. En la década de 1570 el arzobispo de México ponderó al rey esa obra como "la historia moral que vuestra Majestad manda que se haga" y a su autor como "la mejor lengua mexicana de toda la Nueva España [...] la más elegante y propia que hay en estas partes y es lo más esencial para la verdadera historia de los naturales"[46].

La escritura de las lenguas indígenas de América en caracteres latinos permitió la redacción de muy numerosos instrumentos de evangelización como catecismos, vocabularios y gramáticas, textos literarios a la vez que jurídicos, lo que hacía del saber un recurso indisociable de la vida en "policía", o sea, de la integración conforme a derecho de los pueblos autóctonos como células jurídicas primordiales de la república. Por eso cundieron escuelas que facilitaron la adopción de las nuevas técnicas.

---

[44] Información hecha en el Cuzco por orden del rey y encargo del virrey don Martín Enríquez, Cuzco, marzo-abril de 1582, en Levillier *Gobernantes…*, IX, 268-288.

[45] Mazín, 2007b, cap. VII.

[46] Carta del arzobispo Moya de Contreras al rey, México, 11 de febrero de 1576, en *Epistolario de Nueva España*, XII, 687.

Las rupturas generacionales y las lagunas de transmisión de lo antiguo, provocadas en parte por las epidemias, hicieron que los jóvenes se hallaran más dispuestos a la innovación. Pese a todo, ese esfuerzo de ninguna manera constituyó un nuevo comienzo[47].

Se heredaba una tradición peninsular. Ante muy numerosas obras de polémica anticristiana redactadas tanto en Oriente como en al-Ándalus, los cristianos del siglo XII que en la península Ibérica dominaban el árabe, no vacilaron en redactar tratados en esa lengua o en latín para refutar al islam y a su Profeta. El "otro" estaba en el "error" y había que conocer este último para combatirlo, pues "la ignorancia es madre de todos los errores", como afirmara Isidoro de Sevilla en ocasión del IV Concilio de Toledo (año 633) modificando la afirmación de Cicerón: "La estupidez es la madre de los errores". El canónigo Domingo de Osma (1170-1221), que había estudiado en la universidad de Palencia en los años 1185-1200, se serviría de esa tradición hispánica para enfrentar a los "herejes" de la región de Toulouse en 1206 y fundar una orden de dominicos o "Predicadores", cuya regla testimonia de la vocación por el saber. Desde 1236 los dominicos habían erigido escuelas de lenguas –de hebreo, árabe, griego- para que los latinos pudieran, efectivamente, llevar a efecto sus misiones de cristianización. Bajo el impulso de Raimundo de Peñafort (1177-1275), penitenciario del papa Gregorio IX y consejero del rey de Aragón, el capítulo general de la orden de Predicadores recomendó el estudio de las lenguas de los infieles en sus provincias[48].

Siglos después, se seguía destacando el carácter pragmático del saber. En su *Philosophya moral de príncipes* (1602), el jesuita Juan de Torres agregó como subtítulo: "Trátanse en ella materias muy útiles para predicadores"[49]. Las enseñanzas sobre reyes debían ser prácticas, sobre todo entendibles y reconocidas aun por legos. Si las distancias ahora interoceánicas daban lugar a un ejercicio bien diferenciado del poder supremo de acuerdo con las especificidades y necesidades de cada reino, entendido como tierra, la clave del dominio radicaba en el saber:

---

[47] Mazín, 2007, cap. VII.
[48] Rucquoi 2024, segunda parte, 3.
[49] Torres, 1602, título.

"Cuando parece que el gobierno de las Indias es más independiente, cuando es más apartado de la corte de donde van las órdenes, tanto debe ser mayor la atención y el cuidado para obrar", recomendó en 1667 el presidente del Consejo de Indias al conde de Lemos, nuevo virrey del Perú. Reinar era una actividad que implicaba un sistema de reciprocidades capaz de garantizar la participación creciente de los poderes locales en la conservación de la monarquía, hasta el grado de constituir la principal estrategia para su supervivencia. Reitero, la representación misma del monarca llegó a adoptar esos rasgos locales ya fuera de índole histórica, genealógica o religiosa[50].

---

[50] Mazín, 2015b.

II.- "Indias" del Nuevo Mundo

Las nociones convergen

Veamos ahora cómo interactúan las nociones de imperio, tierra y saber en el seno de una misma explicación. Centremos la atención en el conjunto de reinos, provincias y señoríos del hemisferio occidental. En su *Discurso político al rey Felipe III al comienzo de su reinado* (1598), el jurista Baltasar Álamos de Barrientos echó de ver que, a causa de la distancia a la que se hallaban, los estados de las Indias "parecen estar desmembrados de los otros", por lo que constituían un conjunto en la Monarquía de España[51].

No hay testimonio más pertinente a mi propósito que un memorial publicado en 1629 por otro célebre jurista, Juan de Solórzano Pereyra, ex oidor de la Audiencia de Lima por entonces recién designado fiscal del Consejo de Indias. Al defender la mayor dignidad y prerrogativas de este último tribunal frente al Consejo de Flandes, diserta sobre el estatuto y trascendencia de aquel conjunto de dominios[52]. Lo hace remitiendo a un pasado remoto del que examina las nociones que acabamos de evocar. Estas confieren legitimidad y solidez a su expresión y a su cometido. Efectivamente, entre sus fuentes destaca sobre todo el derecho romano bizantino, zócalo o basamento de un sistema de autoridades. Se trata de las numerosas leyes del celebérrimo *Corpus Iuris Civilis* dispuesto por Justiniano entre 529-533, la más importante recopilación del derecho romano, según vimos. Solórzano exhibe un conocimiento portentoso e incluso memorístico de ese cuerpo de legislación. Había sido catedrático precisamente de Código y de Leyes en Salamanca durante la primera

---

[51] Citado por Gil Pujol, 2016, 47.
[52] Mazín, 2023. Me refiero a Solórzano, 1629.

década del siglo XVII. En una primera modalidad de su procedimiento discierne los principios de derecho del tema que trata.

En seguida, en un segundo modo de referencia, que corrobora y amplía el primero, echa mano del pensamiento o doctrina expuesta por juristas anteriores a Justiniano, como Casiodoro (485-580), Lactancio (240-320) o Tertuliano (155-220); o bien muy posteriores, en especial los grandes glosadores del *Corpus* de la universidad de Bolonia de los que sobresalen Baldo de Ubaldi (*ca.* 1320-1400) y Bartolo de Sassoferrato (1313-1357). También se refiere a una serie fascinante de tratadistas de la realeza hispánica, auténtico subgénero de los siglos XVI-XVII integrado por hombres de leyes como el francés Jacques Cujas "Jacobo Cujacio" (1522-1590), Bartolomé Casaneo, el alemán Cristóforo Besoldo (1577-1638) y a él mismo en su *Indiarum Iure* (1629); o bien a italianos como Giacomo Menochio (1575-1655), Camillo Borrello (n/a-1631), Tomasso Bozio, C.O. (1548-1610) y al flamenco Jacobo Maynoldo (*ca* 1612).

La tercera modalidad de su procedimiento es aquella mediante la cual Solórzano refuerza, exorna o embellece sus afirmaciones y las doctrinas que las sustentan. Para este efecto cita fuentes legislativas, literarias, históricas, geográficas y emblemáticas: la Sagrada Escritura; autores de la Antigüedad clásica, sobre todo retóricos y moralistas como Cicerón, Séneca o Alciato; los historiadores Heródoto, Salustio, Tito Livio, Plutarco, Tácito y los poetas Ovidio y Virgilio; la gran *Summa theologica* de Tomás de Aquino; fuentes de legislación como las *Siete Partidas*, las *Leyes de Toro,* concilios generales de la Iglesia y derecho pontificio; escritores más cercanos o contemporáneos de Solórzano como el antes mencionado Camillo Borrello (¿-1631), Jean Bodin (1530-1596), Abraham Ortelio (1527-1598), Juan Botero (1544-1617), Ambrosio Morales (1531-1591) o el jesuita Pedro de Ribadeneira (1527-1611), entre muchos otros.

Descuellan, finalmente, jurisconsultos y cronistas como Solórzano mismo, que no sólo habían disertado acerca del conjunto de reinos y provincias del Nuevo Mundo, sino que ya tenían una experiencia de gobierno, administración o justicia en ellos. Por otra parte, aun cuando las Indias Occidentales son el principal objeto de su interés, el autor nunca pierde de vista la tratadística correspondiente a otras latitudes de la monarquía como Aragón, Valencia, Nápoles, Portugal, ya que comparten una misma cultura.

Así, pues, Solórzano expone sus argumentos en diálogo con los antiguos. Por lo mismo, se asume como receptor de un saber que se propaga. Como otros escritores contemporáneos suyos, no finca solución alguna de continuidad entre ambas orillas del Atlántico. Es decir, ve en los dominios hispanos nuevos de ultramar una extensión de los peninsulares. Infiere entonces, la necesidad de resignificar un cúmulo de saberes, por más remoto en el tiempo, para explicar nada menos que la contextura jurídica e histórica del Nuevo Mundo. Esa mirada poderosa al pasado no era exclusiva del Nuevo Mundo, tuvo desarrollos análogos en la Península y demás posesiones europeas. Sin embargo, en las Indias parece haber sido más tenaz y arcaizante. ¿Por qué? Por tratarse de un conjunto aislado, alejado y porque, a medida que esos espacios asimilaron ese caudal se territorializaron, es decir, conformaron órdenes sociales provistos de jurisdicciones.

La Indias como imperio

Fundado en las *Institutiones divinarum et saecularium litterarum, ca.* 555 (Educación en las letras divinas y humanas), la obra más conocida de Casiodoro (485-*ca.*580), así como en sus epístolas, Solórzano hace de la corte romano-bizantina un paradigma de la de Madrid. Es la corte del rey un sitio en todo el orbe admirado porque se presenta a sí mismo como garante en el mundo. Mediante la ficción *Urbi et Orbi*, el autor desentraña de la epístola segunda de Casiodoro la máxima virtud de la corte: ser conocida en toda latitud de la monarquía por hallarse atribuida a los vasallos en el propio sitio donde estos viven, es decir, en su propia tierra, ya que el rey es señor natural de ella.

Enseguida, el fiscal Solórzano incursiona en el tema de la preeminencia de los reinos. Mientras mayores eran precisaban de un lugar más digno, como lo había deducido Baldo de Ubaldi de una glosa del *Corpus*. El monarca más poderoso, con mayores y mejores reinos y vasallos se prefería a los demás, dice corroborando "la célebre doctrina" de Baldo.

De lo cual deduce que el Consejo de Indias tenía a su cargo no el gobierno de un condado como Flandes o de un solo reino, sino de un imperio que abrazaba numerosos reinos y provincias. Se basa en las leyes del *Corpus Iuris Civilis* según las cuales el *imperium* se refiere al poder supremo del príncipe antes evocado, o sea del *imperator* que imparte la justicia, que decreta *constitutiones*, a la *iurisdictio* – "decir el derecho" – o sea, a la potestad del juez. Como vimos, el emperador también definía la fe católica y hacía de ella la "ley" que brindaba protección a todos los hombres de la polis cristiana y aun a los gentiles, así como, desde luego, a los bienes de la Iglesia convirtiéndolos en "sagrados", es decir, sancionándolos mediante el derecho público[53] .

Ahora bien, el autor asienta que fue el papado o pontificado romano el primero en usar el término *imperium* según la noción expuesta. Lo hizo al sancionar en 1493 la soberanía o dominio del rey de España sobre las Indias. Como conjunto recién descubierto y por descubrir, su cristianización dependería del amparo del monarca. Para sustentar este aserto Solórzano cita al célebre polígrafo Antonio de León Pinelo en su *Gobierno espiritual y eclesiástico de las Indias*, que contiene más de trescientas decisiones pontificias particulares para ese conglomerado[54]. En seguida corrobora el carácter imperial de las Indias citando una pléyade de autores en la que figuran cosmógrafos, cronistas, juristas y teólogos. Algunos escribieron después de haber ejercido como funcionarios del rey en alguno de los reinos del Nuevo Mundo. En efecto, sus obras se refieren al conjunto de esos dominios como un imperio[55].

---

[53] Del *Corpus Iuris Civilis* cita la ley *et ideo* 8. *D. de officio Proconsulis* y la ley *Praeses provinciae*, 4. D. *de officio Praesidis*, según las cuales: *Praeses Provinciae maius imperium in ea Provincia habet omnibus post Principem* "el que gobierna la provincia tiene en ella mayor imperio que todos después del príncipe".

[54] León Pinelo, 1629, p. 116.

[55] Menciona a: Abraham Ortelio, *Theatrum Orbis terrarum*, 1579; Antonio de Herrera y Tordesillas, *Historia General de las Indias*, 1601 y 1615; Juan Botero, *Relaciones universales del mundo…*, 1595, 1596; Tomás Porcacho de Castellón, *De las islas más famosas del mundo*, 1572; Juan Antonio Magino quien "comentó a Ptolomeo con nuevas tablas, que es su mejor expositor" 1595, -dice León Pinelo en su *Epítome de la Biblioteca…*, p. 158-; Diego de Valdés; Camilo Borrelo, *De praestantia Regis Catholicis* [De la prestancia de los Reyes Católicos], 1601; Gregorio López Madera, *Excelencias de la Monarchía y Reyno de España*, 1597; José de Acosta, *De la naturaleza del*

El criterio principal de ese "imperio indiano" era el número, variedad e inmensidad de los reinos y provincias que no presuponían uniformidad alguna, sino que se sustentaban en su diversidad política, lingüística, fiscal y aun religiosa. Es decir, las tierras objeto del *imperium* no requerían, según vimos, ser uniformizadas. Se exigía, en cambio, que reconocieran la autoridad del *imperator*. De esta situación deriva la aparente contradicción entre un poder real "absoluto" en su definición y un mosaico de fueros, privilegios, libertades, lenguas, sistemas fiscales y de representación, así como grandes y pequeños "estados" nobiliarios[56].

La expresión *reinos y señoríos* usada en la legislación se refería tanto al conjunto como a cada una de sus entidades: las sedes respectivas de un virrey en Nueva España y el Perú, el Nuevo Reino de Granada, el reino de Quito, las capitanías de los reinos de Chile, de Guatemala, de Cuba, de Yucatán y aun las del Brasil lusitano incorporado a la monarquía de España entre 1580 y 1640/1668. El mismo Solórzano aportó al respecto la siguiente observación perspicaz: dijo que si los reyes quisieran añadirlos a su titulatura "todos [esos] reynos y provincias no cabrían en muchas ojas y así se han contentado en contraerlos al *Plus Ultra* de Carlos V o al *Hispaniarum et Indiarum Rex*" de Felipe II[57].

En su obra *De Indiarum Iure*, el autor también sostiene que precisamente mediante la incorporación por accesión de las Indias Occidentales, el "Imperio o Monarquía" de España era el mayor y más dilatado que en el mundo se había conocido. Como era de esperar, compara esas proporciones con las del imperio romano[58]. En esto su fuente principal son las obras de Tomasso Bozio C.O. (1548-1610) referentes a la Iglesia y a la guerra

> Tanta posesión de tierras tiene, cuanto jamás algún rey desde el principio del mundo se dice, ha poseído, así como abraza y

---

orbe nuevo, 1589 e *Historia natural y moral de las Indias*, 1590, 1591, 1610; fray Alonso Fernández, *Historia eclesiástica de nuestros tiempos*, 1611; fray Juan de Torquemada, *Monarquía indiana...*, 1615; Rodrigo Zamorano, *Cronología y repertorio de la razón de los tiempos*, 1594 y el flamenco Jacobo Maynoldo, *Tratado de títulis Philipi Regis* [sobre los títulos del rey Felipe], 1573.
[56] Rucquoi, 1992, 65-66.
[57] Solórzano Pereyra, 1996, Libro I, cap. 8, núm. 16 y libro V, cap. 15, núm. 6.
[58] libro I, capítulo 10, número 42; Solórzano, *Memorial...*, 1629, glosa 36.

contiene toda tierra y al mismo océano en su imperio, desde donde sale el sol hasta el ocaso. El imperio romano ha sido, de todos los que han existido, el más vasto, [pero] ahora ciertamente, es el hispánico el mayor; hasta el punto de que la extensión de sus comarcas es de veinte, o incluso de muchas partes como cualquiera puede verificar. Este supera a todos en extensión de territorios, como nunca nada lo fue desde el principio del mundo y es increíble su ensanchamiento desde el año 1492, en que Cristóbal Colón descubrió las Indias[59].

Por eso el fiscal del Consejo de Indias afirma que "se puede hoy dar por todo el orbe una vuelta en contorno, sin salir nunca de los términos del feliz y augusto *imperio* de vuestra Majestad" ([…] Y prosigue: "Esta advertencia de que después de haberse descubierto las Indias se puede dar una vuelta a todo el mundo, caminando, o navegando siempre por tierras y mares de vuestra Majestad, fue de Juan Botero en sus *Relaciones universales,* parte 2, libro 2."[60]. Por esta razón, el autor manifiesta su inconformidad con el nombre de "Indias" y se inclina por llamarlas "Nuevo Mundo". Para él, nada era más revelador de tal grandeza que la conversión de dicho orbe al cristianismo, pues en ellas se alababa a Dios a todas horas y en cada latitud ([…] "porque realmente ningún nombre les cuadra mejor, pues contienen otro hemisferio mayor que el que antes se conocía, y de naciones en traje, ritos y costumbres tan diferentes, en que se hallaron otros temples, otras estrellas, otros mares, otros árboles, plantas, y legumbres y otros animales, como muy bien lo advierte Abraham Ortelio en el *Theatro Magno*, tablas 1 y 5"[61].

---

[59] El autor remite a las siguientes obras de Tomasso Bozio, C.O. 1548-1610: *de significatione Ecclesiae Dei*, 1591, [Del significado de la Iglesia de Dios], libro 8, capítulo 1, página 292 y capítulo 7 desde la página 325; De *ruinis Gentium*, 1593 [*de las ruinas de los pueblos*], libro 8, capítulo 5; *De robore Belli*, 1596, [del furor de la guerra] capítulo 4, página 272 y *de signis Ecclesiae Dei* 1595 [de los signos de la Iglesia de Dios], libro 21, capítulo 7, página 116 y capítulo 23, página 139. Todo, en Solórzano, *Memorial...*, 1629, glosa 36.

[60] Solórzano, 1629, glosa 39.

[61] Solórzano, *Memorial...*, 1629, glosa 37.

III.- Rey Católico e imperio de las Indias

En la Roma de 1215 el jurista Vicente de España, uno de los dos únicos glosadores de los cánones del IV concilio de Letrán, reivindicó a voz en cuello la superioridad de España sobre el Imperio Romano Germánico y sobre Francia. Afirmó que "la Santa España" no había solamente obtenido el *imperium* por su propia virtud y nombrado a sus obispos, sino que además había sido engrandecida y extendida gracias a la valentía y probidad de sus habitantes. Se hacía eco de la reciente victoria de los ejércitos cristianos contra los musulmanes en las Navas de Tolosa (1212)[62].

Tres siglos más tarde, con la misma determinación y a propósito del nombramiento de los obispos de las Indias, el virrey del Perú Fernando de Torres y Portugal, conde del Villar, ponderaba a Felipe II la importancia de acertar en la elección de los prelados para así asegurar su "imperio y potestad soberana"

> Suplico a vuestra Majestad con todo el encarecimiento posible, que la merced que vuestra Majestad hace a las iglesias de España de proveerlas de prelados tan aprobados la haga a estas tan necesitadas, pues se requiere no menos que mucho más caudal de virtud y letras en los obispos y cualquier cuidado que vuestra Majestad se sirva de emplear en estas elecciones lo merece el fruto de las almas, que de su acrecentamiento *se seguirá y se asegura el imperio y potestad soberana* que Dios nuestro Señor ha dado a vuestra Majestad en este Nuevo Mundo[63].

---

[62] Rucquoi 2024, segunda parte, 3.
[63] Carta del conde del Villar al rey, Puerto del Callao, 25 de mayo de 1586 en Levillier, *Gobernantes…*, X, 87, cursivas mías.

La argumentación de Solórzano, la reivindicación del jurista de España acerca de la superioridad de su señor en el concilio de Letrán y esa cita del virrey conde del Villar evocan la noción del *imperium*. Ahora bien, Solórzano sostiene en seguida que el "Rey Católico", título otorgado por el papado en 1496, ejercía su dominio merced a la gracia de Dios, es decir que en el plano temporal no reconocía poder superior al suyo. En consecuencia, es pertinente preguntarse si la concesión que el papa hizo de las Indias para su cristianización a petición de Fernando II de Aragón y de Isabel I de Castilla, fue la que suscitó aquel otorgamiento. Si es así, hay que deducir que ese título alude a la catolicidad que el imperio de las Indias estaba llamado a consolidar en el designio de universalidad de la monarquía. Lo que también permite proponer que el papado sancionaba el ejercicio del *imperium* por el rey de Castilla tanto mediante el patronato de las Indias, como otorgándole el título de "Rey Católico".

Patronato eclesiástico

No obstante, las bulas de 1493 y subsecuentes, hasta 1508, conocidas poco después como el "justo título" para el dominio de ese Rey Católico sobre el Nuevo Mundo, se prestaron a debate[64]. Algunos autores lo tenían por muy sólido. Otros, presumiblemente a causa de la vigencia del *imperium*, negaron la potestad temporal del papa. Hubo quienes se decantaron por una vía intermedia según la cual, aunque el pontífice no ejercía directamente esa facultad, lo hacía ciertamente de manera indirecta cuando lo que disponía acerca de reyes y reinos "temporales" se encaminaba al fin espiritual de su gobierno y jurisdicción, sobre todo tratándose de reinos y tierras de "infieles"[65].

Al inicio del libro cuarto de su *Política Indiana*, dedicado a explicar ese patronato del rey, Solórzano afirma que

> El seguro, cierto estribo y cimiento de los imperios consiste en entablar y propagar, conservar y aumentar la fe, religión y culto de

---

[64] Recogió los términos, argumentos y autores de ese debate Silvio Zavala, 1971, caps. I, II y III, 16-43.

[65] Solórzano, 1996, I, X, 10-13.

nuestro verdadero Dios y Señor, según que con graves y elegantes palabras lo dejaron advertido los Emperadores Teodosio, Valentiniano y Justiniano [...] Y también porque hacen memoria de que con ese cargo y condición se les concedieron las Indias por la Santa Sede Apostólica[66].

Es decir, que, anteponiendo la tradición imperial bizantina, los Reyes Católicos habían instruido a su embajador en Roma para que el papa Alejandro VI les diera privilegio especial y para que éste fuera "plenísimo", de suerte que, como en Granada, eligieran y presentaran obispos y que los pontífices "recibiesen a los así nombrados y presentados", es decir, que confirmaran su elección[67].

Solórzano consigna varias provisiones reales despachadas para diversas provincias de las Indias poco después de su descubrimiento y conquista. En ellas el rey declara su incorporación a Castilla y la imposibilidad de desincorporarlas. ¿Por qué? porque la donación pontificia por patronato a los reyes había, *ipso facto*, convertido a las Indias en bien patrimonial de la Corona sujeto a la jurisdicción real. Y el patrimonio real no podía ser ajeno al reino mismo[68]. Por eso mismo el jurisconsulto italiano Camillo Borrello, activo en la segunda mitad del siglo XVI, afirmó que el patronato de las Indias estaba "entre las joyas que más resplandecen en la diadema de la Monarquía de España". Suponía que los reyes de la Península habían fundado iglesias y recuperado España "de manos de los infieles". Hazañas que llevaron a otro jurista, Martín Magero, a proponer que "por solo esta adquisición y conversión de tierras de infieles y sin necesitar de privilegio se adquiere entero derecho de patronazgo eclesiástico en ellas"[69].

---

[66] Solórzano, 1996, IV, I, 2 y 3.

[67] Leturia, 1927.

[68] El autor menciona cuatro de dichas provisiones: 1ª: Don Carlos I y Doña Juana su madre, para la Isla Española, Barcelona, 14 de septiembre de 1519; 2ª: Por los mismos soberanos, general para todas las islas descubiertas y por descubrir, Valladolid, 9 de julio de 1520; 3ª: Don Carlos I para la Nueva España, Pamplona, 22 de octubre de 1523; 4ª: Don Carlos I para la provincia de Tlaxcala, Madrid, 13 de marzo de 1535. En Solórzano, *Memorial...*, 1629, glosa 62.

[69] Solórzano, 1996, IV, II, 12.

Como se ve, la tradición antigua del poder en la Península subsistía, hasta el grado de que fue también corroborada por el clero de las catedrales de Indias al defender las costumbres de sus iglesias. Sostenían que estas no se medían ni reputaban por la fecha de fundación de las iglesias, tan próxima a la instauración del patronato por los papas. Lo expresaban de la siguiente manera

> Hice una información en derecho que, aunque breve, se estimó por erudita, por la cual probé que las costumbres que las iglesias de las Indias tienen recibidas de las de España *no se han de reputar ni medir por el tiempo que ha que se fundaron y observan en las Indias, sino por la antigüedad y prescripción legítima e inmemorial que llevaron de España*[70].

De ahí que el conjunto del derecho y privilegios concedidos por el papado a la Corona para la cristianización del Nuevo Mundo no deba considerarse como un principio jurídico fundante, es decir, como un "nuevo comienzo". El carácter imperial de ese conjunto de dominios confirmaba a su rey como vicario no solo de lo temporal sino de lo espiritual. La concesión apostólica para las Indias corrobora una coalescencia de la tradición de origen bizantino con el patronato del pontificado romano.

El reforzamiento del poder temporal del papa se había experimentado desde finales del siglo XI. De ahí que, para contrarrestarlo, los reyes de Castilla hubieran exaltado cada vez más el culto a Santiago apóstol y la peregrinación de toda Europa hacia la sede apostólica compostelana. De suerte que, pese a las presiones del papa Gregorio VII (1073-1085) al rey Alfonso VI de Castilla y León y a la imposición del rito romano sobre el visigótico o mozárabe, en España el nombramiento de los obispos había seguido recayendo sobre los reyes. En 1164 el papa Alejandro III reconoció que, efectivamente, se requería del consentimiento del monarca para hacer una elección episcopal, es decir, de su derecho de investidura[71].

---

[70] Carta del procurador, canónigo Jerónimo de Cárcamo al Deán y Cabildo de México, Madrid, 30 de mayo de 1611, Archivo del Cabildo Catedral Metropolitano de México, (AC-CMM), *Correspondencia*, vol. 20, cursivas mías.
[71] Rucquoi, 2024, 112.

Los obispos de Roma persistieron en hacer reconocer su supremacía en todo Occidente. Llamar a la Cruzada fue uno de sus procedimientos. La afirmación de que solo el papa detentaba todo el poder sobre el "patrimonio de san Pedro" y de que los príncipes no ejercían sino uno temporal, que además él les delegaba, es uno de los temas sobre el que más debatieron teólogos y juristas[72]. En el siglo XIV se pretendió robustecer la preeminencia del poder espiritual y la *plenitudo potestatis* del papa sobre los poderes temporales, así como limitar el poder real en España. Sin embargo, prevalecían la tradición y práctica de los reyes de Castilla de promulgar y aprobar los concilios dándoles valor de ley; de reivindicar el derecho regio para nombrar los obispos y el clero; de cuidar, proteger y reformar a este último; en fin, de hacer recaer el peso de su justicia sobre los "herejes".

Ahora bien, el primado, autoridad y jurisdicción del obispo de Roma en materia de dogma fueron siempre reconocidos en la península Ibérica. Como depositaria de la fe, la Santa Sede confirmaba canónicamente mediante el *fiat* ("hágase") el nombramiento de los obispos hecho por el rey. De ahí que no pudieran entrar en posesión de su iglesia sin antes hacer "profesión de la fe y especial juramento de prestar o guardar fidelidad al Romano Pontífice". A causa de la distancia, en las bulas de los nuevos prelados se les hacía gracia "de que le puedan hacer en manos de los obispos a quien va cometido, porque si hubieran de ir a Roma personalmente para este efecto les fuera de mucha costa y trabajo". Se cometía recibir ese juramento "a los obispos que están en las Indias [...] a petición de los suplicantes por mirar más a su comodidad". No obstante, los prelados del Nuevo Mundo debían en seguida jurar "que no irán contra el patronato real [...] y que antes de hacer este juramento no se les consienta entrar en la posesión y administración de sus obispados"[73].

La Santa Sede satisfacía todas aquellas necesidades estrictamente relacionadas con el derecho canónico sobre las que la Corona no tenía entera jurisdicción. De ahí que los ministros y embajadores del Rey Católico impetraran en Roma la resolución de dudas de índole teológica y

---

[72] Rucquoi, 2024, 116.
[73] Solórzano, 1996, IV, IV, 1, 16, 17 y 32.

disciplinaria ante las congregaciones de cardenales. Los tribunales de la Santa Sede resolvían asimismo numerosos casos de justicia. Mediante su jurisdicción, el pontífice concedía gracias, dispensas, indulgencias y privilegios tanto en materia espiritual como disciplinar, por ejemplo, la aprobación de los concilios provinciales de las iglesias hispánicas. En fin, la Santa Sede también hacía concesiones en materia fiscal como el subsidio y la bula de Cruzada[74].

Por otra parte, no hay que olvidar que el pontífice proclamaba la santidad de algunos súbditos del rey de España. En el siglo XVI, teólogos como el jesuita Francisco Suárez sostuvieron que el papa, como primer móvil o motor de la fe, no pudiendo ejecutar por sí mismo la evangelización en tierras de infieles, la cometía a los príncipes dándoles a cambio "el supremo señorío de la gentes y provincias que redujere a la Iglesia". Solórzano lo deja bien asentado y no vacila en reiterar

> Que los Señores Reyes de España sean Príncipes Soberanos y no reconozcan al Imperio Romano ni a otro en lo temporal y así puedan poner, como ponen en sus títulos, que reinan por la Gracia de Dios, dando a entender que no dependen de otra humana criatura, es cosa tratada y asentada por innumerables autores que yo junto en mi libro 2 *de Indiarum Jure*, cap. 2, número 6"[75].

A causa, pues, del antiquísimo sustento jurídico del rey de Castilla, se dio una relación simbiótica entre la Corona y el papado. Ambos poderes eran conscientes de su mutua dependencia. La embajada del Rey Católico en Roma estaba investida de la responsabilidad de suplicar y obtener los documentos correspondientes a todas las necesidades antes mencionadas de la Curia Pontificia, en estrecha colaboración con el Consejo Real de las Indias, especie de "curia" del monarca. Tanto la Corona como la Santa Sede mantenían sus respectivas posiciones sin llegar a formalizar sus divergencias, hasta el grado de que las presiones de Roma en la corte del rey sirvieron de acicate para que su política ganara en

---

[74] Tudini, 2024, 225; Albani, 2012, 86.
[75] Solórzano, *Memorial…*, 1629, glosa 74.

legitimidad, sacralidad y consistencia en la poco después llamada "Monarquía Católica"[76].

Por lo tanto, el patronato eclesiástico del Rey Católico en el Nuevo Mundo cobró una fuerza formidable, proporcional a las distancias interoceánicas. Toda vez que el derecho real y el canónico habían siempre compartido ámbitos jurídicos, en las Indias se impuso la necesidad de llegar a acuerdos que ratificaban esa coalescencia. Las diferencias de unas y otras autoridades acarreaban la necesidad de introducir modificaciones, encontrar acomodos y hasta excepciones según las costumbres, coyunturas y negociaciones[77].

En nombre del soberano, sus agentes también trataban en la Santa Sede de la asignación de todos los beneficios eclesiásticos de los territorios sujetos al patronato del rey, cuidando de no lesionar sus prerrogativas. Por eso una agencia general para Roma, vinculada al Consejo de Estado del monarca, estaba dotada de agencias particulares representadas en los diversos Consejos territoriales de la monarquía. La correspondiente a las Indias era una instancia auxiliar del embajador en la Santa Sede que consta al menos desde 1539. Es cierto que a partir de la Ordenanza del Patronazgo de 1574 sus competencias se restringieron[78].

En esa legislación, subsiguiente a la célebre Junta Magna de 1568, el Rey Católico reiteró de manera rotunda que "El derecho de patronato Eclesiástico nos pertenece en todo el Estado de las Indias, así por haberse descubierto y adquirido aquel Nuevo Orbe y edificado y dotado en él las iglesias y monasterios a nuestra costa". De ahí que advirtiera a sus virreyes: "Os encargo tengáis muy particular cuenta con la conservación del derecho de mi patronato real, guardándole vos y haciendo que los prelados, así eclesiásticos como de las órdenes no le quebranten, sino que antes lo guarden"[79]. Las tensiones entre la normatividad canónica y las disposiciones regias se hicieron más frecuentes bajo Felipe II, ya que en respuesta la Iglesia romana puso también por efecto estrategias y modalidades de intervención.

[76] Tudini, 2024, 228; Ruiz Ibáñez y Mazín, 2021, 234.

[77] Traslosheros, 2014.

[78] Tudini, 2024, 192-194.

[79] Solórzano, 1996, IV, II, 4 y 6.

Por otro lado, el principio del pase o aprobación regia a toda documentación pontificia con destino a las Indias era muy reiterado, lo que alude a su transgresión. En la tratadística jurídica de España el "pase regio" se fundamentaba en la necesidad de mantener el buen gobierno de la monarquía. Sin embargo, estuvo, efectivamente, lejos de ser enteramente observado, como el propio monarca lo puso de manifiesto

> Nos somos informados que a esa tierra se han llevado y llevan de ordinario algunos breves y bulas de Su Santidad y de sus nuncios […] sobre cosas así de gracias como de justicia y que sin ir certificado en ellos haberse visto en nuestro Consejo de las Indias, como está por Nos proveído y ordenado, se usa de los dichos breves y bulas[80].

Los obispos lo infligían. Sus contactos con las Congregaciones romanas eran frecuentes, en especial con la del Concilio, y no siempre pusieron al tanto de ese proceder al embajador del rey o a su agente para las Indias. Eso sí, da la impresión de que esperaban los momentos más propicios para transgredir. Además de justificarse con el argumento de estar obligados a implementar en sus iglesias los decretos del Concilio de Trento, echaron mano de procuradores o de religiosos para hacerse oír en la Urbe[81].

Precedencia y antigüedad

En su memorial, Solórzano propone poderse fundar en derecho que, en virtud de haber sido incorporadas por accesión, las Indias Occidentales tenían las mismas preeminencias y antigüedad que Castilla, pues se trataba de una misma corona. Desprende este aserto de la doctrina expuesta en el derecho romano y sus glosadores, según la cual

> La cosa que se adhiere a otra adquiere la misma naturaleza que tiene aquella a la que se adhiere. Y añade: los reinos y provincias

---

[80] Real Cédula de Felipe II a la Audiencia de México, 14 de mayo de 1583, en *Cedulario de Encinas*, (1990) vol. II, 44, citada por Tudini, 2024, 197.
[81] Tudini, 2024, 257.

que accesoriamente se unen o incorporan con otros, se tienen y juzgan por una misma cosa y se gobiernan por las mismas leyes y gozan de los mismos privilegios que el reino a quien se agregan[82].

Aclara que esto no sucedía con los reinos de Aragón, Milán, Nápoles, Sicilia, Portugal, Flandes y otros que se unieron y agregaron, explica, "quedándose con el ser que tenían", para prueba de lo cual se refiere a tratadistas en derecho, uno por cada uno de esos dominios: "Cuando unos Reinos o Estados se juntan con otros, no por vía de accesión, sino *aeque principaliter* [principalmente iguales], como aquí se dice, júzganse por distintos y cada uno conserva sus leyes, fueros y privilegios, como lo advierten los doctores citados"[83].

Por esta razón los dominios del Nuevo Mundo encabezaban la titulatura real que, según el autor, abreviaba "los dos polos en que consiste y se mueve la dilatada monarquía de vuestra Majestad: *Hispaniarum et Indiarum Rex*" [Rey de las Españas y de las Indias][84]. De acuerdo con la lógica de sus razonamientos la prosapia de los visigodos, y por ellos de la herencia hispanorromana de cuño bizantino, no podía ser ajena o incumbir menos a los dominios del Nuevo Mundo. Rememorar esos orígenes, tanto en la propia Castilla como en las Indias, era una tendencia reiterada a menudo que reforzaba el dominio real conforme a la personalidad y legitimidad del conjunto de los reinos y de cada uno en particular.

La fuerza de transmisión de esos orígenes en el tiempo es noción que Solórzano toma de Casiodoro: "El origen suele propagarse de manera definitiva, no sabe hacerse a un lado. Y esta condición es propia de todos los manantiales en función del buen sentido, mismo que desde su

---

[82] Aquí, Solórzano parafrasea al jurisconsulto italiano Tiberio Deciani (1509-1582), quien comenta el *Corpus Iuris Civilis*, ley 1 C. *de Pacto*. También se refiere a los doctores de Bolonia Baldo de Ubaldi y Bartolo de Sassoferrato. Cita finalmente su propio tratado *de Indiarum Iure*..., libro 3, capítulo 1, número 47, todo en su *Memorial*..., 1629, glosa 65.

[83] Solórzano cita sobre todo las decisiones de los principales cuerpos colegiados de los siguientes reinos: Aragón, Nápoles, Valencia, Portugal y el ducado de Milán. Solórzano, *Memorial*..., 1629, glosa 67.

[84] Solórzano, *Memorial*..., 1629, capítulo XV, glosa 83.

principio está autorizado"[85]. Efectivamente, suscribe a la imagen de un caudal de saber que fluye con fuerza aguas abajo desde un mismo origen y no se bifurca a causa de su "buen sentido". Se refería a la jurisprudencia que, al filo de los siglos, presidía la República cristiana como espejo del mundo. En este espejo se examinaba lo incierto o nebuloso para que la justicia lo aclarara.

Y es que el saber antiguo hacía de la justicia el principal atributo de la realeza. Solórzano lo sabe y nos dice que la justicia distributiva, como señora de las precedencias en los ámbitos divino y natural apuntaba, en última instancia, al honor que entrañan los versículos: "Que no sea así entre ustedes, el que quiera ser el primero, que sea el servidor de todos". De ahí también que en su *Memorial...* tenga especial relevancia la nobleza antigua de mérito y servicio como categoría moral y social que regía la movilidad. Por eso el autor procede imbuido de la lógica republicana del honor que premiaba y promovía las virtudes tanto de los ciudadanos como de los cuerpos o corporaciones.

En aquel momento, casi todos los reinos del mundo se sustentaban, explica, con la opulencia de las Indias Occidentales. Y le recuerda a Felipe IV cuáles eran, para el caso, las prendas de esa dignidad: el servicio a la majestad y el aumento de su hacienda; los recursos líquidos con que en la monarquía se emprendía una guerra total, es decir, planetaria, para hacer posible su preservación. Si las naciones envidiaban y encarecían la monarquía de España era precisamente a causa de esas posesiones. De ahí que sus monarcas quedaran estupefactos ante el "poderoso y dilatado imperio de España con la accesión de las Indias". Para ilustrarlo remite una vez más al tratadista italiano Camillo Borrello, quien refirió que "la reina Isabel I de Inglaterra confesó públicamente en un parlamento que tuvo en su reino que el señor rey D. Felipe II era por este respeto el mayor y más rico y poderoso príncipe de los que tenía el mundo"[86].

El fiscal Solórzano, ex oidor en Lima, disponía en 1628 de evidencias recientes de la opulencia y designios de autoafirmación de los grupos de poder en el Perú. También estaba al tanto de la exitosa articulación

---

[85] Casiodoro, *Institutiones*, libro 2, forma 15.
[86] Camillo Borrello lo consigna en su *de praestantia Regis Catholici* [de la prestancia del Rey Católico] capítulo 45, número 8. Solórzano, *Memorial...* glosa 48.

comercial prevaleciente en las Indias Occidentales, con principio en las costas de Nueva España, hacia las posesiones y mercados de Asia o Indias Orientales. Se hallaba convencido de que la Corona necesitaba respaldar y reconocer las aspiraciones de esos grupos, es decir, sancionar de manera contundente la entidad sustantiva que los reinos hispanos nuevos ya constituían. De ahí que, al volver del Perú a la Península, haya en seguida dado a conocer su *Indiarum Iure* y que defendiera con enjundia el derecho de precedencia del Consejo de Indias, tribunal al que el rey lo promovió meses antes con el cargo de fiscal.

Subsidiariedad indiana

Pese a todos esos argumentos, debe corroborarse que a causa de su lejanía de la corte real y de su estatuto jurídico accesorio había derivado un sentido o modo parcelario de entender las Indias Occidentales como conjunto de posesiones en la Monarquía de España. De ahí la vehemencia de los argumentos del fiscal Solórzano. Se trata de una posición subordinada y secundaria que la Corona asumía de manera consciente y reiterada. Así lo expresan la argumentación del autor y la negativa del rey al Consejo de Indias sobre preceder al de Flandes en las procesiones y ceremonias de la corte. Por eso Solórzano consideró necesario reivindicar una serie de cuestiones.

Da la impresión de que lo hacía porque eran ignoradas, se pasaban por alto o bien porque se las refutaba. Primero, encareció que se trataba de un imperio y no de tal o cual reino o condado. Si la mención original de ese estatuto y dignidad aparece en la constitución del patronato eclesiástico del Rey Católico en las Indias, es porque los papas lo reconocían en plena era de los descubrimientos. Efectivamente, a todo largo de su memorial Solórzano atribuye ese carácter imperial a la "fuerza de transmisión" romano-bizantina. Por eso exalta enseguida la grandeza de la empresa de cristianización. Pero también subraya el provecho de los frutos y riquezas que de ellas se sacaba y el hecho de que en aquel momento "sustentaban a los reinos del mundo".

Luego pondera la antigüedad de la incorporación de las Indias a la Monarquía (1493), principio que no se podía transgredir si no era por causa de "utilidad máxima y evidentísima". Aduce, finalmente que, en virtud de esa incorporación, las Indias tenían las mismas preeminencias y antigüedad que Castilla. Tengo la impresión de que la rotundez de estas argumentaciones era proporcional a la hipersensibilidad con que los grupos rectores en el Nuevo Mundo se reivindicaban ante el rey y sus órganos de gobierno. Sus reinos eran accesorios y subsidiarios, consecuentemente, precisaban exaltar sus rasgos diferenciadores.

IV.- La percepción local del rey

Incorporados a Castilla por conquista, esos reinos llegaron a minimizar esa condición accesoria y a lo largo del siglo XVII optarían por ser presentados como agregados por pacto o herencia, sobre todo si ésta era de naturaleza sobrenatural. De ahí que surgieran expresiones religiosas de agregación diferenciada o *aeque principaliter*, tenida por preeminente[87].

Por eso, algunos cultos de origen serían significados en un plano general, es decir, a escala de uno o más reinos. Por ejemplo, se exaltaría la santidad de vasallos "naturales" como fray Felipe de Jesús de México, franciscano mártir en el Japón (1597) o de la terciaria dominica Rosa de Lima, beatificada y canonizada por el papa a petición del rey de España respectivamente en 1668 y 1671[88]. Finalmente, los reyes de tiempos de la gentilidad también fueron evocados para representarlos entroncados a los personajes paradigmáticos de la realeza hispánica.

Sin solución de continuidad, una retórica genealógica fue desplegada de cara a los tiempos prehispánicos, tanto en Mesoamérica como en los Andes. Así tenemos que la iconografía del arco de triunfo con que la ciudad de México dio la bienvenida al virrey marqués de la Laguna en 1680, echó mano del pasado prehispánico y representó las estatuas de los *tlatoque* mexicas. No obstante, prevalecía una misma raigambre cultural. Otro tanto había hecho en 1570 la ciudad de Pamplona para dar la bienvenida a España a la reina Ana de Austria con arcos de triunfo desplegados por el reino. En ellos se mostró la figura del rey Sancho el Mayor (1004-1035) y de otros tres reyes navarros para proclamar la igualdad entre Navarra, Castilla y Aragón[89].

---

[87] Gil Pujol, 2012, pp. 69-108.

[88] Arias Cuba, 2019.

[89] Gil Pujol, 2012, p. 84. También remito a Mazín, 2015b, pp. 101-111.

La percepción del rey, pues, asimilaba elementos locales. Empezando por los indios, que buscaban todos los medios para hablar directamente con el monarca[90]. Los del Perú se quejaron en 1750 de que "no lo pueden ver ni hablar ni tratar con él, que se lo tienen escondido, oculto entre ellos y sólo por fe saben que tienen rey", afirmó ante Fernando VI el procurador fray Calixto de San José Túpac Inca[91]. Como apunté, los grupos dirigentes autóctonos en Nueva España y en los Andes se esforzaron por inscribir al monarca en la continuidad de sus señores naturales prehispánicos. Un escudo de armas de la ciudad de Texcoco, presumiblemente de principios del siglo XVIII, aunque pretende remontar al título de ciudad otorgado en 1551, reproduce los atributos del rey Nezahualcóyotl en tiempos de la gentilidad[92].

En las Indias, sin embargo, la asimilación también se daba en relación con el pasado medieval ibérico, donde radican los fundamentos de la realeza hispánica. A principios del siglo XVII y en términos de epopeya, el cronista de Texcoco Fernando de Alba Ixtlilxóchitl entremezcla un romance del rey de la gentilidad antes mencionado, Nezahualcóyotl, con otro referente a la muerte de Sancho II de Castilla (1065-1072) bajo los muros de Zamora[93]. De manera análoga, el cronista del Perú Guamán Poma de Ayala muestra a los cuatro reyes del Tahuantinsuyo rodeando al Inca. Entre todos cargan las columnas de Hércules, la divisa *Plus Ultra* y las armas del rey de España[94]. De manera correlativa, en un patio del alcázar de Madrid se habían incluido imágenes de Moctezuma y de Atahualpa a un lado y otro de la efigie del rey en turno.

Dos retratos anónimos del altar de los Reyes de la catedral de Ciudad Real de Chiapa (hoy San Cristóbal de Las Casas) merecen destacarse. Ejecutados hacia 1758, en uno se designa al rey como "san Fernando III" (1217/1230-1252), aunque en realidad el monarca retratado es Fernando VI, por entonces reinante, que viste casaca y lleva peluca a

[90] Hay vasta bibliografía sobre este tema. Respecto a los escudos de armas que los indios solicitaban remito a Castañeda de la Paz y Roskamp, 2013.
[91] Lienhard, 1992.
[92] Martínez Baracs, 1999, 164-172.
[93] Ixtlilxóchitl, 1985; II, 270-273.
[94] Poma de Ayala, 1980, 976.

la francesa. Se quiso subrayar la continuidad de la casa de Borbón respecto a la realeza medieval castellana y su principal modelo de santidad. Por cierto, algunos predicadores de México de la primera mitad del siglo XVIII llegaron a sostener, robusteciendo sus aspiraciones, que una sola razón explicaba por qué la canonización de Fernando III de Castilla había tenido que esperar hasta 1671: concluían que era a causa de la cristianización de las Indias, para que la santidad de ese monarca resplandeciera aún más[95]. De modo simétrico, en el segundo retrato de la catedral de Chiapa se representa a san Luis IX rey de Francia (1214-1270), aunque el monarca retratado es también Fernando VI, solo que esta vez ostenta atributos de la casa real de Francia, como la orden del Espíritu Santo, por lo que también se reivindicaba la santidad de la realeza francesa en el conjunto del retablo. No solo el retablo de Reyes de Ciudad Real de Chiapa ostenta los modelos medievales de santidad de los reyes de Castilla y de Francia. También lo hace el majestuoso retablo de los Reyes de la catedral metropolitana de México, cuya fábrica transcurrió entre 1718 y su dedicación en septiembre de 1737, en el cumpleaños del príncipe de Asturias, el futuro Fernando VI[96].

Subrayar la continuidad era importante porque, a partir de la segunda mitad del siglo XVII, la Monarquía Católica experimentó dificultades para afirmarse en el concierto internacional como el poder hegemónico que ya no era. Paradójicamente, lo estamos viendo, esas debilidades incrementaron en todas latitudes la identificación de los grupos dirigentes con su soberano a medida que se incrementaba su margen de actuación en la organización y gestión del gobierno y de los recursos. La "conservación" de la monarquía pasó así a ser el tema cardinal del dominio del rey en todas partes. De parte de la Corona, el proceso se significó por la retribución a los "naturales de la tierra" mediante el otorgamiento acrecentado de mercedes tales como hidalguías, hábitos de las órdenes militares, títulos nobiliarios y, desde luego, la gestión de la fiscalidad, no sólo para peninsulares europeos y americanos, también para los indios. Entre la segunda mitad del siglo XVII y la primera del XVIII

[95] Urrejola, 2017, 143-149.
[96] Ruiz Gomar, 1986, 17-43.

ellos obtuvieron las más importantes concesiones de reconocimiento social[97].

Todos esos desarrollos estuvieron caracterizados por un importante componente místico expresado por dos grandes cultos: el del Santísimo Sacramento, del que se exaltaron los vínculos con la casa de Austria, y el de la Inmaculada Concepción de la Virgen, que la Corona asumió como propio desde 1617. Promovido en todos los horizontes, este último culto adoptó, además, expresiones locales. A esa sacralización contribuyeron crónicas, sermones, memoriales y tratados jurídicos, música y artes plásticas. De entonces data la ejecución de obras pictóricas en lienzos sueltos y en biombos que evocan la épica de la conquista realizada más de dos siglos atrás[98].

Y es que, como expliqué, en la reivindicación de sus reinos los grupos rectores intentaron demostrar que, en su momento fundante, los dominios primigenios de las Indias habían sido agregados de manera voluntaria a la monarquía mediante una especie de "cesión de la soberanía" de parte de Moctezuma y Atahualpa a Carlos V. Este alegato encuentra su más cumplida expresión plástica en el biombo conocido como del "encuentro entre Cortés y Moctezuma", atribuido al pintor Juan Correa (1645-1716). Además, en el reverso, el artista plasmó una alegoría de los cuatro continentes, es decir, el ámbito planetario de la monarquía. En uno de los dobleces de ese biombo, correspondiente a las hojas de América y Europa, se ve un retrato de cuerpo entero del rey Carlos II[99].

No es menos elocuente una serie de escritos que, a partir de 1648, culminaron en 1675 en el testimonio de Luis Becerra Tanco. Su libro *Felicidad de México...*, consagrado a Santa María de Guadalupe, proclamaba que mediante el temprano milagro del Tepeyac (1531), Nueva España había sido incorporada a la monarquía de España por agregación, ya que, desde su origen, ese reino había contado con un legado propio bajado nada menos que de lo Alto[100]. Fueron los predicadores quienes

---

[97] Hausberger y Mazín, 2010. Remito asimismo a un título reciente: Álvarez Ossorio, Bravo y Quirós, (eds.), 2025.
[98] Vargaslugo, 2005a.
[99] Vargaslugo, 2005b, 101-105.
[100] Becerra Tanco, 1675.

dejaron asentado el momento de mayor arraigo local de la figura del rey. Por eso atribuyeron a Fernando VI no solo la elevación del santuario de Nuestra Señora de Guadalupe a iglesia colegiata, sino el tan buscado reconocimiento de su culto por la Santa Sede en 1754[101].

---

[101] Urrejola, 2017, 353-380.

V.- Orden social y ámbito eclesiástico

El ámbito de influencia de la Roma antigua (*romanitas*) dio lugar a provincias, a comarcas, así como a las diócesis, todas, entidades territoriales que incubaron en la misma tradición[102]. Una vez más, parece evidente que la historia de los dominios americanos de España puede tornarse plana, anacrónica o bien desvirtuarse si no asumimos su matriz cultural antigua.

Sacralizada por el cristianismo, la diócesis, demarcación imperial erigida bajo Diocleciano (284-305), testimonia de esa continuidad y complejidad. La afirmación de que todo saber viene de Dios y acerca a Dios confirió a la función real un carácter clerical. El rey compartía con el clero ese saber. Siglos después, hacia 1450, la cancillería real de Castilla acuñó la fórmula "de mi cierta sciencia e sabiduría e de mi poderío absoluto"[103]. De ahí que bajo ese supuesto, los Reyes Católicos hayan llevado a efecto una reforma del clero y de las órdenes religiosas.

Por otra parte, plasmar en papel una descripción, oral en un principio, fue, durante siglos, la única posibilidad de visualizar realidades inaccesibles. De ahí que las relaciones para la descripción de diversos lugares, comúnmente llamadas "geográficas", sean auténticas ventanas abiertas. Cuando los Consejos del rey pedían informes de los territorios, solían hacer de la diócesis la entidad de referencia, tanto en Castilla como en los dominios del Nuevo Mundo. Por eso, ella no es exclusiva de las fuentes eclesiásticas. Y no lo es porque en las Indias las diócesis llenaron el vacío que suscitaba la estrechez del territorio comprendido por las alcaldías mayores y corregimientos, y la jurisdicción sumamente vasta de las Reales Audiencias. La diócesis u obispado se perfiló entonces como unidad intermedia. Para corroborar este aserto remito a la serie de mapas

---

[102] Robert, 1999, p. 82-83.
[103] Rucquoi, 1992, 72.

incluida al final de este libro. Muestran, de manera aproximada, las demarcaciones de las diócesis y de las Audiencias.

Ya desde los contornos de 1570 se menciona la diócesis en las descripciones de cronistas, funcionarios y viajeros. La conveniencia de la escala diocesana en las Indias, que promediaba cientos de miles de kilómetros, es aún más comprensible si pensamos que en los reinos de España el territorio de los obispados fue considerablemente menor, sobre todo tras el aumento del número de sedes episcopales en el último tercio del siglo XVI. En 1590 había en la Península hasta unas 60 diócesis con un promedio de diez mil kilómetros cada una[104].

A partir de su respectiva ciudad sede y, por extensión, de las aglomeraciones con iglesias parroquiales, cada diócesis contribuyó a suscitar procesos de territorialidad. Hay que reiterarlo, "espacio" y "territorio" no eran términos sinónimos, como suele empleárseles, sino que se refieren a nociones diferentes mediadas por el derecho. Un espacio se convertía en territorio sólo si se le dotaba de jurisdicciones. Estas correspondían a diversas entidades corporativas, tanto eclesiásticas como seculares: las provincias de las órdenes religiosas, las doctrinas, parroquias o curatos que ambos cleros administraban, los corregimientos, alcaldías y desde luego los cabildos y regimientos. A todas esas entidades subyacían vínculos de vecinos y estantes que moldearon congregaciones, pueblos, villas y ciudades bajo el gobierno de cabildos, alcaldías mayores y Reales Audiencias en tanto que instancias de apelación[105].

Fincada en su matriz urbana antigua, en el derecho, pero también en el culto, esa territorialidad era plasmada de acuerdo con una secuencia taxonómica regida por la movilidad. Articulaba los vínculos sociales en sitios, ranchos, pueblos, congregaciones, villas y ciudades conforme estas negociaban la sanción de su estatuto y privilegios. Evolucionaban conforme a una dinámica en que la justicia, según su referente sobrenatural, los ajustaba a cada paso mediante la recepción de apelaciones y la impartición de enmiendas y desagravios[106].

---

[104] Mansilla, 1980.
[105] Mazín, 2020.
[106] Mazín, 2017, 18.

Consecuentemente, la perspectiva eclesiástica es socialmente envolvente en la medida de que todos los individuos, grupos y corporaciones se hallaban inmersos en un régimen de cristiandad. También era políticamente comprehensiva, en el sentido de que la legitimidad del dominio real dependía de que se "descargara la conciencia" del rey-pastor y de que se diera "asiento a los reinos", es decir, que se les dotara de estructuras más o menos permanentes en medio de las transformaciones sociales subyacentes a las diferencias entre los cleros regular y secular. Desde los privilegios autárquicos el primero y desde su situación emergente el segundo, ambos dirimieron sus diferencias durante siglos. Por todo ello, el enfoque eclesiástico permite escrutar los principales ajustes al dominio real según el sustento diferenciador de los reinos, así como dilucidar el ámbito de monarquía que se estaba verificando en cada lugar.

VI.- La controversia de las Indias

Las conquistas y el encuentro con los indios neófitos suscitaron cuestiones sumamente relevantes. A partir de la década de 1560 sus efectos hicieron preciso reconducir el dominio del rey: ¿Es legítima la conquista? ¿De qué derecho se vale la Corona para ejercer su dominio en el Nuevo Mundo? ¿Cuáles son sus fines y sus límites? ¿Cuál es la naturaleza de los indios? ¿Cómo hay que cristianizarlos y por quién?[107]

Algunas respuestas asomarán a lo largo de este libro. Sin embargo, en lo concerniente a esta primera parte me interesa destacar que también tuvieron por sustento la matriz cultural antigua evocada. Una de las manifestaciones de esta última fue siempre el gusto por la polémica, es decir, por el debate y las controversias. En el sentido de que en el ámbito mediterráneo el pensamiento estuvo siempre arraigado en la realidad y no en la especulación, en un deseo profundo de actuar en y sobre el mundo y de implantar en este una moral cuya expresión y garantía era el derecho escrito[108].

Las respuestas también tuvieron presente un pasado peninsular más reciente, una gesta ganada para "defensa y acrecentamiento de la fe" sin solución de continuidad respecto a las Indias del Nuevo Mundo. Fray Bartolomé de Las Casas la recordó al explicar que el papa había hecho donación de esa porción del planeta a los reyes de Castilla y León

> Han heredado de sus progenitores el celo de la defensa y acrecentamiento de la fe, recobrando esos reinos de España arrancándolos por la fuerza de las armas durante largos siglos de las manos de tiranos y enemigos de la fe católica vertiendo mucha de su sangre real. Y esas mismas personas, gracias a incomparables trabajos,

---

[107] Mazin y Val Julián, 1995, 7-15.
[108] Rucquoi, 1998, 262.

costas y peligros han recuperado el reino de Granada entregándolo finalmente a la Iglesia universal de Jesucristo[109].

Aun cuando durante siglos la guerra había sido una empresa común a cristianos, musulmanes y judíos, hasta entonces no había sido objeto de una discusión abierta en el plano moral ¿Cuándo es justa? Se hicieron propuestas y cundieron argumentos sobre su ilicitud. Suscitaron una polémica amplia y ardiente de la cual fray Bartolomé, obispo de la diócesis de Chiapa, es quizá el exponente más conocido y prolijo.

Efectivamente, una controversia de gran calado sobre el dominio real de las Indias transcurrió a lo largo del siglo XVI. Tuvo por escenarios el aula regia o Consejos del monarca, sus foros judiciales o Audiencias y las aulas universitarias en ambas orillas del Atlántico. Inició en una junta de 1504 convocada por Fernando el Católico y culminó en las leyes de Felipe II sobre pacificación, nuevos descubrimientos y población de 1573, así como en la Ordenanza del Patronazgo Real del año siguiente. La controversia no ha sido considerada en su conjunto porque se privilegian sus episodios centrales, los más pertinaces y célebres. Por lo tanto, se la suele tratar de manera aislada o en la perspectiva de la Leyenda Negra. De ninguna manera se la ve como expresión de un proceso de saber unitario inserto en la matriz cultural antigua a que me he referido. Aquí solo aspiro a presentar un somero y apretado resumen.

Los indios

Para todo retrato de las poblaciones autóctonas surgieron comparaciones, juicios de valor que iban desde la inocencia idílica destacada por algunos, como Las Casas, hasta la bestialidad de que los acusaban otros, como Juan Ginés de Sepúlveda. Esos extremos y la gama intermedia que los separa aluden a imágenes del saber antiguo de que se echaba mano. En el primer extremo el referente es una edad dorada, mítica, lo que Vasco de Quiroga, oidor de México y poco después primer obispo de

---

[109] Las Casas, 1553, f. 282v.

Michoacán, asociaba con el reino de Saturno[110]. El segundo término remite a los bárbaros, incapaces de llevar una vida organizada en comunidad. Ese procedimiento encuentra su referente en descripciones de los ideales griegos de la vida "en policía", como aquella de Heródoto que contrastaba con los escitas irreductibles en el siglo V antes de Cristo[111].

El debate sobre la naturaleza de los indios fue alimentado por informaciones que fluían desde y hacia la Península en la forma de relaciones y crónicas, al igual que de traducciones en varias lenguas. La primera reacción de la Corona fue de oposición al principio de la esclavitud de los naturales, pese a que la política al respecto se mantuvo fluctuante durante algunas décadas, al ritmo de la interacción con los actores y agentes de las conquistas y el poblamiento. La esclavitud de los indios fue puesta a debate desde 1504 con ayuda de informes y, una vez más, de un aparato conceptual heredado de siglos de relaciones entre la cristiandad y diversos pueblos "infieles". Por lo tanto, las referencias a Aristóteles, a san Agustín o incluso a santo Tomás de Aquino estuvieron a la orden del día[112].

Guerra, encomiendas y gobierno

En el siglo XIII Aquino, el doctor angélico, había enunciado tres condiciones para que la guerra fuera lícita: tenía que haber una causa justa, una autoridad legítima que la declarara y una intención recta para hacerla, sin rigor desmesurado, ya que la finalidad de la guerra no era la venganza sino el bien de la república[113].

Por otra parte, desde un principio los conquistadores implantaron la encomienda como retribución de la Corona a los jefes de las huestes por sus servicios al "ganar la tierra", en la forma de un determinado número de indios de servicio. En la práctica la encomienda suponía el derecho a reclamar trabajo y tributo o contribuciones, con la obligación

---

[110] Mazin y Val Julián, 1995, 7-15.
[111] Hartog, 1991, cap. IV.
[112] Mazin y Val Julián, 1995.
[113] Mazin y Val Julián, 1995.

para el encomendero de costear la doctrina y cristianización de los naturales. Sin embargo, a fin de asentar su dominio la Corona ordenó en 1542 que, aun cuando las encomiendas eran entidades en principio vitalicias, su sucesión por herencia quedaría limitada. Esto suscitó la cólera de los conquistadores que, al ver disiparse la posibilidad de presidir una elite señorial en las Indias, emprendieron revueltas y guerras intestinas, sobre todo en el Perú. Desde Nueva España acudieron a la corte del rey personeros que, aun cuando no lograron la suspensión y menos la perpetuidad de las encomiendas, sí obtuvieron que se enviara un visitador para que mediante adiciones templara el rigor de la legislación, en el sentido de permitir el usufructo de aquellas hasta por dos vidas[114].

Los abusos de la encomienda, su impugnación y tentativas de supresión fueron el meollo de la controversia y de la legislación. Y los escritos de fray Bartolomé de Las Casas, una especie de hilo conductor de ella: desde su carta al Consejo de Indias de 1531, hasta los textos que publicó en Sevilla en 1552, sin faltar la incisiva *Brevísima relación de la destrucción de las Indias*, pasando por su monumental *Historia de las Indias* que quedaría inédita durante su vida[115]. De acuerdo con el carácter pragmático del saber antiguo, ese "defensor de los indios" conjugó siempre pensamiento, acción y circulación. No se limitó a condenar a los conquistadores y encomenderos, sino que llegó a exigirles la restitución de los bienes despojados a los naturales. Apeló a la conciencia de cada cual, en particular a la de los miembros del Consejo de Indias amenazándolos con los fuegos eternos del infierno si faltaban al cometido principal del dominio del Nuevo Mundo, la cristianización. Una vez obispo y, para contrarrestar la moderación a la sucesión de las encomiendas, fustigó a encomenderos y vecinos condicionando que fuesen escuchados en confesión y absueltos como penitentes si no cumplían con una docena de "reglas" o condiciones[116].

Y es que, por estar presente en los principales frentes, Las Casas había participado en la elaboración de las Leyes Nuevas. Una vez reformadas y adicionadas estas por don Felipe, el príncipe regente, fray

---

[114] Mazin y Ruiz Ibáñez, 2021, 67.
[115] Mazin y Val Julián, 1995; Lira y Martínez Baracs, (coords.), 2022.
[116] Lira González, 2019; Bahena, 2024, 92-93.

Bartolomé volvió a la corte a hacer oír sus reclamos y protestas, hasta el punto de renunciar a su diócesis en 1549 y de proseguir su actividad en diversas juntas, como la célebre de Valladolid de 1550-1551. En la estela de Tomás de Aquino, Las Casas pensaba que la fe se finca en la libre adhesión y no en el constreñimiento. Consecuentemente, la única vía posible para la conquista en orden a la cristianización era la penetración pacífica mediante una enseñanza paulatina. Cuando mucho se podía exigir a los indios el pago de un tributo moderado para costear su gobierno y doctrina. Sin embargo, entre las órdenes mendicantes y el clero secular prevalecieron disensiones sobre los métodos para evangelizar que traslucían distintas modalidades de poblamiento y de vínculos entre las "repúblicas" de indios y de españoles[117].

Dado que la incorporación a la monarquía no se verificó sin expresiones de índole local sobre el establecimiento de aglomeraciones, la disponibilidad y sujeción de las encomiendas que las sustentaban y las posibilidades de representación política respecto a gobernaciones, Audiencias reales y aun la corte del rey, los agentes eclesiásticos se configuraron de manera diferenciada. Pese a que en Nueva España las órdenes religiosas mendicantes fueron preeminentes en la "República de los Indios" y contaron con el favor de los virreyes, no hay que perder de vista la presencia de figuras señeras del episcopado y su clero, como el propio Las Casas, Vasco de Quiroga o fray Juan de Zumárraga en villas y ciudades. La presencia y acciones de los primeros obispos fueron ganando en complejidad a medida que las actividades económicas aumentaban y se diversificaban.

El más lejano y dilatado Perú se halló envuelto en guerras intestinas entre conquistadores y contra la legislación real que limitaba las encomiendas. Una *Instrucción para la doctrina de los naturales* (1545) dada por el primer obispo de Lima fray Jerónimo de Loaysa, se hacía eco de la controversia sobre el "justo título" del dominio real para evangelizar las Indias por medio de una doctrina unificada[118]. Sin embargo, prevalecía la disgregación y a esta debió hacer frente la reconducción del dominio real. Se impuso, por lo tanto, la necesidad de una gestión más

---

[117] Mazín y Val Julián, 1995, 3-17; Bahena, 2024, 95.
[118] Tudini, 2024, 72-73.

estricta y unificada de parte de los virreyes. Estos se esforzarían por hacer converger bajo su autoridad a los obispos con su clero secular, así como al de las órdenes religiosas.

Dominio y otredad cultural

En la Península la controversia tuvo entre sus principales exponentes al dominico fray Francisco de Vitoria, quien en la Universidad de Salamanca definió siete títulos legítimos para el dominio del rey de España. He aquí un célebre exponente de la filosofía natural, saber subyacente desde antiguo a ambos derechos y a la teología. Según Vitoria, ni la ignorancia de la fe por los indios, ni las bulas de los papas justificaban la conquista, ya que el sumo pontífice no era soberano temporal del mundo. Su poder temporal era más bien indirecto y eso cuando los intereses de la fe se veían amenazados. En este punto, Vitoria sostuvo una posición más crítica o por lo menos anterior a la radicalización de Las Casas. Según vimos, en un principio, este último había favorecido las bulas de concesión de las Indias porque creía que Carlos V iba a entregar sus dominios en administración a los frailes. Vitoria, en cambio, enseñaba que los indios pertenecen a la república del mundo, es decir, a la comunidad de los hombres y que, por ley natural, que es de Dios, son sujetos de derechos[119].

Para Vitoria la única causa de guerra justa era la hostilidad declarada contra los cristianos y los obstáculos que se pusieran a la predicación. Entre los justos títulos estaban asimismo la libertad de tránsito, de comercio y la intervención armada en favor de los aliados y de gente inocente. Los pecados contra natura tampoco justificaban la guerra, ya que el castigo del pecado no podía ser sino divino. No se trataba de castigar el pecado, sino la violación de los preceptos de la ley natural. Sólo así la guerra podía ser justa.

Un octavo título es el relativo a la barbarie de los indios y su asimilación a los esclavos por naturaleza, definidos desde antiguo por Aristóteles. Esta tesis, sostenida por Juan Ginés de Sepúlveda, atribuye una

---

[119] Mazín y Val Julián, 1995, 3-17.

inferioridad insuperable a determinados seres destinados por naturaleza, según el estagirita, a la servidumbre. Esta última permitía, en consecuencia, legitimar tanto la guerra como la tutela. En España, de hecho, los esclavos siempre habían sido numerosos. Su captura fue uno de los fines y una de las consecuencias de la guerra y de las razias efectuadas en territorio enemigo. No obstante, Vitoria se pronuncia por la humanidad esencial de los indios, como lo había hecho la bula *Sublimis Deus* de Paulo III en 1537.

Por lo tanto, los rasgos negativos de los indios no debían ser asimilados a su naturaleza, sino considerarse como diferencias culturales susceptibles de evolución, de modificación. Esta "otredad" hacía del Nuevo Mundo un niño, pero no un esclavo. Su atribuida inmadurez precisaba entonces de una enseñanza apropiada. ¿Cuál? En este punto hubo una diversidad de pareceres y de métodos en que intervino la configuración local de los nuevos reinos y señoríos.

Con todo, la conciencia de la otredad cultural estimuló la vocación por el saber y por las antiguallas, por dar con los orígenes que justificaran las acciones. Se dio por lo tanto lugar a grandes descripciones de la historia, las costumbres, la religión y las lenguas de los pueblos indios, materiales indispensables para cristianizar a los nuevos súbditos del rey de España. Y es que, en todas latitudes de la monarquía, "catolizar" implicó redimensionar los territorios en términos jurídicos, religiosos y lingüísticos conforme a una cultura antigua común a los mundos ibéricos.

Derecho y legislación

El vaivén de informaciones repercutió en los ámbitos jurídico y religioso. De suerte que se fueron regulando las expediciones, las modalidades de descubrimiento, de toma de posesión, de tratamiento de los indios y las maneras de convertirlos al cristianismo[120]. El derecho indiano, basado en el castellano, se constituyó sobre la marcha de la interacción trasatlántica, en el seno de juntas como la de Burgos (1512) o una de Valladolid

---

[120] Sobre la costumbre indígena y su subordinación al derecho indiano y castellano remito a Menegus, 1992.

de la que emanaron las célebres Leyes Nuevas (1542-1543). Prevalecía un nexo indudable entre las cuestiones debatidas en esas instancias, las denuncias de eclesiásticos y la petición de mercedes por parte de conquistadores, encomenderos, sus descendientes, así como de los vecinos pobladores. Por ejemplo, el sermón pronunciado en la isla La Española por fray Antonio de Montesinos, O.P. en diciembre de 1511, dio lugar a la Junta de Burgos (1512) de la que a su vez emergió una serie de disposiciones que reglamentaron el empleo de la mano de obra india.

Las Leyes Nuevas que Las Casas contribuyera a obtener del emperador limitaban el alcance y duración de las encomiendas, previeron su extinción y adscripción "en cabeza de la Real Corona" a la muerte de sus titulares. Sin embargo, ya vimos que afectaron radicalmente los intereses de los españoles, no solamente de los encomenderos, sino aun de corporaciones como las órdenes religiosas, hasta el grado de que la aplicación de dichas leyes estuvo sujeta a diversas situaciones y condicionamientos también de acuerdo con los ámbitos locales, como las guerras civiles que estallaron en el Perú en las que sucumbió el primer virrey. Para poder preservar sus dominios, la Corona revocó en 1545 los artículos concernientes a la duración de las encomiendas.

En los Andes la resistencia de muchos indios principales bajo la égida de diversos sucesores incas fomentó la movilización de jefes, señores naturales o curacas y de caciques. Estos intercambiaban comunicación entre ellos y extendieron poderes para la Corte al propio Las Casas y al dominico Domingo de Santo Tomás para contrarrestar a los encomenderos, no menos activos en la defensa de sus intereses ante el rey. Como veremos en la segunda parte de este relato, la represión sería implacable en la década de 1570. En Nueva España las cosas parecen haberse limitado a los provinciales de las más poderosas órdenes mendicantes para que hicieran oír la voz de los indios ante el Consejo de Indias por medio del dominico fray Pedro de la Peña (Ca. 1500-1583)[121].

---

[121] Assadourian, 2017.

También queda dicho que en relación con la esclavitud de los indios las restricciones se sucedieron con altibajos. En ciertos momentos se producía un retorno que la toleraba, como en una provisión real de 1534 que motivó a Vasco de Quiroga a escribir su *Información en derecho*. Las Leyes Nuevas la prohibieron en principio y concedieron la libertad a los esclavos de aquellos amos que no podían probar su posesión con títulos legales. Hubo, sin embargo, ambigüedades, ya que los indios de encomienda no podían legalmente ser empleados en las minas y los esclavos negros resultaban demasiado costosos. De todas maneras, hubo tres fuentes posibles de aprovisionamiento de esclavos indios: por guerra justa, por rescate o trueque de aquellos considerados esclavos entre y por los propios indios y el tributo, del cual una parte "mínima" podía incluir esclavos. A partir de la segunda mitad del XVI, y a ello contribuyó Las Casas en su *Tratado de los indios que se han hecho esclavos* (1552), la esclavitud se limitó a las tribus rebeldes de las márgenes del imperio.

Subsistió, sin embargo, el problema de los "servicios personales" que presenta algunas diferencias respecto al trabajo forzado. Los primeros eran defendidos desde la perspectiva de la renta de la encomienda, de la que una parte consistía en dinero, otra en especie y una más en trabajo. En cambio, hubo servicios personales en las minas, las ciudades o las haciendas y en estas instancias adoptaron rasgos de trabajo forzado o coactivo, sin vínculo de encomienda. Fue hasta la década de 1590 cuando el Consejo de Indias inició una especie de deliberación y análisis para intentar suprimir el trabajo forzado coactivo[122].

Este último debate parece haber tenido más tempranas y conflictivas repercusiones en la Nueva España. Guarda, además, relación con el Tercer Concilio Mexicano de 1585 y con el cronista franciscano fray Jerónimo de Mendieta, quien le encargó a fray Diego de Ricarte, y luego al dominico fray Juan Ramírez (1529-1609), gestionar en España la abolición del servicio personal. Fue bajo Felipe III cuando se dio la real cédula del 24 de noviembre de 1601 que en principio abolió el

---

[122] Assadourian, 2017, 15-29.

repartimiento forzoso disponiendo que los indios no fueran compelidos a trabajar, sino que salieran a las plazas a contratar su trabajo libremente. En coincidencia con la instalación del Juzgado de Indios en Nueva España (1591) se nombraron encargados de vigilar la justicia en los tratos y el cumplimiento de lo acordado[123].

Trascendencia

La controversia de las Indias presentó en la monarquía de España un desafío mayúsculo, análogo a los que asumían el dominio real en otras latitudes de ella como Flandes y la propia Castilla. Ningún otro poder europeo enfrentaba un problema de gobierno y administración de tal envergadura en los siglos XVI y XVII. Y es que en España y Portugal se contaba con categorías e instrumentos de saber depurados a lo largo de siglos de experiencia de guerra colectiva. Los saldos de la controversia y el proceso de reconducción del dominio real bajo Felipe II dieron lugar a modulaciones de gobierno que contribuyen a explicar el alto grado de estabilidad y orden público alcanzado por la monarquía en el Nuevo Mundo. En un ámbito de conflicto, guerra y otredad, las categorías y experiencias de la cultura antigua mediterránea forjaron nuevas herramientas, ámbitos de acción y de conciencia.

Los indios fueron incorporados a esa monarquía como una nueva categoría jurídica que se sumaba a las existentes. Es decir, fueron considerados con la ayuda de nociones establecidas como la vida en policía, la guerra justa o la infidelidad. El calor de la polémica contribuyó a redimensionar las matrices culturales y a forjar las primeras normas del derecho internacional. De manera análoga, la discusión sobre la naturaleza de los indios permitió confirmar el principio cristiano de la unidad del género humano proclamado por la bula *Sublimis Deus*

> …determinamos y declaramos que los dichos indios y todas las demás gentes que de aquí en adelante vinieren a noticia de los cristianos, aunque estén fuera de la fe de Cristo, no estén privados ni

---

[123] Borah, 1985.

deben serlo de su libertad ni del dominio de sus bienes y que no deben ser reducidos a servidumbre[124].

---

[124] Bula *Sublimis Deus* de Paulo III, 1537, cita tomada de Mazín y Val Julián, 1995, p. 14.

VII.- Los "Fundamentos" como instrumentos de explicación

Al final de esta primera parte, y a manera de preludio de las siguientes, es preciso reiterar que los fundamentos de este relato corresponden a un zócalo o matriz cultural antigua común a los dominios que integraron la monarquía de España. También debe ponerse de manifiesto que ellos funcionan aquí como instrumentos o categorías de explicación. Por dos razones: responden a las interrogantes que orientan mi indagación y articulan o dan consistencia a los procesos que dieron lugar a las modulaciones de reconducción del dominio real.

Así tenemos que un entramado legal y sagrado de la *republica christiana* configuraba la monarquía en el plano local. Él permitía que grupos y actores se reivindicaran y negociaran con la Corona muchas cosas, entre ellas sus propias figuras de autoridad. En virtud del *imperium*, el dominio real no fue exclusivamente directo y menos aún en el ámbito de la cristianización, donde las nociones de tierra o arraigo y de saber desplegaban una complejidad y versatilidad muy considerables: vínculos sociales y jurídicos específicos de cada latitud en correspondencia con sus componentes geoestratégicos reforzaban el nexo primordial de la gente con su lugar de origen, con su patria. Por eso la lealtad al "reino" respondió a ese nexo y, solamente en esa medida, a la Corona. El arraigo de esa "monarquía local" era robustecido por una fuerte conexión de la religión, el derecho y las lenguas que, al identificarse entre sí, seguían una misma evolución. Como tendremos ocasión de verificar, la reconducción del dominio real no pudo prescindir del culto y de la doctrina, de la reducción de los pueblos autóctonos en tanto que entidades corporativas, ni de las lenguas como vehículos de saber.

Si el Rey Católico disponía de la "fuerza de transmisión" de un caudal de cultura inmemorial de cuño romano bizantino, el reconocimiento de las Indias como imperio por el papado ahonda nuestra comprensión del patronazgo de ellas como sustrato formidable de la coalescencia o relación simbiótica que prevaleció entre la Santa Sede y la Corona. Ese régimen redimensiona los alcances y límites de la doble potestad sagrada y profana del rey y sus autoridades delegadas sobre la jerarquía católica y los cleros. Por eso, como aquí veremos, el estudio de los contactos del episcopado de las Indias con el papa y sus congregaciones no puede prescindir de la comprensión de las acciones del virrey, de las Audiencias y de los gobernadores en el ejercicio del patronato. Las autoridades romanas no vacilaron en optar por mantener la situación de las iglesias dentro de los márgenes de esa coalescencia para garantizar la lealtad a Roma sin incurrir en riesgo de ruptura con la Corona.

La percepción del rey que asimila elementos locales es reveladora del carácter socialmente envolvente de la perspectiva o enfoque eclesiástico. Fue en los ámbitos de lo sagrado donde el designio de conservación de la monarquía exhibió los modelos de santidad regia como ejemplarizantes en un régimen de cristiandad sustentado en el dominio que "descargaba la conciencia" del rey pastor. La controversia sobre ese dominio a escala del conjunto entero de posesiones del Nuevo Mundo estuvo lejos de ser una mera disquisición intelectual y moral. Al poner a prueba el imperio, el debate produjo ciertamente respuestas desde el saber jurídico y religioso, aunque estrechamente vinculadas a la acción y a la circulación. De ahí que la implementación de formas de reconducción del dominio se hiciera imprescindible y fuera viable a la vez.

Aun cuando el imperio, el arraigo local y la matriz del saber son nociones fundamentales para explicar las modulaciones de dominio real, la movilidad y la circulación no son menos relevantes. Lo son tanto en términos de la configuración del orden social en cada reino, como del intenso trasiego interoceánico en aquella monarquía de escala planetaria. La movilidad es un factor estructurante de las sociedades hispánicas en dos sentidos: primeramente, en el espacio, pues alude al establecimiento y asentamiento de aglomeraciones humanas, a un poblamiento de índole urbana de creciente densidad destinado a durar. A él subyacieron las nociones de parentesco, patronazgo y paisanaje que hacían de la familia extensa un todo solidario.

En segundo lugar, la movilidad se refiere al cambio social. Se suele suponer que este no debía transgredir un "orden natural" armónico, emanado de Dios, que la justicia debía restablecer. Sin embargo, el que toda taxonomía social se hallara regulada de manera jurídica no quiere decir que los grupos quedaran irremisiblemente recluidos. La movilidad social no se veía, transitaba por un tiempo largo, era algo aparentemente invisible. No se esperaba, o sea, no se concebía como un cambio súbito. Tampoco se deseaba, en otras palabras, no buscaba confundir ni perturbar el orden social[125]. Situaciones tales como la guerra, las formas de acceso a la tierra, a los cargos y oficios, la remuneración de méritos y servicios por el rey, la manumisión de esclavos, el trasiego hacia o desde la corte de España y hasta apariencias como el atuendo hacían que las barreras étnicas y sociales fueran más permeables de lo que imaginamos.

Por lo que hace a la noción de circulación, a causa de la variedad de usos y connotaciones del término, debo decir que la entiendo como sedimento de índole cualitativa de la movilidad. Me parece que hay circulación cuando la movilidad está mediada por acciones de agencia o representación. Por ejemplo, para constituirse en república, con capacidad legal sobre los recursos de su entorno, los vecinos de una aglomeración precisaban de la sanción del rey como su señor natural. Negociar esa sanción los hacía interactuar con los agentes del monarca, lo que despejaba una circulación mediada por la agencia[126]. Otro ejemplo: para lograr asentarse en el orden social las principales corporaciones dispusieron de agentes y procuradores que, al representarlas, velaban por sus intereses ante los tribunales y aun en la corte del rey[127]. La circulación presenta contenidos, lógicas y pautas de actividad muy diversas. Más aún, la maleabilidad y extensión de las dinámicas de circulación impelen a hacer comparaciones sistemáticas. Por eso la noción de circulación imprime secuencia a la explicación en la segunda y tercera partes de este relato.

Como aquí veremos, en términos de circulación la reconducción diferenciada del dominio real presenta pautas o patrones en las

---

[125] Hespanha, (2006), pp. 121-143.

[126] Gänger, 2017, 308-310, 313.

[127] Mazín, 2007a y 2017.

trayectorias de los virreyes de las Indias Occidentales. Otro tanto se desprende del tránsito no unidireccional de ministros, eclesiásticos y agentes-procuradores hacia y desde la corte del rey. Uno de los patrones más relevantes consiste en que, conforme circularon, los virreyes de Nueva España y del Perú contribuyeron a normalizar o tipificar cada forma de reconducción del dominio real.

Parte Segunda

Reconducción

La controversia sobre la legitimidad del dominio hispano en las Indias nos enseña que a partir de la década de 1540 numerosos actores reivindicaron poder, privilegios y personalidad corporativa en nombre del rey[128]. Como efecto de esa turbulencia, el importante y recién instaurado cargo del virrey adolecía ya fuera de descrédito o de falta de reconocimiento. Se hizo necesario reconducir el dominio real en los más diversos escenarios. Lo cual implicaba incidir en las dinámicas y vínculos sociales de los vecinos pobladores, en las instancias de autoridad cuya instauración había sido negociada, así como en los ordenamientos sucesivos de la "República" de indios"[129]. Esa necesidad de reconducción, cuyo proceso comprenderemos al final de este relato, se hizo aún más prioritaria en los dos núcleos de la autoridad real de Lima y México durante las décadas de 1570 y 1580. En esta segunda parte examinaremos el proceso de manera respectiva.

Me interesa estudiarlo desde el ámbito eclesiástico. Primero porque la cristianización presidía la transformación de las entidades autóctonas en reinos nuevos. También justificaba la incorporación de estos a la corona de Castilla. En seguida, porque, como vimos, ese ámbito fue comprehensivo o envolvente del orden social. En esa configuración de la monarquía, el cargo de virrey desempeñaba un papel preponderante. En el sentido de que la conducción del gobierno a su cargo tenía repercusiones sobre las demás instancias de autoridad, secular y eclesiástica. Sin embargo, la gestión de los virreyes estuvo expuesta a altibajos en función del dinamismo local, de ahí que en cada latitud fuera diferenciada.

---

[128] Ramos, 1982; Baltar, 1998; Ruiz Ibáñez, 2003.

[129] Así la llamaba el Dr. Hernando Ortiz de Hinojosa en su alocución durante la apertura del Concilio Provincial Mexicano de 1585.

No menos diferenciada era su relación con la corte. En el caso de Nápoles (1504) o de Navarra (1512), donde prevalecían costumbres, fueros y legislación previos a la incorporación de esos reinos en la monarquía, la actuación del virrey se hallaba sujeta a varias instancias de intermediación. Pero, en el caso de las Indias, conjunto transoceánico lejano y aislado, de conquista también reciente, la relación del virrey con el rey en su Consejo, ya fuera desde México o desde Lima, tuvo que ser más directa[130]. Con todo, fueron el emplazamiento geoestratégico y la capacidad negociadora de los grupos de poder y de las instancias de autoridad, los que condicionaron los términos de la relación de cada virrey con la corte. También lo fue, como veremos, la reconducción del dominio real en el ámbito eclesiástico.

Pudiera caerse en la tentación reduccionista de que la sola dislocación del inmenso Tahuantinsuyo y las consecuentes inercias disgregantes impusieron a la autoridad del virrey del Perú desafíos específicos. Y que, en cambio, la centralidad y supremacía de la ciudad de México, su consecuente propensión a los antagonismos de poder y el carácter radial y subordinado que imponía al resto de Mesoamérica exigieron del virrey de Nueva España otro tipo de mando. Sin embargo, no hay diferencias contundentes basadas en la geografía a secas o en las situaciones previas a la formación de los reinos hispanos nuevos. Como veremos, también intervienen las condiciones de reproducción económica, política y aun religiosa de la autoridad real en cada centro regnícola.[131]

La reconducción del dominio real presenta entonces modulaciones locales, pues, al modificarse los factores de ciertos procesos, se obtuvieron resultados diferentes. O sea que la repercusión de las reivindicaciones de los reinos, configuraron en la corte de Madrid diversas políticas de conservación. Efectivamente, la monarquía se había ido conformando de manera local de acuerdo con el pluralismo jurídico subyacente a

---

[130] Cardim y Palos, (coords.), 2012. Remito asimismo a Sánchez Pedrote, 1950 y a Semboloni, 2014.

[131] Por ejemplo, Tlaxcala fue determinante en la continuidad de la empresa cortesiana y, aun, franciscana. En tanto que la fundación de Lima obedeció en principio a la practicidad y seguridad ante las dificultades del Cuzco, su salida al mar en el marco de las guerras entre facciones. Agradezco a mi colega Gibran Bautista y Lugo esta observación.

vínculos sociales, a pretensiones, reclamos y guerras. Con la mirada puesta en un pasado todavía reciente, el obispo de la Nueva Galicia Alonso de la Mota y Escobar lo expresó como sigue hacia 1605

Aunque convino estando en razón natural que sea uno el Príncipe, y una la cabeza que ha de gobernar para que haya uniformidad en el gobierno, convino también que se suministrasen a esta […] cabeza varias relaciones para que, informada de ellas, sacase a luz un tal modo de gobernar que en la forma fuese uno y en los efectos tan vario como lo son las exigencias de los súbditos[132].

Se discernieron, pues, lineamientos según la situación y necesidades de cada tierra. En efecto, durante los primeros años de su largo reinado los ministros de Felipe II implementaron acciones que estabilizarían la autoridad real. Los tratadistas de la época hablaban de "conservar y defender los estados". Reconocían que "la dificultad está en la conservación, siendo más dificultoso el arte de gobernar que el de vencer", como escribiera el jesuita Pedro de Ribadeneira (1527-1611)[133]. Lo que implicó examinar condiciones, formular políticas y concertar agentes mediadores. En la conservación entraban el "buen gobierno" y acciones de defensa ante poderes exteriores como Francia, en orden a preservar Flandes, o bien que sentaban plaza en los confines de la monarquía: las guerras de Chile, las del Nuevo Reino de Granada o la de la llamada Chichimeca en la América septentrional.

Cuando en los años de 1590 el proceso de reconducción se había completado y la expansión hegemónica de la monarquía de España encontraba sus límites, Antonio Pérez, uno de los secretarios reales, recordó la siguiente enseñanza o regla apreciada un siglo antes por Fernando el Católico: siempre que en la balanza de satisfacción el rey y el reino estuviesen iguales, ambos serían durables[134]. A defecto de lo cual las alteraciones podían acarrear consecuencias funestas. Los autores también señalaron que el rey "acomoda sus acciones al estilo del

---

[132] Mota y Escobar, 1875; 1940. Mi colega Juan Carlos Ruiz Guadalajara me compartió esta cita.

[133] Iñurritegui, 1995, citado por Gil Pujol, 2016, 195.

[134] Gil Pujol, 1989; Pérez, 2009, 106; Gil Pujol, 2016, 153.

país"[135]. Por eso se pusieron por obra modulaciones de estabilización que, al activarse, suscitaron sus mecanismos y cauces de gestión. Acerquémonos entonces a cada núcleo primigenio de las Indias Occidentales.

---

[135] Saavedra Fajardo, 2010, empresa 59.

1.- Perú

Sustratos espaciales

Ante todo, corroboremos que al filo del tiempo la geografía proporciona una especie de arqueología de los espacios y los territorios. En su inmensidad, portentosamente accidentada y de difícil acceso, la andina dio lugar a nichos estancos. Al evocar la verticalidad de la cordillera los actores hispanos del siglo XVI se referían a sus "tierras altas" de vastos altiplanos con páramos, a los valles interandinos y al Finisterre en la vertiente amazónica; a las "tierras bajas" de las planicies de la costa; en fin, a muy numerosas y extensas provincias mejor comunicadas entre sí a vela que por tierra, desde "la Mar del Sur" a la "Mar del Norte", es decir, entre el estrecho de Magallanes y Nombre de Dios en el istmo de Tierra Firme. Así se referían a ámbitos aislados de un mismo subconjunto, las Indias meridionales[136].

Comenzando por la bicefalia de sus principales centros de poder, el Cuzco, ciudad sagrada de los Incas, ubicada en las alturas, sobre la vertiente poniente de la cordillera y la ciudad de Los Reyes de Lima, nueva capital fundada por los españoles en la franja litoral. Exacerbaron esa situación las guerras entre conquistadores, el largo conflicto armado con las autoridades reales a raíz de la promulgación de las Leyes Nuevas (1542-1543) que limitaban la duración de las encomiendas, la resistencia tenaz del "estado" incaico, un proceso de cristianización superficial, heterogéneo y fragmentario, así como la reivindicación de las aspiraciones señoriales. El primer virrey, Blasco Núñez de Vela, sucumbió en las guerras y dos gobernadores, Pedro de la Gasca (1546-1550) y Lope García

---

[136] El virrey Toledo al rey, Los Reyes, 18 de abril de 1578 en Levillier, *Gobernantes...*, VI, 41-43.

de Castro (1564-1569), comisarios sucesivos de la Corona, contuvieron la rebelión sin lograr la entera pacificación[137].

Una primera forma de reconducción del dominio real a considerar en el plano eclesiástico responde a la fragmentación y disgregación consecuente de lo acontecido. El antídoto consistía en poner por efecto acciones que las contrarrestaran y a la vez tomaran distancia del pasado reciente. Algunas estrategias configuraron un patrón duradero para contener la prevalencia anárquica de los entornos locales. La más relevante consistió en reforzar la autoridad del virrey, sus facultades de gobierno y legislativas[138]. En esto la participación del Consejo de Indias parece haber sido mínima, tanto a causa de las críticas contra ese tribunal referentes a la agitación en los reinos y provincias, como de sus intentos de conciliar fuerzas antagónicas. Además, no hay que olvidar que a partir de 1567 ese cuerpo había estado sujeto a una visita general conducida por el Lic. Juan de Ovando. El protagonismo en Madrid recayó entonces sobre la célebre "Junta de las Indias" o "Junta Magna" de 1568[139].

En esa instancia, el balance de la turbulencia disgregadora en los Andes tuvo por consecuencia poner en manos del virrey la reconducción del patronato eclesiástico de la Corona. Acudieron representantes de varios Consejos y personajes con experiencia en las Indias. La Junta estuvo presidida por el cardenal Diego de Espinosa, presidente del Consejo de Castilla y brazo derecho del monarca conforme a una agenda preparada por Ovando[140]. Los virreyes sucesivos del Perú la tendrían presente como fundamento de la reafirmación de ese patronato durante tanto tiempo "usurpado" para remediar la "remisión y descuido con que se había usado de ese derecho"[141].

Ya sabemos que el primero en viajar al Perú investido de esa manera fue don Francisco de Toledo, de cuya gestión se esperaba una especie de nueva "conquista" entendida ahora como "pacificación". A un año

[137] Vargas Ugarte, 1953, I, 166-171; Estenssoro, 2003, cap. I.
[138] Merluzzi, 2014, cap. 6.
[139] Ramos, 1986.
[140] Peña Cámara, 1941; Ramos, 1982, 437-454; Abril Stoffels, 2003; Poole, 2004, 129-137.
[141] Hanke, (ed.), 1978, 282, II, 9: Relación del Marqués de Montesclaros al Príncipe de Esquilache, 1615.

de iniciar su mandato, para él la situación prevaleciente obedecía en su origen al desorden con que Francisco Pizarro efectuó "la composición y repartimiento" de una tierra en que pululaban "pretendientes" y "quejosos" cuyas pretensiones se consideraban sumamente perjudiciales

> Plantando en los ánimos de la gente una viciosa libertad donde se causó la desobediencia tiránica con un falso principio y fundamento [de] que toda esta tierra era suya, [...] se le siguió lo que suele, que fueron discordias de los que se quisieron hacer cabezas que tuvieron levantada esta tierra como vuestra Majestad sabe[142].

En pocos ámbitos el mandato de Toledo sería tan vigoroso, original y al mismo tiempo tan disruptivo, como en el eclesiástico, hasta el grado que hubo quienes presionaron al Consejo de Indias para poner fin a su gobierno antes de tiempo. Por su parte, el virrey criticaría la política conciliadora de ese tribunal que, en su opinión, alimentaba el clima de disgregación

> El Consejo parece que ha querido dejar correr esta división. Los efectos que ha parido son los que tengo escritos y los que en esta coyuntura parirán serán peores que si entregaran el reino a algún traidor, como lo hicieron con Gonzalo Pizarro, porque ahora que se va asentando el reino en todas las cosas, se van favoreciendo todos los que le querrían conservar en la tiranía pasada debajo de prudencia humana [...] y que tienen poder para deshacerlo y amparar a todos los quejosos [...][143].

El entorno del monarca resistió a las presiones del Consejo en apoyo de Toledo y el protagonismo de este fue reforzado con la intervención puntual, aunque determinante, del propio Felipe II. Más tarde lo corroboraron sus sucesores: "Cuando vino [Toledo] a gobernar estos reinos trajo mucho favor del cardenal Espinosa", escribió don García Hurtado de

---

[142] El virrey Toledo al rey, Lima, 8 de febrero de 1570 en AGI, Lima 28a, en Levillier, *Gobernantes...*, III, pp. 304-321.

[143] El virrey Toledo a don Juan de Ovando, Cuzco, 10 de junio de 1572, en Levillier, *Gobernantes...*, IV, 376-377.

Mendoza, el IV Marqués de Cañete (1590-1596)[144]. Y don Martín Enríquez, virrey inmediato a Toledo, advirtió en 1581 que "todas cuantas ordenanzas hay en esta tierra [...] están en nombre de Don Francisco de Toledo y casi no hay memoria de las que ha hecho el Real Consejo"[145].

Mitigar la disgregación

En las nuevas ordenanzas de la ciudad de Cuzco, promulgadas por don Francisco, se alude a un pasado reciente durante el cual "los españoles estuvieron divididos" y la justicia espiritual y temporal "tiranizada" no en manos de uno, sino de muchos "tiranos", entre ellos curacas o señores indios[146]. De ahí el imperativo de buscar que tales diferencias se sujetaran a una justicia más estricta para dar asiento al reino, ya que no menor obligación había de enviar plata a la corte, para subvenir a las necesidades de la Corona, de que el rey "conservara esta heredad y no [la] aventurara"[147].

Visita general del reino

En efecto, en las instrucciones de gobierno entregadas al virrey se le ordenaba discurrir acciones que mitigaran la disgregación. La primera consistía en realizar una visita del reino que él mismo presidiría. De ahí que por espacio de cinco años recorriera la "provincia y tierra y lugares de ella". Además del arzobispado de Lima, Toledo visitó las diócesis del Cuzco y La Plata o los Charcas sobre un promedio de 1 750 k., tanto sobre la cordillera como en las planicies del litoral. Lo excepcional de esta situación recuerda ciertamente las visitas pastorales de los obispos, cuyo fin era implantar y vigilar la disciplina.

---

[144] Hanke, (ed.), 1978, 280, I, 74-75.
[145] Hanke, (ed.), 1978, 280, I, 181.
[146] Hanke, (ed.), 1978, 280, I, 122: Memoriales del virrey Francisco de Toledo s/f, AGI, *Indiferente* 1373.
[147] El virrey Toledo al rey, Los Reyes, 8 de febrero de 1570 en AGI, *Lima* 28a, libro 1, N. 45, fs. 121-126v., en Levillier, *Gobernantes...*, III, pp. 304-321.

Don Francisco las tuvo presentes como instancia canónica cuando explicó al rey que recorría el reino conduciendo una visita "eclesiástica y temporal"[148]. Sabía que en su desempeño los prelados contribuían a dar "asiento" a la tierra. No obstante, la disgregación del inmenso ámbito andino imponía a su investidura el desafío de recuperar la presencia del patronato real con o sin la concurrencia de los obispos, por el motivo que fuera. Poco antes de emprender su largo caminar, Toledo advirtió al rey que el arzobispo Jerónimo de Loaysa estaba "tan impedido de la edad y la gota, que con esto y la atención que tiene como viejo a la conservación de la vida, no hay que esperar que pueda visitar"[149]. Movido, pues, por la distancia implacable respecto al soberano, el virrey se determinó a sobreponer su autoridad. Le animaba su experiencia como asistente de Felipe II en el concilio provincial de Toledo de 1565-1566

> Por haber tratado con prelados allá por mandado de VM, tengo algún conocimiento de lo que son juntos, aunque fuese tan cerca de la presencia de VM, cuánto más tan lejos de ella[150].

Se refería a que en las Indias los obispos podían extralimitar su potestad de "oficio", es decir, de jurisdicción, en lo cual había incurrido el obispo de Quito a su regreso de Lima en ocasión del Concilio Segundo de 1567

> […] y mandádole guardar en su obispado, no embargante la apelación que se le interpuso, […] me pareció que debía haber tenido en la dicha visita, aunque con el poco que se tenía de cosas de gobernación, se metió en ella más de lo que era su oficio y jurisdicción[151].

El virrey apreciaba las "congregaciones" de los obispos a condición de que respetaran la investidura de la representación regia. Por eso, el sínodo diocesano de Quito de 1570 coincidió más con las instrucciones

---

[148] El virrey Toledo al rey, Chicacopi, 20 de marzo de 1572 en Levillier, *Gobernantes…*, IV, 344.

[149] Carta de 1570 citada por Tudini, 2024, 120.

[150] Levillier, *Gobernantes…*, Lima, 8 de febrero de 1570, III, 380-397.

[151] El virrey Toledo al rey, Lima, 8 de febrero de 1570, en Levillier, *Gobernantes…*, III, 380-397.

del monarca y con las directrices de la temprana gestión de Toledo, que con el espíritu del todavía reciente segundo concilio provincial[152]. En el sentido de que el prelado, fray Pedro de la Peña O.P., había firmado una concordia con las órdenes religiosas y concertado el reparto de las doctrinas administradas tanto por los clérigos como por los frailes[153]. Por otra parte, en ese momento había varias vacantes episcopales, las visitas pastorales se realizaban de manera esporádica, prevalecían la pobreza y el estado de guerra en las sedes diocesanas de Chile, por lo que no era posible convocar un nuevo concilio. Esas vacantes, de hecho, se cuentan entre las razones que alentaron a Toledo a recorrer el reino: "Es una de las cosas que me incita a ir yo también a la visita general, el dar asiento en lo espiritual y temporal en aquella tierra"[154]. Así, pues, la visita como instancia y práctica disciplinar es medular para entender sus acciones en el plano eclesiástico. Tanto la apreciaba, que con sus resultados aspiraba a documentar las sesiones de un tercer concilio provincial, es decir, los obispos tendrían que esperar a que el virrey concluyera su trajín por el reino. La excepcionalidad de esa visita sentó así un precedente paradigmático en el Perú.

Cristianización de las repúblicas

En efecto, la cristianización desempeñaba un papel preeminente para el descargo de la conciencia real. En todas latitudes de la monarquía, reforzar la catolicidad implicaba redimensionar los territorios en términos jurídicos, religiosos y lingüísticos conforme al designio de hegemonía confesional de la casa reinante que el concilio de Trento venía a robustecer. Así, por ejemplo, hacer frente a la "contaminación de la herejía" en Flandes había suscitado entre 1559 y 1577 la erección de diócesis más pequeñas y operativas. Se le consideraba una estrategia de pacificación de la guerra de religión que ahí estallara[155]. El virrey consideraba que en los

---

[152] Estenssoro, 2003, 182.
[153] Pérez Puente, 2017, 96.
[154] El virrey Toledo al rey, Los Reyes, 10 de junio de 1570, en Levillier, *Gobernantes...* III, pp. 419-438.
[155] Parker, 1972; Ruíz Ibáñez, 2003; Ruiz Ibáñez y Mazín, 2021, 79, 91, 265.

Andes la cristianización adolecía de laxitud. Desarticulada y aún superficial, se hallaba impregnada de "idolatrías" a erradicar. Estaba de por medio nada menos que la legitimidad del dominio entero del Rey Católico.

"He sido informado –había escrito diez años atrás Felipe II al arzobispo Loaysa de Lima- que a causa de las necesidades que han puesto a los que en aquella tierra han gobernado, de contentar a muchos, se han desmembrado del dominio de casi todos los caciques, muchos indios"[156]. Como las Leyes Nuevas atentaran contra el señorío de los encomenderos y estos se sublevaran, el desmembramiento se hallaba acrecentado. En consecuencia, se habían fortalecido las atribuciones religiosas de los curacas, aunque sin hacer de ellos auténticos impulsores de la cristianización, para lo cual era preciso hacer concurrir agentes cristianos "viejos". En esas condiciones la "república" de indios solamente podía subsistir descoyuntada. De ahí que una de las acciones de la visita del virrey consistiera en impulsar una política tendente a congregar a la población autóctona y abrir casas/colegio para los hijos de los caciques y curacas, una en Lima para los llaneros, la otra en el Cuzco para los serranos[157].

Otra fuente de desmembración radicaba en las órdenes mendicantes que en principio habrían podido contrarrestar la ausencia de los encomenderos en pie de guerra. Sin embargo, los frailes, según Toledo, aspiraban a hacer de sus conventos núcleos de mediación adjudicándose la autoridad judicial[158]. En resumen, de los principados o señoríos autóctonos bajo auspicios de encomenderos en guerra, de señores indios envalentonados e inclinados a la "tiranía" y de frailes con veleidades autonómicas, se seguía un dominio hispano difuso y dislocado. De ahí que la instauración de los corregidores de indios, estrategia prevista a partir de

---

[156] Vargas Ugarte, 1953, I, 182-183, carta al arzobispo de Lima, 9 de agosto de 1564; Hanke, (ed.), 1978: 280, I, 80 y ss.
[157] Carta del virrey Toledo al rey, Los Reyes, 27 de noviembre de 1579, en Levillier, *Gobernantes…*, VI, 188-200.
[158] Estenssoro, 2003, I, 39-42.

1565 para acrecentar la jurisdicción real, tuviera que ser llevada a efecto[159].

"Este reino es muy despoblado […] sus provincias tienen un repartimiento con mil vecinos y cincuenta leguas de tierra. [En cambio,] en México en una legua hay cincuenta mil vecinos en algunas partes", reza un testimonio de 1571 atribuido al Lic. Polo de Ondegardo. Era necesario revertir esa situación. Como lo expresaran al rey en 1562 los provinciales de las órdenes mendicantes, "cada uno tira a su principal interés". Incluso en el clero secular cada individuo seguía su parecer[160]. En efecto, los indios, numerosos, estaban extraviados y reincidían en su gentilidad

> El asiento que en los indios yo querría y deseo, es ver que los que ya están conquistados y reducidos al evangelio y a la real obediencia de VM estuviesen pacíficos con firmeza y contento en la fe cristiana que han recibido […] porque vemos levantarse cada día y estar levantados muchos de los indios que ya estaban reducidos[161].

Restañar esa "república" suponía reducirla a vivir en "policía", es decir, congregados y no disgregados para su debida enseñanza catequética. Tanto la instauración de la figura del corregidor de indios como la congregación de la población autóctona estaban orientadas a reforzar el dominio real, sin el cual reconducir el patronato eclesiástico del rey era empresa fallida.

En efecto, la reducción de la población autóctona había iniciado en 1567 bajo el gobierno del Lic. Lope García de Castro. Flavia Tudini apunta que, sin embargo, no contó con el favor del arzobispo Loaysa. Desde 1564 este había propuesto al rey concentrar a los indios en pueblos, efectivamente, pero sin el control de los corregidores. En realidad, el prelado proponía una administración de los pueblos basada en alcaldes, regidores y en visitadores eclesiásticos. Al protestar, García de Castro había explicado al monarca que los reclamos del arzobispo y de los

---

[159] Tudini, 2024, 111-112.

[160] Testimonio sobre despoblación citado por Silvio Zavala, 1975, 16; y carta del 8 de abril de 1562 en Levillier, *Gobernantes…*, I, 49; Estenssoro, 2003, I, 47.

[161] El virrey Toledo al rey, Los Reyes, 8 de febrero de 1570, en Levillier, *Gobernantes…*, III, 304-321.

frailes estaban encaminados a solapar los abusos de los doctrineros. También le dijo que el motivo por el cual la presencia de los corregidores de indios enojaba tanto a los eclesiásticos era que recuperaban la autoridad real, pues los doctrineros la habían usurpado. Y es que la asignación del salario a estos últimos estaba entre las tareas del corregidor. A las protestas de los eclesiásticos se sumaron los caciques, que veían disminuida su autoridad en los pueblos. Por lo tanto, habían enviado un ocurso a la Audiencia de Lima en julio de 1565 que el arzobispo respaldó. En él pedían la anulación de los corregidores[162].

Durante su visita, Toledo evaluó la conveniencia y aplicabilidad de esa figura de autoridad. Según Tudini, aun cuando en un principio el virrey no se mostró particularmente favorable, convino en su utilidad para el gobierno de los territorios. Y en relación con el salario de los doctrineros dispuso que se pagara solamente en moneda, que se calculara según el número de indios de cada doctrina y que se hallara vinculado al procedimiento de presentación regia[163]. Hacia el final de su mandato, Toledo consideró que su tarea más difícil había consistido en "reducir a todos los naturales a pueblos", ya que a su llegada al Perú casi nada estaba aún hecho de ese designio. En consecuencia, el virrey Toledo informaba al rey: "la doctrina que hallé era tan flaca [...] que era imposible dársela por la incompatibilidad con que antes de la reducción estaban poblados los indios"[164]. Sin embargo, la reducción no procedía sin hacer previa y exhaustiva relación

> De todas las doctrinas que hay en este reino he mandado hacer memoria y se va haciendo y porque hasta que del todo se acabe la visita y se tenga relación de las que de nuevo se fundan, no se podrá enviar a vuestra Majestad tan puntual relación de las que hay y del número de indios de cada una y cómo quedan reducidos y en qué

---

[162] Tudini, 2024, 112-113.
[163] Tudini, 2024, 112-113.
[164] Memorial de Don Francisco de Toledo, sin fecha, en Hanke, (ed.), 1978, 280, I, 128 y ss.; y carta a SM de Don Francisco de Toledo s/f, en Levillier, *Gobernantes...*, VI, 298.

pueblos y distancia lo dejo para enviarlo con la resulta de la visita general[165].

Esa "memoria" o relación de doctrinas y de sus habitantes era considerada basamento para reorientar la "doctrina" enflaquecida. También debía dar lugar a una nueva historia de los indios que pusiera de manifiesto "la tiranía y gobierno y conquista que tuvieron los doce yngas en ochocientos años que duró su poder" y así mostrar lo irrefutable "del título que vuestra Majestad tenía a esta tierra" por haberse "sacado en luz de verdad la falsa opinión de haber sido los incas tenidos por señores naturales"[166].

Pero había algo todavía más trascendente: a la reducción en pueblos subyacía una conciencia creciente de los "errores" de la primera evangelización. La Compañía de Jesús, establecida en el Perú en 1568, desempeñaría un papel relevante para reconducir la cristianización en sintonía con los esfuerzos desplegados por el virrey. En delante no sería ya posible bautizar a quien no tuviera "voluntad, fe y conversión", lo que había sido descuidado "escandalosamente en el Nuevo Mundo, en especial en el Perú" según expresara el jesuita José de Acosta[167].

Templando la cristianización

Entonces, reducir a los indios era concomitante con la dimensión personal de su cristianización, ya que una fe implícita y una moral en simple armonía con la doctrina cristiana no eran suficientes para obtener la salvación. Como nos dice Estenssoro, por lo tanto, se imponían el libre albedrío, la introspección y el arrepentimiento, es decir, la consciencia individual[168]. Esto concordaba con la que sería una de las más importantes disposiciones del Concilio Tercero de Lima, la obligación de confesarse

---

[165] Carta del virrey Toledo al rey, La Plata, 30 de noviembre de 1573, en Levillier, *Gobernantes…*, V, 263 y ss.

[166] Carta del virrey Toledo al rey, Los Reyes, 18 de abril de 1578, en Levillier, *Gobernantes…*, VI, 41-42; y carta a SM de Don Francisco de Toledo s/f, en Levillier, *Gobernantes…*, VI, 298.

[167] Acosta, 1577, II, 359, tomado de Estenssoro, 2003, 189.

[168] Estenssoro, 2003, 193.

y comulgar en la Pascua, prácticas conocidas como el "precepto anual" por antonomasia de todo fiel cristiano[169]. Cumplir con ese precepto y llevar de él "memoria y relación" constituiría una importante medida disciplinar de la república. Como disciplina social, prevalece asimismo en las advertencias sobre desterrar toda reminiscencia prehispánica asociada a fiestas como el Corpus Christi. A lo cual se agregaba disponer de sacristanes y cantores en los pueblos, edificar iglesias y fundar escuelas, es decir, un marco legal con agentes que contrarrestaran las tendencias a la disgregación[170].

Por otra parte, los asentamientos de población española no eran muchos, pero estaban muy apartados, aislados. De suerte que el incremento reciente de sus pobladores, también sujeto a disgregación a causa de las guerras y levantamientos, agrandaba el desafío de impartir la justicia para seguridad del reino

> Ha faltado la justicia y juntamente con esto haberlos de poner derechos nuevos donde hay tan gran pobreza [...]. Vuestra Majestad crea que no solo le hay, pero que es trabajoso el asiento de esta segunda parte de españoles para quien no ha de aventurar el todo por la parte, no hallando ni teniendo que les dar con qué comiesen[171].

Para el virrey, componer la justicia suponía "enfrenar la libertad de la tierra" e imponer castigos a consecuencia de las sublevaciones. De la pena de muerte a las principales cabezas no debía exceptuarse a los indios: "parece que es castigo más conveniente en casos muy graves privarles de sus caciques"[172]. De ahí que, para vencer la resistencia autóctona, Toledo sentenciara la ejecución del Inca Túpac Amaru ante más de 12 000 caciques o curacas el 24 de septiembre de 1572. Y para quienes habían conducido o participado en disturbios, incluso los más recientes,

---

[169] *Tercer Concilio Limense...*, 2017, Acción Segunda, capítulo XX, 215.

[170] Estenssoro, 2003, 162-163 y182.

[171] El virrey Toledo al rey, Los Reyes, 8 de febrero de 1570, en Levillier, *Gobernantes...*, III, 304-321.

[172] Carta del virrey Toledo al rey, sin mes ni día, del año 1574, en Levillier, *Gobernantes...*, V, 314.

fuesen encomenderos o curacas, frailes o clérigos, habría pérdida de encomiendas, imposición de multas o cargas adicionales de trabajo forzado, por ejemplo, en la organización laboral para las minas y demás gravámenes decretados durante la visita para asegurar la defensa militar de la tierra[173].

Con "el nuevo beneficio del azogue que Dios nos ha descubierto bastará a hacer rico" el asiento de Potosí, "que yo hallé en la última flaqueza". Efectivamente, la reducción de la población autóctona era simultánea al restablecimiento de la mita por el virrey Toledo, un sistema de origen prehispánico compulsivo por turno o rotación de mano de obra en las minas, uno de cada siete años[174]. De suerte que aquella innovación tecnológica daría lugar a un aprovechamiento espectacular de la extracción de plata en el Cerro Rico del Alto Perú.

Consciente, no obstante, de que compeler a la mano de obra de esa manera entrañaba implicaciones morales, en octubre de 1570 el virrey había convocado a una "Junta de Lima". Asistieron el presidente y oidores de la Audiencia, el arzobispo Jerónimo de Loaysa y representantes de las órdenes religiosas para emitir un parecer sobre la licitud de la mita. El prelado dio su asentimiento, aun cuando años después condenó las condiciones laborales a que los indios mitayos se hallaban expuestos. A ese cambio de parecer subyacía la acumulación de una serie de diferencias ulteriores con el virrey[175].

Por ser el acrecentamiento de la real hacienda, vigorosa directriz de la gestión del virrey, este tuvo que ponderar el argumento de que tal incremento no iba a la zaga de "la conversión y doctrina de esta tierra", ni de la reducción de los indios en esa villa imperial: "Y tienen en este particular más suficiente doctrina en las minas que en sus pueblos porque

---

[173] El virrey Toledo al rey, Chicacopi, 20 de marzo de 1572, en Levillier, *Gobernantes...*, IV, 343-344 y carta de él mismo al Consejo de Indias, Cuzco, 2 de mayo de 1572 en IV, 365-366.
[174] Klein, 2015.
[175] Tudini, 2024, 119.

la grosedad del trato y riqueza de ellas llama a la gente y clérigos más suficientes"[176].

Los obispos

El primer episcopado meridional, de establecimiento relativamente reciente (1538), también se había hallado implicado en las guerras. Ya fuera porque los prelados recibieran comisiones de la Corona para conciliar a los sublevados y aplacar a los grupos en disputa, como fray Vicente Valverde O.P. el primer obispo del Cuzco, que perdió la vida; o bien porque ellos mismos hubieran participado en acciones bélicas, como fray Jerónimo Loaysa O.P., el primer prelado de Lima. En suma, los pastores se habían distraído de su ministerio y contribuido de paso a la disgregación[177]. Fray Juan Solano, el siguiente obispo del Cuzco, acusaba a los indios, ya sin la presión de sus señores encomenderos, de haber abandonado la fe y a los caciques de agredir o incluso de matar a los nuevos cristianos[178].

Aliados en su mayoría a la Corona contra los rebeldes, los prelados debían coadyuvar a reconducir el dominio del monarca en estrecha colaboración con el virrey Toledo, pues, según este, recuperar el patronazgo implicaba sacarlo "de la posición que los obispos tenían tomada contra él". Es muy probable que aludiera a la oposición que fray Jerónimo de Loaysa y los frailes doctrineros habían manifestado a la instauración de los corregidores de indios como figura de autoridad. Vimos ya que, en su lugar, el arzobispo había propuesto que el gobierno de las reducciones recayera en alcaldes, regidores y en visitadores eclesiásticos[179]. Así que, para el virrey, las guerras no solo habían alterado la cristianización, sino también inclinado a clérigos y a frailes a inmiscuirse en asuntos de índole temporal, con lamentables consecuencias que había

---

[176] Carta del virrey Toledo al rey, La Plata, 1 de diciembre de 1573, en Levillier, *Gobernantes…*, V, 28; Assadourian, 1989; y carta de Don Francisco de Toledo a SM, s/f, en Levillier, *Gobernantes…*, VI, 235-237.

[177] Vargas Ugarte, 1953, I, 182-183.

[178] Estenssoro, 2003, I, 40.

[179] Tudini, 2024, 111-112.

que desterrar. Sería este uno de los asuntos de la visita del virrey que más ponderaría al final de su gestión: "El sentimiento que han tenido clérigos y religiosos ha sido grande de habérseles quitado con la visita general y reducción de vuestro patronazgo real y corregidores de naturales, todo aquello temporal en que se habían entremetido"[180].

Y es que, al acrecentar la jurisdicción del rey, el establecimiento de los corregidores de indios planteaba una solución alternativa a la prevalencia de un orden social regido por los frailes con mando de gobierno y judicial; o bien a aquel que podían llegar a presidir los encomenderos, una vez asentados, con cada vez más obstáculos para incorporar y cristianizar a los naturales mediante vínculos señoriales[181]. El virrey, pues, enfrentaba el desafío de concertar las acciones de diversos actores en torno a un patronato real revigorizado según la tónica de las instrucciones del monarca al arzobispo de Lima: "Os ruego y encargo que, juntándoos para ello con el nuestro virrey de esas provincias, ambos escribáis y persuadáis a los dichos obispos para que con mucha brevedad se junten"[182].

Diócesis y Audiencias[183]

La turbulencia de los tiempos, la disgregación y el poblamiento hispánico en aumento impusieron el establecimiento de nuevos obispados, lo que se haría sustrayendo territorios a los ya erigidos en Lima y el Cuzco a causa de la inmensidad de sus jurisdicciones: "En cuanto al número de los prelados que al presente hay en aquellas provincias [...] no parece bastante y que así se entienda conviene erigir más iglesias y prelacías", señalaba el monarca[184]. Como adelanté, ese designio configuraba una pauta de pacificación vigente desde los Andes hasta Flandes. Correspondía a una monarquía de recia trama urbana, pues la sede de un obispo

---

[180] Carta del virrey Toledo al rey, Los Reyes, 27 de noviembre de 1579, en Levillier, *Gobernantes…*, VI, 188-189.

[181] Estenssoro, 2003, I, 44.

[182] Lissón Chávez, 1943, III, 7-9.

[183] Remito a los mapas de diócesis y audiencias al final de este libro.

[184] Instrucción al virrey Toledo sobre doctrina y gobierno eclesiástico, en Hanke, (ed.), 1978, 280, I, 94-95.

confería título y dignidad de ciudad. Una primera nueva fundación de 1570 correspondió a la diócesis de Tucumán con sede en Santiago del Estero. Durante su visita, en 1572 el virrey aconsejó a la Corona erigir dos sedes más, sufragáneas de Lima, una en Trujillo, en el norte, la otra en Arequipa, al sur. Anticipaba las condiciones que lo permitirían y a la vez reiteraba la previa y necesaria reducción de los indios

> Entiendo que las divisiones de obispados son tan necesarias como es necesario visitar a los naturales que tienen a cargo, porque estando tan divisos y con tan grandes distritos como ahora tienen […], no parece que pueda haber presencia del pastor[185].

> Y así es descanso y grande contentamiento ver los lugares reducidos como son los valles de Trujillo […] Vuestra Majestad sea servido de mandar que en su Real Consejo no reciban queja de reducción de indios, que por haberla recibido de ordinario en esta Audiencia, han parado todos los que entendían en ellos[186].

De acuerdo con las implicaciones geoestratégicas y con la tónica de contención en curso, debe considerarse que en las Indias meridionales la instalación de Reales Audiencias y de las gobernaciones tenía lugar en sitios que eran asimismo sedes de obispado. En Lima la instalación de la diócesis (1541) y de la Audiencia (1543) casi coincidió en tiempo. En Santafé de Bogotá la Audiencia (1549) precedió a la diócesis (1562) y en La Plata fue la catedral (1551) la que antecedió al tribunal (1559). Lo mismo sucedió con la diócesis de Quito (1545), donde la Audiencia fue instalada hasta 1563. En Santiago de Chile se erigió primero la diócesis (1561) y luego una primera Audiencia (1565) que, disuelta, fue restablecida en 1605. Finalmente, Asunción del Paraguay (1547) fue la única diócesis que hubo de esperar hasta 1661 para ver instalarse una primera Audiencia en Buenos Aires, disuelta, sin embargo, en 1671[187].

---

[185] El virrey Toledo al rey, Cuzco, 25 de marzo de 1571, en Levillier, *Gobernantes…*, III, 495.
[186] El virrey Toledo al rey, Los Reyes, 8 de febrero de 1570 en Levillier, *Gobernantes…*, 380-397. Hay que señalar que la necesidad de erigir nuevas diócesis se había hecho sentir desde mediados de los años de 1550. La encarecieron tanto el virrey marqués de Cañete, como los prelados Loaysa de Lima y Solano del Cuzco, Tudini, 2024, 177-178.
[187] Mazin, 2020, 195.

De ahí que las cabeceras diocesanas sin Audiencia, como Popayán (1546), Trujillo (1577/1613), Arequipa (1577/1609) y Huamanga (1609) fueran objeto de una interacción judicial más apegada por parte del tribunal real a cuya jurisdicción se acogían. También sucedía que algunos territorios diocesanos fuesen disputados por dos Audiencias a la vez, como el de Popayán estudiado por Abadía Quintero, expuesto a los tribunales de Santafé y de Quito; o bien que, dada la lejanía del virrey y de la corte real, surgieran diferendos de monta entre un obispo y los oidores de la Audiencia respectiva, como en Quito, sobre asignación del salario y estipendios de las doctrinas en 1580[188]. Por último, los diferendos también podían referirse a que una diócesis, como Popayán, que originalmente había sido sufragánea de Lima, lo fuera en delante de Santafé de Bogotá a raíz de la elevación de esta última a arquidiócesis en 1564.

Por otra parte, las apelaciones de los prelados y sus provisores de justicia, así como los recursos de fuerza con que los vasallos podían apelar de las sentencias eclesiásticas en virtud del patronato del rey, tuvieron que ser referidos al tribunal respectivo. De los que llegó a haber hasta seis, lo que reforzó la prevalencia de los ámbitos judiciales locales. En cambio, en la compacta Nueva España propiamente dicha los concentraba la Audiencia de México. La jurisdicción de la Audiencia de Guadalajara comprendía espacios enormes, muchos en proceso de territorialización hacia el norte; y a la de Santiago de los Caballeros de Guatemala, correspondiente a su capitanía general, se subordinaban los territorios de Chiapas y del istmo centroamericano[189]. En consecuencia, las facultades de los tribunales reales meridionales en materia de patronato eclesiástico fueron ejercidas con particular ahínco, no menos que las de sus presidentes y de los gobernadores de provincia. Lo que incluía la posibilidad de que el cargo de estos últimos recayera en oidores, en futuros eclesiásticos y aun sobre obispos[190].

---

[188] Pérez Puente, 2017, 98; Abadía, 2021, cap. 4; Carta del virrey Toledo al rey, Los Reyes, 9 de abril de 1580, en Levillier, *Gobernantes…*, VI, 250 y ss.

[189] Mazín, 2020, 195.

[190] Relación del príncipe de Esquilache sin fecha, en Hanke, (ed.), 1978, 281, II, 190; Abadía, 2023. Remito asimismo a Álvarez Tobos, 2020.

En los gobernadores y no en "las flacas y divisas fuerzas de las Audiencias" y sus oidores cifraba Toledo la esperanza de que el rey designara a quien hiciera las veces del virrey en espera de cada sucesor, para así paliar los perjuicios de las largas vacantes. También es cierto que algunos clérigos podían buscar la protección de los oidores y, mediante el recurso de fuerza, evadir el castigo de sus prelados en tanto autoridad eclesiástica ordinaria. "Dar lugar a las apelaciones no es otra cosa sino ocasionarlos a ser malos y darles ocasión de delinquir y pecar", escribiría años después el arzobispo Toribio Alfonso de Mogrovejo lamentando esa situación[191].

La dinámica de yuxtaposición de diócesis y Audiencias culminaba cuando algunas sedes episcopales eran elevadas al rango de iglesias metropolitanas o arzobispales, como aconteciera con Lima (1546) y con Santa Fe de Bogotá (1564). El proceso culminaría con La Plata o Charcas (1609), previa sustracción de territorios a esta para erigir las iglesias de La Paz (1605-1607) y Santa Cruz de la Sierra (1605-1607), sufragáneas suyas junto con las de Tucumán y Paraguay o Río de La Plata[192]. La presencia hasta de tres sedes metropolitanas o arzobispales en las Indias meridionales contrasta indiscutiblemente con la situación de las Indias septentrionales del continente, donde México fue el único arzobispado hasta 1743, cuando Guatemala fue elevada a sede metropolitana.

La elevación de rango de Charcas fue contemplada por primera vez por el virrey Toledo durante su visita del Alto Perú. Una vez más, adujo la necesidad de atajar la disgregación impuesta por las distancias extremas que tanto dificultaban las visitas pastorales

> En cuanto a erigirse otro arzobispado por quitar la vejación que ahora tienen los de Chile a venir a Lima […], especialmente no visitando los prelados, nos parece muy bueno y necesario y así lo será aumentar otro metropolitano"[193].

---

[191] Carta de Toledo al rey, Los Reyes, 8 de marzo de 1578, en Levillier, *Gobernantes…*, VI, 34-35; y carta a S.M. del virrey Toledo, Potosí, 20 de marzo de 1573, en Levillier, *Gobernantes…*, V, 7-26; Tudini, 2024, 93 para la cita de Mogrovejo.

[192] Vargas Ugarte, 1953, I, 291; Armas Medina, 1965, 679-680; Tudini, 2024, 179-181.

[193] Carta del Virrey D. Francisco de Toledo a SM sobre materias referentes al gobierno eclesiástico, Cuzco, 24 de septiembre de 1572, en Levillier, *Gobernantes…*, IV, 404-415.

Todo lo cual incrementaría las facultades de virreyes, gobernadores y Audiencias de las Indias andinas como "vice patronos" o árbitros de un andamiaje portentoso de autoridades según el binomio eclesiástico/secular desplegado en aquella inmensidad territorial. A este respecto, cabe recordar el memorial del Lic. Alonso Maldonado de Torres, presidente del tribunal de Charcas, sobre la división de la iglesia catedral y su elevación a arquidiócesis[194]. En esa misma medida, cualquier intención de preeminencia del arzobispo de Lima se vio necesariamente reducida, no sin que este reaccionara. Así tenemos que el arzobispo Toribio de Mogrovejo se mostró reacio a la elevación de La Plata a arquidiócesis, ya que restaba preeminencia a su iglesia. Sin embargo, su parecer no fue acogido de manera favorable en la corte, donde se procedió a declarar la erección canónica de la nueva provincia eclesiástica, decisión que Mogrovejo no alcanzó a asumir, pues falleció en 1606[195]. Tampoco tendría buena fortuna la posibilidad de que las iglesias catedrales meridionales y sus cabildos interactuaran en favor de intereses comunes con representación eventual mediante la concertación de todas ante la corte del rey. En cambio, para las catedrales de Nueva España ese recurso fue inversamente proporcional al de cada una de las iglesias andinas ante el virrey y su correspondiente Audiencia[196].

Los frailes

Veamos ahora la actividad de Toledo en relación con las órdenes mendicantes que ejercían su ministerio entre los indios validas de privilegios pontificios. El virrey denunció ante el soberano el abuso de ésos y aun de más antiguas prerrogativas. Para no agredir la justicia eclesiástica ordinaria e impedir que los frailes se erigieran en los jueces que no eran, el mandatario urgió en numerosas ocasiones la intervención del Consejo de Indias. Lo hizo en el sentido de que este último tribunal examinara e

---

[194] Maldonado de Torres, 1609, citado por Tudini, 2024, 186 n.

[195] Tudini, 2024, 181-185.

[196] Mazín, 2017, conclusiones.

hiciera refrendar los breves apostólicos respectivos en nombre del real patronato. Su reiteración testimonia de la dificultad y resistencia encontradas por Toledo a lo largo de su gestión: "Y se lo he dado a entender así y no consentiré que usen de ellos [los breves] en otra forma [...] para que tengan a VM el amor y respeto que como a su señor y rey natural están obligados"[197]. Hacia el final de su gobierno, el virrey expresó al monarca acuerdo para que en la corte se nombraran comisarios de cada orden religiosa y así se erradicaran "idas y venidas de negocios". También insistió en que los visitadores y comisarios a las Indias no fueran ni provinciales ni jueces ordinarios[198].

Muchos frailes habían participado en los levantamientos del lado de los rebeldes, por lo que se instruyó a don Francisco templar sus ímpetus de intromisión en asuntos temporales: "Habéis de procurar con los prelados contener a los frailes y religiosos que se quieren entrometer en los negocios"[199]. Al cabo de unos años, el virrey corroboró esto último

> En las alteraciones pasadas de Gonzalo Pizarro, Sebastián y Francisco Hernández y aun de los que se han intentado después acá y en mi tiempo, ha habido muchos que para evitar y huir del castigo tomaron por medio el meterse [de] frailes, de que están llenos los monasterios [...] y como les han quedado las costumbres y gusto de haber sido traidores, es mucho el daño que hacen cuando se juntan con los que en esta tierra hay de su humor[200].

No parece haber titubeado: "[Los frailes] hacen sus juntas y congregaciones que desacreditan lo que por vuestra Majestad se ordena y dan materias de alteración, lo cual no embargante yo no se lo permitiré ni pienso

---

[197] El virrey Toledo al rey, Cuzco, 1 de marzo de 1572, en Levillier, *Gobernantes...*, IV, 26 y el virrey Toledo al rey, Los Reyes, 27 de noviembre de 1579 Levillier, *Gobernantes...*, VI, 184.
[198] Carta del virrey al rey, Los Reyes, 27 de noviembre de 1579, en Levillier, *Gobernantes...*, VI, 188-189.
[199] Hanke, (ed.), 1978, 280, I, 80, Instrucción al virrey, 19 de diciembre de 1568.
[200] Carta del virrey a su Majestad, La Plata, 30 de noviembre de 1573 en Levillier, *Gobernantes...*, V, 16.

permitir"[201]. Ejerció con particular energía la contención en los planos disciplinar y temporal

> [Los frailes] presuponen de sí y dan a entender al pueblo que tienen tanta mano en las cosas del gobierno temporal, que el virrey que nos rige por ellos va perdido y que está en su mano acreditarlo o desacreditarlo […] Y en esta parte son más insufribles que en todo lo demás […] y porque yo les estorbo y he vedado que no se entrometan en estas cosas temporales […] se agravian y quejan de mí diciendo que desacredito las religiones[202].

El principal ejemplar al respecto tuvo lugar en 1572. Despojó a los dominicos del Alto Perú de nueve doctrinas en Chucuito por faltas a la moral contra los indios y desacato a las autoridades[203]. Ya antes, Toledo había expresado reservas y críticas a la perpetuidad de las doctrinas en favor de las órdenes y también a que los indios construyeran casas para uso exclusivo de los frailes y no para ser en ellas doctrinados. También había lamentado que no se dispusiera de cárceles para castigar a los religiosos, además de la "tiranía" de los servicios personales con que los franciscanos de Jauja sometían a los indios, entre otras cuestiones[204]. Al final de su gobierno tuvo en alta estima esa acción y sus frutos. Y es que asociaba la relevancia de la provincia de Chucuito a su centralidad geoestratégica y económica en el concierto de las Indias meridionales y aun de la monarquía

> […] Está en el comedio y entrañas de este reino y en el paso y camino de toda la contratación que hay de esta ciudad y la del Cuzco y Arequipa con la de La Paz y La Plata y con la villa imperial de Potosí y haber de ir y venir por ahí la plata toda que a vuestra Majestad se envía de aquel asiento y minas de Potosí y la de La Paz y el azogue todo que se lleva desde Guancavelica [sic] con que la

---

[201] El virrey Toledo al rey, Los Reyes, 8 de febrero de 1570, en Levillier, *Gobernantes…*, III, pp. 380-397.
[202] El virrey Toledo al rey, Cuzco, 1 de marzo de 1572, tomada de Levillier, *Gobernantes…*, IV, 17.
[203] Vargas Ugarte, 1959, II, 247.
[204] El virrey Toledo al rey, Cuzco, 25 de marzo de 1571, en Levillier, *Gobernantes…*, III, 495.

dicha plata se saca, no teniendo la dicha provincia más que dieciocho leguas de largo estando los pueblos todos en el camino real, viene desmembrado y separado este gobierno del de este reino y hecho gobernación de Potosí[205].

Un caso más de coerción para contener los ímpetus de los frailes es el del teólogo dominico fray Francisco de la Cruz, que años antes ejerciera en Chucuito. Figura entre los primeros reos del tribunal de la Inquisición recién establecido en el Perú. Se le había reprochado ser partidario de quienes neutralizaban a los opositores del virrey. Pero también se le acusaba de hacer proposiciones heterodoxas que reforzaban la evangelización primera, entre ellas asimilar a Tunupa, héroe prehispánico del Alto Perú, con el apóstol santo Tomás y su culto, proclive a defender una temprana cristianización de los indios. De la Cruz fue detenido y encarcelado en 1572. Luego de seis años de prisión fue quemado en el auto de fe de abril de 1578[206]. Al anunciarlo a Felipe II, el virrey Toledo destacó no tanto las "herejías", como la subversión o "industria tan nuevamente oída que ponía para levantar y amotinar todos los estados de esta tierra con la corresponsión [sic] de frailes que para esto tenía puestos"[207].

En el Perú la sujeción de los frailes en tanto curas a la jurisdicción eclesiástica ordinaria no sería posible sin la "comisión" a los virreyes, o sea, sin su preeminencia. Es bastante probable que esta última haya sido un precedente determinante para que en la corte de Madrid se concibiera la Ordenanza del Patronazgo de 1574

> Pero como esto sea tan gran carga para la real conciencia de VM, para descargo de la mía diré que [...] entretanto que hay curas perpetuos y se asientan los diezmos, en el distrito de Los Reyes los que se nombraren para las doctrinas en nombre de VM sean los que le pareciere al arzobispo mientras estuviere en esta iglesia y que éstos tenga por suficientes el virrey en nombre de VM para

---

[205] Carta del virrey Toledo al rey, Los Reyes, 9 de abril de 1580, en Levillier, *Gobernantes...*, VI, 238-239.

[206] Estenssoro, 2003, 184-189.

[207] Carta del virrey al rey, Los Reyes, 15 de octubre de 1578, en Levillier, *Gobernantes...*, VI, 77.

hacer la nominación, y lo mismo con los prelados que entendiere que tienen celo y cristiandad que señalaren la mejor que hubiere en sus distritos y obispados así de clérigos como de religiosos, con que la nominación sea [...] con comisión de los virreyes [...][208].

Aun cuando en los Andes eran más numerosas, desde un principio las órdenes mendicantes, primero los dominicos, seguidos por los mercedarios, franciscanos y agustinos, habían cohabitado con clérigos y con los primeros obispos. Y si bien su ministerio se fincaba en privilegios de exención respecto de la autoridad eclesiástica ordinaria, Toledo la estorbó cuanto pudo. También urgió a los conventos de las ciudades y villas de españoles destinar religiosos a las doctrinas[209]. Impuso asimismo por condición a los frailes que las iglesias de las doctrinas quedaran como parroquiales, por más que estuvieran incorporadas a sus monasterios o conventos. Conforme a lo que se estipularía en la Ordenanza del Patronazgo, los provinciales de las órdenes estarían obligados a presentar al virrey ternas para el nombramiento de cada doctrinero. El mandatario también intentó que los elegidos fuesen confirmados por el obispo respectivo[210].

Convergencia de los cleros

En el ámbito eclesiástico, y en un marco renovado con los encomenderos, la clave para contener las tendencias disgregadoras y asentar los señoríos y provincias del Perú radicó en hacer converger jurídicamente ambos cleros bajo la autoridad del virrey.

El freno mayor que se puede tener para el gobierno de esta tierra con los prelados y religiones [...] es sacar y acrecentar encomenderos con quienes se pueda tener más fidelidad y advertencias de avisos de lo que en las provincias hubiere [...] Y es cierto que sin

---

[208] El virrey Toledo al rey, Los Reyes, 8 de febrero de 1570 en Levillier, *Gobernantes...*, III, 380-397.
[209] El virrey Toledo al rey, Cuzco, 25 de marzo de 1571, en Levillier, *Gobernantes...*, III, 495.
[210] Vargas Ugarte, 1959, II, 285.

este freno de interés diciendo verdad a VM, viene a ser flaco todo lo demás[211].

Efectivamente, el concurso de clérigos y frailes bajo su autoridad fue implementado por el virrey como estrategia conforme su visita transcurrió. Es decir, ideó la presencia de unos y otros en un mismo ordenamiento jurídico para refrenar diferencias y contradicciones

> El arzobispo de esta ciudad me ha ofrecido que también hará su pedazo señalando diez o doce personas legas con otros tantos religiosos, los unos y los otros las personas más eminentes y escogidas que hay en el reino [...] Pareció que convenía que hubiere religioso con secular para que en la razón que hubiese de tomar en lo eclesiástico el religioso, fuese testigo el secular y por el contrario sin que pueda haber contradicción en la comisión que lleva[212].

También se lo había aconsejado fray Pedro de la Peña O.P., el obispo de Quito

> Se hiciera mejor con que los visitadores se acompañaran con los clérigos, como tratan y conversan con los indios saben mejor sus costumbres y tratos y conocen mejor la tierra [...] Y para donde los religiosos tuvieren doctrinas puede el clérigo [...] visitar con el visitador de vuestra Excelencia. Esto importa mucho porque de no hacerse así los caciques esconden los indios y así no se puede averiguar la cantidad de ellos [...][213].

Efectivamente, que hubiera frailes y clérigos calificados en la comitiva del virrey debió asentarse ante la Audiencia de Lima. Acaso fuera complicado, pero la consideró una táctica idónea para imponer su autoridad.

---

[211] El virrey Toledo al rey, Los Reyes, 8 de febrero de 1570, en Levillier, *Gobernantes...*, III, 380-397.

[212] Don Francisco de Toledo al rey, Los Reyes, 10 de junio de 1570, en Levillier, *Gobernantes...*, III, 419-438.

[213] Carta del obispo de Quito al virrey Toledo, 4 de agosto de 1571, AGI, *Lima* 300, citada por Tudini, 2024, 114.

Sobre todo, porque Toledo también parecía determinado a sujetar a los frailes doctrineros a la jurisdicción eclesiástica ordinaria en tanto curas: "Yo pienso hacer que se guarde la orden que el concilio [de Trento] y vuestra Majestad tiene[n] dada, porque no entiendo que los frailes tengan exención de ello"[214].

En relación con el ejemplar más a su alcance, el de las doctrinas de dominicos de Chucuito, a cuyos titulares había destituido, Toledo adoptaría una solución aún más radical: las dotaría con clérigos, es decir las secularizaría. Cuando estuvo cerca del obispo de La Plata le imploró que esos clérigos no cayeran en los principales excesos de los frailes, enriquecerse disminuyendo los tributos devengados con dolo y descuidando así su labor de doctrineros. Admitía que los clérigos también podían enriquecerse, por ejemplo, al escuchar en confesión solo a la gente que pudiera pagar los sínodos o estipendios del arancel. Sin embargo, en esto último cabían dos atenuantes, primero, que uno de los clérigos se desempeñara como vicario de su prelado y comunicara a este las quejas de los indios. Y, segundo, que como el clero secular circulaba más que los frailes, siempre podía aspirar a una prebenda en alguna iglesia catedral.

Las acciones del virrey en lo de Chucuito culminaron con su parecer sobre erigir una nueva diócesis en Arequipa con territorios sustraídos a la de Cuzco, de suerte que aquella provincia quedara incluida en la nueva jurisdicción[215]. Con todo, a ese efecto tendría que preceder la elaboración de una relación y memoria, como para la reducción de las poblaciones autóctonas. De ahí que Toledo mandara enérgicamente, tanto a frailes como a clérigos, asentar a los indios en padrones para evitar abusos o corruptelas y tenerlos siempre disponibles junto con los libros de bautizos y matrimonios en ocasión de las visitas de sus pastores, a razón de dos al año[216].

---

[214] Carta al rey del virrey Toledo, Potosí, 20 de marzo de 1573, en Levillier, *Gobernantes…*, V, 7-26.

[215] Carta del virrey Toledo al rey, La Plata, 30 de noviembre de 1573, en Levillier, *Gobernantes…*, V, p. 263.

[216] Carta a S.M. del virrey Toledo, Potosí, 20 de marzo de 1573, en Levillier, *Los Gobernantes…*, V, 7-26.

Al concertar actores antagónicos, la visita del virrey contrarrestaba la disgregación prevaleciente de décadas. Por ejemplo, a su llegada a la villa de Potosí se hizo auxiliar en lo eclesiástico por un canónigo enviado desde La Plata y para lo referente a asuntos seculares por uno de los capitanes de su guardia. Disipar las inercias del pasado también precisaba desterrar las "opiniones" según las cuales los religiosos pretendían conservar

> La jurisdicción y mano que tuvieron al principio de la conquista de esta tierra por ser ellos los primeros, no embargante que ahora está ya plantada la iglesia de san Pedro en este reino [es decir, la del clero diocesano] y no quieren ser solamente coadjutores [...], de aquí nace la ambición de pretender tener en su mano la pacificación, alborotos y motines en la gente perdida[217].

La convergencia de cleros bajo la autoridad del virrey Toledo parece haber configurado un "asiento", el instaurado por la Ordenanza de 1574. Esta última vino a asociar la definición jurídico-canónica de las doctrinas a la modalidad de presentación de cada una. El rey redefinió la presentación de los beneficios de cura de almas arrogándose un derecho antes delegado a los obispos, como el que pocos años antes había ejercido el obispo de Quito fray Pedro de la Peña cuando efectuó una concordia con las órdenes religiosas y concertó el reparto de las doctrinas administradas por los clérigos y los frailes[218].

La presentación de los beneficios "perpetuos" es decir, ya permanentes, fuesen de indios o de españoles, la haría el rey en su Consejo. En cambio, la de las doctrinas en encomiendas amovibles *ad nutum* recaería en el virrey en nombre del soberano. Y es que, durante su visita, Toledo había tenido manera de comprobar que controlar el nombramiento de los frailes no podía llegar a ser total prerrogativa de los obispos por ir en detrimento de la Corona, ya que los prelados eran a menudo influenciados por los encomenderos. Por lo tanto, el virrey propuso que el

---

[217] Carta al rey del virrey Toledo, Potosí, 20 de marzo de 1573, en Levillier, *Gobernantes...*, V, 25.

[218] Pérez Puente, 2017, 96.

nombramiento de los doctrineros fuese confirmado por él mismo evitando así que pudiera quedar solamente en manos del episcopado. De esta suerte, la autoridad regia aseguraba un control muy ajustado[219]. En suma, la Ordenanza del Patronazgo no optaría en forma definitiva ni por la iglesia de los frailes, ni por la iglesia diocesana. Desde sus privilegios autárquicos aquéllos y desde su situación emergente la segunda, ambos dirimirían sus diferencias durante más de un siglo[220].

El instituto de la Compañía de Jesús tampoco escapó al designio de freno y preeminencia del virrey. Pese a la admiración que le suscitaban los ministerios de los jesuitas en tanto clérigos regulares, de presencia más reciente, Toledo echó de ver que esos religiosos "querían tomar y tomaban más mano en la república de la que convenía", es decir, pensaba que procedían con demasiada libertad y que se habían excedido "en querer poblar y asentar sin licencia de vuestra Majestad o de vuestro virrey". En 1579 el padre jesuita Luis López fue arrestado por la Inquisición y le fue seguido un proceso por sostener ideas y propuestas que criticaban la reconducción del patronato eclesiástico por el virrey. Toledo expresó al rey que lo consideraba un atrevimiento guiado por "pura ambición, vanidad y malicia en la reformación de lo que vuestra Majestad y ministros allá y acá se provee y hace". Por eso encareció que el Consejo de Indias se hiciera cargo de los memoriales e hiciera entender "cuán necesario es que mucha gente eclesiástica sienta que deben reconocer a vuestra Majestad y tenerle como a su rey natural y señor, que no merecen menos castigo cuando no lo hicieren"[221].

El virrey también hizo saber al monarca que no toleraría que los padres jesuitas compitieran con la Universidad "queriendo que a ellos y a sus estudios acudiesen todos los hijos de los vecinos". En consecuencia, ordenó que los jesuitas "tuviesen el estudio para sus religiosos y no concurriesen los legos sino a la universidad general". Más aún, ordenó que quienes no cursaran en la Universidad no pudieran obtener grados ni ser titulares de beneficios eclesiásticos, ya fuese en las doctrinas o en

---

219 Tudini, 2024, 115-117.
220 Padden, 2000; Mazín, 2007a.
221 Carta del virrey Toledo a SM, Los Reyes, 27 de noviembre de 1579, en Levillier, *Gobernantes…*, VI, 185-187; 233-235.

la catedral[222]. Como para el resto de las órdenes religiosas, Toledo estaba dispuesto a favorecer de los jesuitas "lo bueno que tienen, que no es poco ni de poco provecho para la tierra", a condición de proceder *"enfrenando lo demás"*[223].

Religión y lenguas

Hasta ahora hemos corroborado acciones de gobierno del virrey en el plano eclesiástico disciplinar. No obstante, su mirada también escrutaba aspectos de tenor más religioso. Criticaba la falta de unidad de la catequesis y responsabilizaba a los obispos por permitir que algunos curas elaboraran catecismos[224]. También deploraba la falta de unidad en el culto y la consecuente pervivencia del politeísmo entre los indios, de ahí que abogara por una misma "manera de administración de sacramentos y ceremonias" tanto por frailes como por clérigos[225]. Conforme esa unificación avanzara, las desviaciones ya no podrían pasar como paganismo sino como idolatrías a ser extirpadas. De ahí que para Toledo el culto de los indios tuviera que ser objeto de especial relevancia en el siguiente concilio

> [Estos indios] son en extremo amigos de ceremonias […] y creo les hace daño ver la variedad en las ceremonias y les parece que es un dios el que se venera de una manera y otro dios el que veneran otros con otra, como ellos lo hacían cuando veneraban muchos y parece que sería cosa importante que su Santidad diese orden como todos los frailes y clérigos se conformasen en una manera de doctrina y catecismo y administración de sacramentos y ceremonia de la misa, porque esta conformidad los ayudaría en no vacilar en la fe y pensar mil horrores y disparates[226].

---

[222] Pérez Puente, 2017, 188.

[223] Carta del virrey Toledo al rey, Los Reyes, 27 de noviembre de 1579, en Levillier, *Gobernantes…*, VI, 185-187, cursivas mías.

[224] Estenssoro, 2003, 182-183.

[225] Carta del virrey al rey, La Plata, 20 de marzo de 1574, en Levillier, *Gobernantes…*, V, 409.

[226] Carta a su Majestad de don Francisco de Toledo, La Plata, 20 de marzo de 1574, en Levillier, *Gobernantes…*V, 409.

Por eso también se refirió al desorden prevaleciente en el ámbito de las lenguas autóctonas. Como según él los obispos permitían la composición de catecismos "al antojo" de clérigos y de frailes, propuso hacerlos recoger e integrar "uno solo de todos" debidamente autorizado para servir y ser guardado en todas las provincias[227]. En principio, ese catecismo tendría que ser enviado desde la Corte para en seguida ser traducido a la lengua general del Perú en ocasión del concilio, pese a las diferencias de una provincia a otra que, según el virrey, no lo obstaculizaban

> En cuanto a los catecismos será muy conveniente el haber uno para todo lo de este reino como VM dice que se enviará y que en el concilio se junten las mejores y más propias lenguas que se puedan hallar para volverle en la lengua vulgar y general de estos naturales […] que aunque las lenguas de este reino no varían y son algo diferentes las de las provincias, no se pueden poner sino en la general que es la que más abraza todas las otras y la que los yngas mandaban saber a todas las provincias que iban tiranizando[228].

Este panorama de las lenguas admitiría, no obstante, la divergencia del aimara. En ocasión de la primera congregación provincial de la Compañía de Jesús del Perú en 1576, se haría componer una cartilla y catecismo en esa otra lengua por el padre Alonso Barzana S.I.[229]. Respecto al catecismo en quechua, desde 1572 Toledo contempló que una vez examinada su traducción se mandara imprimir a la Península o bien a la Nueva España, pues aún no había imprenta en el Perú. Efectivamente, a causa de la más temprana instalación de una imprenta en México (*Ca.* 1539) y del multilingüismo de Mesoamérica, para 1575 diversos religiosos de las órdenes mendicantes habían publicado ya en aquella capital aproximadamente quince "doctrinas" en lenguas mexicana, castellana, huasteca o

---

[227] El virrey Toledo al rey, Cuzco, 25 marzo de 1571, en Levillier, *Gobernantes…*, III, 496-497.
[228] El virrey Toledo al rey, Cuzco, 24 de septiembre de 1572, en Levillier, *Gobernantes…*, IV, 404-415.
[229] Estenssoro, 2003, 188; Vargas Ugarte, 1959, II, 52.

totonaca (Veracruz y Tamaulipas), tarasca (Michoacán), zapoteca y mixteca (Oaxaca y Puebla)[230].

A final de cuentas, el catecismo que el Tercer Concilio de Lima aprobaría fue compuesto por el padre jesuita José de Acosta. Es, además, la primera obra impresa en Lima, ciudad donde el impresor Antonio Ricardo se estableció en 1584 procedente de México[231]. Acompañan ese catecismo las anotaciones sobre uso del quechua y del aimara, así como un vocabulario corto. Y es que al final de su gobierno, el virrey Toledo anunció a Felipe II haber hecho dotar una cátedra de lengua en la Universidad de San Marcos con sus correspondientes ordenanzas. Estas disponían no poder otorgarse títulos de bachiller, ni de licenciado a quien no hubiera cursado al menos cierto tiempo esa cátedra y no supiera la lengua. También exhortó a los obispos a no impartir las órdenes eclesiásticas a quienes no la supieran. Y para presentar sujetos a beneficios y doctrinas, el virrey haría corroborar dicho aprendizaje. Como si fuera prelado metropolitano, al final de la vacante arzobispal, tras la muerte de Loaysa, Toledo dispuso que a lo largo del año 1580 acudiesen a Lima todos los sacerdotes de las doctrinas del arzobispado para ser examinados en la lengua general. También señaló término para la examinación en los demás obispados. Por último, advirtió que no presentaría ante el rey a nadie que no llevara en mano la cédula de examen otorgada por el catedrático de lengua, "yendo yo por mi persona algunas veces a oír al dicho catedrático sus lecciones para autorizar más la dicha cátedra"[232].

Para estas materias de lengua y religión el virrey no parece haber contado con la adhesión del arzobispo Loaysa, menos aún con la de los provinciales de las órdenes mendicantes. En cambio, sí se la proporcionaron juristas seglares notables como el corregidor del Cuzco Juan Polo de Ondegardo, buen conocedor de las prácticas religiosas de los indios y el oidor de Charcas Juan de Matienzo, autor de *Gobierno del Perú* (1567), quien fuera el principal de sus asesores en materia de tributos y

---

230 García Icazbalceta, 1954.
231 Vargas Ugarte, 1959, II, 55.
232 Carta del virrey Toledo al rey, Los Reyes, 27 de noviembre de 1579, en Levillier, *Gobernantes…*, VI, 188.

reducciones durante la visita[233]. Los escritos del primero repercutirían en el Tercer Concilio Provincial por lo que hace a doctrina y culto. Esta participación de "laicos", es decir, de seglares, en el terreno eclesiástico, es un rasgo característico de la reconducción del dominio real en el Perú que no parece encontrar equivalente en la Nueva España. Efectivamente, dotado de un ímpetu análogo al del virrey, Juan Polo de Ondegardo predicaba a los indios en su lengua como si se tratara de un sacerdote explicándoles tanto la doctrina como sus errores en presencia de fray Domingo de Santo Tomás, obispo de Charcas[234].

Fervor y dinámica conciliar

La penetración de ingenio del virrey ya había sido notoria durante su desempeño peninsular. Reiteremos que con "trabajo y cuidado" ejerció en 1565-1566 como representante de Felipe II en el concilio provincial de la ciudad de Toledo, sede primada de España en que se implantara la reforma tridentina de tan fuerte carácter disciplinar. Ese concilio reviste suma relevancia, puesto que en él se delinearon, efectivamente, aspectos generales de la recepción de Trento en todos los territorios de la monarquía de España. Como el más antiguo obispo sufragáneo (de Córdoba) y presidente de esa asamblea, don Cristóbal de Rojas y Sandoval hizo saber al rey su beneplácito por el desempeño del asistente real, con quien había mantenido la "inteligencia y correspondencia" a que el soberano le instara

> Don Francisco ha hecho el oficio que debía conforme a quien es y a la buena opinión que vuestra Majestad tiene de la cristiandad, virtud y prudencia de su persona. Y de todo esto hemos tenido muy buen ejemplo […] Él dará cuenta a vuestra Majestad conforme a lo que acá se ha hecho y hemos platicado[235].

---

[233] Morong, 2016, cap. 2.

[234] Estenssoro, 2003, 163.

[235] Carta del Obispo de Córdoba, Cristóbal de Rojas y Sandoval a Felipe II, sobre la conclusión del Concilio provincial de Toledo 26 de marzo de 1566, en AGS, *Patronato*, leg. 22, 38, 2.

Y no sólo el presidente, los demás padres conciliares también expresaron de manera conjunta haberles hecho "vuestra Majestad muy gran merced en enviar a don Francisco de Toledo a este concilio, porque con su prudencia y gran cristiandad ha ayudado mucho al buen progreso y conclusión de él"[236].

De ahí que se le instruyera continuar esa labor en el Perú: "Es más conveniente que los concilios provinciales se celebren donde residen los virreyes [...] y aun sería conveniente que asistiesen ellos [...] como se hizo en los concilios provinciales que acá se han celebrado"[237]. Como veremos, el virrey lo hizo con creces, pese a que de manera paradójica no se haya verificado concilio provincial alguno durante su gobierno. En el transcurso de su visita, Toledo contempló la posibilidad, pero también las dificultades, de hacer convocar un nuevo concilio que adaptara la legislación tridentina de manera más sistemática, comenzando porque esta preveía reunir aquel cada tres años. No obstante, los obispos del Perú solicitaron al papa un breve que alargara ese plazo a cinco a causa de las distancias y les fue concedido por Pío V el 12 de enero de 1570. Enseguida, el rey lo dio a conocer al episcopado de las Indias por real cédula en junio del mismo año[238]. Al paso de Toledo por los territorios debieron intervenir actores y asistentes al segundo concilio de 1567, así como ordenanzas, situaciones y demás circunstancias, por ejemplo, que los cabildos de las principales ciudades se hubieran hecho representar por procuradores de Lima y del Cuzco, aunque sin voto.

Pese a que en principio el arzobispo fray Jerónimo de Loaysa O.P. había pedido al rey licencia para retirarse a la Península, a causa de su edad avanzada, convocó al concilio tercero para el verano de 1573. Debió, sin embargo, aplazarlo a causa de las vacantes episcopales, pero, sobre todo, de la ausencia del virrey que aún visitaba el reino. Efectivamente,

---

[236] Carta de los prelados del Concilio de Toledo a Felipe II, 26 de marzo de 1566, en AGS, *Patronato*, leg. 22, 39.

[237] Instrucción al virrey Francisco de Toledo sobre doctrina y gobierno eclesiástico, en Hanke, (ed.), 1978, 280, I, 94-95.

[238] Martínez Ferrer, 2017, 45; El virrey Toledo al rey, Cuzco, 24 de septiembre de 1572, en Levillier, *Gobernantes...*, IV, 404-415; Tudini, 2024, 203-204.

Toledo tenía contemplado asistir a ese sínodo precisamente en función de los resultados de su visita, lo que expresó con determinación

> [El concilio] se dilatará y suspenderá hasta que yo vuelva a Lima, por lo que importará hallarme yo presente con la noticia que habré tomado en la visita general para mayor servicio de Dios y de vuestra Majestad[239].

La inminencia de su retorno a la capital no pudo verificarse y el concilio se frustró, ya que el arzobispo Loaysa falleció el 26 de octubre de 1575. Al mes siguiente, Toledo volvió desde Arequipa. Escribió al presidente del Consejo de Indias que hubiera deseado desengañar al anciano prelado por haber estado mal informado de los designios del virrey en materia del patronato, pese a incomodarle que los prelados adoptaran resoluciones contrarias a las suyas[240]. Recuérdese que el prelado difunto deploraba la instauración de los corregidores de indios y en su lugar se inclinaba por el nombramiento de visitadores eclesiásticos. Con todo, las diferencias más relevantes entre Loaysa y Toledo se habían referido al control del clero y en particular a las prerrogativas del virrey en el nombramiento de los titulares de beneficios eclesiásticos de cura de almas "no perpetuos", es decir, amovibles[241]. En vista de que había tomado decisiones de disciplina eclesiástica conforme se ofrecieron durante la visita, Toledo reiteró cuantas veces pudo que esta debía culminar en Lima en el seno de la instancia conciliar

> En las diferencias que hay entre obispos y religiosos sobre que no tengan doctrinas en sus obispados y en el modo de visitarlos y en qué cosas […], lo dejo para que se ejecute en el concilio como vuestra Majestad lo mandó después de acabada la visita general, que se convocará por parecerme que es ahí su lugar, no embargante que, como digo, se va ejecutando en los casos que suceden y me piden auxilio o declaración[242].

---

[239] El virrey Toledo al rey, Cuzco, 24 de septiembre de 1572, en Levillier, *Gobernantes…*, IV, 404-415.

[240] Vargas Ugarte, 1959, II, 42-76.

[241] Tudini, 2024, 114.

[242] El virrey Toledo al rey, Cuzco, 25 de marzo de 1571, en Levillier, *Gobernantes…*, III, 495.

La instancia más relevante de la vacante arzobispal fue el anuncio por Toledo de la puesta en efecto de la Ordenanza del Patronazgo, que confirmaba la dinámica de sus reformas. El cabildo catedral de Lima, en quien recaía el gobierno, lo expresó de la siguiente manera:

> El virrey nos ha diversas veces notificado a los prelados de las religiones y últimamente por su mandado al Deán y Cabildo en sede vacante, una cédula de vuestra Majestad en que manda el orden que en su patronazgo real se ha de guardar en estas Indias[243].

La pretensión de Toledo de reunir el concilio provincial suscitó la incomodidad del cabildo. En octubre de 1578 escribió a los obispos y hasta dispuso que se siguiera el "modo y orden" del de la ciudad homónima de España al que había asistido en nombre del rey[244]. Se valió asimismo de una estrategia más: dejar en manos de los obispos fray Pedro de la Peña O.P., de Quito, el más antiguo, y de Sebastián de Lartaún, del Cuzco, la decisión de convocarlo, dado que por diferentes motivos habían acudido a Lima. Fue fray Pedro quien citó a los sufragáneos para septiembre de 1579. En respuesta, algunos se disculparon por no contar con recursos para el viaje; otros repararon en la cuestión de a quién correspondería la presidencia y según qué criterios, si la antigüedad de la consagración episcopal o la fecha de erección de cada obispado. El virrey porfió, pues confiaba en que para entonces estaría ya en la capital el nuevo prelado metropolitano. Incluso sugirió al rey la conveniencia de obtener un breve para que los obispos no pusieran más pretextos. Poco disimulaba sus temores, de ahí que declarara en tono de presagio

> [...] Porque todo ha de ser pretensiones de jurisdicción contra la real y libertad para con sus clérigos y contra las religiones e intereses particulares y que la memoria en la conversión de los naturales será la accesoria, como lo veo en los sínodos particulares que

---

[243] El cabildo eclesiástico al rey, 1579, en AGI, *Lima*, 315, citado por Tudini, 2024, 126.

[244] Vargas Ugarte, 1955, II, 52-54: "Sobre el modo y orden de dar cada prelado su sentencia en la asamblea se siguió lo dispuesto en el concilio de Toledo".

hacen, que todo es quejarse de que haya corregidores que atalayen lo que hacen sus curas[245].

Ahora bien, Toribio Alfonso de Mogrovejo, sucesor de Loaysa, fue presentado por el rey en marzo de 1579[246]. Mientras este nuevo prelado viajaba, don Francisco de Toledo dirigió a Felipe II un balance de su gobierno

> De la visita general que por mi persona he hecho en este reino y de las particulares que he cometido a otros comisarios visitadores que nombré, resultó hacerse *ordenanzas que convinieron para los indios y para los jueces de naturales* que entre ellos se han puesto y para el buen gobierno de las repúblicas de españoles y para la labor de las minas y otras muchas que para el asiento de todo este reino fueron necesarias[247].

También destacaba la relevancia de la "Junta general" de los obispos y superiores de las órdenes donde se elaborarían instrumentos de pastoral[248]. Estos últimos se harían eco del reconocimiento de los territorios vertido en las célebres "relaciones geográficas" de Indias que para el virrey constituían un "mapa universal […] con la más verdadera y cierta relación que se ha hecho en esta tierra después que se descubrió y para ello se han juntado todas las crónicas que se han escrito e imprimido apuntando lo que de ellas ha sido verdad y lo que ha sido falsedad". Ninguna información sería mejor para "minorar los distritos y dividir los obispados" y favorecer la acción de los prelados[249].

Por fin, en septiembre de 1580 el rey ordenó terminante a su nuevo virrey y al nuevo arzobispo de Lima convocar y asistir el Tercer Concilio Provincial. Don Martín Enríquez de Almansa, que había gobernado la

---

[245] Vargas Ugarte, 1959, II, 47.
[246] Burrieza, 2018.
[247] Carta del virrey Toledo al rey, Los Reyes, 9 de abril de 1580, en Levillier, *Gobernantes…*, VI, 237, cursivas mías.
[248] Instrucciones a don Martín Enríquez, en Hanke, (ed.), 1978, 280, I, 171.
[249] Carta del virrey al rey, Los Reyes, 18 de abril de 1578, en Levillier, *Gobernantes…*, VI, 41-43; Vargas Ugarte, 1953, I, 256-291.

Nueva España por doce años, recibió en México la real cédula correspondiente fechada el 19 de aquel mes y año. La misma recibió en España Toribio Alfonso de Mogrovejo[250]. Por lo tanto, don Francisco de Toledo no alcanzaría a ver realizarse la asamblea que tanto había anhelado y contribuido a preparar.

Se sentía solo, cansado y entrado en años. Desde mediados de 1578 venía pidiendo al monarca ser relevado y volver a España. Por no recibir durante mucho tiempo respuesta alguna de la corte a sus numerosas y frecuentes instancias, dijo en tono de abatimiento que se sentía hostigado "sin ser vuestro visorrey oído desde acá por escrito ni allá por palabra de nadie"[251]. Razón por la cual pudo haber considerado que sus ímpetus menguaban para hacer del concilio la culminación de su largo mandato.

En una de sus imploraciones, el virrey Toledo había anunciado al monarca estar en disposición de encontrarse eventualmente con su sucesor en el istmo de Tierra Firme, ya que suponía que desembarcaría ahí procedente de España[252]. Al parecer, la correspondencia se reanudó en octubre de 1580 y en ella se hizo saber a don Francisco que sería relevado por don Martín Enríquez. También se le concedía licencia para emprender el regreso a la Península. Toledo acusó recepción y en marzo de 1581 expresó beneplácito al saber que el nuevo virrey llegaría procedente de México. También dijo que la fecha le parecía conveniente para recibirlo y embarcarse a tiempo con la plata del rey.

Con todo, advirtió que de ninguna manera le convendría salir después de mediados de marzo "en razón del tiempo de esta mar y de la del norte y aprestar lo de Tierra Firme según la práctica que tratamos y se ve cada día […] porque quedarme yo sin flota ni detenerme no entiendo que sería servicio de VM". Como la fecha propuesta fuera excedida, al final decidió no esperar ni recibir a Enríquez. Visiblemente enfadado por la tardanza de este último expresó "no [ser] de tanta importancia para él lo que yo puedo advertir a don Martín viéndonos, siendo él hombre viejo y

[250] Levillier, 1919, II, 150-153; Lissón Chaves, 1943-1947, III, 7-9.
[251] Carta del virrey Toledo al rey, Los Reyes, 11 de octubre de 1579, en Levillier, *Gobernantes...*, VI, 152.
[252] Carta de Toledo al rey, Los Reyes, 8 de marzo de 1578, en Levillier, *Gobernantes...*, VI, 33-35.

cuerdo y celoso de vuestro real servicio". Al parecer, Toledo emprendió su regreso el 12 mayo de 1581. Su sucesor desembarcó tan solo días después en El Callao.

Dinámica de la asamblea

La visita y gobierno del virrey Toledo se imponían por si solos. Toribio Alfonso Mogrovejo, el nuevo prelado, convocó al tercer concilio en agosto de 1581con la anuencia del virrey Enríquez. Pero lo hizo tan solo tres meses después de haber iniciado sus respectivos mandatos, lo que comprueba de manera fehaciente que había condiciones para hacerlo. Además, pese a haber deplorado que don Francisco decidiera no esperar unos días más para darle la bienvenida, don Martín destacó que "todas cuantas ordenanzas hay en esta tierra […] están en nombre de Don Francisco de Toledo y casi no hay memoria de las que ha hecho el Real Consejo"[253].

Precedido de un sínodo en la cuaresma con los curas y prelados de las órdenes "para tomar claridad de cosas", el concilio comenzó el 15 de agosto de 1582 y sus trabajos se extendieron durante todo el año siguiente. Además del arzobispo en calidad de presidente, en un primer momento acudieron a Lima cuatro prelados: los de Santiago y la Imperial, de Chile, el del Cuzco y el de Río de La Plata o Asunción del Paraguay que, consagrado por el nuevo metropolitano días antes, marcharía rumbo a su sede al término del concilio[254]. También había representantes de los cabildos eclesiásticos, superiores de las órdenes religiosas y peritos teólogos encabezados por el secretario de la asamblea y brazo derecho de Mogrovejo, el ya mencionado padre jesuita José de Acosta[255]. El obispo de Tucumán no confirmó asistencia por no haber aún podido tomar posesión de su iglesia. Impedidos por la edad y las dolencias, De la

---

[253] Hanke, (ed.), 1978, 280, I, 181.

[254] Se trataba del dominico fray Alonso Guerra, que muchos años después habría de ser obispo de Michoacán (1590-1596). Vargas Ugarte, 1959, II, 49; Mazín, 1996, 451.

[255] Martínez Ferrer, 2017, 44-45; Orduño Martínez, 2018; Burrieza Sánchez, 2018.

Peña, de Quito, y el prelado de Charcas o La Plata se incorporaron a la asamblea en marzo de 1583.

El concilio duró más tiempo del que convenía. A poco de iniciar las sesiones sobrevinieron diferendos graves entre los prelados, tal y como había presagiado el virrey Toledo. Los ocasionó don Sebastián de Lartaún, el obispo del Cuzco, a quien varios actores y autoridades demandaron judicialmente: su propio clero, el cabildo secular de su ciudad sede, corregidores de indios y frailes[256]. Pedían al concilio que los aliviara de los rigores que el prelado les imponía. En el seno de la asamblea reverberaban así fuerzas de disgregación que ocasionaron retrasos considerables en los trabajos. En otro momento don Francisco de Toledo ya había recibido denuncias contra Lartaún, efectivamente, por el demasiado celo con que exigía el cobro para acrecentar las rentas de su iglesia y diócesis. También desconocía a los clérigos puestos por el virrey para imponer los suyos "queriendo [él] solo tener el patronazgo y presentación", según Toledo. De suerte que este último había exhortado al obispo Lartaún a priorizar su ministerio pastoral. Más tarde, en 1578 el virrey lo había llamado de nuevo a comparecer en Lima para oír sus justificaciones, mismas que don Francisco hizo llegar al rey[257]. Contribuye a la inteligencia de esta situación del prelado del Cuzco y su sede, una polémica con la iglesia de Lima que databa de tiempos de los obispos respectivos fray Juan Solano y Jerónimo de Loaysa. Este último había sostenido que la iglesia de Cuzco tenía una dotación de diezmos mayor que la sede metropolitana. Al parecer, Loaysa manifestó al rey su desconcierto y obtuvo la titularidad de algunas encomiendas para compensar esa inferioridad[258].

En octubre de 1582 se incorporó al concilio el dominico fray Pedro de la Peña, obispo de Quito y decano de los prelados. Estaba al tanto de los altercados, ya que explicó al rey que luego de siete meses de concilio todo era "pasiones y pleitos y demandas, como si solo para esto se hubiese instituido esta junta". Sin embargo, murió el 7 de marzo siguiente.

---

[256] Aramburu, 1990.
[257] Vargas Ugarte, 1959, II, 58-59; carta del virrey Toledo al rey, Los Reyes, 19 de abril de 1579 en Levillier, *Gobernantes...*, VI, 117-118.
[258] Tudini, 2024, 105.

Dos nuevos prelados se habían sumado, el de Tucumán y el de La Plata o Charcas, aunque sus pareceres se adhirieron al de Lartaún, que acabó liderando una facción mayoritaria contraria al arzobispo. Recordemos que mediaban pugnas de competencia por precedencia entre las iglesias del Cuzco y de Lima. Además, Lartaún, junto con el decano De la Peña, de Quito, había auscultado al episcopado en 1578 respecto a convocar eventualmente desde entonces al tercer concilio. Mogrovejo, debilitado, tenía únicamente de su lado al obispo de la Imperial de Chile. Por momentos la situación se tornó insostenible y el concilio estuvo a punto de ser disuelto. De pronto, el arzobispo se sinceró con el rey y le anunció lo que consideraba ser el golpe más duro

> Fue nuestro Señor servido de llevar para sí al virrey Don Martín Enríquez, por cuya muerte los negocios del dicho concilio recibieron tanto detrimento que, a ser de mi mano, *el día de su muerte lo disolviera*[259].

Lo que significa que el arzobispo comprendía el relevante papel que podía desempeñar el virrey del Perú en el seno de aquella asamblea tan antagonizada. Su presencia y sostén quedaban súbitamente en vilo. Con todo, hay que decir que don Martín Enríquez estaba sumamente decepcionado del tenor que presentaban las sesiones, a las que había procurado asistir a lo largo de seis meses. Recién llegado al Perú había confiado en los altos fines del concilio expresamente ordenado por el rey. Sin embargo, semanas antes de su muerte expresó a Felipe II

> No sé si fuera más acertado no haberlo empezado [el concilio] porque esta tierra se fundó sobre codicia e interés y es el que siempre adoran [...] Hay particulares pasiones y al fin cada uno pretende defender su hacienda, que es el blanco universal [...] Yo creo que si VM tuviera más noticia del estado de esta tierra por ventura tuviera por más acertado remediarlo por visitadores que no por vía de concilio[260].

---

[259] Carta del arzobispo Mogrovejo al rey, Lima, 20 de abril de 1583 en Lissón Chaves, 1943-1947, III, 47-48, cursivas mías.
[260] Carta de don Martín Enríquez al rey, Los Reyes, 17 de febrero de 1583, en Levillier, *Gobernantes*, IX, 254.

Esta apreciación corrobora la escasa familiaridad que aún tenía Enríquez con las estrategias que Toledo había ido poniendo por obra en el gobierno eclesiástico, así como su extrema desconfianza de los obispos. Días antes, en otra misiva, el virrey también había escrito que estimaba necesario "ir[le] a la mano a los prelados porque procuran ir adquiriendo jurisdicción". Admitía, en cambio, que en lo tocante a los frailes "están muy llanos y no hay en ellos contradicción alguna". Lo que refleja la tónica de su larga y reciente experiencia en la Nueva España. En esta última, su autoridad, que había estado sumamente mediatizada por el arzobispo de México, había, en cambio, hallado sustento en los religiosos[261].

El mandato de don Martín Enríquez en el Perú fue, pues, sumamente breve, murió el 12 de marzo de 1583 en pleno concilio. Ya adelanté que en octubre de 1580 había recibido en México su designación, así como la orden de partir de inmediato a gobernar las Indias meridionales. No obstante que desde 1577 advirtiera al rey que quería terminar su vida "en algún rincón" de su Castilla natal, acabó por admitir: "todas las puertas se han cerrado, excepto la de la obediencia"[262]. Don Martín pasaba de los 70 años y estaba enfermo, cansado y frustrado. Como si presintiera su deceso insistió: "Suplico a VM de rodillas no se tenga VM por deservido que yo suplique por licencia para volver a acabar la vida a mi casa"[263].

La desaparición del virrey, que había estado del lado del arzobispo Mogrovejo, hizo que los detractores de este incrementaran su osadía. En la Real Audiencia de Lima, que había asumido el gobierno, prevalecía diversidad de pareceres. Lartaún negaba al concilio la competencia necesaria para intervenir y la mayoría de sus homólogos lo secundaba pidiendo que la causa fuese sobreseída sin admitir las súplicas de la ciudad y clero del Cuzco. La determinación del arzobispo de remitir al papa el

[261] Carta del virrey Enríquez al rey, Los Reyes, 12 de febrero de 1583, en Levillier, *Gobernantes...*, IX, 232-234.
[262] Ortuño, 2018.
[263] Carta del virrey Enríquez al rey, Los Reyes, 16 de febrero de 1583, en Levillier, *Gobernantes...*, IX, 250.

proceso contra el obispo Lartaún por simonía y demás cargos, fue impugnada por los prelados, lo que provocó un cisma. Mogrovejo, el obispo de La Imperial de Chile y el padre José de Acosta, secretario del concilio, abandonaron el recinto. El primero excomulgó a sus detractores, aunque días después les levantó la censura. Por su parte Lartaún, valido del favor de Juan Ramírez de Cartagena, el oidor más antiguo, que no simpatizaba con Mogrovejo, desconoció la preeminencia canónica del prelado metropolitano y con sus colegas lo recusó. Por esta razón, la acción segunda del concilio empezó un año después que la primera. Sorpresivamente, el obispo del Cuzco también falleció el 9 de octubre de 1583. Los trabajos de la asamblea se aceleraron y prosiguieron hasta diciembre, pues los prelados de Chile debían regresar a sus lejanas sedes[264].

Luego de la clausura sobrevinieron nuevas dificultades en la forma de movimientos de oposición que apelaban de los decretos. Esta vez, los principales detractores eran los cabildos eclesiásticos. Limitados por las rentas aún exiguas de las catedrales, protestaban contra el rigor de las censuras contra tratos y contratos de clérigos emprendedores que intentaban mejorar sus percepciones. Para contrarrestarlos, el arzobispo Mogrovejo escribió al papa Gregorio XIII una carta que llevaría a Roma el padre José de Acosta, secretario que había sido del concilio. En ella, el prelado defendía las decisiones tomadas a aquel respecto por los obispos asistentes[265]. Los cabildos también estaban en desacuerdo con la imposición de la pensión conciliar de 3% sobre las rentas de beneficios eclesiásticos para costear la fundación de los seminarios prescritos por el concilio de Trento. Y es que, como aún no se habían asentado los diezmos, no se podían establecer canónicamente los beneficios perpetuos, es decir, permanentes, de cura de almas, materia sobre la cual, como veremos, el virrey Toledo también había manifestado importantes pareceres. Así que en un primer momento los cabildos eclesiásticos apelaron ante la Audiencia y esta les concedió un recurso de fuerza que puso en suspenso la integralidad del concilio[266]. Respecto al tema de los diezmos,

---

[264] Vargas Ugarte, 1959, II, 66; Martínez Ferrer, 2017.

[265] Tudini, 2024, 93.

[266] Vargas Ugarte, 1959, II, 74.

meses antes de que esa asamblea comenzara, el virrey Enríquez había hecho la siguiente prevención al rey: "Es cosa cierta que luego han de querer [los prelados] tratar de lo de los diezmos y ofrécense tantas dificultades que no puedo dejar de procurar diferirlo para otro concilio"[267].

Enviar las actas y decretos de los concilios provinciales a la congregación romana respectiva, para su aprobación canónica, requería de previa aprobación del Consejo de Indias. Este último procedimiento era considerado favorable por los obispos, ya que la autorización regia solía coadyuvar a la observancia de la nueva legislación[268]. Como expliqué, el arzobispo Mogrovejo convocó al Tercer Concilio de Lima tan solo tres meses después de haber tomado posesión. También dije que lamentó la desaparición súbita del virrey Enríquez en plena asamblea al contar con su respaldo durante las disputas.

Resonancia de la visita de Toledo en el Concilio

Por otra parte, es impensable que Mogrovejo pasara por alto la reciente actividad de don Francisco de Toledo en el plano eclesiástico. Como veremos, su amplitud y contundencia no dejaron de repercutir en las actas y decretos del concilio. El nuevo prelado pronto vivió las proporciones de la reconducción del patronato eclesiástico del monarca. Los sucesores de Toledo no vacilarían en reivindicarla, razón por la que Mogrovejo determinó contrarrestar esa situación acudiendo a la Santa Sede por medio de procuradores y así reforzar su autoridad.

Ahora bien, esto era posible por dos vías: la ordinaria del patronato, que primero hacía pasar todo por la corte y la directa, que al parecer era sumamente excepcional. De acuerdo con la primera, el Consejo de las Indias examinaba las peticiones de los prelados y enseguida las elevaba al soberano para su consideración. Si procedían, se hacían llegar a Roma por medio del embajador y de su agente para el Nuevo Mundo. Por lo

---

[267] Carta de don Martín Enríquez al rey, Los Reyes, 25 de marzo de 1582, en Levillier, *Gobernantes...*, IX, 92-93.
[268] Tudini, 2024, 202.

mismo, una respuesta de la Santa Sede a los prelados del orbe indiano tardaba varios años.

Ese procedimiento convencional no fue, sin embargo, un filtro insuperable, pues también se dio la comunicación directa con Roma. Mogrovejo parece haber iniciado una comunicación estrecha en fecha temprana. De esta suerte, el papa Gregorio XIII le concedió dos breves, uno del 15 de abril de 1583 en que, entre otros temas y gracias solicitadas, autorizó al arzobispo a celebrar concilios cada siete años y no cada cinco; el otro breve, fechado el 12 de julio de 1584, define de manera más estricta la obligación del arzobispo de convocar los concilios, efectivamente cada siete años. Recuérdese que ya en 1570 Pío V había extendido de tres a cinco años el plazo prescrito por el Concilio de Trento para realizar los concilios provinciales de las Indias[269].

Los religiosos, en particular los jesuitas, cuyo instituto y gobierno tenían un poderoso sustento romano, sirvieron a menudo como mediadores de algunos obispos ante las congregaciones de la Santa Sede o el mismo pontífice[270]. Para la aprobación romana de los decretos del Concilio Tercero de Lima, el recurso del arzobispo Mogrovejo a la mediación de la Compañía de Jesús se verificó por la vía del patronato real. Una vez que la Congregación del Concilio hizo algunas enmiendas a los decretos, la Santa Sede les concedió su aprobación canónica a finales de octubre de 1588 conforme a una bula de Sixto V del 22 de enero de ese año. En este caso, el prelado contó en particular con el respaldo del padre general Claudio Acquaviva por mano del padre José de Acosta, quien fue llamado a Roma no sin que el arzobispo le nombrara su procurador[271]. A su paso por Madrid, el padre Acosta obtuvo el apoyo del nuncio Speciani y aun el rey intervino encargando la aprobación del concilio al conde de Olivares, su embajador en la Urbe. Le había ponderado ese negocio señalando que "lo que el concilio ordenó tiene mucho

---

[269] Tudini, 2024, 204 y n. 66.
[270] Hanke, (ed.), 1978, 280, I, 122: Carta del virrey Don Martín Enríquez, 17 de febrero de 1583; Tudini, 2024, 45-55; 93-94.
[271] Tudini, 2024, 93.

fundamento y que es cosa que mucho pertenece al buen gobierno espiritual de aquellas partes"[272].

Sin la participación de los jesuitas la aprobación pontificia no habría prosperado o se habría verificado después. Es decir, habría tenido que depender exclusivamente de la actividad y gestión de un mero agente y de Domingo de Almeyda, procurador que para ese efecto envió la iglesia de La Plata a Madrid y a Roma[273]. En 1590 el padre Acosta regresó a la corte y presentó al Consejo de Indias el ejemplar auténtico del Concilio Tercero de Lima debidamente aprobado por la Sede Apostólica. Le acompañaba la licencia para imprimirlo y publicarlo. Acosta se encargó de la edición y la concluyó en 1591. Por real cédula de 8 de septiembre de ese año, el rey ordenó su inmediata ejecución[274].

La correspondencia del arzobispo Mogrovejo con Felipe II es elocuente de que la parte no apelada del concilio, relativa a reconducir la cristianización de los indios, es la más lograda y trascendente. Hasta el grado de que entró en vigor en el ámbito pastoral antes de su aprobación pontificia[275]. En ella se reconocen entre líneas las directrices disciplinares de la gestión del virrey Toledo, por lo que es preciso desentrañar algunas. Pero para apreciarlas con justeza conviene considerar someramente las principales dificultades de los concilios anteriores.

Respecto al primero, del año 1551, ninguno de los sufragáneos asistió, de suerte que el arzobispo Jerónimo de Loaysa acogió en su mayor parte a procuradores de las iglesias y a miembros de sus cabildos eclesiásticos. El fin de la asamblea era que "la doctrina en la sustancia y estilo sea una". En nombre del rey asistieron el virrey Antonio de Mendoza y los oidores de Lima[276]. Sin embargo, prevalecieron las siguientes tendencias a la disgregación: por una parte, estaba el partido de eclesiásticos que, en la línea de fray Bartolomé de Las Casas, rechazaban la perpetuidad de las encomiendas. Por la otra, se hizo sentir la presión de los

---

[272] Citado por Tudini, 2024, 94.

[273] Martínez Ferrer, 2017, 59 y ss.

[274] Tudini, 2024, 94; Martínez Ferrer, 2017, 60-62.

[275] Martínez Ferrer, 2017, 54.

[276] Carta al Consejo de Indias del 9 de marzo de 1551, en Lisson Chaves, 1943. 1/4: 215; Tudini, 2024, 73-74.

curacas o caciques que sometían a sus indios con o sin la anuencia de los encomenderos. Cundieron en seguida las diferencias entre preservar la estructura tradicional de poder autóctono, la introducción del cabildo castellano y la posibilidad de instaurar corregidores de indios. También prevalecía antagonismo de los funcionarios de la Corona con los frailes doctrineros, ya que estos, según vimos, defendían un sistema autárquico para gobernar a los naturales. Con todo y que el arzobispo Loaysa sostenía una catequesis resistente al poder de los curacas estuvo, sin embargo, lejos de imponer su autoridad a los frailes[277].

Además, las cosas por entonces transcurrían en un ámbito de fluidez entre las prácticas religiosas prehispánicas y el cristianismo. Quizá por eso, al inicio de los decretos del concilio tercero, se asentó que en el primero "faltó la debida jurisdicción". La ausencia de los sufragáneos hizo que se calificara al primer concilio de "sínodo de Lima" y aun de "junta eclesiástica"; y que, por haber sido recogidas sus disposiciones después, "de mejor manera", "carecían de fuerza obligatoria en toda la Provincia", por lo que fue abrogado por el arzobispo Mogrovejo. Con razón el padre José de Acosta consideraba que el primer concilio era "inaceptable" y el segundo "ineficaz"[278].

Este último, del año 1567, "fue legítimamente convocado, celebrado y promulgado"[279]. Reunió a los prelados titulares de Lima, Quito, La Plata y La Imperial de Chile, que acudieron desde sus sedes a veces visitando los territorios de su jurisdicción. También asistieron representantes de las órdenes mendicantes y, por vez primera, de los cabildos seculares o ayuntamientos de vecinos de Lima y el Cuzco. Esta vez, la prioridad era acusar la recepción y obedecer los decretos del Concilio general o ecuménico de Trento. Como proclamaban la preeminencia de los obispos en la Iglesia se suscitaron enfrentamientos entre seculares y regulares[280]. Incluso, veinte años después el arzobispo Mogrovejo invocaría las definiciones y el capítulo 72 del segundo concilio para defender

---

[277] Estenssoro, 2003, 66-67.
[278] *Tercer Concilio Limense…*, 2017, Acción segunda, p. 193; Vargas Ugarte, 1959, II, 51-52; Tudini, 2024, 74; Estenssoro, 2003, 189 sobre el padre Acosta.
[279] *Tercer Concilio Limense…*, 2017, Acción segunda, p. 193.
[280] Dussel, 1979,1.

la viabilidad del seminario que pretendía fundar en Lima[281]. Al parecer, a causa de una destacada presencia de mendicantes, los clérigos reclamaron haberse tomado en el segundo concilio decisiones "muy rigurosas y dañosas a toda la tierra en general […] en detrimento de las iglesias, clero y naturales", por lo que se sintieron excluidos de una asamblea cuyos miembros, según ellos, eran "todos frailes"[282]. La disgregación, pues, seguía sentando plaza.

La adscripción del segundo concilio al tridentino tal vez fue solo aparente, ya que prevalecieron las experiencias de evangelización proclives a defender la salvación mediante una fe implícita y una moral natural que defendían dominicos como fray Francisco de la Cruz[283]. Por último, ninguno de esos concilios obtuvo aprobación ni del rey ni de Roma, lo que invalidaba la condición que para el segundo estipularan los decretos del tercero: "[que] sea canónico y contenga estatutos canónicos"[284].

Pasemos ahora, entonces, a desentrañar algunas directrices disciplinares de la gestión de Toledo en el tercer concilio. Ellas verifican el importante carácter arbitral de la figura del virrey. Empecemos por corroborar que su interés en la cuestión de las lenguas y su insistencia en que hubiera un único catecismo de la provincia eclesiástica del Perú, repercute en los decretos. En el capítulo tercero de la segunda acción se excluyen traducciones distintas "de la publicada por la autoridad de este Sínodo"[285]. Por lo demás, en la tercera parte de este relato veremos que el patronato real siguió haciendo de las lenguas uno de los vértices de su supremacía.

Por lo que hace al culto y los sacramentos, la confesión personal y la frecuencia anual de la eucaristía se hallan asentadas en los capítulos XIV a XXI de la Acción Segunda[286]. Y acerca del temor del virrey a la

---

[281] Carta del marqués de Cañete al rey, Los Reyes, 29 de diciembre de 1590, en Levillier, *Gobernantes…*, XII, 207.

[282] Estenssoro, 2003, 166-167, cita a Vargas Ugarte, 1952, II, números 7 y 14.

[283] Estenssoro, 2003, 168-169, 187.

[284] *Tercer Concilio Limense…*, 2017, Acción segunda, p. 193.

[285] *Tercer Concilio Limense…*, 2017, 196-197.

[286] *Tercer Concilio Limense…*, 2017, 209-217.

propagación de prácticas idolátricas por "hechiceros y ministros abominables del demonio" a falta de unificación de dicho culto, trata el capítulo XLII de la Acción Segunda[287].

Recordemos en seguida que el virrey había reparado en la presencia de delincuentes que, para escapar a la justicia, accedían al sacerdocio valiéndose de las órdenes religiosas. Ahora bien, el concilio se pronuncia a ese respecto en el capítulo XXX de su Acción Segunda[288]. En adelante los pastores no podrían retomar las armas ni volver a la guerra, menos aún participar en expediciones contra los indios, sobre todo porque el virrey había hecho construir un conjunto de guarniciones y de plazas fuertes diseminadas en puntos neurálgicos[289].

La intención de Toledo de hacer que los frailes respondieran a la autoridad eclesiástica ordinaria al administrar los sacramentos en las doctrinas repercute en el capítulo 16 de la Acción Cuarta. Efectivamente, el concilio asentó que nadie, tampoco los religiosos, podía hacerse cargo de una parroquia sin la colación del oficio respectivo por parte de los obispos y que estos considerarían nulo el privilegio apostólico que las órdenes adujeran para celebrar matrimonios. Pese a todo, cuando los decretos fueron enviados a Roma para su aprobación, la Congregación de Cardenales determinó hacer que aquello se suprimiera, "pues no tenía intención de dictar sentencia definitiva sobre los privilegios que los regulares afirman haber recibido de la Sede Apostólica". La causa entre el ordinario y los religiosos quedó, por lo tanto, sin resolver en favor de ninguna de las partes[290].

Por esta razón, cobraría aún más relevancia la práctica de hacer concertar y converger jurídicamente actores y factores antagónicos bajo la autoridad del virrey del Perú. Tanto la Ordenanza del Patronazgo de 1574 como el dinamismo conciliar servirían de acicate a esa preeminencia, pero también a la de los gobernadores de provincia como árbitros de ambos cleros. Hasta el grado de que, con el tiempo, se daría lugar a un sistema de vice patrones que en lo judicial ejercerían en concierto con las

---

[287] *Tercer Concilio Limense…*, 2017, 239.

[288] *Tercer Concilio Limense…*, 2017, 225.

[289] Capítulo VII de la Acción Segunda, *Tercer Concilio Limense…*, 2017, 201.

[290] *Tercer Concilio Limense…*, 2017, 164-165.

Reales Audiencias[291]. Se sembraba así la semilla de una pauta de la modulación del dominio real en el ámbito eclesiástico de las Indias meridionales.

Estoy proponiendo que las directrices de la gestión de Toledo discernibles en el concilio tercero tendrían repercusiones en el tiempo largo. Una es que la supervisión de las autoridades vice patronales sobre los actores eclesiásticos impediría que los concilios fomentaran cualquier predominio episcopal. Los virreyes impondrían trabas a los prelados y a sus cabildos como el aplazamiento, la suspensión o invalidez de las asambleas a falta de autorización del rey, o bien denostarían el destino de las rentas del diezmo en favor de cada iglesia catedral en perjuicio del ingreso de los clérigos curas, como lo dejara entrever Toledo

> Convendría mucho favorecer en cuanto fuese posible que la dote de los curas fuese muy suficiente, para lo cual están muy contrarios los prelados y sus cabildos. Y aunque lo uno y lo otro sea a provisión de VM, como patronazgo suyo, se descarga más su real conciencia con que sea muy suficiente la dote de los dichos curas[292].

El enriquecimiento ilícito de los clérigos también había preocupado al virrey y el concilio prescribió censuras argumentando que con los "lucros temporales" los sacerdotes "sobrecargaban y apartaban a los indios de sus quehaceres más allá de toda medida y que muchas veces les hacen sufrir graves vejaciones"[293]. Por eso, en principio había admitido "dar asiento" a los diezmos de la población hispánica y no a los de la autóctona. Consideraba inconveniente que se impusieran a esta última "si no fuese con suma moderación por la vejación y molestia que los naturales podrían recibir".

De ahí que en lo concerniente al diezmo de indios solamente se admitiera "de lo que cogen de los frutos de Castilla y no de los que solían tener en esta tierra". Pero como se sacaba "de la gruesa del tributo que pagan [como] salario del sacerdote que los doctrina", el virrey Toledo

---

[291] Galeano, 2025.
[292] El virrey Toledo al rey, Los Reyes, 8 de febrero de 1570, en Leviller, *Gobernantes...*, III, 380-397.
[293] *Tercer Concilio Limense...*, 2017, 171.

contradecía el principio de que ese ingreso, incluso magro, se destinara al obispo y mesa capitular de cada sede, como lo estipulaba el documento de erección de los obispados[294].

La opinión de Toledo acerca de los diezmos es docta y, de nuevo, reveladora de la importancia de su visita tanto en el ámbito de los frailes como en el diocesano. La Junta Magna de 1568 le había pedido asentar las cosas en materia del impuesto eclesiástico. Sin embargo, cauteloso, procedió primero a averiguar si había condiciones y despachó visitadores por toda la jurisdicción de la Audiencia de Charcas. Es de notar que pondría por efecto lo que resultara de esa averiguación "sin aguardar al concilio ni al resultado general de toda la visita", según advirtió al rey. Llegó a conclusiones sumamente relevantes. En primer lugar, asentar los diezmos suponía, efectivamente, conforme a lo previsto en las erecciones de las iglesias diocesanas, favorecer en la distribución de esos recursos a las catedrales y a sus cabildos, no al ingreso de los clérigos curas. Cabía, no obstante, una salvedad: con los diezmos se podría estimular la fundación de nuevos obispados que era, como se recordará, uno de los designios de la Corona.

Con todo, el virrey hubo de comprobar que los miembros de los cabildos catedrales, desde el metropolitano de Lima, pasando por el del Cuzco, hasta el de La Plata, tenían ingresos sumamente raquíticos que suscitaban rencillas entre sus miembros, hasta el grado de que algunos canónigos habían advertido que dejarían sus prebendas y el servicio de la iglesia catedral para irse a sustentar a las doctrinas de los indios. De ahí que los cabildos presentaran resistencia a la exacción correspondiente a la pensión para erigir los seminarios prescritos por el concilio de Trento. Entretanto, los prebendados de La Plata en sede vacante habían pedido a Toledo que interviniera y efectuara una suerte de prorrata que los concertara, en espera de su nuevo obispo.

---

[294] Entre 1552 y 1555 se estableció en el Perú que los indios pagaran diezmos y que ese pago se vigilara para evitar "excesos" de los prelados. Sin embargo, sobrevinieron pleitos con los encomenderos que eludían el pago de la "décima" como compensación de la tasación del tributo de los indios, por considerarla lesiva a sus intereses. Hasta finales de siglo, el impuesto eclesiástico fue un tema difícil y su pago una cuestión polémica. Según Flavia Tudini, el crecimiento económico general y una política de gasto público aumentarían las expectativas de ganancia entre los españoles, Tudini, 2024, 105.

En realidad, las prebendas eran exiguas porque, al no haberse aún asentado los diezmos definitivos, se pagaban en especie de las tasaciones del tributo: coca, comida, ropa o ganados. Para aquellas encomiendas que ya habían revertido a la Corona, en fecha más reciente se había mandado conmutar esas especies por plata, de ahí que los capitulares de las iglesias del Cuzco y La Plata hubieran pedido al virrey verse favorecidos por la conmutación. Toledo la había aceptado mientras no se impusieran y asentaran los diezmos permanentes[295]. Según el virrey, tampoco convenía en aquel momento dotar los curatos de manera perpetua por medio de los diezmos. Ello implicaría tener que esperar a que los beneficios quedaran vacantes, ya que serían vitalicios. Lo cual impediría que el rey pudiera proveerlos o removerlos *ad nutum*, o sea, de manera repentina y a discreción, en perjuicio de lo que más importaba al virrey: mantener "enfrenados" a clérigos y frailes. En conclusión

> Hasta que esta tierra tenga más asiento no soy de parecer que se impongan [los diezmos], sino que dichos curas se sustenten del peso que se ha de imponer en las tasas a cada indio tributario para doctrina. Y en aquellas doctrinas donde no bastare, se supla lo que más fuere necesario de los tributos que pagaren a su encomendero[296].

Así, pues, mientras todo eso se lograba, para el virrey Toledo era preciso "sobrellevar las órdenes [mendicantes] tirándolas de la rienda y metiendo a los ordinarios en la posesión de la jurisdicción"[297].

De manera análoga a la cuestión de los diezmos, el virrey había aconsejado al rey que la reciente legislación para el conjunto de las Indias dejara de estarlo en los reinos y provincias del Perú, al menos durante algunos años "hasta que esta tierra tuviese más asiento". Es muy probable que se refiriera a la instauración de los beneficios eclesiásticos

---

[295] Carta del virrey Toledo al rey sobre materias de diezmos, La Plata, 30 de noviembre de 1573, en Levillier, *Gobernantes*, V, 263-273.

[296] Carta a S.M. del virrey Toledo, La Plata, 30 de noviembre de 1573, en Levillier, *Gobernantes...*, V, 264-269.

[297] Carta a S.M. del virrey Toledo, Potosí, 20 de marzo de 1573, en Levillier, *Los Gobernantes...*, V, 7-26.

permanentes. El nombramiento de sus titulares quedaría en manos del Consejo de Indias y ampliaría el margen de acción de los obispos a partir de la sanción canónica que ellos otorgaran. Con esa petición buscaba desterrar los efectos que subvirtieran el sentido de equilibrio entre ambos cleros implementado durante su visita. Por ejemplo, las dificultades que imponía controlar al clero *extra clausura*, es decir, de aquellos religiosos que vivían fuera de su convento y ejercían la cura de almas sujetos a la jurisdicción de su superior, no a la eclesiástica ordinaria[298]. Para el virrey, lo ideal era que "en algunas doctrinas donde hay clérigos se pongan frailes y por el contrario". Sin embargo, tenía claro que los obispos siempre favorecerían a clérigos y los provinciales de las órdenes pugnarían porque se pusieran doctrineros frailes y así "vendrán a estar los unos y los otros con más libertad y con menos respetos de los que conviene que tengan". La solución, por lo tanto, residía en el ejercicio pleno del patronato real por el virrey

> Me queda libertad y la tengo por el poder de vuestra Majestad para poder nombrar y presentar y remover de sus doctrinas y darlas a los que me pareciese convenir, clérigos o religiosos, sin consulta y sin parecer de los dichos prelados. Los unos y los otros tienen por este interés y respeto atención a vuestra Majestad y al que gobierna para no descomponerse ni tratar y hacer repugnancia con libertad a los derechos de vuestra Majestad[299].

Modulación del dominio real

¿Qué cabe concluir? Primero, que el gobierno de don Francisco de Toledo sí repercutió en el Tercer Concilio Provincial de Lima. Pero es aún más relevante corroborar que sus pautas de reconducción en lo eclesiástico trascenderían en los virreyes sucesivos del Perú, como veremos en la tercera parte. Hay indicios plausibles para proponer que la visita y gobierno de Toledo consolidaron un zócalo o cimiento de disciplina

---

[298] Tudini, 2024, 91-92.
[299] Carta del virrey Toledo al rey, Los Reyes, 27 de noviembre de 1579, en Levillier, *Gobernantes…*, VI, 230 y siguientes.

eclesiástica bajo la preeminencia del virrey del Perú. Él mismo lo expresó con asertividad y nitidez hacia el final de su mandato

> En esta tierra no conviene al servicio de vuestra Majestad que ni legos ni religiosos particulares puedan mucho ni tengan mucho para el buen seguro de ella; y todo lo que va enderezado en contrario de esta ambición atrayendo así las repúblicas, aunque sea debajo de buenos colores y para buenos efectos, me parece que convendría prevenirlo y con recatamiento. Y vuestra Majestad no ponga duda, sino que es una de las cosas que ha conservado y conservará el seguro de esta tierra con esta manera de gente *el freno* de vuestro patronazgo real si se conserva en la forma que tengo dicho [300]

En tanto que modulación del dominio real, ese "freno" sentó un precedente paradigmático para el ejercicio del patronato eclesiástico. Su principal mecanismo radica en la contención y en la concertación jurídica, bajo la autoridad del virrey y de los gobernadores de provincia, de actores y factores antagónicos que pudieran reanudar las tendencias a la disgregación. El cauce primordial del gobierno hacía converger o confluir ambos cleros conforme a las siguientes estrategias: sostener obispos cuyo poder estaba aún lejos de consolidarse; alentar la erección de nuevas diócesis en difícil asociación con gobernadores o presidentes y con las Audiencias, a cuya jurisdicción se acogían en el ámbito judicial; supervisar a clérigos con expectativas de sustento definitivo y a menudo enfrentados al clero de las catedrales; frenar con energía a los frailes en sus afanes de autonomía y exención; amparar a las poblaciones autóctonas en orden a su reducción, cristianización, organización laboral y fiscalidad; reconducir encomenderos y señores indios en condiciones de lealtad a la Corona; promover la unificación de la doctrina y del culto a fin de desterrar "idolatrías" disgregantes; exigir y facilitar el aprendizaje de las lenguas autóctonas; supervisar los sínodos diocesanos de carácter local, pues reunían a los pastores de las parroquias o células básicas;

---

[300] Carta del virrey al rey, Los Reyes, 8 de octubre de 1578, en Levillier, *Gobernantes...*, VI, 78, cursivas mías.

sugerir la elevación de algunas sedes a iglesias metropolitanas para atajar la desvinculación que imponían las distancias dificultando las visitas pastorales; incrementar las facultades de arbitraje del virrey y de sus sucesores sobre aquel andamiaje portentoso de autoridades en binomio eclesiástico/secular, entre demás acciones.

Como en seguida veremos, si la conservación en lo eclesiástico de los dominios del Perú precisaba que el virrey sobrepusiera su autoridad a la vez sobre los frailes y el clero secular, esa práctica estaba en las antípodas de lo que acontecía en la Nueva España. En esta última, la resistencia de los mendicantes era todavía más tenaz y su espíritu de autonomía extremo en "la jurisdicción y mano que tuvieron al principio de la conquista"[301].

---

[301] Carta al rey del virrey Toledo, Potosí, 20 de marzo de 1573, en Levillier, *Gobernantes...*, V, 25.

II.- Nueva España

Referente de ubicación

De nuevo, la geopolítica se revela implacable, aunque en un sentido inverso a las Indias meridionales. El continente, incomparablemente más angosto, se halla atravesado en el paralelo 19 norte, por un eje volcánico limitado en uno y otro extremo por sierras madres. Esos accidentes orográficos perfilan valles extensos de altiplano. El más central, o de México, es una enorme cuenca lacustre donde había hasta cinco lagos. Los valles se hallan interconectados y configuran una serie de mesetas con altitudes promedio de 1550 a 2000 m, es decir, no extremas, que dan lugar a sendas vertientes de intercambio. De ahí que esa parte nuclear de Mesoamérica no haya presentado obstáculos a la conquista hispana, ni de suelo, ni de un clima más templado que el de Castilla.

Los contingentes hispanos que ahí incursionaron en 1519, hasta ese momento solo habían tenido experiencia de las islas Bahamas, de las del Caribe y del istmo de Tierra Firme que llamaron del Darién. Consecuentemente, aún no se habían enfrentado al ascenso a un altiplano desde el litoral. Por analogía, esa vivencia debió hacerles evocar la meseta central de Castilla, hasta el grado de que, meses después, Hernán Cortés propuso en su segunda carta de relación al emperador Carlos V el nombre de "Nueva España" para esa tierra[302]. Todo lo cual difiere de las barreras de la cordillera andina. Con sus altitudes y climas extremos, enormes distancias, territorios aislados y el rigor del trajín, en ella se impusieron dificultades de toda índole con la disgregación como denominador común. En cambio, sujeta a la angostura del continente y a un altiplano propenso a los intercambios, la geografía de Nueva España fue desde el principio favorable a la integración. Lo mismo en términos de su alta densidad

---

[302] Val Julián y Musset 1998.

demográfica, de la compleja organización política y sofisticada cultura de sus señoríos autóctonos, que de sus numerosos y tempranos asentamientos españoles.

Pueblos y frailes

Empecemos considerando los señoríos. Con adelanto de quince a veinte años en relación con los Andes, en los valles centrales de Mesoamérica densamente poblados, la primera evangelización estuvo animada por procedimientos de la reforma del clero en la España del siglo XV que incluso repercutieron en el más turbulento Perú[303]. En el último cuarto del XVI el propio virrey Toledo la rememoró a manera de epopeya al deplorar la situación que enfrentaba

> No se puede dejar de sentir y decir la diferente obra que han hecho los de la Nueva España en aquel reino en lo espiritual, que los de este, porque de aquí ha redundado mucho trabajo a los gobernadores y gran impedimento para el gobierno lego […] Parece que la Nueva España como primogénita se llevó a los principios la nata y se acertó en la elección de los prelados así para las iglesias como para las religiones […] lo cual, según refieren los antiguos, no se acertó tanto para este reino y enflaqueciose más por los levantamientos, guerras y bullicios que desde los principios hubo en él [304].

Quedan todavía vestigios de un impresionante sistema de iglesias-convento de los frailes estratégicamente ubicadas en cada señorío o principado según el establecimiento respectivo de las órdenes de San Francisco, Santo Domingo y San Agustín. Estas asentaron su presencia sobre formas de adhesión características de una derrota violenta, pero rápida, de la Triple Alianza presidida por México-Tenochtitlan, a la que siguió la incorporación de cientos de esos principados autóctonos. Al cabo de unas décadas las sedes de las "doctrinas" formaban parte de un conjunto fuertemente integrado. Su rasgo más sobresaliente era la subsistencia

---

[303] Mazín, 2009, 78, 79, 87.
[304] El virrey Toledo al rey, Cuzco, 1 de marzo de 1572, en Levillier, *Gobernantes…* IV, 1-41.

social y política de las entidades prehispánicas. Se sustentaba en vínculos entre señores y caciques indios, frailes y encomenderos que a partir de la década de 1540 no estuvieron en constante pie de guerra, como en los Andes. Era un régimen de dominio hispano indirecto sujeto ya no al dominio del tlatoani de México, sino al rey de España, lo que explica el éxito y rapidez de las conquistas. Pronto contó con una pléyade de cronistas, soldados conquistadores y frailes que hicieron su apología.

Poco después, ese régimen transitó hacia un "orden de república" presidido por los cabildos castellanos, los alcaldes mayores y los corregidores. La instauración de estas instancias de autoridad fue consecuencia de la organización local y de la negociación como práctica de diversos grupos, lo que incrementó el ámbito de dominio de la Corona. De suerte que las figuras de autoridad superior, como los oficiales de real hacienda, la Real Audiencia de México y poco después el virrey, fueron conformadas en términos de articulación con los principales actores sociales. Se buscó contener o al menos paliar la pugna de facciones de encomenderos conquistadores, entre otras cosas mediante agentes y la tasación de los tributos pagados por los indios, de los que estaba exenta la nobleza autóctona. Por su parte los frailes, cada vez más numerosos, mantuvieron su predominio en cientos de doctrinas y aun lo reforzaron, ya que a partir de 1535 contaron casi indefectiblemente con el respaldo del virrey. El primero, don Antonio de Mendoza, expresó que sin los frailes "se puede hacer poco"[305].

Y es que la llegada de franciscanos, dominicos y agustinos, en ese orden, precedió a la estabilización de las primeras diócesis de Nueva España, por lo cual para mediados de siglo desplegaban una fuerza enorme. Mientras que en el primer concilio de Lima de 1551 se contempló la asignación de doctrinas no sólo a frailes, sino también a clérigos, el primer concilio de México en 1555 intentó contrarrestar la preponderancia de esas órdenes mendicantes y reivindicar, sin éxito, la jurisdicción ordinaria de los obispos frente a los privilegios pontificios omnímodos de aquellas. Hasta el grado de que bajo presión de los religiosos el Consejo

---

[305] Hanke, (ed.), 1976, 273, I, 38-39; García Martínez, 2011; Semboloni, 2014, 182.

de Indias hizo suspender en 1557 varias de las medidas de ese primer concilio[306].

Efectivamente, luego de una junta eclesiástica presidida en 1539 por los primeros obispos, estos dirigieron una carta al rey. Había entre ellos varones virtuosos como el primer obispo de México fray Juan de Zumárraga (1528) y don Vasco de Quiroga fundador de la diócesis de Michoacán (1538), poco antes oidor aguerrido de la Audiencia de México. Calificaban de "cisma y división y confusión" la situación a que daban lugar los privilegios y exención de los mendicantes que el virrey favorecía

> Y como los indios ignorantes ven a los religiosos más favorecidos con más número y poder de alguaciles *y ser más estimados del virrey*, hacen más caso de los religiosos que de sus propios pastores y prelados y los obispos perdemos autoridad y crédito y reputación acerca de ellos. ["Firman Juan, obispo de México y Vasco, obispo de Michoacán, asistió también el obispo de Guatemala, pero no firmó"]. [307]

Sin embargo, a causa de la geografía propensa a la integración y, pese a peculiaridades regionales como en Tlaxcala o Michoacán, los "pueblos", término aplicado a cada señorío autóctono como organización de amplia extensión territorial, no pudieron permanecer ajenos a un orden hispánico incipiente, pero denso y turbulento[308]. Efectivamente, entre 1524 y 1530 cundió la lucha de facciones entre émulos y detractores de Hernán Cortés, sin faltar quien evocara las revueltas de los "comuneros" en Castilla. El obispo Zumárraga pidió al rey estabilizar la Audiencia de México como instancia de justicia. Se hacía eco de la dinámica integradora de la tierra cuando en 1543 él mismo manifestó a Carlos V que un nexo natural semejante al de los huesos y la carne en el cuerpo humano unía a españoles y a indios. Sus sucesores en el episcopado acrecentarían esa

---

[306] Castillo, 2018, 80; Lundberg, 2002: 114 y ss.; Vargas Ugarte, 1953, I, 128.

[307] Carta al rey de los obispos de Nueva España, s/f, 1540, en *Epistolario de Nueva España*, IV, 198, cursivas mías.

[308] García Martínez, 2008, 41 y 2019, 23.

proclividad[309]. Efectivamente, desde muy temprano confluyó en varias aglomeraciones en torno a México, como Coyoacán, Toluca y Cuernavaca, un núcleo reducido de población hispana con barrios y señoríos habitados por numerosos indios[310].

El panorama idílico de la Nueva España, que el virrey Toledo ponderaría veinte años después, adolecía de importantes flaquezas. Muy pronto se puso de manifiesto la más relevante: en contraste con la bicefalia del Perú nuclear y del "poli centrismo" andino, en Mesoamérica los principales ámbitos de poder y autoridad confluían hacia un mismo centro coordinador, la ciudad de México-Tenochtitlan, asiento de la capital autóctona, del virrey, de la Real Audiencia, del arzobispo de esa única iglesia metropolitana de las Indias septentrionales en el continente (1546-1548), de las provincias primigenias de las órdenes religiosas, del gran comercio y poco más tarde de la Inquisición, sin olvidar su poderoso cabildo de vecinos. Así, pues, todo giraba en torno de un mismo núcleo e impactaba en las provincias adyacentes. Por esta razón, en Nueva España la contienda y el enfrentamiento jurisdiccional entre individuos, grupos, corporaciones, gobiernos y autoridades se focalizaron. Un conquistador de la primera hora lo expresó así al mediar el siglo

> México [es] la más próspera ciudad, que debería ser la más ínfima porque no tornase a los resabios primeros, como ha habido señales y aun notable escándalo [...] Acá, en la confusión que digo, ni cabildos, ni congregaciones, ni ciudades, ni clérigos, ni frailes, ni audiencia vienen en entera conformidad y cada uno por su propio interés olvida cualquiera bien común[311].

Como se comprenderá, hasta los más insignificantes despliegues de protocolo y privilegio tenían en México una repercusión desmedida que hacía reverberar todas las pugnas de poder, a menudo de manera

---

[309] Fray Juan de Zumárraga al emperador, México, 4 de octubre de 1543, en BNE, Ms. /20285/3, 14-15, citado por Vallen, 2015.

[310] Mejía, 2024, 49.

[311] Carta del conquistador Ruy González al rey, México, 24 de abril de 1553, en *Epistolario de Nueva España*, VII, 369.

estrepitosa. Se entenderá por qué la segunda modulación estabilizadora del dominio real que aquí interesa responde a esa tónica.

Orden hispánico e iglesia secular

Veamos las cosas desde otro ámbito. A consecuencia de una intensa circulación tanto local como transoceánica, hacia la década de 1570 la propensión geopolítica a la integración había dado lugar a un patriciado urbano estrechamente vinculado tanto a Castilla como al propio reino[312]. Sus protagonistas articulaban un sistema expansivo de producción que acabaría por predominar. Primero interactuó y más tarde ejerció efectos de arrastre sobre el régimen de los señoríos-encomiendas-doctrinas. De esta suerte, los descendientes de los primeros conquistadores y pobladores, que habían heredado encomiendas y privilegios, se resistieron a ser desplazados por los funcionarios reales. Pero incluso algunos alcaldes mayores llegaron a identificarse con los intereses del empresariado en ciernes[313]. Por su parte, y al igual que los encomenderos, las más antiguas estirpes autóctonas fueron desplazadas o bien incorporadas con éxito a la dinámica de circulación trasatlántica, hasta el grado de poder llegar a extender su nombre, linaje e intereses en la propia corte del rey[314]. Las actividades de ese sistema vinculaban el gran comercio, la ganadería, la agricultura y la minería con el eje interoceánico Veracruz-Ciudad de México-Acapulco, que años más tarde se prolongaría hacia el Asia oriental. Esa dinámica tuvo muy tempranos indicios. En México el tesorero de real hacienda Gonzalo de Salazar los echó de ver a manera de vocación del reino

> El mayor mal es que aún no se tenga poder para emplear [...] en lo que será todo el bien y acrecentamiento de estas partes, que es en descubrir por esa mar del sur lo que saben que no puede faltar,

---

[312] Bautista y Lugo, 2023.
[313] Rubial y Ramírez, 2024, 50, 51.
[314] Bautista y Lugo, 2023.

grandes islas, China, especiería para que tuviesen salida todas las granjerías de crías y bastimentos que ya sobran en estas partes[315].

Pero no solo eran vaticinios. En 1531 se había fundado una Puebla de españoles próxima a la ruta entre la capital y Veracruz, así como un camino hacia esa costa habilitado por indios de Tlaxcala. El entusiasmo inicial y el porvenir del comercio llevaron incluso a vislumbrar la instalación de una "Casa de Contratación" en el litoral. Se trataba de "perpetuar el puerto de San Juan de Ulúa que es la llave de todo este mundo y cada año que se dilata dobla el interés que ha de costar".[316] También en 1531 se fundó Santiago de Querétaro, pequeña aglomeración de frontera y conquista de indios indómitos. Su consolidación fue consecuente con sus inicios como sitio de paso obligado hacia la ruta de la plata.

Efectivamente el eje procedente del litoral del golfo se halló complementado por el "Camino Real de Tierra Adentro" en dirección de los yacimientos argentíferos septentrionales de Zacatecas (1546) y Guanajuato (1552). A finales del siglo ambos ejes continentales serían vinculados hacia el Asia oriental a través del puerto de Acapulco, así como por el concurso marítimo del cabotaje procedente de las Indias meridionales entre Arica, El Callao, Guayaquil, Panamá, El Realejo y Huatulco, es decir, por los mercaderes del Perú y sus agentes o "peruleros"[317]. Caracterizado, pues, por su gran movilidad, el sistema expansivo de producción ejercería una atracción sumamente vigorosa sobre el sector agropecuario, el avance militar y de población hacia numerosas "naciones" nómadas. Contaría con indios de Michoacán y de los valles centrales, nahuas, otomíes y tlaxcaltecas en calidad de conquistadores-pobladores. Todo ese dinamismo impactaría sobre una mano de obra autóctona que,

---

[315] Carta de Gonzalo de Salazar al secretario don Juan de Sámano, México, 20 de septiembre de 1538, en *Epistolario de Nueva España*, III, 186.

[316] *Epistolario de Nueva España*, II, 100, 105, 121 y III, 139; Carta de Gonzalo de Salazar al secretario del Consejo don Juan de Sámano, México, 20 de septiembre de 1538, en *Epistolario de Nueva España*, III, 186.

[317] Carmagnani, 2012; Bonialian, 2019, 65-69.

reducida en número, aunque diversificada y encarecida, transitaría hacia modalidades de trabajo retribuido[318].

Al hallarse sumamente vinculada a la laboriosidad de la población hispana, la tierra fue muy reivindicada como noción jurídica. La evocó en fecha temprana fray Juan de Zumárraga al señalar que para "dar asiento a la *tierra*" nada era más importante "que los españoles tengan reposo y arraigamiento perpetuo en ella para que esa tierra les sea madre y ellos hijos que la amen, honren y defiendan"[319]. También la tuvo presente Jerónimo López, uno de los conquistadores y primeros pobladores

> [Hablo] de la conservación de estas partes y del mucho poder que en ellas ha de haber siempre de muy gran fuerza de españoles, esto es, toda la *perpetuidad e seguridad de la tierra*. Y [que] no hagan a vuestra Majestad entender otra cosa porque lo que en contrario se dijese es falso y el que lo dice *no siente nada de la tierra*[320].

La noción contribuyó a perfilar un rasgo sobresaliente de Nueva España, la integración que la geografía le imponía como patria. Su empresariado la asumió para sentar plaza y legitimar acciones y pretensiones ante el rey como su señor natural.

Esa dinámica encontró eco en figuras de autoridad, aunque no necesariamente en el virrey, sino ante la instancia eclesiástico-diocesana. Era el clero secular el que de preferencia proporcionaba seno familiar, asistencia y administración espiritual a esos grupos, tanto en crianza y expectativas, como en términos de circulación, es decir, de agencia. Como veremos, a partir de 1554 fray Alonso de Montúfar, el segundo arzobispo de México, se convirtió en su vocero y defensor aguerrido a expensas de los frailes. En efecto, el contraste entre los clérigos y las redes de doctrinas-iglesias-convento de las órdenes mendicantes se haría

---

[318] Carta del virrey don Luis de Velasco al emperador, México 21 de febrero de 1552, en *Epistolario de Nueva España*, VI, 344; Chevalier, 1976; García-Abasolo, 1983, cap. II; Ruiz Guadalajara, 2004, vol. I.

[319] Fray Juan de Zumárraga al emperador, México, 4 de octubre de 1543, en BNE, Ms. /20285/3, 14-15. Citado por Vallen, 2015.

[320] Carta de Jerónimo López al presidente del Consejo de Indias, México, 25 de febrero de 1545, en *Epistolario de Nueva España*, IV, 236, cursivas mías.

cada vez más ostensible. Ese prelado lo echó de ver aun de manera visual a poco de llegar a su sede

> Es lástima de ver tanta iglesia y tan solemnes monasterios y que la matriz esté como una bodega y que cuando llueve no hay quien esté en ella[321].

Tal corroboración permite imaginar cuán extravagante parecería el establecimiento de las primeras catedrales en un orden social de densas poblaciones autóctonas con sus señores y caciques, frailes, encomenderos, corregidores y alcaldes mayores. Sin embargo, el raquitismo de las primeras sedes diocesanas no impidió que los obispos y sus clérigos fincaran su legitimidad en "la antigüedad, prescripción legítima e inmemorial que llevaron de España" y no en el tiempo transcurrido a partir de su fundación en el Nuevo Mundo.

Para el arzobispo de México proceder en la Nueva España de 1560 como pretendían los frailes, o sea mediante una suerte de nuevo comienzo, equivalía a "dar con los sagrados cánones por tierra", a hacer tabla rasa del derecho común y del eclesiástico, recibidos de las iglesias de la Península. En virtud de esa hondura temporal, los cuarenta años transcurridos desde la conquista de México-Tenochtitlan no autorizaban a tener por "nueva" la Iglesia de las Indias. Para el prelado la iglesia de Granada, luego de su conquista por los Reyes Católicos en 1492, era un modelo para las Indias sin solución de continuidad. Buen conocedor de aquel reino andaluz, su patria, y hombre del imperio atento a otras latitudes, Montúfar estableció una comparación con el Perú. Era tan optimista e ilusoria como la que el virrey Toledo formularía años después respecto a la Nueva España. Afirmó que en los Andes centrales se habían pagado los diezmos desde un principio, razón suficiente, según él, para explicar una mayor y más efectiva presencia de los obispos y del clero secular al servicio del rey durante las largas guerras civiles. Por más virtual que fuera, esta apreciación corrobora las diferencias entre ambas latitudes.

---

[321] Carta del arzobispo al Consejo de Indias, 12 de septiembre de 1555, en *Epistolario de Nueva España*, VIII, 432.

El arzobispo aspiraba a una situación análoga a la de Granada que limitara los ímpetus de las órdenes mendicantes. Y no veía mejor recurso que el poblamiento y arraigo de los vecinos de origen peninsular, ni mayor contribución de la iglesia diocesana que la formación de sus hijos, los españoles de ultramar. Por eso escribió al Consejo que: "De [los] españoles bien sé el contento grande que toda la tierra muestra con mi venida porque ven los provechos que de ella han sucedido"[322]. En cambio, para él los frailes no contribuían a una relación apropiada entre la Corona y los vecinos, pues ejercían sus ministerios con privilegios pontificios que cerraban sus institutos religiosos dándoles una autonomía que consideraba inadmisible. Contaban además con el favor y parcialidad del virrey don Luis de Velasco, lo que deploraba: "Muy mucho vuestro visorrey pudiera haber remediado si no estuviese tan sujeto al parecer de los frailes, que en nada les osa contradecir". Velasco y los franciscanos pugnaron y lograron que las exequias en honor de Carlos V en 1559 tuviesen lugar en el convento grande de San Francisco y no en la catedral[323].

La equiparación tan reiterada del arzobispo y de sus sufragáneos respecto a la Península es concomitante con los avances del patriciado urbano y el sistema de producción antes mencionados, en el sentido de aspirar a integrar un reino por analogía con los de Castilla. En la asistencia y administración de los obispos y el clero secular a comerciantes, mineros, ganaderos estancieros, hacendados, así como a las poblaciones interétnicas a ellos subordinadas, intervenían vínculos de índole pastoral, de parentesco, sociales, políticos y fiscales conforme a pautas de arraigo, migración y trasiego trasatlántico. No hay que olvidar que de esa población dependería el asiento y porvenir de las iglesias diocesanas mediante el pago del diezmo.

De ahí que, a diferencia del Perú, en lo concerniente a Nueva España ese impuesto eclesiástico habría de adquirir una relevancia que excede a toda ponderación. Por varios motivos: la concomitancia entre el

---

[322] Carta del arzobispo de México al Consejo de Indias, México, 18 de septiembre de 1555 en *Epistolario de Nueva España*, VIII, 436.

[323] Carta del arzobispo al rey, México, 31 de enero de 1558, en *Epistolario de Nueva España*, VIII, 460; Rubial y Ramírez, 2024, 56.

clero secular o diocesano, el patriciado urbano y el sistema expansivo de producción, la estatura política que alcanzarían los obispos y la capacidad de sus iglesias para concertarse y más tarde hacer prevalecer sus intereses en la corte del rey. Ya dije que las tendencias a la integración, precoces, acabaron por impactar el régimen de las encomiendas, pueblos de indios y doctrinas de frailes, lo que exacerbaría las contradicciones y, en consecuencia, las confrontaciones. Hasta el grado de suscitar la necesidad de reconducir el dominio real. Vimos, en cambio, que el virrey del Perú se inclinó por diferir el asiento de los diezmos en detrimento de las catedrales hasta que su autoridad sobre ambos cleros no acabara de consolidarse para contrarrestar la disgregación andina.

Concilios, virreyes y prelados

También, a la inversa del Perú, en lo tocante a concilios provinciales el virrey de Nueva España careció de protagonismo. Lo concentró para sí el arzobispo de México. Recuérdese que a causa de la ausencia del virrey Toledo, que visitaba el reino, el Concilio Tercero Provincial de Lima debió aplazarse de manera indefinida. En cambio, a poco de llegar a finales de 1554, el arzobispo fray Alonso de Montúfar hizo manifiesta la instauración de la provincia eclesiástica de México con despliegue de determinación. Era el primer prelado metropolitano en funciones, ya que Zumárraga, primer arzobispo en derecho, murió antes de ejercer de facto como tal.

Consecuentemente, el Concilio Primero Mexicano validó canónicamente las "juntas" eclesiásticas que lo precedieron. Especial relevancia revistió la de 1546 a que convocara el eclesiástico Francisco Tello de Sandoval, visitador de la Corona y consejero de Indias, a efecto de dar a conocer la reforma que derogaba las Leyes Nuevas a favor de los encomenderos y a la cual asistiera fray Bartolomé de Las Casas, obispo de la diócesis de Chiapa[324]. En esas juntas los obispos habían manifestado su capacidad para concurrir y reivindicarse como episcopado ante las órdenes mendicantes.

---

[324] Raup Wagner, 1967.

También se legisló acerca de la presencia, vínculos jurídicos e intercambio de la sede metropolitana respecto a los prelados y a sus iglesias sufragáneas, erigidas dos décadas antes. En Tlaxcala-Puebla (1519, 1543), Michoacán (1536, 1580) y Jalisco o Nueva Galicia (1548, 1560) había sido crucial la tenacidad con que los vecinos pobladores lograron que las instancias de autoridad fallaran a favor del traslado de la sede diocesana respectiva desde la cabecera de un señorío autóctono a una nueva aglomeración de cuño hispánico.

En cambio, en Oaxaca (1535) y Ciudad Real de Chiapa (1539) ese ímpetu no se concentró en un traslado de sede, sino en la habilitación de ejes afluentes al sistema productivo presidido por la ciudad de México, es decir, rumbo al sureste, con bifurcaciones hacia la Mixteca, Tabasco y la península de Yucatán, o bien por el Soconusco hasta el reino de Guatemala. En sus capitales respectivas, Santiago de los Caballeros de Guatemala (1534) y Mérida (1561), también se asentó una iglesia catedral[325].

La tónica integradora del reino propiciaría la interacción de esas sedes diocesanas y no la erección de nuevas, como en las Indias meridionales. En estas, el virrey Toledo y sus sucesores habían alentado el establecimiento de iglesias en detrimento territorial de Lima y Cuzco; acciones de gobierno que vinculaban a cada una con la Audiencia real a cuya jurisdicción judicial se acogían. Finalmente, habían previsto y animado la elevación de Chuquisaca o La Plata a iglesia metropolitana, tercera sede arzobispal de las Indias andinas.

Por otra parte, los decretos conciliares de México apenas se refieren a la actividad de los frailes. No es de extrañar. Durante las sesiones los canónigos de la metropolitana y los obispos asistentes expresaron: "las órdenes han mostrado no mucho contentamiento de la dicha junta de prelados y santo concilio […] y por esto se tiene por cierto que en este navío han de escribir a vuestra alteza"[326]. Efectivamente, en reacción al primer concilio los frailes hicieron confirmar los privilegios que los eximían de la jurisdicción de los obispos. Otro tanto harían en 1565 durante

---

[325] Carta del arzobispo al Consejo, México, 12 de septiembre de 1555, en *Epistolario de Nueva España*, VIII, 432; Bahena, 2024, cap. 2.
[326] Los canónigos de México al Consejo de Indias, México, 16 de septiembre de 1555 en *Epistolario de Nueva España*, VIII, 434.

el segundo. Por una denuncia que el arzobispo Montúfar manifestó al rey, sabemos también que se había pedido al virrey Luis de Velasco convocar a los provinciales, ya que estos urdían una "liga" de las tres órdenes "para hacerse mayores señoríos y más fuertes y poderosos contra los prelados"[327]. Para sentar precedencia, Montúfar intentó hacer imprimir los decretos conciliares de 1555 sin licencia de las autoridades reales, ni de la Santa Sede. Y como el Consejo de Indias se lo reprochara, subsanó hábilmente la falta diez años después convocando a un Segundo Concilio que cumplimentaba la orden de Felipe II de obedecer y jurar los decretos del Concilio de Trento[328].

A partir de la gestión de Montúfar se advierte el endurecimiento en la relación del metropolitano y de algunos de sus sufragáneos con el virrey en turno. En cambio, por más animadversión que se diera, en el Perú se impuso la preeminencia del virrey y de los gobernadores en materia de patronato eclesiástico sobre ambos cleros. En el Primer Concilio Mexicano constó la presencia de don Luis de Velasco, pero no en el segundo por haber muerto poco antes. Con todo, el arzobispo expresó con dramatismo al Consejo de Indias su sentir acerca del virrey, no fuera sino para cubrirse las espaldas en la corte

> [...] yo he hallado y hallo tanto disfavor, que me quiebran las alas y me desmayan a ir adelante en los trabajos. He hecho por mi parte todos los comedimientos y humildades que un capellán podría hacer con su señor y nada me aprovecha [...] Suplico a vuestra Alteza tenga por recusado a vuestro virrey y oidores de todo lo que contra mí y mi visitador escribieren. Esta iglesia nueva está tan opresa y avasallada de vuestro virrey y audiencia real que todo es uno porque no se hace más de lo que él quiere en estas cosas [...][329].

---

[327] Carta al rey del arzobispo sobre la liga que habían hecho los frailes, México, 20 de junio de 1558, en *Epistolario de Nueva España*, VIII, 462.

[328] Pérez Puente, González González y Aguirre Salvador, 2004.

[329] Carta del arzobispo de México al Consejo de Indias, México, 18 de septiembre de 1555, en *Epistolario de Nueva España*, VIII, 436.

La viabilidad del ámbito eclesiástico diocesano en Nueva España iba a la par con la integración del reino. Los concilios lo asumieron de manera muy evidente. Desde el primero se hizo saber al rey que los clérigos no se podían sustentar a causa de ser la tierra excesivamente cara, con peligro de que abandonaran las iglesias. Se referían a los "mercenarios", así llamados porque su nombramiento no era aún permanente. A causa de un sustento raquítico, estos últimos se hallaban atraídos por el dinamismo comercial, agropecuario y minero. Por lo tanto, concretar la iglesia diocesana dependía de las fórmulas que sus prelados fueran elucidando en aquel orden social. Los padres conciliares se hicieron eco del más conspicuo eje de la actividad económica y de su impacto en el clero

> Por valer las cosas más caras, pues todas van de acarreo de esta ciudad y del puerto de Veracruz y excusarse ha que los clérigos anden mercadeando, que con achaque y con decir que no se pueden mantener se meten en contrataciones indignas al sacerdocio[330].

Pero también enunciaron medidas que podían contribuir a mejorar la situación de las iglesias sufragáneas, aún más afectadas que la sede metropolitana: una de ellas consistía en reparar San Juan de Ulúa para que los navíos se despacharan con brevedad edificando en la tierra firme del puerto. En su defecto, se seguían daños "a los mercaderes y a toda la república de esta Nueva España porque se encarecen las mercaderías y el oro y la plata que van a parar al servicio de vuestra Majestad"[331].

Permeaban, pues, los ímpetus de la actividad productiva más allá del portal de mercaderes y del mercado habilitados en la plaza mayor de la capital del reino, sin contar la cimentación de la nueva y definitiva catedral que inició hacia 1563. Las "sinodales" del Segundo Concilio Mexicano de 1565 enviadas al rey consignan que de "cinco o seis años"

---

[330] Carta del Concilio al rey, México, 1 de noviembre de 1555, en *Epistolario de Nueva España*, VIII, 437.
[331] Carta del Concilio al rey, México, 1 de noviembre de 1555, en *Epistolario de Nueva España*, VIII, 437.

atrás, tanto en México como en la Puebla de los Ángeles, aunque seguramente también en reales de minas como Zacatecas, se echaba mano de ciertos "modos y maneras de logros y usuras, unas claras y otras paliadas en gran suma y cantidad" que debían contenerse para no afectar "la contratación", o sea el trato o comercio. Los usureros ponían a disposición de los empresarios un crédito a interés excesivo "como consta de los mercaderes que están en las cárceles por haber quebrado". En consecuencia, ese mismo concilio mandó, bajo pena de excomunión, que las personas que tuvieran noticia de semejantes contratos los manifestaran al obispo respectivo.[332].

Años después, con entusiasmo rayano en optimismo ingenuo, el arzobispo Montúfar expresó gratitud y loores a Dios y al rey "por abrir la puerta del Santo Evangelio por aquí [es decir, a través de Nueva España] para tantas naciones y gentes como están en los reinos y provincias de la China y especialmente siendo el viaje tan breve y seguro"[333]. Se hacía eco de los progresos hechos desde que Alonso de Arellano y fray Andrés de Urdaneta habían dado con la ruta del "tornaviaje" de Manila hasta Acapulco a finales de 1565[334].

Los padres conciliares también sostuvieron que los indios debían llegar a pagar el diezmo "como lo pagan los vasallos de VM en España y así lo votamos todos cinco prelados en el santo concilio [el primero], los dos clérigos y tres religiosos, con los procuradores de las iglesias y prelados ausentes". Poco después el arzobispo y los demás obispos volvieron a la carga, pero ahora con sarcasmo ante la resistencia de los religiosos: "Se dice que el día que hubiese diezmos cada pueblo tendrá propio cura y así los frailes serán frailes y no obispos ni virreyes, como ahora lo son"[335].

---

[332] Carta al rey del arzobispo, México, 30 de noviembre de 1565, en *Epistolario de Nueva España*, X, 566; Staples, 2013, 377.

[333] Carta al rey del arzobispo, México, 31 de enero de 1568, en *Epistolario de Nueva España*, X, 595.

[334] Caranci, 2016.

[335] Carta al rey del arzobispo sobre la liga que habían hecho los frailes y el poder que tenían en la tierra, México, 20 de junio de 1558, en *Epistolario de Nueva España*, VIII, 462.

Igual que en el Perú, en Nueva España el diezmo de indios fue mantenido en un compás de espera salvo el llamado de las "tres cosas", trigo, ganados y seda, es decir, productos de origen europeo y ulteriormente asiático que los naturales cosechaban y cuya recaudación se había autorizado desde 1544. No obstante, para el arzobispo Montúfar aun esta última era una modalidad provisional y de dudosa eficacia. Su valor en dinero era mínimo, ya que, según él, pocos caciques sembraban productos de Castilla. Añadía que no pagar diezmos solo servía a los indios de incentivo para conformarse con una producción magra que perpetuaba su pobreza y sujeción a sus señores y a los frailes. Si los indios no pagaban diezmo, explicaba, tampoco lo harían muchos encomenderos de la tierra empezando por el marqués del Valle, "que tienen estancias de ganados e ingenios de azúcar y sementeras de trigo y maíz y otras granjerías". Es decir, dejarían de pagar una novena parte de los tributos a que estaban obligados para sustentar a los clérigos que les asistían[336].

El arzobispo advertía que la tierra "moría de hambre por no cultivarse infinitas tierras que estaban baldías" y que la situación podía empeorar a causa de la llegada masiva de españoles, ya que "en cada armada vienen más de quinientos y todos se quedan aquí en México y no caben de pies"[337]. Vimos que el clero secular estaba vinculado familiarmente o interactuaba con grupos cada vez más dinámicos, hasta el grado de que el mismo fray Alonso de Montúfar ejercía actividades empresariales que, por cierto, una parte de su cabildo determinó comunicar al rey en tono de delación. Dijeron que el prelado había comprado minas y que las ponía a trabajar valiéndose de azogue, de esclavos y del concurso de haciendas pertenecientes a clérigos. También fue denunciado por la venta de una estancia de ganado, de una caballería de tierra y de una huerta. En un primer momento, el arzobispo replicó que eran de su hermano Martín de Montúfar recién llegado de España. Expresó asimismo que una parte de las ganancias la disponía como limosna para la ermita de Nuestra Señora de Guadalupe del Tepeyac extramuros de México.

---

[336] Carta del arzobispo al Consejo, México, 15 de mayo de 1556, AGI, *México* 336a.
[337] Carta al rey del arzobispo sobre la liga que habían hecho los frailes, México, 20 de junio de 1558, en *Epistolario de Nueva España*, VIII, 462.

El prelado promovía ese culto entre los indios y demás calidades y grupos étnicos, pese a la resistencia de los franciscanos, que temían que el antiguo que ahí se daba a la diosa Tonantzin confundiera a los primeros. Con todo, esa devoción mariana fue ganando adeptos también entre la población hispana, como lo puso de manifiesto su benefactor, el empresario Alonso de Villaseca. Las pugnas entre ambos cleros no solo se referían al culto y a la jurisdicción, también a los territorios. Los diferendos podían tener lugar con motivo del emplazamiento de una iglesia, ermita o bien de la procesión sobre algún trayecto. El arzobispo Montúfar pugnaba por afirmar la rectoría de la iglesia catedral en el ámbito urbano de varias maneras, sobre todo de la fundación de corporaciones que estarían bajo su jurisdicción y tutoría, como los primeros conventos de religiosas. Los frailes, por su parte, no se conformarían con ser simples coadjutores del episcopado, así que defendían las zonas de primera ocupación en torno a sus conventos y en las parcialidades de los indios que caían bajo su jurisdicción. Esos enfrentamientos no se limitaron ni a la ciudad capital ni a la arquidiócesis de México. También fueron acalorados en escenarios de las diócesis de Michoacán y de Puebla-Tlaxcala por los mismos años[338].

El antagonismo, la visita y la coyuntura de 1566

Montúfar respondió a las acusaciones dirigiéndose al rey. Su defensa es elocuente del antagonismo de poder más ostensible en el reino

> Mi persona y oficio está muy desacreditada con vuestra Majestad y con los de vuestro Consejo a causa de una información que dizque hizo vuestro visorrey contra mí y por vuestro real mandato, de lo cual los que en ella entendieron andan tan favorecidos. Me siento libre de lo que me han desacreditado con vuestra Majestad [...] y lo que más me ha puesto en admiración es la consciencia de vuestro visorrey y cegarse tanto con la enemistad que siempre me ha

---

[338] Carta al rey del Deán y cabildo de México, México, 14 de febrero de 1561, en *Epistolario de Nueva España*, IX, 498; O'Gorman, 1986, cap.1; Carrillo, 2003; Peña, 2018; Rubial y Ramírez, 2024, 62-68; Herrejón, (ed.), 2021.

tenido [...] y muy escandaloso que haya hecho la información con personas sospechosas y de quien no supiese la verdad de la falsa y diabólica relación que a vuestra Majestad envió[339].

Ese antagonismo había sentado plaza y persistiría como tendencia. El prelado aseguraba que su enemistad con el virrey era "ardid que en esta tierra se tiene escribir falsedades por terceras personas de quien no se puede tener sospecha". Secundada por el ayuntamiento de México, la oposición de Montúfar a la gestión de don Luis de Velasco hizo que la Corona ordenara efectuar una nueva visita de las autoridades y corporaciones del reino. El arzobispo no pudo menos que congratularse de la llegada inminente del visitador de España. Como "testigo de vista", no solo de cargo, ese ministro informaría al rey "si cabe en mí alguna cosa de lo que el dicho visorrey dio aviso contra mí a VM"[340]. A este respecto, cabe señalar que en Nueva España las visitas ordenadas por la Corona, tan frecuentes, procedían buscando condiciones de adaptabilidad de grupos y corporaciones a la rápida integración del reino, a la antinomia irresoluble de los cleros y a la mediatización de los virreyes. En el Perú, en cambio, eran esporádicas dada la preeminencia del virrey, y sobre todo impulsaban estrategias de reconducción coadyuvantes a la pacificación de las Indias meridionales.

En efecto, en julio de 1563 llegó a México el consejero de Indias Jerónimo de Valderrama, cuya visita del reino se prolongaría hasta finales de 1565. Debía rendir un informe del gobierno, de los medios de recaudación fiscal, del estado decreciente de los tributos a ser revertido, así como de numerosos abusos que enmendar. Su gestión dejó rastros importantes no sólo en el aspecto fiscal, también en el demográfico. A consecuencia de la tasación de tributarios que efectuó, se sabe que habitaban la capital cerca de 50 000 indios y otros 30 000 en Santiago Tlatelolco. Otras fuentes nos dicen que había 2 000 mestizos, 1000 mulatos y 8 000

[339] Carta al rey del arzobispo, México, 17 de marzo de 1563, en *Epistolario de Nueva España*, IX, 524.
[340] El arzobispo al rey, 28 de febrero de 1564, en *Epistolario de Nueva España*, IX, 524 y X, 545.

españoles. Una aglomeración cercana, pues, a las 100 000 personas hacía de México una de las ciudades más pobladas del planeta[341].

La visita fue particularmente crítica de prácticas fiscales que beneficiaban en prioridad a la nobleza autóctona y a los frailes. Desactivarlas implicó no solamente quitar la exención a los indios nobles y eliminar el tributo en especie, sino también extenderlo a parejas mixtas de indios y negros y a los cada vez más numerosos indios de servicio en haciendas, minas y obrajes. Valderrama prohibió a los frailes controlar los recursos de las cajas de comunidad de los pueblos, limitó su injerencia en la elección de las autoridades, desconoció su reclamo de jurisdicción en materia judicial y censuró el maltrato de algunos a los indios[342].

El visitador criticó asimismo al virrey Velasco, entre otras cosas porque su familia se hallaba emparentada con miembros sobresalientes de los grupos de poder político y económico de Nueva España. Valderrama también persiguió a los oidores de la Audiencia por presuntos contubernios en perjuicio de los tributos, suspendió de sus funciones a dos e hizo renunciar a un tercero, Alonso de Zorita, principal defensor de los indios[343]. Evidentemente la proyección del arzobispo creció y el antagonismo entró en un compás de espera a la muerte del virrey Luis de Velasco. La anunció el cabildo eclesiástico de México al rey en el verano de 1564. De ese anuncio destaca la muy favorable opinión que el clero catedral tenía del segundo de los hijos del mandatario difunto: "Dejó aquí a su hijo don Luis de Velasco, muy necesitado y pobre, además de ser tan buen caballero y *tan bienquisto y amado de todos* en esta Nueva España"[344].

La alusión no era gratuita y tendría importantes consecuencias. Con estudios universitarios en Salamanca e investido no hacía mucho como caballero de la orden de Santiago, por formar parte de la comitiva del príncipe Felipe en Bruselas, el joven Velasco, de veinte años, llegó a

---

[341] Rubial y Ramírez, 2024, 60.
[342] Rubial y Ramírez, 2024, 58; Connell, 1978.
[343] Scholes y Adams, 1961, 213.
[344] El Deán y cabildo de México al rey, México, 8 de septiembre de 1564, en *Epistolario de Nueva España*, X, 551, cursivas mías.

la Nueva España en 1560[345]. Efectivamente, su arraigo a la ciudad de México y al reino movió al clero catedral a expresarle afecto. Al correr de los años y bajo el impulso del episcopado, don Luis hijo habría de desempeñar un papel extraordinario en la modulación del dominio real. Por ahora ya prefiguraba al virrey idóneo para la tierra; nada más, pero también nada menos.

Efectivamente, algunos miembros de la familia tanto nuclear como extensa de su padre, el primer virrey Velasco, habían emparentado o estaban por hacerlo con grupos e individuos prominentes de la tierra, es decir, con la primera nobleza del patriciado urbano de Nueva España. Incluían a Francisco, hermano del virrey, al tío de su mujer don Pedro de Castilla, a primos hermanos, primos segundos y a dos de sus hijos. Francisco de Velasco había casado con Beatriz de Andrada, hija de Leonel de Cervantes, conquistador de la primera hora. Ana de Velasco, una de las hijas del virrey, viajó desde Sevilla con su familia y comitiva en 1561 por estar prometida en matrimonio a Diego de Ibarra, el hombre más acaudalado de Nueva España, fundador de las minas de Zacatecas y defensor de su frontera norte.

Así, pues, al llegar a México el joven don Luis se halló vinculado a un extenso, poderoso y distinguido ámbito familiar en que convergían varios linajes de la tierra: Velasco, Cervantes, Ibarra, Andrada y Castilla. Y, para culminar, a finales de 1564 o principios de 1565 él mismo se casó con María de Ircio, natural de Nueva España, emparentada tanto con la nobleza castellana por la rama de los Mendoza –la madre de María era hermana ilegítima del primer virrey Antonio de Mendoza– como con un grupo de conquistadores entre los que se contaba Martín de Ircio, el padre, a la sazón encomendero. A la muerte del virrey Velasco, su hijo Luis obtuvo del rey promesa de una pensión perpetua de 6 000 ducados al año, por los servicios prestados por su padre y por su suegro, que cobraría de los tributos de las encomiendas de este último[346].

En 1563 también llegó a México don Martín Cortés, el segundo marqués del Valle, hijo del conquistador y fundador de la Nueva España.

---

[345] Schwaller, 2003.
[346] Schwaller, 2003.

En principio fue bien recibido. Más aún, el virrey Velasco despachó a su hijo a Veracruz para darle la bienvenida[347]. Al celebrar su llegada, algunos conquistadores y sus descendientes aprovecharon la ocasión para recordar al rey que, por sus méritos y servicios, el "repartimiento perpetuo" de la tierra, prometido desde tiempos del virrey Mendoza, aún no tenía lugar. Quienes habían perdido sus encomiendas o estaban a punto de hacerlo, expresaban su resentimiento a la Corona y al virrey Velasco, pues este había puesto en vigor las Leyes Nuevas reformadas, que preveían la sucesión de las encomiendas solamente por dos vidas, o sea, sin perpetuidad ni ejercicio de jurisdicción alguna[348]. Afirmaban estar Dios y el rey "muy deservidos" y la tierra haber dejado de ir "en muy grande aumento", de ahí que si la dilación persistía "se seguirían grandes inconvenientes". Prometían a la Corona pagar un servicio "de cantidad moderada" a cambio de tan esperada y generosa merced. Para hacerse notar todavía más, el 25 de julio de 1564 presidieron con alarde de ostentación la fiesta de Santiago Apóstol en Santiago Tlatelolco. Cinco días después moría el virrey Velasco[349].

A causa de su reciente matrimonio, Luis de Velasco el joven se hallaba relacionado con ese grupo. Sin embargo, por diferendos de autoridad y precedencia, tanto el virrey su padre como Cortés, recelaron pronto uno del otro y expresaron sendas quejas[350]. Para mediatizar al virrey, el grupo de encomenderos había pretendido obtener el favor del visitador Valderrama. Se valían de que este último era huésped del marqués del Valle, por estar en construcción las casas reales de México. Más tarde, el Consejo de Indias interrogaría a Cortés por supuestas acusaciones hechas contra él por el virrey Velasco en relación con su presunta interferencia en la visita[351].

El deceso del virrey en julio de 1564 suscitó un importante vacío de poder. A causa de estar los oidores sujetos a la visita de Valderrama

---

347 Schwaller, 2003, 38.
348 Simpson, 1966, 147; Salinero, 2017, cap. X.
349 Carta al rey de varios conquistadores antiguos, pobladores y encomenderos [...], México, 17 de febrero de 1564, en *Epistolario de Nueva España*, X, 537; Rubial y Ramírez, 2024, 59.
350 Schwaller, 2003, 39-41.
351 Schwaller, 2003, 41.

y de haber algunos sido suspendidos, la Real Audiencia no estaba en condiciones de asumir el gobierno del reino. Por eso, un mes después algunos encomenderos pidieron al rey que hiciera del visitador presidente de ese tribunal y que designara a don Martín Cortés como capitán general de Nueva España.

Una crisis sin precedentes sobrevino al zarpar Valderrama rumbo a España en marzo de 1566[352]. Fue entonces cuando los oidores sospecharon que en torno a Cortés se fraguaba una conspiración para derrocar el dominio del rey en México, pese a que el marqués no parece haberla reconocido de manera expresa. Algunos informantes corroboraron la sospecha en la forma de una delación y el principal de los denunciantes fue don Luis de Velasco el joven, para entonces regidor de México[353]. En efecto, este testificó ante la Real Audiencia que Alonso de Ávila y su hermano Gil González de Ávila, descendientes de conquistador, lideraban la conspiración. Fueron arrestados y tras de una instrucción expeditiva se les decapitó el 3 de agosto de 1566 por orden de la Audiencia en la plaza mayor[354].

Aquí interesa verificar que entre los conspiradores figuraba el deán de la catedral, Alonso Chico de Molina. Su complicidad fue confirmada por el maestrescuela de la misma iglesia, el doctor Sancho Sánchez de Muñón, hombre cercano al Lic. Juan de Ovando, quien estaba por emprender una visita del Consejo de Indias[355]. La Audiencia de México pidió al arzobispo hacer arrestar al deán, lo que hizo desde el 16 de julio para, en seguida, ser interrogado. El prelado no estaba convencido de su culpabilidad, por lo que la sentencia de Chico de Molina se limitó a su exilio de las Indias, sin reclusión a perpetuidad[356]. Más tarde, el maestrescuela Sánchez de Muñón, como procurador de su iglesia en España, asumiría un papel importante en la prosecución judicial contra el deán, que en 1571 aún esperaba sentencia[357].

---

[352] Salinero, 2017, 360.
[353] Schwaller, 2003, 40; Orozco y Berra, 1853, 34-35.
[354] Salinero, 2017, 383.
[355] Schwaller, 2003, 42.
[356] Salinero, 2017, 389.
[357] Mazín, 2007b, cap. 2.

Adquiere así pleno sentido la mención tan encarecida de don Luis de Velasco el joven por parte del cabildo eclesiástico de México. Pero también caen por su propio peso las difamaciones orquestadas en su momento por el deán Chico de Molina y secuaces contra el arzobispo Montúfar, que al parecer persistían tras su destierro

> En lo que toca al deán ha sido negocio muy acertado haberlo desterrado perpetuamente de esta tierra, así por la culpa que contra él resultó del alzamiento, como por la paz y concordia que hay así en lo eclesiástico como en lo seglar [...] Y aun yendo por la mar [...] nos escribió a mi compañero [su secretario, Bartolomé de Ledesma] y a mí dos cartas o, por mejor decir, libelos infamatorios[358].

¿Qué nos dice la conspiración fallida Ávila/Cortés acerca del prelado y su cabildo? ¿Qué consecuencias tendría para las iglesias de Nueva España? Primero, que fue preciso ratificar lealtad al rey y confirmar la estabilidad del reino en lo eclesiástico. Para, en seguida, aprovechar la coyuntura y reivindicar el asiento de la iglesia metropolitana en el orden social. En efecto, el arzobispo ponderó las acciones punitivas de su iglesia contra el deán y contra algunos clérigos que remitió en la misma flota que llevó presos a España "al marqués del Valle y a don Luis Cortés, su hermano". La justicia eclesiástica procedió asimismo contra algunos franciscanos, a quienes se condenó a exilio y reclusión[359]. La tierra quedaba, pues, "muy asentada y pacífica" con "unos castigados, otros espantados y atemorizados". Como una merced de Dios y del rey, Montúfar agradecía haberse descubierto a tiempo "la coyuntura" porque "si así no fuera esta tierra estuviera perdida"[360].

Acerca de esto último, el arzobispo se hacía eco de dos testimonios. Uno del general de la armada que tomó puerto en Veracruz el 18 de septiembre de 1566. En él expresaba lo oportuna que había sido la llegada en los navíos de don Gastón de Peralta, el marqués de Falces, como

---

[358] Cartas del arzobispo de México al rey, México, mayo de 1567 y México, 31 de enero de 1568, en *Epistolario de Nueva España*, X, 595.

[359] Salinero, 2017, 367.

[360] Carta del arzobispo a Ochoa de Luyando, secretario del Consejo sobre la rebelión [...], México, 31 de enero de 1568, en *Epistolario de Nueva España*, X, 594.

nuevo virrey. Al enterarse ahí mismo de la "alteración" de México había viajado en seguida a la capital[361]. El otro testimonio es de don Francisco de Velasco, hermano del virrey anterior. En él da por sentada la lealtad sin doblez de su sobrino don Luis. Para conferir legitimidad y validez a su declaración, don Francisco dijo que la Audiencia de México le había hecho a él mismo nombramiento de capitán general en espera del marqués de Falces. En seguida ratifica que su sobrino había, efectivamente, denunciado la conspiración ante los oidores. Añade que el marqués del Valle le había "formado queja" a don Luis y que "por haber tenido enemistad al virrey su padre, fue parte para que se le imputase culpa [a Cortés]". Don Francisco llega a dos conclusiones: primero que la "enemistad con el virrey mi hermano [fue] negociada por el mismo marqués para el efecto que después sucedió". Y la más importante:

> Mal cumpliera don Luis mi sobrino lo que debía al servicio de vuestra Majestad, si venido a su noticia caso tan atroz como el que se trataba, por consideración del marqués lo disimulara y dejara que se hiciera tan gran deservicio a vuestra Majestad y [que] se perdiera lo que su padre en el real nombre gobernó[362].

Después de tres años de estancia en España (1572-1575), donde se convirtió en el patriarca indiscutido de su linaje a consecuencia de haber muerto Antonio, su hermano primogénito, que nunca atravesó el Atlántico, don Luis regresó a México. Consolidar la parte indiana de ese patriarcado e imprimirle continuidad hizo de él uno de los hombres más importantes del reino. En efecto, Velasco el joven ejercería como informante de calidad del rey para lo concerniente a Nueva España[363]. Lo haría, sin embargo, con un importante desafío: conciliar las necesidades e intereses del reino como "natural" que era prácticamente de él, con los de la Corona. No era poca cosa. El balance judicial del "complot de Cortés" se elevaba a 80 condenaciones, hecho judicial sin precedente en

---

[361] Carta al rey del general Juan de Velasco de Barrio, México, 2 de diciembre de 1566, en *Epistolario de Nueva España*, X, 577.

[362] Carta de don Francisco de Velasco al rey, 24 de marzo de 1567 en *Epistolario de Nueva España*, XI, 585.

[363] Schwaller, 2003, 45.

Nueva España. La ruptura de relaciones con el rey era una ofensa gravísima tipificada en el crimen de lesa majestad[364].

Pasemos ahora a considerar los efectos de aquella "coyuntura" sobre las iglesias catedrales. Como veremos, la transición de un régimen de diezmos raquíticamente apuntalado en una parte de los tributos, a otro de "diezmos generales", dependería de una recomposición del panorama social y agropecuario de la Nueva España. Ya había indicios. En los últimos años de su larga gestión, el arzobispo Montúfar se había propuesto intensificar la presencia del clero secular en la ciudad de México. Poco antes, al final del Segundo Concilio de 1565 y, pese a la oposición de los franciscanos, Montúfar había logrado que dos "visitas" de ellos, al oriente, San Pablo y San Sebastián, pasaran a manos de clérigos seculares. En 1568 el prelado hizo de dos viejas ermitas, una al norte, Santa Catarina de Alejandría y otra al poniente, Santa Veracruz, parroquias de españoles[365]. El mismo año, la acción de repeler una real cédula ganada de manera subrepticia y perjudicial a las rentas de la catedral de México suscitó la siguiente determinación trascendental

> Los cabildos y prelados de esta tierra escribimos a su Majestad y enviamos en nombre de ella una dignidad de esta Santa Iglesia matriz, que es el maestrescuela, por ser persona muy hábil […] Los negocios que lleva son muy importantes al asiento de esta tierra en lo temporal y espiritual por no tener propiedad en los ministros ni con qué sustentarlos[366].

Tomaba así forma una estrategia determinante de la modulación del dominio real en Nueva España: que las iglesias representaran sus intereses comunes en la corte del rey en nombre de un reino cuyas catedrales empezaban a reivindicarse como dinámicas actoras. Sancho Sánchez de Muñón, maestrescuela de la metropolitana, designado procurador, había debido su promoción a esa dignidad al Lic. Juan de Ovando cuya

---

[364] Salinero, 2017, 438.

[365] Rubial y Ramírez, 2024, 62.

[366] Carta del arzobispo a Ochoa de Luyando, secretario del Consejo de Indias, México, 31 de enero de 1568, en *Epistolario de Nueva España*, X, 594.

"hechura" era[367]. Como ya lo hacían otros "indianos", Sancho pondría a prueba su habilidad para tejer relaciones en Madrid a la sombra del grupo de clientes y protegidos de aquel, máxime que en agosto de 1571 el rey designaría a Ovando presidente del Consejo de Indias[368].

El arraigo y las hechuras cortesanas

La presencia del maestrescuela de México en la corte se significó por la información que proporcionó de la Nueva España al grupo de ministros participantes en la Junta Magna o de las Indias en el verano de 1568. Pero también en sentido inverso, pues Sánchez de Muñón transmitía a sus poderdantes de México noticias relevantes desde Madrid que dinamizaban la circulación entendida como representación a distancia. No obstante, a poco más de un año de estancia en España, el procurador se halló promovido a deán de la catedral de Lima, lo que repercutió en México donde pensaron que habría aceptado.

Luego de escribir no haberle pasado "jamás por su pensamiento" cosa semejante, la declinó. No sólo por una supuesta lealtad a su iglesia, sino porque "aguardaba cosa mejor" según testimonio de él mismo[369]. Algo "mejor" dependía de que sus servicios como denunciante y testigo fuesen premiados al sentenciarse la causa del marqués del Valle. Al final, la suerte de este último no fue tan desgraciada como se había supuesto. El destierro de las Indias y el secuestro de los bienes no significaron la extinción total del marquesado[370]. En abril de 1573 Sánchez de Muñón recibió órdenes de volver a México, así como una pensión de 2 000 pesos anuales efectiva a partir de que se embarcara[371].

Otras hechuras de Juan de Ovando se hicieron atribuir brillantes destinos durante la estancia del maestrescuela en Madrid: Mateo Vázquez de Leca, secretario personal del rey a partir de 1573 y, sobre todo, don Pedro Moya de Contreras, que sorpresivamente acogería a Sánchez

[367] González González, 1996.
[368] Bautista y Lugo, 2023; Mazín, 2007a, cap. 2.
[369] González González, 1996, 142-148.
[370] García Martínez, 1969, 75.
[371] Mazín, 2007b, 102.

de Muñón a su regreso en la catedral primada de Nueva España. Moya, cercano y estricto contemporáneo del maestrescuela, era originario de Pedroche, un pueblo andaluz de Córdoba próximo a la raya extremeña. Había sido paje del Lic. Ovando, hizo una parte de sus estudios de derecho en Salamanca y, al parecer, otra en Barcelona al lado de un tío suyo, obispo de Vic. Moya seguía colaborando con Ovando cuando este fue provisor de la catedral de Sevilla. Enseguida se desempeñó como maestrescuela en la catedral de Canarias. En 1569, cuando su valedor era ya miembro del Consejo Supremo de la Inquisición, se le nombró inquisidor de Murcia, cargo en el que duró apenas seis meses. En seguida, la visita del Consejo y la Junta Magna de las Indias resolvieron el establecimiento de un tribunal del Santo Oficio en México y en Lima. La designación de Moya de Contreras en agosto de 1570 como primer inquisidor de Nueva España ratificó la confianza en él depositada, hasta el grado de que se convertiría en la extensión ultramarina de Ovando. Poco después, don Pedro habría de suceder al anciano arzobispo Montúfar en la mitra de México[372].

Efectivamente, luego de guardar cama durante año y medio se anunció al rey su deceso, acaecido el 7 de marzo de 1572[373]. Dos meses más tarde, algunos canónigos de México pidieron al monarca un nuevo prelado. En realidad, hicieron un retrato hablado del inquisidor Moya: que de preferencia fuera canonista y no fraile, que tuviera alguna noticia de la tierra "ya que el modo y disposición de ella es muy diferente para el gobierno de la de esos reinos y que fuese de mediana edad"[374].

Por otra parte, conforme a los designios de la Junta de 1568 se reforzó la autoridad del virrey de Nueva España, como se hiciera para el Perú. El rey designó a don Martín Enríquez de Almansa para suceder al marqués de Falces, cuya moderación de cara a la conspiración, sospechosa de complicidad, movió a los jueces comisarios enviados de España a suspender su gestión y a la Audiencia a pedir al rey su destitución. El

---

[372] Poole, 1987; Vicens Hualde, 2021, 184-185.
[373] Carta del secretario fray Bartolomé de Ledesma al rey, México, 31 de marzo de 1572 en *Epistolario de Nueva España*, XI, 661.
[374] Carta al rey de algunos canónigos y racioneros de México, México, 2 de mayo de 1572 en *Epistolario de Nueva España*, XI, 662.

marqués regresó a España en la primavera de 1568[375]. Por este motivo, el nuevo virrey debió salir antes de la corte y no participar en la Junta Magna, a diferencia de don Francisco de Toledo, que sí lo hizo.

Enríquez descendía de una familia de la alta nobleza vinculada a Fernando el Católico y a los almirantes de Castilla. A causa de la reciente crisis de gobierno en México, se imponía una personalidad enérgica, inteligente y adaptable, que contuviera las aspiraciones de la tierra sin escapar al control de la Corona. En efecto, de acuerdo con esos lineamientos se daría a Enríquez más autoridad, aunque su poder como virrey estaría más acotado[376]. En el siguiente sentido. Don Martín, de natural grave y enérgico, tenía un gran sentido de la eficiencia. Si la Corona reconfiguraba la autoridad del virrey como cabeza del reino, anteponiéndola a la Audiencia, su consolidación en el ámbito local solo se lograría gobernando con prudencia e imaginación. Pero, desafortunadamente, estas no eran su plato fuerte, por lo que tendría que conformarse con ser el más alto funcionario del rey[377]. Muy pronto tuvo que hacer esfuerzos denodados para hacer valer su encumbrado cargo, en especial ante la autoridad eclesiástica diocesana a causa de la tendencia crónica a la hostilidad, pero también porque nunca habían sido mayores las facultades del virrey en la esfera eclesiástica a causa de la Ordenanza del Patronazgo de 1574.

El arzobispo Moya, primer prelado del clero secular, era un letrado de extracción universitaria. Pero, ante todo, era la "hechura" más próxima de Juan de Ovando. Por lo cual, la relación de este último con el nuevo virrey de Nueva España también experimentó quebranto. Ovando, a quien el rey designara presidente del Consejo de Indias, desdeñaba a la nobleza antigua castellana, al igual que hiciera el cardenal Diego de Espinosa, recientemente fallecido. Don Martín Enríquez lo sabía y se lo echó en cara a Ovando desde México en 1573: "Su excelencia no ha de tratarme sino como a su superior"[378].

[375] Salinero, 2017, 381, 390-391.
[376] Ortuño, 2018; Semboloni, 2014, 378, 389.
[377] Semboloni, 2014, 390.
[378] García-Abasolo, 1983, 30.

Así, pues, la larga gestión de Enríquez (1568-1580) encontró límites a causa de los antagonismos de poder. La relación entre el virrey y el arzobispo, difícil ya entre don Luis de Velasco y fray Alonso de Montúfar, se hizo aún más. Poca mejoría experimentó la también rijosa relación del primero con la Audiencia de México. Habría saldos fiscales propicios para la Real Hacienda, sobre todo en la minería, la producción agropecuaria que la abastecía y el reordenamiento laboral vinculado a la extracción. Aspectos complementarios como la introducción de la alcabala y de la bula de Cruzada también allegarían recursos. Por último, la guerra fronteriza contra los chichimecas se ganaría en el mediano plazo gracias a las políticas de poblamiento y defensa instauradas por el virrey Enríquez, con la participación de "indios de paz"[379].

La dinámica de altercados de don Martín con Moya de Contreras inició desde la llegada de este último a México en 1571 como primer inquisidor. Con todo, el antagonismo subió de tono al ser Moya designado arzobispo y tomar posesión en 1573, aunque aún sin las bulas, que recibiría al año siguiente. El nuevo prelado era ya el personaje más influyente de la época. Se trataba de diferendos de precedencia, pero encubrían hondos desequilibrios político-sociales. El más relevante era el trato favorable que los principales grupos de poder en el ayuntamiento de México prodigaban al arzobispo. Sobresalían los linajes Cervantes, Castilla y Altamirano que, como vimos, se hallaban cada vez más vinculados por parentesco y se hacían escuchar de manera favorable en la corte de Madrid. Don Luis de Velasco el joven, su patriarca, haría culminar todo ello a su regreso de España en 1575[380].

Este último y el nuevo arzobispo de México compartían un mismo fin y aspiración: que el arraigo a la Nueva España no entrara en contradicción con la lealtad a los designios y exigencias de la Corona. En contrapartida, la autoridad del virrey Enríquez, sumamente celoso de su alcurnia castellana, encontraba sustento en las órdenes mendicantes, renuentes a perder presencia y vigencia. Los frailes se oponían a la mayor parte de lo dispuesto por la Ordenanza del Patronazgo. Así que hicieron saber al virrey su aversión a entregarle listas de los titulares de las

---

[379] García-Abasolo, 1983: caps. I, VIII, X, XI y XIII.
[380] Schwaller, 2003, 45; Mazín, 2007b, 108-109.

doctrinas, ya que enseguida debía transmitirlas a los obispos para obtener la sanción canónica conforme a lo dispuesto en aquella. Argüían que tal cosa equivalía a someterse a la jurisdicción eclesiástica ordinaria de la cual, pese a lo prescrito por el concilio de Trento, les eximía el breve de Pío V *Exponi Novis Nuper*, que en 1567 restituyera a las órdenes religiosas sus privilegios preconciliares.

Por su parte, luego de reconocer el fruto de la labor de cristianización de los mendicantes, el arzobispo Moya manifestaba que, al aumentar los clérigos seculares, los frailes debían irse recogiendo a sus conventos. Le preocupaba hacer "merced a muchos hijos y sucesores de conquistadores y pobladores antiguos que, como ven que los frailes tienen tomada toda la tierra, y que las más de las prebendas de las iglesias se proveen en España, pierden el ánimo para estudiar; y los que empiezan a hacerlo lo dejan con facilidad viendo que no hay dónde ser ocupados y premiados"[381].

Moya de Contreras hacía llegar cartas al rey y a Ovando con quejas de Enríquez. Como dije, eran asuntos graves de precedencia, por ejemplo, ceremonias en la catedral en que el virrey permanecía sentado frente al arzobispo retándolo con la mirada "como si fuera [yo] un simple clérigo" o bien, diferencias de jurisdicción en lo tocante a cumplir con la ordenanza del patronazgo y conceder el virrey a los frailes licencias para fundar y administrar sacramentos en lugares de españoles, con exclusión de los clérigos. "Estoy admirado y muchos escandalizados de ver esta novedad, de donde nace que algunos entienden que todo lo puede el virrey, en eclesiástico y seglar"[382]. Como consecuencia de ese antagonismo, el virrey Enríquez reforzó su alianza con los frailes. En 1575 favoreció a los agustinos cediéndoles la parroquia de San Pablo de México que Montúfar había logrado asignar al clero secular. Otro tanto lograrían años más tarde los franciscanos, cuando el marqués de Villamanrique les autorizara a erigir una nueva cabecera de doctrina en la parcialidad de

---

[381] Carta del arzobispo a Juan de Ovando, México 20 de diciembre de 1574, AGI, *México* 336, doc. 1110.

[382] Carta del arzobispo a Juan de Ovando, México, 24 de marzo de 1574, en *Epistolario de Nueva España*, XI, 666 bis.

Santa María Cuepopan[383]. De no ser porque la Corona intervenía restringiendo los arrebatos de ambos sujetos, la confrontación pudo haber salido de cauce[384].

Recomposición

Acerquémonos a las transformaciones experimentadas en la Nueva España durante las décadas de 1570 y 1580. La epidemia de 1576 o "gran *cocoliztli*", tuvo efectos devastadores que se dejaron sentir al menos hasta 1581. El arzobispo Moya de Contreras calculó que, a finales del primer año, en su arquidiócesis habían muerto unas 100 000 personas. Evidentemente, este hecho afectó a numerosos señoríos autóctonos subsistentes. También estimuló una política de congregaciones malograda por resistir las poblaciones al desarraigo. Con antecedentes en la junta eclesiástica de 1546, subsecuente a la epidemia del año anterior, en 1578 la Corona ordenó a Enríquez proceder, aunque sin dejar de concertarse con el arzobispo[385]. La política de reducciones debió ser aplazada, a diferencia de lo acontecido en el Perú bajo el virrey Toledo.

El abatimiento demográfico tuvo repercusiones sobre la oferta de mano de obra que transformaron tecnologías, fuentes y sistemas de trabajo[386]. El surgimiento de nuevas explotaciones agrícolas, conocidas como estancias de labor o de "pan llevar", se halló vinculado a servicios de trabajo disminuidos o quitados a antiguos encomenderos, cuyo poder menguaba. Se cedían ahora a estancieros y demás propietarios hispanos. Eran repartimientos de una mano de obra a sueldo bastante reducida que debía ser racionada. Se pasó así a un régimen agropecuario centrado en estancias ganaderas y en haciendas de labor. A partir del último tercio del siglo XVI se haría del trabajo libre remunerado de los vasallos indios del rey un objetivo a mediano plazo. Incluso las órdenes religiosas se

[383] Rubial y Ramírez, 2024, 73, 74.
[384] Poole, 1987: caps. III, IV, VI.
[385] Semboloni, 2014, 391-392.
[386] Gibson, 1964; Cline, 1949, 349-369.

pronunciarían por encontrar medidas de transacción en relación con los nuevos sistemas de propiedad y trabajo[387].

Diez o quince años después de la gran epidemia, el perfil poblacional y laboral había cambiado. Un repunte demográfico dio lugar a población nueva y, sobre todo, muy joven, de ahí que para 1590 la "necesidad de la tierra" hubiera aumentado[388]. En 1583 la recesión cesaba y un año después el cabildo catedral de México restableció los salarios completos de su personal, rebajados hasta en 50% un año antes. A principios de la década de 1590 los ingresos del cabildo catedral se incrementaron, también lo hizo la recaudación del diezmo[389]. La disminución poblacional había permitido el abandono de las tierras menos productivas en provecho de las más fértiles, lo que incrementó la producción. Al mismo tiempo, la población sobreviviente a la epidemia era más vigorosa y producía mayores excedentes[390]. La recomposición habría de repercutir sobre el sistema expansivo de producción consolidando al patriciado urbano que lo impulsaba.

El expediente del diezmo de indios, antes tan importante, evidentemente pasó a un segundo o tercer plano. Las condiciones de recaudación de ese impuesto entre la población hispánica mejoraron de manera exponencial, por lo que su reconocimiento se hizo imprescindible. En cada catedral se emprendería la elaboración de una geografía administrativa de su diócesis hecha de ajustes sucesivos a los "diezmatorios", las unidades de recaudación. Del dinamismo de la población no india resultaría, a mediano plazo, un aumento en el número de causantes conforme se incrementaba el número de propiedades y las condiciones laborales del agro se tornaban más complejas a causa de numerosas formas de arrendamiento y subarrendamiento de la tierra[391].

Toda esa recomposición trajo consigo un aumento del clero secular aun en aquellos parajes donde la administración eclesiástica se hallaba en manos de frailes. El número creciente de clérigos a quienes dotar por

---

[387] Castañeda Delgado, 1983.
[388] Hassig, 1985, cap. 10.
[389] Schwaller, 1985, 103-104; Castillo, 2018, 217 y ss.
[390] Hassig, 1985, cap. 10.
[391] Mazín, 2007b, 114-115.

concurso de oposición suscitó la organización de las primeras parroquias permanentes, es decir, erigidas ya canónicamente. Eran raras las que ahora correspondían a un solo centro de población. La mayoría comprendía diversas entidades territoriales: pueblos, estancias, haciendas, puestos y ranchos. La dotación de esos beneficios de cura de almas solía incluir no solo al párroco titular o "beneficiado", sino a sus tenientes o ayudantes para asistir a las feligresías. De manera correlativa, las doctrinas de los frailes también llegaron a contar con más "visitas".

En su afán de poner por efecto la reciente Ordenanza del Patronazgo, que hacía concurrir tanto al virrey como a la autoridad eclesiástica ordinaria en la designación de curas y doctrineros, entre 1575 y 1579 don Pedro Moya de Contreras logró dotar clérigos en 54 beneficios curados o parroquias del arzobispado de México. Se sabe que también se proveían beneficios de clérigos en las diócesis de Puebla-Tlaxcala y en la zona central de la de Michoacán conocida como "Comarca de Chichimecas"[392]. Al fin y al cabo, esas zonas coincidían con los ejes del sistema de producción de Nueva España, es decir, con el circuito Veracruz-México y con el Camino Real de Tierra Adentro. Tales condiciones no podían diferir más respecto al Perú, donde el virrey había impuesto la estabilización mediante la convergencia de ambos cleros bajo su jurisdicción. Recuérdese también, que Toledo se había pronunciado por no apresurar el advenimiento de los diezmos con carácter permanente, es decir, ya desvinculados del tributo.

Aun cuando en Nueva España la dotación de beneficios para curas con carácter definitivo iba siendo exitosa, no dejó de topar con la oposición de los frailes. Una real cédula de 29 de enero de 1583 dirigida a todos los obispos de las Indias ordenaba que "habiendo clérigos idóneos fuesen provistos en los curatos, doctrinas y beneficios prefiriéndolos a los frailes". En consecuencia, el obispo de Puebla Diego Romano declaró beneficios vacantes en cuatro importantes doctrinas: Cholula, Tlaxcala, Izúcar y Chietla. Conforme a las condiciones antes expuestas, se trataba en realidad de un reordenamiento territorial que favorecía las áreas de mayor densidad demográfica y producción agropecuaria[393]. La

[392]Ruiz Guadalajara, 2004, vol. I; Mazin 2007b, 115; Peña, 2017 y Mazin 2018a
[393] Peña, 2018, 384-385.

reacción de las órdenes no se hizo esperar y enviaron procuradores a la corte para recusar aquella cédula y exponer los inconvenientes que se seguían. Al argumento de los dominicos, según el cual precisaban de las doctrinas para subsistir, el clero catedral replicó que ya contaban con haciendas de labor y ganados. El rey tuvo que ceder en espera de nueva y más extensa información. Como se ve, el enfrentamiento entre ambos cleros adquiría en Nueva España una complejidad creciente. La temprana secularización de algunas doctrinas en la diócesis de Puebla se daba en paralelo con el acoplamiento de los frailes a la recomposición agropecuaria y a una mayor hispanización de los indios.

Desde la década de 1570 surgió una modalidad que permitió al arzobispo Moya contrarrestar el poder del virrey fincado en su respaldo a las órdenes de San Francisco, Santo Domingo y San Agustín. Consistió en el favor del prelado al establecimiento de nuevas órdenes religiosas. En primer lugar, la Compañía de Jesús, cuyos religiosos llegaron a Nueva España en 1572. Pronto recibieron generosas donaciones de haciendas de varios benefactores como Alonso de Villaseca para sostener los colegios que pusieron en marcha en diversas ciudades. Siguieron a los jesuitas los frailes del Carmen Descalzo en 1585, a quienes Moya de Contreras puso al frente de la parroquia de San Sebastián de México y como coadjutores del cura de Santa Catarina. Al final del siglo llegaron los frailes de la Orden de La Merced procedentes de Guatemala. También en 1577 se instalaron los franciscanos descalzos fundados por Diego de Alcántara, conocidos luego como "dieguinos". Una segunda modalidad consistió en el establecimiento de beaterios, recogimientos, orfanatos y nuevos conventos de monjas, la mayoría de los cuales quedó bajo la jurisdicción y tutoría del arzobispo[394].

El aumento del número de religiosos no podía ya costearse con los tributos, únicamente con el recurso a la actividad agropecuaria. De ahí que los frailes procedieran a fundar nuevos conventos en las ciudades y a consolidar los viejos. Efectivamente, por legados o compras, dominicos y agustinos adquirieron propiedades agropecuarias en contravención a la renuncia original de la Corona. Ya desde 1562 se permitía a los

[394] Rubial, (coord.), 2013; Rubial y Ramírez, 2024, 79; Ramírez, 2014.

religiosos recibir donativos en limosna o legados en el distrito de las villas de españoles, a condición de que fuesen estos últimos, no los indios, quienes se los concedieran. Se abrió así una puerta que después fue imposible cerrar.

Poco más tarde, la Compañía de Jesús y en menor medida El Carmen Descalzo y La Merced, se encargarían de mantenerla bien abierta. El ritmo de adquisiciones aumentó las quejas de los ayuntamientos y de las iglesias catedrales que eran afectados, respectivamente, en sus arbitrios y en el diezmo. Y es que los religiosos, amparados en sus privilegios apostólicos, hacían eximir del pago de ese impuesto ante escribano público las haciendas y estancias que adquirían. La cuestión de los propios de las órdenes y la de las doctrinas reacias a sujetarse a la jurisdicción eclesiástica ordinaria serían los expedientes judiciales prioritarios durante el siguiente siglo. La de las doctrinas sería sorteada por el clero de cada catedral de Nueva España de manera particular, aunque con firmeza. La de los propios habría de entablar un largo litigio ante el Consejo de Indias en el que las principales iglesias, México, Puebla y Valladolid de Michoacán, sumarían esfuerzos de manera concertada para litigar[395].

Búsqueda de equilibrios

Al proceder de ámbitos cortesanos antagónicos, adelanté que la hostilidad del virrey Enríquez y el arzobispo Moya de Contreras respondía a su respectiva relación con Juan de Ovando. El primero era refractario a la autoridad de este último como presidente del Consejo de Indias. Y lo era aún más, porque sabía que el prelado era el hombre de más confianza de don Juan en los dominios del Nuevo Mundo. De ahí que el virrey porfiara en sus desplantes de altanería y superioridad subvirtiendo el protocolo y las etiquetas. El cabildo eclesiástico de México lo había ya consignado con escándalo en los últimos años del arzobispo Montúfar: "Y ahora el visorrey don Martín Enríquez ni al prelado hace el

---

[395] Mazín, 2007b, 118, 131.

comedimiento que los pasados solían hacer, ni da asientos a los prebendados, en que parece que ha habido nota en el pueblo y fuera de él"[396].

Dado que contaba con mayor ascendiente y consenso que el virrey
entre los grupos del empresariado de Nueva España, Moya de Contreras
aprovechaba cualquier situación para robustecerlos, sobre todo si era a
expensas de aquel. Podía permitírselo porque su trato con Ovando, res-
petuoso, era confiado, prolijo e incluso personal. Conforme se avanzaba
lentamente en los inicios de la fábrica de la catedral definitiva de México,
el arzobispo lamentó que la supervisión de esa obra estuviera a cargo del
virrey y no del suyo. Lo achacaba a la avanzada edad de Montúfar, su
predecesor, por lo que hizo saber a su valedor en Madrid que deseaba
asumirla. Se lo expresó llanamente, aunque curándose en salud: "Y esto
no lo digo con deseo de mandar, sino por descargo de mi conciencia"[397].

Luego de una amonestación del rey a Moya de Contreras por sus
diferencias con Enríquez, el arzobispo se replegó y concentró sus actividades en el ministerio pastoral. Sin embargo, la muerte del Lic. Juan de
Ovando en septiembre de 1575 y el regreso de don Luis de Velasco ese
mismo año a México, debieron conmover su espíritu y aguzar su instinto
de conservación. Efectivamente, entre 1576 y 1580 ese repliegue le permitió adoptar un sentido de búsqueda de equilibrio. Es esta una de las
claves para entender la modulación del dominio real que estaba por ins-
taurarse en la Nueva España.

Consistía en la "conformidad y buena correspondencia" con el virrey. Sin embargo, el arzobispo no las consideraba de manera ingenua,
sino como deuda para con Dios y con el rey, mismas que saldaría "con
la demostración que toda la tierra entiende", es decir, sin renunciar a suscitar consensos en el reino. Y respecto a la posibilidad siempre latente de
conflicto, el arzobispo advirtió al soberano que le daría cuenta de cualquier cosa que se ofreciera "digna de remedio". No obstante, lo haría
"disimulando y callando para que nadie entienda", o sea, con prudencia
y cautela, aunque sin dejar de concertar equilibrios. De la misma manera

[396] Carta al rey del cabildo eclesiástico, México, 10 de abril de 1570, en *Epistolario de Nueva España*, XI, 637.
[397] Carta del arzobispo al presidente del Consejo, México, 24 de marzo de 1574, en *Epistolario de Nueva España*, XI, 666.

procedería, explicó Moya al rey, con la Real Audiencia, con el cabildo catedral, con su clero y con las iglesias sufragáneas de la provincia eclesiástica a su cargo[398]. La pretensión de instaurar equilibrios y de promover consensos estaba guiada por la convicción de que la tierra tenía de ello más necesidad, "por ser tan licenciosa y gobernarse lo más por arbitrio y respetos"[399].

Respecto a los frailes, Moya de Contreras procedería de manera complementaria con su nueva actitud hacia el virrey. En otras palabras, la "conformidad y correspondencia" imponían diferir las cuestiones más espinosas y esperar una coyuntura favorable en la corte "hasta que vuestra Majestad mande lo que se debe hacer". La más ardua consistía en poner por obra la Ordenanza del Patronazgo, dificultada por la resistencia de los religiosos y porque Enríquez ponía en ello "poco calor y diligencia". Según el arzobispo, el virrey procedía de esa manera porque era Ovando quien había concebido y hecho enviar a México esa ordenanza. Pero, además, porque, conforme su gestión transcurría, Enríquez sustentaba cada vez más su poder en "agradar [a los frailes] y traerlos a su amistad", hasta el grado de darles licencia para administrar sacramentos "como si fuera prelado sin hablarme, [ni] él ni ellos, más palabra"[400].

La capacidad de Moya para negociar trascendió. Con suma habilidad y en perjuicio de Enríquez, el prelado acabó consolidándose como referente y vocero del reino. Su opinión en los más diversos asuntos, así eclesiásticos como seculares, llegó a ser sumamente apreciada. Y es que se hacía cargo de la repercusión que los acontecimientos tenían sobre su dignidad y oficio. Sus cartas, sobre todo aquellas que había dirigido a Ovando, presentan no solo un cariz crecientemente negociador, sino que permiten recoger la siguiente muy amplia gama de pareceres del arzobispo en asuntos de gobierno, a la manera de un cedazo:

---

[398] Carta del arzobispo al rey, México, 20 de diciembre de 1574, en *Epistolario de Nueva España*, XI 674.

[399] Carta del arzobispo al rey, México, 6 de noviembre de 1576, en *Epistolario de Nueva España*, XII, 690.

[400] Carta del arzobispo al rey, México, 20 de diciembre de 1574, en *Epistolario de Nueva España*, XI 674.

Favorecer la designación de españoles "naturales de la tierra" en los cargos de las diversas corporaciones; impulsar el conocimiento de la lengua mexicana que él mismo aprendía, así como de la historia de la gentilidad, en particular los escritos de fray Bernardino de Sahagún que encomiaba; ponderar la conveniencia de dar el azogue a un precio moderado para fomento de la minería y por debajo del que ponía el virrey; hacer la guerra sin contemplaciones e incluso la esclavitud a los indios chichimecas "indómitos e irreductibles", para poder labrar más minas y "engrosar la tierra", sin sujetar esa política a contienda y consulta de frailes teólogos, como hacía Enríquez, y a las reservas de los dominicos en materia de "guerra justa";[401] mejorar el creciente comercio con Asia Oriental extendido ahora "a la tierra firme de la China" en condiciones ventajosas para no afectar las existencias de plata en Nueva España[402]; o bien, asegurar a la Corona que la imposición del pago de alcabalas en el reino había sido aceptada "sin contradicción", pero sin omitir las molestias que ocasionaría subirlo a 2%, ya que "toda esta tierra es contrataciones […], con lo cual todas las mercaderías forzosamente se han de encarecer"[403].

Ingredientes de reconducción

Si en lo concerniente al Perú se dilucidaron medios para contrarrestar la disgregación, en la Nueva España fue preciso responder a los desequilibrios suscitados por una integración tan rápida como precoz. El más importante consistía, lo estamos viendo, en crisis recurrentes de poder. Había que asumirlas y enfrentarlas dilucidando estrategias. No se podían erradicar, ni se pretendió hacerlo, porque, como veremos, imprimirían continuidad a la monarquía tanto en el plano local como en el de la corte;

---

[401] Carta del arzobispo al presidente del Consejo, México, 31 de agosto de 1574 en *Epistolario de Nueva España*, XI, 669.

[402] Carta del arzobispo al rey, México, 28 de marzo de 1580 en *Epistolario de Nueva España*, XII, 707.

[403] Carta del arzobispo al presidente del Consejo, México, 20 de diciembre de 1574, en *Epistolario de Nueva España*, XI, 674; Carta del arzobispo al rey, México 11 de febrero de 1576, en *Epistolario de Nueva España*, XII, 687.

así estaba aconteciendo en otras latitudes de ella, como Portugal.[404] Entonces ¿de qué manera avenirse a las convulsiones e instaurar estabilidad a mediano plazo, por más precaria que fuese?

Traslado de mandatarios

Algunas acciones se pusieron por obra al iniciar la década de 1580. Primero, el rey designó a don Martín Enríquez para ir a gobernar los reinos del Perú, donde sucedería al virrey Francisco de Toledo, pese a que albergaba la esperanza de regresar a España, pues estaba agotado y entrado en años. No era la primera vez que un virrey pasaba de las Indias septentrionales a las meridionales. Aun cuando en 1550, al final de su mandato en la Nueva España, don Antonio de Mendoza también hubiera pasado a los Andes, apenas se había insinuado una pauta ulterior de circulación. Con todo, ese primer caso fue considerado casi treinta años después como coadyuvante a la pacificación. Así lo corroboró don Francisco de Toledo cuando encarecía los perjuicios de la extrema duración de las vacantes de virrey: "Nos mostró bien esto el virrey don Antonio de Mendoza, que estaban por horas aguardando que acabase la vida en su enfermedad para levantarse y amotinarse"[405].

Tampoco se había permitido a Mendoza regresar a la Península. En México había sido tenido por "señor de la tierra" a causa de su arraigo y larga experiencia de gobierno. En adelante, estos ingredientes serían determinantes para que los virreyes normalizaran o adaptaran las modulaciones de reconducción del dominio real. Así lo había manifestado Jerónimo López, conquistador empobrecido de la primera hora

> No hablo en perjuicio de nadie porque ignoro que en los reinos e señoríos de vuestra Majestad hay muy grandes y sabios señores, pero los de allá entenderán mejor los negocios de allá porque los tratan y así los harán. Y los negocios de acá no los harán porque no los entenderán ni a ellos ni a la tierra, ni a la gente porque *el de acá*

---

[404] Cardim, 2014.
[405] El virrey Toledo al rey, Los Reyes, 8 de marzo de 1578, en Levillier, *Gobernantes...*, VI, 33-35.

es otro lenguaje y ha menester entenderlo y saberlo. Esto todo tiénelo muy bien entendido y sabido el visorrey [Mendoza][406].

Pero el virrey Mendoza murió al poco tiempo de tomar posesión de su nuevo cargo. Su gestión en el Perú habría puesto en relieve las diferencias entre ambas Indias y un gobierno necesariamente diferenciado.

La intención de implantar una circulación sistemática de los virreyes de las Indias septentrionales a las meridionales solo se percibe a partir de 1581, cuando se ponían por obra estrategias para reconducir el dominio del rey. Desde ese momento el traslado familiarizaría a algunos mandatarios con "el estilo del país". Pero también los resarciría de los perjuicios de la mediatización que en México les imponía el arzobispo. Con todo, esa intención se frustró en un primer momento, como ahora veremos.

A causa de su avanzada edad, el gobierno del sucesor de don Martín Enríquez en México fue corto (1580-1583). Se trataba de don Lorenzo Suárez de Mendoza conde de Coruña, primo segundo del primer virrey de Nueva España. El arzobispo Moya de Contreras no tuvo dificultades de trato con él, sin duda porque la concertación de equilibrios buscada por el prelado fue correspondida. El virrey secundó a Moya en la fundación que este hizo del convento real de monjas de Jesús María de México. La breve gestión del conde también se significó por su comprensión de la dinámica integradora del reino. Al parecer, desde entonces se intentó fundar un tribunal de Comercio o Consulado, aun cuando la real cédula correspondiente no llegaría sino hasta 1592. Por lo mismo, consta el buen entendimiento del conde con don Luis de Velasco y el patriciado que este encabezaba[407].

Con todo, la instrucción del virrey Enríquez al conde de Coruña se hace eco de las repercusiones de esos años de recomposición socio-económica en la forma del "pleitismo" exacerbado que aquel había resentido y a propósito del cual recomendaba al conde dos acciones: por un lado,

---

[406] Carta de Jerónimo López al rey, México 1 de marzo de 1547, en *Epistolario de Nueva España*, V, 13, cursivas mías.

[407] Cabañas, 2018; Vicens Hualde, 2021, 132, n. 347.

evitar la creciente convivencia, por lo demás inexorable, de los indios con españoles y mestizos, por lo que debía echarse a estos últimos de los pueblos de aquellos; y, por el otro, que no se inmiscuyeran los frailes en la administración de la justicia y menos aún en asuntos del gobierno, áreas en las que su influjo estaba siendo disputado. De ahí que, en un informe secreto al rey, Suárez de Mendoza expusiera la necesidad de ordenar una nueva visita general del gobierno y tribunales del reino, en particular de la Audiencia de México y sus oidores que menoscababan su autoridad[408].

Prelado virrey

Desprovisto de la protección de Juan de Ovando por muerte de este, aunque también próximo al secretario real Mateo Vázquez de Leca, el arzobispo Moya se había ganado el favor personal de Felipe II. Este apreciaba la destreza negociadora y de trabajo, las dotes de mediación y organización del prelado a las que me he referido, así como su carácter "enérgico y justiciero"[409]. Por eso, en octubre de 1583 la Corona encargó a Moya de Contreras encabezar aquella nueva visita general, por lo que fue dotado de amplios poderes. Revisaría la gestión del virrey Enríquez, la actuación de la Audiencia de México y de los oficiales de la Casa de la Moneda y de la Real Hacienda, entre muchas otras acciones. La suya sería la más larga y completa de las visitas hasta entonces realizadas a funcionarios, tribunales y autoridades de la Nueva España.

Una de sus primeras actividades en ese desempeño consistió en expresar al rey y a la propia Audiencia, el inconveniente de que, tras el deceso del conde de Coruña el 29 de junio de 1583, ese tribunal, sujeto a la visita, asumiera el poder de manera interina. A lo cual la Corona puso pronta solución. Por real cédula del 12 de junio de 1584 Felipe II mandó al arzobispo-visitador que tuviera "el gobierno y use el cargo de capitán general y presidente de la Audiencia Real de México" mientras llegaba el sucesor del conde. Ahora bien, en ese mismo documento, el

---

[408] Semboloni, 2014, 26-27 y 399-400.

[409] Poole, 2004: 160-161.

rey admite que aún no se había resuelto a proveer sucesor en esos cargos, principalmente "por desear muchos que [en] esta elección se acierte por lo que toca al bien, conservación y aumento de aquellos reinos"[410]. Es decir, la cédula admite que en aquel momento prevalecían incertidumbre e irresolución. Por lo tanto, se imponía una solución coyuntural y, por lo mismo, excepcional. En vista del interés y seguimiento del arzobispo en materias tanto seculares como eclesiásticas, ese otro nombramiento no sorprende; tampoco que, en efecto, Moya se haya desempeñado como virrey interino durante trece meses del 25 de septiembre de 1584 al 18 de noviembre de 1585. Nadie hasta entonces había concentrado semejante dosis de poder ni tan considerable estima y favor del trono[411].

El nombramiento de un prelado virrey interino era, en efecto, una solución insólita, pero consecuente con las dinámicas de poder de la Nueva España. Como figura de autoridad tenía vigencia en los anales de los reinos peninsulares y se echaba mano de ella en otras posesiones europeas del monarca, las de Italia en particular. No obstante, en el caso presente obedecía a haber por entonces quedado vacantes ambas sedes de virrey en las Indias. Según vimos en la primera sección de este capítulo, el mandato del virrey Martín Enríquez en el Perú (1581-1583) fue corto, falleció en Lima tan solo tres meses antes que el conde de Coruña muriera en México. En un primer momento, el rey designó a don Fernando de Torres y Portugal, conde del Villar, para ir a gobernar las Indias meridionales. Este último aceptó, pero hizo saber al monarca que no podría viajar de manera inmediata. Para evitar que en el Perú sobrevinieran nuevas agitaciones se consideró oportuno designar al conde de Coruña, quien por hallarse más cerca podría trasladarse oportunamente a Lima. Sin embargo, la noticia de su deceso solo llegó a Madrid hasta febrero de 1584. Se impuso así, en la corte, la urgencia de designar dos virreyes, lo que, al complicar las cosas, acarreó la designación del arzobispo de México el 12 de junio y la prolongación de la vacante en las Indias meridionales.

Hagamos acopio de las razones del favor y preferencia del rey por Moya de Contreras: primeramente, haberse convertido en valedor,

---

[410] AGN México, *Reales Cédulas*, vol. D2, exp. 122, fs. 56v-57.
[411] Poole, 1987, caps. VI y VII.

impulsor y negociador de los grupos más dinámicos de Nueva España, lo que se confirmó durante el año que presidió el gobierno. Efectivamente, Moya sabía conciliar los intereses de la Corona y a la vez suscitar consenso entre los "españoles de ultramar" y su empresariado, que forjaba un reino de alguna manera análogo a los peninsulares. Su breve gestión como virrey interino no presenta rasgos sustancialmente diferentes de los que venía desplegando en sus pareceres. Salvo que ahora contaba con jurisdicción para impulsar asuntos como la autogestión del vaivén naviero por los mercaderes hacia las Filipinas; la concesión del cobro de alcabalas en favor del Ayuntamiento de México; la venta de cargos al mejor postor en cabildos y regimientos o en la Casa de Moneda; la suspensión de toda ayuda de la Real Hacienda a la fábrica por remozamiento de los conventos de Santo Domingo y San Francisco en la capital; el favor a los padres de la Compañía de Jesús llegados a Nueva España en 1572 y a los descalzos franciscanos de San Diego; o incluso la puesta en efecto del calendario gregoriano[412]. Si los virreyes subsecuentes querían que su gestión transcurriera con relativa tranquilidad y mínima estabilidad, el arzobispo Moya de Contreras sentaba para ellos un precedente de enorme relevancia: arraigarse, negociar y conciliar[413].

Debe ponderarse, en seguida, su celo como defensor del patronato eclesiástico del rey, lo cual puso de manifiesto con despliegue de ostentación. Además de confiar en el favor real, que lo investiera como visitador general del reino, Moya debe primero haber aprovechado la vacante dejada por el conde de Coruña y, en seguida, su designación como gobernador interino y capitán general de Nueva España. El muy importante Concilio Tercero Mexicano fue así convocado por Moya en febrero de 1584. Lo presidió como metropolitano y participó asimismo en él como legado o representante de la Corona[414].

Al rey no solamente agradó que esa asamblea fuera a tener lugar entre enero y octubre de 1585, sino que emitió un acuerdo concerniente a los preparativos. Consta, pues, de esa suerte, que el 2 de junio de 1584

---

[412] Carta al rey del arzobispo, México, 7 de noviembre de 1584, en *Epistolario de Nueva España*, XII, 720.
[413] Ortiz Treviño, 2008.
[414] Poole, 1987, caps. IX-X.

Felipe II aprobó la sugerencia que al parecer le hiciera el Consejo de Indias de que don Luis de Velasco asistiese a dicho concilio en su nombre. Repárese en que, apenas días después, el monarca designó al arzobispo como gobernador interino y capitán general del reino. Lo que corrobora la complacencia del soberano con el dúo constituido por el arzobispo de México y el noble más influyente de la Nueva España. Ahora bien, el propio rey contempló otras alternativas en caso de que Velasco no pudiera aceptar

> R: Muy bien me parece esto, así se haga y mírese si de más de don Luis, habrá de nombrarse algún letrado sacerdote con quien comunique las cosas que se ofrecieren, como lo hacía en el Concilio de Toledo el arcediano de aquella iglesia con el marqués de Velada y háseme ofrecido que por prevenirlo todo convendría, por si don Luis no se hallase allí o estuviese ocupado o impedido, de manera que no pudiese asistir en mi nombre, nombrar otras personas de la calidad y partes necesarias que lo hiciese[415].

No hubo necesidad de esto último. Ignoro si don Luis de Velasco se excusó. Por lo demás, viajaría a España en compañía del prelado en 1586. Lo cierto es que Moya de Contreras fungió a la vez como presidente y asistente real del sínodo, según consta por la siguiente declaración en la apertura

> […] El Ilmo. Señor don Pedro Moya de Conteras, arzobispo de México, del Consejo de su Majestad estando presentes los Rmos. señores obispos sufragáneos convocados y los doctores […] oidores de esta real Audiencia […] por presencia de mí, el doctor Juan de Salcedo, secretario y consultor del santo concilio, dijo que por tener en este reino *el supremo lugar en nombre de su Majestad*, y ser visitador y gobernador y capitán general en esta Nueva España y presidente de su real audiencia, que en ella reside, *declara y declaró ser su voluntad asistir en este Santo Concilio Provincial como legado de su Majestad* y en su real nombre, juntamente con

---

[415] 2 de junio de 1584, AGI, *Indiferente* 740, N. 259.

lugar e autoridad de Arzobispo metropolitano y presidente que como tal lo ha convocado y así lo pidió [...][416]

Esta fórmula con petición fue aceptada por los miembros de la asamblea conforme a su repetición en el acta correspondiente[417]. Es un testimonio de suma relevancia para la modulación del dominio en la Nueva España. Moya dice ser consciente de tener "el supremo lugar" en nombre del rey y, en consecuencia, hace recaer en sí mismo la defensa y ejercicio del patronato eclesiástico del monarca como jefe del episcopado. Estamos en las antípodas respecto a los reinos andinos.

Luego de haberse revisado los decretos de los dos primeros concilios mexicanos para adecuarlos a las pautas del tridentino, fue también necesario adecuar la legislación a las transformaciones del orden social de Nueva España. De ahí que se trataran temas polémicos como los repartimientos de mano de obra autóctona y la licitud de la guerra chichimeca. En lo concerniente a unificación de la doctrina y el culto, en el Tercer Concilio Mexicano se advierten referencias al tercero de Lima (1582-1583) así como a sínodos peninsulares y aun de Italia. Y es que, en lugar de haberse incorporado directamente el concilio de Trento en los decretos, este fue más bien filtrado mediante la recepción de otros concilios españoles, en opinión de Martínez Ferrer[418].

Los decretos ratifican, desde luego, la preeminencia de la jurisdicción eclesiástica ordinaria centrada en los obispos conforme a Trento y afianzan la supeditación a ella de los religiosos en lo relativo a la impartición de sacramentos y la predicación, lo que los sujetaba al examen y supervisión correspondientes[419]. También se confirmaba esa jurisdicción para entidades corporativas como las cofradías y hospitales y la mayoría de los conventos de monjas. Con todo, los provinciales de las órdenes de San Francisco, Santo Domingo y San Agustín se inconforma-

---

[416] "[Declaración que hace el arzobispo virrey D. Pedro Moya de Contreras, antes... 10[sic]-01-1585], en Carrillo, 2006, primer tomo, I, 113-114, cursivas mías.
[417] Semboloni, 2013, 364.
[418] Martínez Ferrer, 2013, 31.
[419] Martínez López-Cano y otros, 2004, 1-27.

ron antes de concluir el concilio y exigieron que sus doctrinas se mantuvieran exoneradas de la jurisdicción eclesiástica ordinaria.

El tercero es el único concilio de la Nueva España que obtuvo aprobación tanto pontificia (1589) como real (1591). Su rasgo más notable acaso sea su adaptación al tenor integrador de la provincia eclesiástica de México. En el sentido de que los decretos consiguieron implementar el andamiaje de lo que sería una sólida estructura diocesana. Esa solidez consistió en la flexibilidad con que los obispos harían las modificaciones y adaptaciones necesarias. No obstante, el concilio contempló ciertos límites para impedir y castigar abusos de autoridad por parte de los párrocos, sobre todo castigo y azotes a los indios[420]. De suerte que, como foro o instancia de legislación, el tercero mexicano se haría bastar a sí mismo hasta finales del siglo XIX. Es decir, el metropolitano no convocaría, como en los Andes, a nuevos concilios provinciales y tampoco a sínodos diocesanos sino excepcionalmente. También supone que el episcopado asumió o supo negociar con suma habilidad los constreñimientos del patronato real.

Hacer aprobar los decretos del concilio tercero debe haber sido una empresa impulsada desde la corte por el propio arzobispo Moya de Contreras. El proceso constó de tres etapas. La primera transcurrió en Madrid entre el regreso a la Península del prelado en 1586, acompañado de su teólogo, el jesuita Pedro de Hortigosa, y 1588. A partir de este último año la Congregación del Concilio en Roma, secundada por Francisco de Beteta, maestrescuela de la iglesia de Tlaxcala-Puebla, elaboró la versión latina de los decretos y obtuvo la aprobación mediante el breve *Romanum pontificem* de Sixto V del 28 de octubre de 1589. La última etapa transcurrió en Madrid, donde los decretos ya aprobados por la Santa Sede, obtuvieron la aprobación real por cédula de 18 de septiembre de 1591. Con todo, la impresión del concilio no tendría lugar sino hasta 1622[421].

Hay una última razón que explica la preferencia del rey por el arzobispo Moya. Adelanto, sin embargo, que es de difícil verificación.

---

[420] Aguirre, 2024, 33.
[421] Martínez Ferrer, 2013, 29-30; Poole, 2012, 307.

Según ella, Felipe II habría sido el padre de una niña habida con una hermana de Moya, vecina de Córdoba, doña Antonia de Moscoso y Contreras; y que el prelado, tío de la criatura, llevó consigo a México "de poco más de dos años" en 1571. Ese lapso quizá coincide con el paso de la comitiva del rey por Andalucía en ocasión de la guerra de las Alpujarras. Años después, el arzobispo ciertamente expresó su gratitud a Juan de Ovando por "una merced" que le había hecho y que pensaba "distribuir lo mejor que pudiere". También le agradeció, como presidente que era del Consejo, interponer su autoridad y aprobación para llevar a término su principal preocupación familiar, dar estado a su hermana, que por entonces vivía en un convento de Córdoba. Para la dote matrimonial, Moya hubo de contratar un préstamo de 12 000 pesos de oro común con tres vecinos de México[422].

Hasta ahora se desconoce por qué la referencia a la eventual infanta aparece hasta finales del siglo XVII en la pluma del polígrafo Carlos de Sigüenza y Góngora. Este la consignó al celebrar el convento de monjas de Jesús María de México un siglo de su fundación. Efectivamente, Sigüenza publicó en 1684 su *Parayso occidental, plantado y cultivado […] en su magnífico Real Convento de Jesús María de México*[423]. Según el autor, la "única grandeza que hoy tiene" el convento es un "misterioso enigma": haber sido su fundador el arzobispo Moya de Contreras y obtenido del rey una cuantiosa dotación consignada por real cédula de Lisboa a 4 de febrero de 1583, documento que el cronista reproduce consistente en 3 000 ducados anuales de renta de encomiendas vacantes puestas en la real corona. También relata Sigüenza que la niña, llamada Micaela de los Ángeles, pasó del convento de La Concepción de México, donde presumiblemente su tío la había hecho ingresar, al de Jesús María en compañía de las religiosas sus fundadoras. Consigna, por último, que la "infanta" recibió esmerados cuidados de la madre abadesa Isabel Bautista y que su vida fue corta a causa de habérsele "perturbado el juicio" al cumplir los trece años[424].

---

[422] Carta del Dr. Pedro Moya de Contreras al presidente del Consejo de Indias, México, 24 de marzo de 1574, en *Epistolario de Nueva España*, XI, 66 bis.

[423] Sigüenza y Góngora, 1684, fs. 18-20.

[424] Sigüenza y Góngora, 1684, 18r-18v.

Ahora bien, por la correspondencia de Moya de Contreras sabemos varias cosas: que el 10 de enero de 1580 el prelado fundó, efectivamente, un "monasterio para doncellas pobres del título de Jesús María" en la ciudad de México; que con limosnas les compró casa y "demás cosas necesarias" y que lo fundaron diez religiosas de "mucha aprobación" de La Concepción, "seminario y principio [...] donde está toda la nobleza de la Nueva España". Como su fundador esperaba que fuera uno de los mejores conventos, pidió al rey una merced por ser "la obra y su instituto digna del patrocinio de vuestra Majestad"[425].

Poco más de un año después, Moya de Contreras reiteró que el convento era para las hijas y nietas de conquistadores y pobladores. Sin embargo, esta vez lamentó que algunos de quienes aportaron limosnas hubieran acudido ante la Audiencia de México y que esta declarara por patrones a "los dotadores y en su defecto al virrey". En consecuencia, el prelado pidió al monarca hacer respetar las constituciones por él establecidas, sin permitir la injerencia de seglares en el monasterio, a defecto de lo cual la fundación peligraba. Como si quisiera descargar su consciencia ante Felipe II, concluyó lacónico: "Y con decir yo esta verdad he cumplido con mi obligación que en este caso creo no he faltado con su buena erección"[426]. Esa imploración corrió con buena fortuna. En octubre de 1583 el arzobispo, a la sazón recién nombrado visitador general del reino, agradeció sobremanera al rey "la muy piadosa y crecida merced que vuestra Majestad ha hecho al monasterio de Jesús María de esta ciudad de 60 000 ducados [...]" y no los 3 000 consignados por Sigüenza y Góngora. Por lo cual aseveraba: "Entiéndese que con el favor de vuestra Majestad será el más insigne monasterio de este Nuevo Mundo, refugio y amparo de la nobleza pobre de él". Para entonces había ya 42 religiosas profesas con 7 novicias y 7 niñas "de 10 años arriba". La "infanta" Micaela de los Ángeles pudo haberse hallado entre ellas.

---

[425] El arzobispo al rey, México, 28 de marzo de 1580, en *Epistolario de Nueva España*, XII, 707.
[426] El arzobispo al rey, México, 25 de octubre de 1581, en *Epistolario de Nueva España*, XII, 712.

Como era habitual, los antagonismos de autoridad, precedencia y poder reanudaron con don Álvaro Manrique de Zúñiga marqués de Villamanrique, el nuevo virrey, que sustituiría al arzobispo visitador gobernador. Su designación en enero de 1585 parece haber sido anómala, ya que no precedió consulta del secretario Mateo Vázquez por medio de una terna del Consejo al rey, sino que fue directa[427]. Como veremos, detrás del marqués había un grupo cortesano vinculado a la Nueva España, pero contrario al de Moya y don Luis de Velasco en términos de dinámica y consenso social. De esta suerte, los conflictos y tensiones de ese reino se articulaban a coaliciones trasatlánticas[428]. Después de varios intentos, Villamanrique había pedido una merced que lo acercara al servicio real, pero en la corte. Cabe, entonces, la posibilidad de que un destino tan remoto como la Nueva España no haya sido de su entera satisfacción. El marqués habría, por lo tanto, considerado que ese nombramiento era una especie de intermedio a serle recompensado de manera ulterior con un oficio más cercano a la persona real[429].

Ahora bien, Villamanrique consideró que su solo desembarco en Veracruz, a inicios de septiembre de 1585, hacía cesar las facultades de Moya de Contreras como virrey interino. Sin embargo, para este último solamente cesaban con la toma de posesión de su sucesor en la capital. Así que, durante el trayecto de mes y medio del nuevo virrey hacia México, lapso imputable a "enfermedad", emprendió acciones que desautorizaban al arzobispo visitador. Fue aquella una especie de cascada de despliegues de supremacía: favorecer a los oidores que habían sido suspendidos durante la visita general por tráfico de influencias y prácticas económicas irregulares; proceder a destituir de sus cargos al tesorero de la Real Hacienda y al administrador de alcabalas nombrados por el prelado; hacer interceptar y recoger cartas enviadas al puerto de Veracruz, práctica que habría de acarrearle impopularidad; hacer retirar en Tlaxcala

---

427 González, 1996, 152.
428 Bautista y Lugo, 2023.
429 Vicens Hualde, 2021, 86-87.

un retrato de Moya que formaba parte de una serie de los virreyes y, en fin, que las armas del arzobispo fuesen borradas[430].

La aversión del nuevo virrey por el prelado adquiere pleno sentido porque su mujer era sobrina de don Martín Enríquez de Almansa. Villamanrique no ignoraba las difíciles relaciones que habían prevalecido entre don Martín y Moya. Porque, además, designó como su secretario a Antonio de Castro, que también lo había sido de Enríquez. Recelaba que la visita conducida por el arzobispo hurgara judicialmente en las acciones del virrey difunto y de sus criados. Por su parte, Moya se empeñó en mantener a Villamanrique al margen de dicha visita. No proporcionarle información comprometedora de la gestión de don Martín le preservaba una cierta supremacía como visitador general[431].

De manera premeditada, el nuevo mandatario asumió el estilo del virrey Enríquez en su trato con el arzobispo visitador. También se valió de una convicción análoga para conducir sus relaciones con grupos y clientelas de poder en México, lo que le restó posibilidades de arraigarse al reino. Pero, además, como era primo de don Martín Cortés, el marqués del Valle, Villamanrique intentaba defender sus intereses y una causa judicial prácticamente perdida luego de su extrañamiento del reino y del decomiso de sus bienes.

Por lo tanto, una fuente más de enemistad del nuevo virrey era don Luis de Velasco quien, como se recordará, había denunciado la conjura fraguada en torno a Martín Cortés. El maestrescuela de México Sancho Sánchez de Muñón rindió informe puntual al secretario del rey de un intento inicial de Velasco por agradar a Villamanrique recibiéndole en Veracruz, así como de sus desavenencias ulteriores[432]. Sin poder disimular Villamanrique la animadversión que le provocaba el dúo que podía ensombrecer su gestión, expresó su inquina en tercera persona como sigue

> Don Luis de Velasco no tiene otra causa para su indignación sino ser tan particular amigo del arzobispo y que, aunque el marqués

---

[430] Hanke, (ed.), 1976, 273, II, 9-10.
[431] González, 1996, 151; Vicens Hualde, 2021, 142-143, 194.
[432] González, 1996, 105.

[de Villamanrique] le hizo más honra que todos los virreyes sus predecesores, como él no la pretendía sino para gobernar la tierra y mandar en ella, como lo hizo en el tiempo del conde de Coruña, se formó quejas del marqués de que no le llamase y tomase su consejo[433].

Empero, los detractores del nuevo virrey no se limitaban a Velasco y al arzobispo. Villamanrique estaba también al tanto de los desplantes de don Diego Romano, el obispo de Tlaxcala-Puebla. Desde un principio prevalecieron discrepancias con este a propósito del ceremonial. Al pasar el marqués por la ciudad de "Los Ángeles" rumbo a México, Romano se colocó a su lado debajo del palio tratando de igualar los rangos[434]. Poco después, el prelado se negó a remitir a aquel una relación de beneficios, capellanías y mayordomías de su diócesis, disgustado por la porfía con que Villamanrique había ordenado suspender el pago de salarios de aquellos clérigos que carecieran de la correspondiente presentación, es decir, la suya. El obispo también se negó a manifestarle los libros de cuentas de diezmos con los pueblos, estancias y haciendas comprendidas entre la Puebla y el puerto de Veracruz, temeroso de que el virrey los usara para dividir su diócesis[435].

Luego de su entrada en México el 18 de noviembre de 1585, el marqués de Villamanrique deploró lo que consideraba prepotencia de los prelados: "Todas las personas eclesiásticas de este reino por lo general han menester que entiendan el respeto que han de tener a vuestra Majestad y a sus reales ministros, porque tienen muy poco y es de muy gran inconveniente", escribió al rey[436]. Se hacía eco de la actitud que los obispos habían manifestado al término del tercer concilio provincial. Sabían que el nuevo virrey, luego de desembarcar, se hallaba en camino hacia la capital y que había advertido al arzobispo Moya no publicar los decretos sin que mediara la aprobación real. Pese a estar prácticamente concluidos los trabajos del concilio, Villamanrique debe haber sustentado

[433] "Memorial del viaje...", citado en Vicens Hualde, 2021, 132, n. 347.
[434] Vicens Hualde, 2021, 190.
[435] Peña, 2018, 257.
[436] México, 20 de mayo de 1586, AGI, *México* 20, 119, f. 20.

sus quejas en una real cédula que le fue despachada en Barcelona el 13 de mayo de 1585. En ella, el rey le encargaba "asistir personalmente y por mí y en mi nombre en el dicho concilio"[437].

En consecuencia, los prelados asistentes presionaron a su metropolitano y asistente real para que se diera prisa y proclamara las actas y decretos antes de la entrada pública del nuevo virrey. Y, aun cuando a instancias de Moya los padres conciliares cedieron el texto oficial del concilio a la Real Audiencia para que esta lo remitiera al monarca, por no poderse publicar los decretos sin la autorización real, se salieron con la suya. Como habían conservado un traslado de las actas, el 18 de octubre le dieron lectura eludiendo las órdenes del marqués[438]. Razón por la cual Villamanrique concluiría más tarde que "Una de las cosas que hallé perdidas y relajadas cuando llegué a esta tierra fue el patronazgo de su Majestad porque se lo tienen usurpado los prelados"[439]. Poco después, Moya explicaría al rey que en lo del concilio le había parecido más conveniente disimular antes que impedir, o sea, llegar a una solución de compromiso con los padres asistentes aun si se soslayaba la autorización real, pues de otra manera se habrían negado a firmar las actas[440].

Pocos meses duró la in-convivencia entre el arzobispo visitador y el virrey marqués de Villamanrique. Don Pedro Moya de Contreras emprendió el regreso a la Península en la flota que zarpó de Veracruz el 11 de junio de 1586. Encargaba el gobierno del arzobispado al maestrescuela Sánchez de Muñón. En la corte informaría y calificaría la visita general de Nueva España. Para escapar de las tensiones con el nuevo virrey en México, se embarcó también don Luis de Velasco[441]. Viajaban asimismo las cartas que Villamanrique, principal detractor de ambos, dirigía al monarca. A su regreso, en Madrid, el arzobispo de México siguió creciendo en el favor real. Felipe II hizo de él su principal asesor para todo lo concerniente al conjunto de las Indias del Nuevo Mundo. Y, pese

[437] Martínez Ferrer, 2013, 36-37. Esa real cédula se halla reproducida en Carrillo 2006, vol. III, 467.
[438] Poole, 1987, cap. XI; Vicens Hualde, 2021, 194.
[439] Hanke, (ed.), 1976-1978, 273, I, 282.
[440] Carta del arzobispo al rey, México, 1 de diciembre de 1585, AGI, *México*, 336-B, 184.
[441] González, 1996, 141-157.

a las voces de oposición que se alzaron, el monarca lo confirmó como juez y parte de la visita por él conducida. El prelado también recibió tratamiento de Grande de España y, para culminar, en 1588 fue designado visitador del Consejo de Indias y en enero de 1591 presidente de ese tribunal en sustitución de Hernando de Vega[442]. La estabilización centrada en un individuo corrobora que, en términos de su hegemonía confesional, la dignidad regia incluía un ingrediente de arbitrariedad que estaba por encima de leyes y privilegios[443].

Modulación del dominio real

Es difícil no percibir el influjo del arzobispo de México en las siguientes tres determinaciones del rey, que acabaron de configurar la modulación del dominio real en Nueva España: en primer lugar, el marqués de Villamanrique fue depuesto por real cédula de 19 de julio de 1589 a consecuencia de una avalancha de denuncias, cargos e informes de individuos y corporaciones referentes a malas prácticas de gobierno y justicia. Seguidamente, por real cédula de 31 de agosto del mismo año, Felipe II ordenó al marqués dejar el gobierno de Nueva España en manos de don Luis de Velasco "luego que sea llegado a esa tierra para que él lo ejerza en virtud de su título y despachos que lleva"[444]. Tras haberse desempeñado como embajador en Florencia, don Luis volvió a Madrid y Moya de Contreras dio de él informes y recomendaciones muy favorables. En enero de 1588 lo propuso, de hecho, al monarca, para suceder al conde del Villar como virrey del Perú. Sin embargo, el rey prefirió designarlo para gobernar la Nueva España, lo que debió complacer en sumo grado al arzobispo de México[445].

Pero eso no era todo. En tercer lugar, además de que Velasco entregó al marqués de Villamanrique la cédula de relevo, le hizo saber que, por encargo real, se procedería a un juicio de visita en su contra y no al

---

[442] Poole, 1987, cap. XII; Vicens Hualde, 2021, 186.
[443] Ruiz Ibáñez y Vincent, 2007, 188, 189, 203.
[444] AGN, *México*, Reales Cédulas duplicadas, vol. 2, exp. 375.
[445] Poole, 1987, cap. XII.

convencional juicio de residencia "como conviene que lo sea", había apuntado terminante el rey. Para este efecto, Felipe II había pedido al Consejo de Indias proporcionarle una lista con nombres de juristas y letrados. Conscientes del influjo de Moya sobre el monarca, los consejeros disuadieron expresamente a este de confiar a un obispo semejante comisión, por carecer del saber jurídico requerido. No obstante, de su puño y letra Felipe II escribió al margen de la consulta: "el obispo de Tlaxcala", es decir, don Diego Romano. Nadie, en el entorno inmediato al rey, conocía mejor que Moya de Contreras, tanto a dicho obispo como al virrey depuesto. Pese a los intentos y argumentos del Consejo sobre la avanzada edad e incluso "ceguera" de don Diego, no se pudo apartar al rey de su determinación. Este ordenó, por lo tanto, despachar la comisión para el obispo Romano el 17 de agosto de 1589. En ella se ratificaba el carácter de juicio de visita en el que se incluía a los criados y familiares del marqués de Villamanrique[446].

En la corte se habían recibido noticias alarmantes a raíz de un conflicto de jurisdicción a mano armada entre Villamanrique y los oidores de la Audiencia de Nueva Galicia. De acuerdo con la proclividad del reino de Nueva España a la integración, el marqués proponía suspender ese tribunal, incorporar a sus oidores al de México y dejar un gobernador en Guadalajara supeditado al virrey. Los oidores afectados repelieron la propuesta enérgicamente por los perjuicios que acarrearía[447]. En consecuencia, don Luis de Velasco se dio prisa y cruzó el océano con su comitiva, no en la flota regular, sino en navíos sueltos expresamente destinados. Más aún, desembarcó en Tamiahua, de donde era encomendero, ubicada 320 k al norte del puerto de Veracruz. Al ingresar en la cuenca de México, el 17 de enero de 1590, Velasco participó en Acolman al marqués su destitución y en seguida fue recibido con grandes y jubilosas demostraciones por las autoridades de la capital el día 25. A su vez, el obispo Romano se trasladó de la Puebla a México para iniciar el juicio, cuya real cédula presentó ante la Audiencia el día 18 y, en seguida, ordenó el arresto domiciliario del marqués de Villamanrique, que se hallaba instalado con su familia y criados en Texcoco.

---

[446] Vicens Hualde, 2021, 251-261.
[447] Vicens Hualde, 2021, 241.

Al fracasar en su intento de hacer sustituir a don Diego Romano como juez y, echando mano de sus contactos, el virrey depuesto acudió a don Luis de Velasco para que lo autorizara a embarcarse rumbo a España, a lo cual el nuevo virrey accedió, siempre y cuando mediara el parecer del prelado visitador. Pero este denegó la autorización hasta que Villamanrique pagase fianzas muy considerables, para las que no encontró fiadores suficientes en la Nueva España. Pese a ofrecer sus bienes en prenda y a prometer la entrega de dichas fianzas en Castilla, a lo que también se negó el prelado de Puebla, el marqués y su mujer emprendieron la retirada a salto de mata hacia Veracruz con toda suerte de incomodidades. Zarparon de manera ignominiosa en unas zabras o navíos sueltos que les fueron facilitados gracias a que las flotas eran regentadas por su sobrino, el duque de Medina Sidonia.

Luego de unos años, en abril de 1592 el obispo Romano presentaría y haría publicar hasta trescientos cargos contra el marqués por prevaricación, cohecho, tráfico de influencias, malversación, violación del secreto de comunicación e incluso fraude. El proceso completo del juicio de visita duraría seis años, al cabo de los cuales se condenó a Villamanrique a pagar multas, a la privación perpetua de cargos de gobierno y justicia y a destierro de la corte. La sentencia no le fue levantada mientras Felipe II vivió[448]. Sin embargo, lo que aquí interesa es dejar constancia de un nadir y de un cénit a la vez: nunca un virrey de Nueva España había experimentado semejante deshonra, pero tampoco los obispos habían detentado tanto poder y favor del trono en ambas orillas del océano.

En el transcurso de unos cuantos años (1583-1590), las dificultades de integración de Nueva España habían puesto de manifiesto la necesidad de reconfigurar el ámbito de autoridad del virrey. Su principal artífice era el arzobispo de México como valedor y portavoz de los grupos más efervescentes del orden social. Hasta el grado de obtener que el principal actor de la nobleza y patriciado de la tierra fuera designado virrey. La mudanza era de tal envergadura, que en la corte se asumiría como una modulación del dominio real llamada a subsistir. Los virreyes subsecuentes la asumirían en diferente grado y la ejercerían de varias maneras.

---

[448] Vicens Hualde, 2021, 267-278 y capítulo 11; Peña, 2018, capítulo V.

En otras palabras, a partir de 1590 enfrentarían como nunca el desafío de equilibrar los intereses del reino con los de la Corona.

La respuesta no era fácil. Exigía contribuir a normalizar esa modulación favoreciendo a los actores y grupos locales y, a la vez, cumplimentar las necesidades fiscales y de defensa cada vez más acuciantes de la Corona al inicio del declive de su hegemonía planetaria. Si los virreyes de Nueva España querían que su mandato transcurriera sin los sobresaltos que acarreaban inestabilidad, bastaba que no perdieran de vista esa reconfiguración. Desde luego que la tendencia a las crisis de poder era propia de los rasgos estructurales de la tierra y de su conformación. No obstante, la modulación del dominio real dispondría en delante de un recurso para mitigar la conflictividad extrema, la figura del prelado virrey.

En efecto, la Corona sancionaba un episcopalismo beligerante que, por lo menos desde 1555, era tendencia insuperable. Como no era posible erradicarlo, en adelante se echaría mano de él como estrategia de negociación y estabilización. Ya fuera para nombrar virreyes-gobernadores interinos en coyunturas excepcionales, para hacer de algunos obispos visitadores generales o bien para potenciar su rango. Entre ellos habría miembros del Consejo de Indias con desempeño ultramarino. En 1642, es decir, medio siglo después, Juan de Palafox, el célebre prelado de la Puebla de los Ángeles, consejero de Indias, visitador general y arzobispo virrey interino, fue muy consciente de aquel episodio inicial de reconducción. De ahí que recordara a sus colegas del Consejo de Indias que, para garantizar una administración eficiente y pacífica en la Nueva España, Felipe II había hecho del arzobispo de México su virrey y visitador inaugurando la modulación que él mismo encarnaba[449]. Efectivamente, al templar la relación autoridad-justicia los obispos desempeñarían un papel de primera importancia en la evolución de las Indias septentrionales. La preeminencia episcopal sería una pauta del reino y sentó plaza más allá del nombramiento coyuntural de prelados virreyes.

---

[449] Álvarez de Toledo, 2011: 246, n. 100; Mazín, 2017: 130.

III.- Conclusión

Desde una perspectiva de política eclesiástica, en la segunda parte de mi relato he propuesto que la reconducción del dominio real en las sedes de virrey de las Indias Occidentales tomó la forma de dos modulaciones o cadencias. En el sentido de que, al incidir sobre las tendencias a la disgregación del Perú y sobre los desequilibrios de integración de la Nueva España, se obtuvieron modalidades o variantes de gobierno. Son diferentes porque sus protagonistas y sus acciones se "acomodaron al estilo del país". Francisco de Toledo y Pedro Moya de Contreras reconfiguran el ámbito de autoridad del virrey de acuerdo con la situación y consensos de cada uno de esos reinos. Sus acciones suscitan condiciones de estabilidad y ese logro pronto les acarrea reconocimiento y celebridad. Hasta el grado de hacer de ellos figuras arquetípicas, es decir, una articulación retórico-política que despliega vínculos y mecanismos susceptibles de eslabonar procesos de manera semántica y heurística. En una cultura tan pródiga de *exempla*, una y otra figura son baluartes del dominio real en las Indias de Castilla al final de la máxima dilatación de los mundos ibéricos por el globo. Sus hazañas también sugieren la intervención del rey, quizá más perceptible en el caso del arzobispo de México, ya que al término de su mandato en el Perú el virrey Toledo llegó a deplorar el silencio de Felipe II.

Don Francisco de Toledo hizo del patronato regio una palanca de estabilización que puede resumirse en su frase predilecta, "enfrenar la tierra". Vivió con auténtica devoción la visita general, que condujo como la más importante instancia y referente de actividad. Conforme el virrey caminó por las provincias de los Andes centrales, la concertación de actores antagónicos bajo la imposición de una disciplina férrea hizo de la convergencia jurídica de los cleros regular y secular la clave de la modulación del dominio real, concebida como revigorización del patronato real. Sin embargo, dada la inmensidad de las Indias meridionales, refrenar las diferencias y contradicciones era impensable sin el refuerzo de las facultades vice patronales de los gobernadores de provincia, a fin de dotar a las diócesis y Audiencias de una sinergia coadyuvante. Finalmente, como instancias articuladoras y estabilizadoras de los ámbitos locales, los concilios provinciales y los sínodos diocesanos atizarían el carácter arbitral del virrey para freno de la proclividad del arzobispo de Lima a la autarquía, como veremos en la tercera parte.

La reconducción en la Nueva España respondió a la necesidad de mitigar alteraciones ocasionadas por fuertes tendencias a la integración como tónica de un reino sujeto a las convulsiones de su ciudad capital. El ejercicio del patronato regio no encontró ahí condiciones para ser reforzado de manera hegemónica por el virrey. La autoridad de este se hallaba dislocada, o sea, fuertemente asentada sobre el régimen de los frailes, de los señoríos autóctonos y, en menor medida, de los encomenderos; pero ayuna de un consenso análogo entre los grupos hispanos de mayor dinamismo, que acoplaban un sistema de expansión productiva fuertemente asistido por el clero secular. La desavenencia del virrey con el arzobispo de México acrecentó la discordancia e impuso a la figura del primero el peso de un patriciado local con nexos trasatlánticos en ascenso y encabezado por un adalid de probada lealtad a la Corona a quien sostenía un episcopado fortalecido. De ahí que, en nombre del patronato real, el prelado-visitador Pedro Moya de Contreras optara por una política de concertación de equilibrios disfrazada de "conformidad" con el virrey, aunque sin claudicar de la búsqueda de consensos en el reino y en la corte peninsular mediante la representación de intereses tanto de aquel patriciado, como de las iglesias catedrales de Nueva España. El traslado de los mandatarios al Perú, la instauración del prelado virrey para estabilizar coyunturas de conflicto extremo y el advenimiento de un virrey con arraigo y capacidad para negociar y conciliar, configuraron la modulación del dominio real en Nueva España.

Parte tercera

Pervivencias

Concertar actores antagónicos que frenaran la disgregación y buscar consensos que instauraran estabilidad hicieron, respectivamente, del virrey del Perú, celoso árbitro del real patronato eclesiástico; y, del arzobispo de México, consejero del rey con atribuciones de gobierno enderezadas a consolidar la reconducción del dominio. El acento principal de este relato seguirá recayendo en las individualidades y, por lo tanto, en las diferencias. Cuando estas predominan es más difícil sucumbir a la tentación de uniformizar las cosas. Si pensamos únicamente de manera colectiva, las personas tendemos a conformarnos con modelos uniformes. Y sucede que, a veces, son las acciones y reacciones individuales las que determinan las influencias ejercidas. Por eso, en cuanto sea posible, esta tercera parte no quitará el dedo de ese renglón[450].

Pero, además, esta es una ocasión afortunada para documentar la noción antigua de *imperium* de acuerdo con su rasgo más sobresaliente: la expresión diferenciada del ejercicio del poder supremo, reacio a la uniformización del dominio. El patronato eclesiástico en las Indias le da aquí sustancia en la medida en que la cristianización fue un proceso versátil de enorme riqueza cultural. Resistir a la intervención directa del papado y sus agentes en el ámbito de la disciplina eclesiástica confirmaba ese patronato como heredero de la tradición bizantina o "césaro-papista" de la Antigüedad Tardía, que hiciera del rey de Castilla un *imperator totius Hispaniae* responsable de la fe de los súbditos. Y así como el emperador Justiniano había incluido el libro XVI del código de Teodosio en el *Corpus Iuris Civilis*, la gran obra legislativa (1250-1270) de Alfonso X de Castilla comienza con la definición de la fe por considerarla el capítulo primordial de la ley. Efectivamente, en la primera de las *Siete*

---

[450] Loriga, 2010.

Partidas el "Rey Sabio" define los artículos de esa fe, los sacramentos de la Iglesia, los clérigos, iglesias, monasterios, el derecho de patronazgo, los diezmos, limosnas y peregrinos, entre otros. Es decir, reafirma los lazos que vinculaban esa legislación a los emperadores de Constantinopla[451].

Entre las sorpresas que la historia depara tenemos que la edición más autorizada de las *Partidas* es fruto de los trabajos de un miembro del Consejo de Indias. Efectivamente, el licenciado Gregorio López ofreció a letrados juristas, jueces, maestros, estudiantes y, desde luego, a todos los tribunales de la monarquía, una versión depurada y correcta de esas leyes que antes estaban "con diferentes letras y diversos entendimientos". Bajo licencia del emperador Carlos V, la edición con glosas del propio López vio la luz pública en la imprenta salmantina de Diego de Portonariis en 1555. Más aún, algunos de esos comentarios se hacen eco de temas del Nuevo Mundo, lo que corrobora la continuidad indiana respecto al legado antiguo y medieval. Dos merecen mención: unas *Ordenanzas reales* "que poco a recopilé" referentes a la Casa de la Contratación de Sevilla, lo que hace de Gregorio López un primer recopilador de las leyes de Indias. En segundo lugar, el consejero dio a conocer un resumen o extracto de la *Relectio Prior de Indis* del célebre maestro de Salamanca fray Francisco de Vitoria O.P., importante testimonio de la controversia de las Indias que estudiamos en la primera parte[452].

Cuando en nombre de su rey, don Francisco de Toledo y sus sucesores en el Perú urgían la unificación del culto y la convocatoria de un concilio o presentaban a los titulares de los curatos y doctrinas, es difícil no evocar la corte de Teodosio II, la de Justiniano y aun la de Alfonso X. Pero no menos elocuencia tiene el referente de los obispos visigóticos al recordar la actuación, atribuciones e influjo del arzobispo de México Pedro Moya de Contreras. Prelados como Isidoro o Leandro de Sevilla,

---

[451] Rucquoi, 2012a, 152-154.

[452] El resumen de la relección del dominico Vitoria aparece en la glosa a la ley 2, título XXIII de la Partida Segunda. La referencia a las ordenanzas para las Indias consta en la glosa a la Partida V, título IX, ley I sobre que en los navíos del rey vaya un escribano. Se trata de las *Ordenanzas reales para la Casa de la Contratación de Sevilla y para otras cosas de las Indias y de la navegación y contratación de ellas*, sancionadas por el príncipe Felipe en Monzón el 11 de agosto de 1552. Ambas referencias en Rumeu de Armas, 1993-1994, p. 408.

Julián o Eugenio de Toledo fueron miembros del aula regia, consejeros por derecho propio del rey con un desempeño a la vez teocrático y profano que investía a cada uno como *sacerdos, iudex* y *defensor civuitatis*[453]. De la prestancia y prudencia como virtudes orientadoras de aquel que gobernaba se seguía una práctica de dominio volcada hacia la mediación, el mantenimiento de la estabilidad por consenso y el sustento antiguo del saber[454].

En esta tercera y última parte veremos cómo las modulaciones de reconducción del dominio real en el ámbito eclesiástico, bajo Felipe II, presentan pervivencias consistentes tanto en la Nueva España como en los Andes. Es decir, su eficacia permitió que los lineamientos diferenciados de reconducción del patronazgo real subsistieran a grandes rasgos durante el siglo XVII y aún más allá. Las pautas de esa permanencia articulan situaciones, secuencias y tiempos históricos. De ahí que su análisis admita al menos tres tipos o criterios de explicación: uno se refiere a la normalización de los cauces de actividad en el contexto general de la gestión gubernamental. Otro verifica cómo las modulaciones del dominio fueron depuradas en su respectiva latitud en coyunturas precisas. El tercero considera las repercusiones hemisféricas de las dinámicas de poder, ya sea a consecuencia del traslado de los virreyes de México a Lima o bien de la interacción con la corte de Madrid. ¿Por qué subsistieron las modulaciones de reconducción? ¿De qué manera fueron "normalizadas"? ¿Quiénes fueron sus principales "normalizadores"? ¿En qué coyunturas experimentaron depuración? ¿Cómo repercutieron de las Indias septentrionales a las meridionales o a la inversa? ¿Durante cuánto tiempo? Son estas las cuestiones a las que aquí pretendo responder.

---

[453] Martin, 2003: 113-122; 191-198.
[454] Mazín, 2012b.

I.- Normalización: primeros atisbos

Como adelanté al final de la segunda parte, a su regreso a España en 1586, el arzobispo de México asesoraría al rey en mucho de lo concerniente a las Indias. Para ciertos efectos fungiría como sucesor de Juan de Ovando, máxime que contaba con una importante experiencia de gobierno en el Nuevo Mundo. Igual que Ovando, Moya de Contreras impondría un contrapeso al Consejo de Indias, pues las consultas de ese tribunal a Felipe II eran turnadas al prelado. La mayoría se refería a la concesión de mercedes y al nombramiento de oficios, fuesen seculares o eclesiásticos. Además de asesor, Moya era protagonista de una de las modulaciones de reconducción del dominio real y, como veremos, conocía ambas. De ahí que haya sido su primer normalizador en el seno de la corte peninsular.

Una plataforma cortesana

Así tenemos que el rey pidió al arzobispo su opinión sobre a quién nombrar para viajar al Perú investido como visitador, cargo que el prelado había ejercido en la Nueva España. Moya recomendó encarecidamente a una más de las "hechuras" de Juan de Ovando, Alonso Fernández de Bonilla, quien había pasado dieciocho años en México como colaborador suyo, primero cuando era inquisidor y luego como deán de su iglesia. Como la visita del Perú comprendería no solo el ámbito eclesiástico, sino también el desempeño del virrey, de la Audiencia de Lima y de los oficiales de Real Hacienda, el Consejo objetó la recomendación. La réplica de Moya en defensa de su candidato permite corroborar que el arzobispo de México conocía la relevante actividad de las Reales Audiencias andinas en el plano eclesiástico. Estaba, pues, al tanto de la modulación del dominio real implantada en los reinos meridionales. Por lo cual, argumentó que el visitador por él propuesto tendría un panorama bastante completo de la dinámica gubernamental al visitar la Audiencia de la ciudad de Los Reyes.

Esto mismo había aseverado de manera contundente el virrey Martín Enríquez en 1583, un mes antes de morir, en su parecer sobre lo que la Junta Magna había dispuesto en las instrucciones para el gobierno: "en cuanto a la jurisdicción eclesiástica, con el recurso a las Audiencias se remedia"[455]. Así que los esfuerzos del Consejo de Indias y de su presidente Hernando de Vega fracasaron en su empeño por desacreditar al candidato de Moya. En consecuencia, el rey nombró a Fernández de Bonilla como visitador en 1589 y este llegó a Lima en agosto del año siguiente. A la muerte del arzobispo Moya, en enero de 1592, ese visitador del Perú sería nombrado sucesor suyo en la mitra de México. No obstante, Fernández de Bonilla no llegó a tomar posesión, pues falleció en Lima en enero de 1600[456].

El siguiente rubro de influencia del asesor de Felipe II consistió nada menos que en la designación de los virreyes. En diciembre de 1587 el monarca consultó a Moya en relación con el siguiente gobernante del Perú. Poco antes, el prelado le había aconsejado aceptar la renuncia del conde del Villar a causa de su salud quebradiza y avanzada edad. Ahora bien, de un virrey a otro se interponían largas vacantes y, en consecuencia, un caudal de problemas. Desde el inicio de su gestión, al informar del estado que guardaban los reinos de las Indias meridionales, el mismo conde del Villar había manifestado preocupación al respecto. De ahí que pidiera al monarca "proveer de algún medio" para no alargar aquellas, pues podían durar hasta dos años[457].

Para remplazar al conde del Villar, el arzobispo propuso dos nombres: don Luis de Velasco y don García Hurtado de Mendoza, el IV marqués de Cañete. Fue este último a quien el rey designó en 1588[458]. En esta decisión debió influir el que don Andrés, el segundo marqués de Cañete, padre de aquel, hubiera sido virrey del Perú entre 1556 y 1559.

[455] Carta de don Martín Enríquez al rey, Los Reyes, 15 de febrero de 1583 en Levillier, *Gobernantes...*, IX, 244.

[456] Poole, 2012, 319-324.

[457] Carta del virrey a SM, El Callao, 25 de mayo de 1586, en Levillier, *Gobernantes...*, X, 147.

[458] Poole, 2012, 316-320.

Por cierto que su gestión había sido simultánea a la de su hijo cuando, como gobernador de Chile, destacó en la guerra fronteriza contra los mapuches. Nótese que a consecuencia del nombramiento de 1588 se imponía una pauta de arraigo, experiencia y sucesión de padre a hijo. De manera análoga, esa misma configuración familiar se verificó en agosto de 1589 cuando don Luis de Velasco hijo fue nombrado virrey de Nueva España para suceder al depuesto marqués de Villamanrique. Visiblemente, Moya de Contreras contribuyó a confeccionar esa pauta como asesor de Felipe II: dos virreyes hijos con experiencia previa y arraigo en las Indias meridionales y septentrionales se convertían en sucesores no inmediatos de sus padres. Tan solo esta era ya una manera de acortar los tiempos y de imprimir continuidad al relevo de los mandatarios. Otra habría de consistir, a partir de 1596, en la reanudación del traslado de México al Perú evitando la travesía desde España.

Conviene recordar que entre los virreyes Andrés Hurtado de Mendoza y Luis de Velasco, y sus respectivos hijos, mediaban respectivamente el largo gobierno de don Francisco de Toledo y las crisis recurrentes de poder en México que Moya de Contreras experimentó y en seguida intentó neutralizar. Es decir, estaban de por medio una instauración hegemónica de tenor disciplinario en el Perú y la búsqueda de consensos para concertar equilibrios de integración en la Nueva España. Consecuentemente, en los Andes el IV marqués de Cañete debería poder conciliar la experiencia de gobierno de su padre y de sí mismo en Chile, con el legado del virrey Toledo tendente a frenar una disgregación siempre latente. De manera correlativa, luego de la suspensión del gobierno del marqués de Villamanrique, correspondería a Velasco hijo, que tenía a la Nueva España por patria, reconfigurar la figura de autoridad del virrey rencauzando las tendencias a la integración. A todo ello subyacía una presencia creciente de "indianos" en la corte de Madrid y de castellanos con experiencia en los dominios del Nuevo Mundo, hasta el grado de dar lugar a una articulación de carácter estructural que presidía las tensiones y conflictos en los reinos, así como su reconducción en provecho del dominio real[459].

---

[459] Bautista y Lugo, 2023.

En el Perú, la extrema duración de las vacantes del virrey era perjudicial a la contención de las tendencias disgregantes. Es decir, quedaban expuestos problemas para cuyo remedio los mandatarios reivindicaban su autoridad de manera enérgica. De ahí que al inicio de su gobierno, el marqués de Cañete hijo hiciera la siguiente declaración

> Ninguna cosa importa más a la quietud, asiento y perpetuidad de esta tierra, ni al servicio de vuestra Majestad, que la guarda y firmeza de su patronazgo real [...] Es de mucha consideración en tierra tan apartada de la presencia de vuestra Majestad. Me ha parecido que tengo obligación a no dejar pasar cosa alguna de aquella en que he reparado que tenga necesidad de remedio[460].

Uno de los problemas que las vacantes ponían de manifiesto eran los desacuerdos de gobierno entre las Audiencias andinas. La de Lima reclamaba preeminencia. Sin embargo, la de La Plata o Charcas y la de Quito, manifestaban pretensiones de autogobierno en su respectivo distrito. Lo cual implicaba que proveyeran "encomiendas o repartimientos, corregimientos, lanzas y arcabuces", estos dos últimos otorgados para defender el reino a quienes no hubieran alcanzado a tener encomiendas. Desde que el conde del Villar expusiera al rey el inconveniente de la diversidad de pareceres que las vacantes suscitaban, le sugirió seguir el ejemplo de sus dominios de la India oriental. A saber, entregar a cada mandatario un nombramiento secreto que únicamente se diera a conocer al sobrevenirle la muerte. Acaso aludiera al pliego de providencia o de "mortaja". En cualquier caso, pidió al monarca prohibir a las Audiencias hacer aquel tipo de otorgamientos, de suerte que "todo lo que se proveyese de cualquier calidad y condición que fuese pasase por una mano y [que] esta sea la del virrey". En carta del 12 de abril de 1587 el conde del Villar había acusado recepción de una real orden por la cual "en las

---

460 Carta del virrey a SM, Los Reyes, 29 de diciembre de 1590, en Levillier, *Gobernantes...*, XII, 186.

vacantes de virreyes gobierne esta Audiencia [Lima] y las de Charcas y Quito y Panamá le estén subordinadas"[461].

Por lo visto, la prolongación de las vacantes también impedía el acatamiento cabal del patronato eclesiástico por los obispos. El arzobispo de Lima había visitado su arquidiócesis durante siete años sin apenas residir en su sede y con un desempeño que, al parecer, contravenía esas exigencias. Tanto el conde del Villar como su sucesor, el marqués de Cañete, informaron al rey lo que consideraban faltas y yerros de don Toribio de Mogrovejo en su gobierno. Decían que incumplía "todas las cosas del patronazgo"; que proveía clérigos en las doctrinas con solo el nombramiento suyo, sin la presentación del virrey; que dotaba por su mano las iglesias y hospitales de pueblos de indios; que mandaba a "los corregidores de su distrito [que] hicieran y cumplieran lo que él mandare"; que asignaba beneficios de cura de almas para españoles sin poner edicto ni guardar la ordenanza del patronazgo. Según ellos, mayor gravedad tenía que el prelado escribiera "a su Santidad y a los cardenales y entendiera que por ahí se han de remediar y llevar adelante todas las exenciones de que pretende usar". Ambos mandatarios declararon no haber querido llegar a un rompimiento con el arzobispo. Pese a ello, expresaron al rey la conveniencia de que "le mandase ir a España poniendo aquí un coadjutor". Concluían que su proceder "defraudaba el real patronato" y atentaba contra el legado de don Francisco de Toledo[462].

Esas críticas de los virreyes al arzobispo son muy reveladoras. En la segunda parte propuse que el Tercer Concilio de Lima, convocado por Mogrovejo meses después de tomar posesión de su sede, debió ponerlo al tanto de la vigorosa impronta dejada por la gestión del virrey Toledo. También lo hicieron las ordenanzas que este último dispuso y que sus sucesores reivindicaron como la principal fuente para conducir el

461 Carta del virrey a SM, El Callao, 25 de mayo de 1586, en Levillier, *Gobernantes...*, X, 147-150; Carta del virrey a SM, Los Reyes, 12 de abril de 1587, en Levillier, *Gobernantes...*, X, 275.
462 Cada una de las "faltas y yerros" consta respectivamente en: El conde del Villar a SM, Callao, 25 de mayo de 1586 (Levillier, *Gobernantes...*, X, 83-85); El conde del Villar a SM, Los Reyes, 19 de abril de 1589 (Levillier, *Gobernantes...*, XI, 193-194); El marqués de Cañete a SM, Callao, 1 de mayo de 1590 (Levillier, *Gobernantes...*, XII, 154-155); El marqués de Cañete a SM, Los Reyes, 29 de diciembre de 1590, (Levillier, *Gobernantes...*, XII, 206-207); las reconvenciones del rey en Vargas Ugarte, 1959, II, 105.

gobierno en el plano del patronato eclesiástico. Tras el deceso del virrey Enríquez, en marzo de 1583, en pleno concilio provincial, el arzobispo prosiguió su propio gobierno en ausencia de virrey hasta noviembre de 1585, en que tomó posesión en Lima el conde del Villar. Para entonces, el prelado conducía su primera visita pastoral (1584-1591), de un total de cuatro, a la muy extensa y geográficamente accidentada arquidiócesis: "Mas de 5200 leguas, muchas a pie por caminos fragosos y ríos", escribió Mogrovejo al papa Clemente VIII en 1598[463]. El que dedicara a las visitas al menos 17 de los 25 años que duró su gobierno, no debe extrañar. Es pertinente proponer que las largas ausencias de su sede le habrán proporcionado un sentido de sana distancia, si no de autonomía, para proceder sin el agobio que seguramente le ocasionaba tratar con el virrey en turno de manera permanente, a tan solo unos metros de su catedral.

También vimos que el recurso de don Toribio a la Santa Sede fue activo. Supongo que la mayor parte del tiempo habrá echado mano de la vía convencional del patronato a través de Madrid, como aconteció en ocasión de la aprobación del Concilio Tercero Provincial de Lima[464]. No obstante, su búsqueda de una relación directa con Roma ocasionalmente eludió la corte del rey. Hay que reconocer, con todo, que el prelado buscaría tiempos y circunstancias para dar a conocer ese procedimiento, es decir, dosificaba su información. De esa manera contrarrestaba a autoridades seculares como los corregidores de indios y ganaba algún margen de acción frente a los virreyes. Por lo tanto, era necesario que estos últimos exageraran el tema de las ausencias episcopales y que hicieran del recurso del prelado a la Santa Sede, cuyos propósitos, por cierto, no siempre alcanzó, una materia de escándalo, en el sentido de no solo infringir, sino aun de subvertir el real patronato.

El conde del Villar y el marqués de Cañete también se quejaban de la inobservancia de los obispos en lo tocante al nombramiento de un numeroso personal eclesiástico: "vicarios, curas, pertigueros, mayordomos, capellanes, visitadores y otros, estando mandado que el prelado nombre dos y el virrey elija uno y por no entrar de golpe en estas cosas

---

[463] Citada por Tudini, 2024, 37; Resana, 2006.
[464] Tudini, 2024.

a los principios voy poco a poco en ellas […] por tocar esto a más de mil personas eclesiásticas, los cuales o los más son enemigos declarados de este patronazgo"[465]. Quizá la crítica más implacable del marqués de Cañete contra el arzobispo se refiere a que doscientos clérigos ordenantes tuvieron que viajar hasta Trujillo para que el prelado los ordenara a causa de su ausencia prolongada de Lima[466].

Intentemos contextualizar estas situaciones. La consolidación de un régimen eclesiástico diocesano a partir del Concilio Tercero de Lima consistía en ir dotando canónicamente, a mediano plazo, aquellos beneficios de cura de almas cuyo carácter sería definitivo. También suponía instaurar los colegios seminarios y subordinar a los frailes doctrineros a la jurisdicción eclesiástica ordinaria. Por otra parte, hasta catorce sínodos diocesanos en el arzobispado de Lima durante el gobierno de Mogrovejo habrán establecido obvenciones, limosnas, y legislado sobre costumbres, idolatrías y supersticiones, entre otras materias[467].

Ahora bien, el costo de todo ello como retribución por los ministerios pastorales y sacramentales impartidos a las feligresías, a base de obvenciones parroquiales, de estipendios y del diezmo, también suscitó críticas acerbas de los virreyes. Sobre todo, porque las rentas correspondientes aún no se hallaban deslindadas del régimen de los tributos, o sea, de las porciones de estos últimos, llamadas sínodos, que por décadas habían sustentado a clérigos y frailes en las doctrinas; ya fuera porque las jurisdicciones se traslapaban o, peor aún, porque los obispos y su clero pretendieran cobrar los recursos en demasía respecto de un régimen fiscal diocesano todavía en ciernes, es decir, que llegara a estar jurídica y fiscalmente diferenciado. Así tenemos que, por aún no estarlo, el proceder de aquellos presentaba numerosas dudas a los ministros seculares del rey, desde los corregidores de indios hasta el virrey. De ahí que los mandatarios, sobre todo el marqués de Cañete, consideraran que los eclesiásticos de ambos cleros procedían con extrema codicia. Es cierto que al inicio de su gobierno, ese mandatario evocó su referente filial y la

[465] Carta del marqués de Cañete a SM, Los Reyes, 29 de diciembre de 1590 en Levillier, *Gobernantes...*, XII, 187.
[466] Carta del virrey a SM, Los Reyes, 24 de abril de 1594 en Vargas Ugarte, 1959, II, 84-85.
[467] Vargas Ugarte, 1959, II, 88-89; Resana, 2006.

intención de no oprimir a los naturales y habitantes: "como el marqués mi padre que esté en el Cielo dejó los reinos del Perú gratos de su gobierno". Sin embargo, hay que reconocer que don Andrés había gobernado en otros tiempos, en condiciones más agitadas, pero quizá menos cambiantes en términos de reconducción del dominio real[468].

En efecto, exasperaba al marqués de Cañete hijo, corroborar que "después del concilio provincial pasado [se] ha introducido que los clérigos lleven derechos de los indios de los bautismos, de los casamientos y entierros". O bien que, como "en el concilio pasado trataron de la cobranza de las cosas que habían de ser decimales y ninguna reservaron, así pretenden introducir la paga de los diezmos por costumbre en todas las cosas". Dijo, en consecuencia, quererlo remediar sin dejar de comparar, como hacían otros virreyes, con lo que presumiblemente acontecía en el reino septentrional: "He entendido que en la Nueva España está mandado que no se cobren diezmos de los indios y sería bien que lo mismo se hiciera en esta tierra"[469]. También es cierto que las críticas podían referirse a casos extremos de inmoralidad, como que ciertos religiosos y otros eclesiásticos pretendieran "enviar por otras vías a negociar con plata obispados y otras prebendas"[470].

Ahora bien, tanto la ordenanza real llamada del Patronazgo, como las acciones y ordenanzas de don Francisco de Toledo, coincidentes en tiempo, se hallaban ya consagradas. Hasta el grado de que sus sucesores las evocaban con asertividad al inicio de su gobierno. No obstante, en mayo de 1586 don Fernando de Torres y Portugal, es decir, el conde del Villar, echó de ver que tales ordenanzas no siempre se obedecían. "En las doctrinas hallé clérigos que las estaban sirviendo con sólo nombramiento del prelado sin haber guardado la dicha orden del patronato". En consecuencia, ordenó a los corregidores en los partidos respectivos suspenderles el pago como "castigo y ejemplo para otros". Y respecto a las doctrinas administradas por frailes "entendí que procedían más en su

---

[468] Carta del virrey a SM, Panamá, 12 de julio de 1589, en Levillier, *Gobernantes...*, XII, 78.

[469] El marqués de Cañete a SM, Los Reyes, 29 de diciembre de 1590, en Levillier, *Gobernantes...*, XII, 190.

[470] Carta del virrey a SM, Los Reyes, 25 de abril de 1588 en Levillier, *Gobernantes...*, XI, 78 y 96.

aprovechamiento que en el de los dichos naturales […] y que éstos eran maltratados y molestados de ellos".

Para imponerse en una y otra situación, del Villar escribió al arzobispo Mogrovejo y le recordó que estaba obligado a obedecer las ordenanzas al recabar la presentación de todos los clérigos. Y en lo tocante a los frailes ordenó a sus priores provinciales destituir y remplazar a los doctrineros infractores. El conde también solicitó al monarca que él y los gobernadores de provincias pudieran pedir a las autoridades ordinarias eclesiásticas visitar a los frailes no solo como curas de almas, sino también en cuanto a vida y costumbres. Por último, los virreyes lamentaban que numerosos frailes se concentraran en los conventos de las principales ciudades como Lima "donde tienen granjerías y tratos sin ser posible remediarlo", en lugar de hacerlos ir "a Chile, Tucumán [y] otras provincias donde hay guerra y trabajos[471].

Hacia el final de su mandato en 1596 el marqués de Cañete aún veneraba el legado toledano. Sin embargo, se pronunciaba por poner al día algunas de sus ordenanzas ya que las condiciones del reino y de sus habitantes habían cambiado, en especial de los indios

> Don Francisco de Toledo fue un gran bachiller y papelista y de muy inquieto entendimiento […] No dejó tecla que no tocó ni indio ni palmo de tierra, que todo no lo trastornó haciendo gran cantidad de ordenanzas […] no solamente se han conservado, pero ampliado mucho. [Y para los indios] que están hoy tan disipados y destruidos conviene remediarlo con provisiones y nuevas ordenanzas como lo voy haciendo conforme al tiempo y la necesidad [472]

[471] Para cada una de las anteriores situaciones de inobservancia de las ordenanzas remito respectivamente a: carta del conde del Villar a SM, Puerto del Callao, 25 de mayo de 1586, en Levillier, *Gobernantes…*, X, 83-84; carta del conde del Villar a SM, Los Reyes, 25 de abril de 1588 en Levillier, *Gobernantes…*, XI, 118; carta del marqués de Cañete a SM, Callao, 1 de mayo de 1590, en Levillier, *Gobernantes…*, XII, 154-156; carta del marqués de Cañete a SM, Los Reyes, 2 de mayo de 1592, en Levillier, *Gobernantes…*, XII, 268 y ss.
[472] Carta del virrey al secretario Juan de Ibarra, Los Reyes, 1 de agosto de 1592, en Levillier, *Gobernantes…*, XII, 308-310.

Algunos aspectos de la reconducción del dominio real implementada por don Francisco de Toledo concurrían en el ejercicio del patronato eclesiástico por sus sucesores. Estos se percataban de la inobservancia de las ordenanzas dispuestas por aquél, de ahí que reivindicaran su autoridad de manera decidida. Pero esto no era suficiente, debían adecuarla a las nuevas circunstancias, es decir, normalizar dicha autoridad. Como si intentaran recuperar terreno, en un primer momento de crispación procedieron a la defensiva, sobre todo respecto al arzobispo. Entre los reproches que le hacían de inobservancia del patronato estaba haber intentado fundar en derecho que la presentación de clérigos a los beneficios o curatos de españoles solo correspondía al soberano y no al virrey[473].

La Compañía de Jesús

Don Martín Enríquez ya lo había presentado cuando advirtió la necesidad de "ir a la mano a los prelados porque procuran ir adquiriendo jurisdicción"[474]. Para ponerlo por efecto había otorgado su favor a los jesuitas. Primero negoció ante el Consejo de Indias que a partir de 1581 los padres pudieran impartir cátedra en la universidad, pues al final de su gestión el virrey Toledo se los había impedido. En seguida, los padres fundaron un nuevo colegio para seglares y le llamaron de San Martín en honor de su valedor. Por estar ya su colegio primitivo de San Pablo sumamente poblado, la Compañía lo reservaría para la formación de sus religiosos. Los establecimientos de la orden siguieron progresando bajo el gobierno del conde del Villar. Hasta el grado de que el padre José de Acosta sugirió que el colegio de San Martín fuese considerado como "seminario de ministros y obreros para las iglesias y doctrinas de aquel reino" a expensas de aquel que el concilio de Trento ordenaba fundar a los obispos y para

---

[473] Memoria gubernativa del conde del Villar, s/f, AGI, *Patronato*, 190, ramo 43; también en la carta del marqués de Cañete al rey, Los Reyes, 29 de diciembre de 1590, en Levillier, *Gobernantes...*, XII. 194.

[474] Carta de don Martín Enríquez a SM, Los Reyes, 12 de febrero de 1583, en Levillier, *Gobernantes...*, IX, 242-243.

el cual Mogrovejo había impetrado licencia real y se disponía a inaugurar. El gobierno del nuevo colegio jesuita le fue finalmente confiado al conde por el Consejo de Indias en octubre de 1588[475].

Estamos corroborando que en la nueva ecuación del ejercicio del patronato por los virreyes del Perú ocupaba un lugar prominente la Compañía de Jesús como fuerza eclesiástica. El número de sus miembros había aumentado recientemente hasta 174 religiosos con el apoyo entusiasta de ambos, el conde del Villar y el marqués de Cañete. Los jesuitas contaban ya con casas y colegios en Lima, el Cuzco, Potosí, Arequipa, La Paz y en la doctrina de Juli "lugar de indios de la provincia de Chucuito". Sus establecimientos más recientes eran los de Quito y el reino de Tierra Firme "y algunos han ido a la provincia de Tucumán y Santa Cruz de la Sierra, donde se ocupan en aprender las lenguas que son muchas y diversas". Poco más tarde, también se entregaría a los jesuitas para su gobierno algunos seminarios tridentinos, entre ellos los de Quito, Santafé de Bogotá, Cuzco y Santiago de Chile. Sustentaban esos establecimientos con numerosas heredades y adquisiciones, haciendas de labor, trapiches, viñedos y estancias ganaderas que harían de la Compañía la orden religiosa más acaudalada de las Indias meridionales. Hasta el grado de que a partir de 1595 el rey pediría al virrey información acerca de tales propios[476].

Ahora bien, el favor que los virreyes concedían a la Compañía de Jesús para reforzar su protagonismo perjudicaría la relación de colaboración que Mogrovejo, por su parte, había concertado con los jesuitas desde el inicio de su gobierno. Como explico adelante, ella se vio obstruida de manera súbita a causa del pleito suscitado por la administración de la doctrina de indios del Cercado de Lima por esos religiosos en 1590-1592, contencioso al cual subyacía la pugna entre el virrey marqués de Cañete y el arzobispo.

---

[475] Pérez Puente, 2017, 190-191.

[476] Carta del conde del Villar a SM, Los Reyes, 31 de marzo de 1588, en Levillier, *Gobernantes...*, XI, 191. Sobre los seminarios véase Pérez Puente, 2017, 183-250. Para las propiedades jesuitas remito al informe del marqués de Montesclaros en Latassa Vasallo, 1998 y en Mazín, 2007a, 225-226.

Recordemos que Mogrovejo se había valido de la mediación de los jesuitas desde las sesiones del concilio de 1582-1583 por mano de su secretario, el padre José de Acosta, quien poco después se desempeñaría como procurador del arzobispo ante la Santa Sede para hacer aprobar los decretos. Y es que las vías del gobierno de la Compañía probaban ya por todo el mundo su eficacia y rapidez para hacer llegar a su gobierno central, en Roma, las célebres "cartas anuas" de los padres superiores a partir de la congregación como instancia de autoridad en sus provincias.

Pero, además, las instancias del arzobispo habían llegado a contar con el favor y seguimiento del padre Claudio Acquaviva, prepósito o superior general de la Compañía, con quien Mogrovejo sostuvo correspondencia hasta 1590, no solo en lo concerniente al proceso de aprobación del concilio, sino también a la mediación de los religiosos como procuradores del prelado para el cumplimiento del precepto tridentino de visitar los obispos con regularidad la sede apostólica, es decir, las visitas llamadas *ad limina*[477].

Parece plausible proponer que la influencia creciente de la Compañía de Jesús en las Indias meridionales también hubo de adaptarse a la modalidad del dominio real instaurada en tiempos del virrey Toledo. En el sentido de que la colaboración de la orden con el episcopado, por más activa e importante que fuera, en ningún caso subvertiría la preeminencia del virrey del Perú. Don Francisco de Toledo lo había dejado bien estipulado. Como para el resto de las órdenes religiosas, había estado dispuesto a favorecer, de los jesuitas, "lo bueno que tienen, que no es poco

[477] Flavia Tudini consigna que en ocasión del tercer concilio de Lima, los obispos redactaron una "delegación perpetua" que hicieron llegar vía Madrid a manos del embajador ante la Santa Sede para realizar sus visitas apostólicas en los tiempos canónicos previstos y que recibió la aprobación del rey. Felipe II pidió al papa una dispensa para todos los obispos de sus dominios de Indias a causa de la larga ausencia de su sede que esas visitas acarrearían a los prelados y de los inconvenientes del viaje. Como inicialmente la Santa Sede no la concediera, la Corona ordenó a los obispos valerse de procuradores. Por fin, el papa Gregorio XIV (1590-1591) otorgó la dispensa a todos los obispos de las Indias Occidentales, Tudini, 2024, 229-234. Sobre las visitas *ad limina* de los arzobispos del Perú remito también al artículo de Maldavsky, 2002.

ni de poco provecho para la tierra", a condición de proceder *"enfrenando lo demás"*[478].

De manera inversamente proporcional, los jesuitas en Nueva España se adaptarían a la tónica integradora de la geopolítica del reino haciendo de su provincia un portento unificado de opulencia y eficacia en términos de colegios, misiones y de los grandes latifundios que los sustentaban. Esa misma situación dio lugar, no obstante, a que la Compañía de Jesús participara no menos que otras corporaciones en la conflictividad sustantiva. Es decir, la orden se ubicó en el polo opuesto de las no menos vigorosas iglesias catedrales, que habrían de concertarse judicialmente para vencer la exención del pago del diezmo a ellas debido por lo propios de la Compañía. Por si fuera poco, el fuerte episcopalismo del reino también precipitaría crisis de autoridad con los jesuitas sin que los virreyes pudieran resolverlas[479].

El dominio de las lenguas

Otra manera en que los virreyes del Perú reivindicaron el patronato consistió en supervisar la suficiencia en el conocimiento de las lenguas autóctonas. A este efecto el conde del Villar recordó que, al final de su mandato, en 1580, el virrey Toledo había instituido una cátedra de lengua y ordenado que ningún sacerdote fuese presentado a beneficio alguno sin antes aprobar el dominio de ella, para lo cual tenían que viajar a la capital. También evocó el conde que como en el amplio distrito de la Audiencia de Lima "se comprendía [una parte] del obispado del Cuzco y parte del de Quito, que viene a ser más de 290 leguas, muchos sacerdotes se oponían por concurso en los dichos obispados".

Es decir, acudían a certamen en lo tocante a doctrina y letras, pero dejaban de concurrir a Lima para el examen de lengua. Alegaban la gran distancia y aspereza de los caminos, aunque en realidad contaban con la complicidad y anuencia de sus obispos, que los encubrían, ya fuera

---

[478] Carta del virrey Toledo al rey, Los Reyes, 27 de noviembre de 1579, en Levillier, *Gobernantes...*, VI, 185-187, cursivas mías.
[479] Mazín, 2007a y 2017.

porque tenían una situación material relativamente desahogada o alegaban una experiencia pastoral robusta para ejercer sus ministerios a título de administración o de patrimonio, pero no de lengua. En consecuencia, el virrey denunciaba que al proceder de esa manera desplazaban a los candidatos y a aquellos que, aun cuando tenían poco tiempo en la tierra, pretendían, no obstante, examinarse para ejercer sus ministerios a título de lengua.

Al tanto de tales inconvenientes, el conde del Villar dispuso por carta particular que se suspendiera el mandato de Toledo sobre tener que acudir los pretendientes a Lima. Bajo su autoridad se nombraría ahora, en cada cabeza o sede de obispado, a "dos o tres personas religiosas de mucha experiencia y aprobación y expertos de la lengua" para que la examinaran. Incluso se designaría a ciertos corregidores competentes en otras ciudades para que asimismo entendieran en los exámenes. Corroboramos así que el virrey se valía de la geopolítica y diversidad de los obispados para compensar lo que consideraba inobservancia del patronazgo por el arzobispo y neutralizar, de esta suerte, el influjo de los prelados sufragáneos sobre sus respectivas clientelas clericales[480].

La contienda por el seminario, el concilio cuarto de Lima y el Cercado

Un siguiente aspecto concurrente, por el cual los virreyes intentaron resarcir su autoridad, fue el establecimiento de un seminario en cada sede diocesana conforme a lo dispuesto por el tridentino y decretado en 1583 por el Concilio Tercero de Lima. Para lo cual debía recaudarse una pensión a razón de 3% de las rentas eclesiásticas, sobre todo de las doctrinas administradas por uno y otro clero. Como veremos, este tema se encontraba vinculado a otros no menos relevantes que precipitaron el enfrentamiento del virrey del Perú con el arzobispo Mogrovejo.

Esa hostilidad había sido latente a causa de la ausencia del prelado durante la primera visita de su arquidiócesis. Como adelanté, sin perjuicio de las acciones y necesidades de índole religiosa y pastoral asociadas

---

[480] Carta del conde del Villar al rey, Los Reyes, 25 de abril de 1588, en Levillier, *Gobernantes...*, XI, 111-112.

a las potestades de orden y jurisdicción del arzobispo, dicha ausencia le permitía evadir las presiones del real patronato y las confrontaciones consecuentes. No obstante, pudieron haber disminuido esas presiones a causa de materias desusadas que absorbían a los virreyes. Dedicaban ahora más tiempo y actividad que antes a defender el litoral de la incursión de corsarios para garantizar mejores condiciones al creciente e importante comercio de cabotaje[481].

Desde que se publicaron los decretos del tercer concilio, el arzobispo Mogrovejo había previsto el cobro y recaudación de aquella "pensión conciliar" y deplorado la resistencia de los frailes y demás religiosos a "pagar seminario". Hasta los miembros del cabildo catedral metropolitano habían resistido y apelado del cobro sobre el monto de sus prebendas, con el argumento de que, en tanto que eran beneficios eclesiásticos, se hallaban sujetas a la jurisdicción real. Por lo tanto, disponer de ellas precisaba de la autorización del monarca. El prelado llevó este pleito por vía de fuerza ante la Audiencia, pero esta declaró no hacerla debido a que el concilio de Trento decretaba la viabilidad del cobro aun para las rentas sujetas al patronazgo[482]. Considerandos como este en que los concilios invocaban el patronato del rey solían ser apreciados por los virreyes. De ahí que a los mandatarios del Perú interesara asistir, supervisar y aun frenar u obstaculizar esas asambleas cuando lo consideraban necesario. Efectivamente, el conde del Villar había señalado que, como instancia, el concilio "siempre diferencia el patronazgo real de lo demás y lo favorece con especialidad".

Fundados en este tipo de distinciones, los virreyes desautorizaban el cobro que el arzobispo y sus agentes pretendían hacer de la pensión sobre porciones correspondientes a las fábricas de las iglesias y hospitales de los indios. Aseguraban que esas últimas entidades estaban sujetas al patronato y que, como sus rentas procedían de la gruesa de los tributos, tenían carácter de "legas". No eran, por lo tanto, de índole eclesiástica. Por esta razón, denunciaron al prelado ante el rey, ya que al efectuar sus

---

[481] Carta del virrey a SM, Los Reyes, 26 de diciembre de 1590, en Levillier, *Gobernantes...*, XII, 171.
[482] Carta del conde del Villar al rey, Los Reyes, 25 de abril de 1588, en Levillier, *Gobernantes...*, XI, 114-117.

clérigos los cobros obligaban y aun excomulgaban a los corregidores de indios, a cuyo cargo estaban las cajas de comunidad[483].

El tema del seminario se hallaba, en realidad, sobrepuesto al del concilio y precipitó la crisis. Mogrovejo se había determinado a erigir el primero desde 1584 a consecuencia del Concilio Tercero. Su financiamiento, sin embargo, no había podido concretarse[484]. El seminario tenía precedentes desde el virrey Toledo y el arzobispo Loaysa. Por esta razón, para obtener la aprobación real de la fundación, Mogrovejo había incluido una copia del capítulo 72 del sumario del Concilio Segundo de Lima de 1567 convocado por aquel prelado. Autorizado por real cédula de 10 de agosto de 1590, el seminario fue abierto a finales de ese año con el nombre de Santo Toribio de Astorga en una casa comprada por el arzobispo, costeada al parecer con los recursos de las penas y condenaciones que había impuesto durante su primera visita pastoral. Por otra parte, una real cédula de 26 de mayo de 1590 ordenaba al virrey y a la Audiencia de Lima respetar las voluntades y patronatos dispuestos en las fundaciones de obras pías en orden a contribuir con dineros para sustento de esa casa de formación del clero[485].

La apertura del seminario coincidió en tiempo con la convocatoria a un cuarto concilio provincial, en cuya agenda se preveía reivindicar el marco legal para el sostenimiento de aquel. Porfiando en exigir su preeminencia como virrey, el marqués de Cañete opuso resistencia a la celebración del concilio y retomó su expediente ante el rey. En lo medular, atribuía a esas asambleas "tratar de lo que toca al aprovechamiento de los prelados", sorprendido como estaba de la desmesura que tomaba el apuntalamiento del régimen diocesano y del arbitrio con que el arzobispo procedía. Expresó que los concilios no debían reunirse sino cada doce años, pues si se convocaban cada cinco o siete, como estaba dispuesto, se acarreaban muchos inconvenientes acerca de "solo reformar lo que se

---

[483] Carta del conde del Villar al rey, Los Reyes, 25 de abril de 1588, en Levillier, *Gobernantes...*, XI, 114-117.
[484] Vargas Ugarte, 1959, vol. 2, 113.
[485] Tudini, 2024, 250.

hubiese corrompido desde el tiempo que el pasado concilio se hubiese aprobado por su Santidad y visto y aprobado por el real Consejo"[486].

Evidentemente, a esta situación subyacía el régimen del patronato con el virrey como vértice de la modulación del dominio real instaurada por don Francisco de Toledo. Sin embargo, del lado del prelado las cosas eran más complejas. Recordemos que a petición de Mogrovejo, en 1583 y 1584 el papa Gregorio XIII le había concedido dos breves según los cuales se le permitía y aun obligaba canónicamente a convocar y celebrar concilios en su provincia cada siete años. De suerte que, en obedecimiento a esos documentos pontificios, el arzobispo había convocado para agosto de 1590 a sus sufragáneos, exactamente siete años después del concilio tercero. Desde marzo lo comunicó al monarca y lo mismo hizo el virrey marqués de Cañete para obtener la confirmación real y poder autorizar la asamblea. Pero, a falta de respuesta del rey y, por lo tanto, de autorización, el virrey hizo saber al prelado que sin orden expresa del soberano, como la había habido para el tercer concilio, dicha convocatoria no procedía[487]. Pese a que el virrey había advertido que no asistiría, el cuarto concilio fue inaugurado el 27 de enero de 1591 y tuvo lugar entre febrero y mediados de marzo. Sin embargo, solamente asistieron Toribio de Mogrovejo y fray Gregorio de Montalvo, el nuevo prelado del Cuzco. No obstante, los obispos de Santiago de Chile, de Charcas, de Nicaragua y Popayán enviaron procuradores[488].

Ambos prelados asistentes reivindicaron la jurisdicción episcopal y pretendieron fortalecer su control sobre las doctrinas de indios y sus rentas. De suerte que en el capítulo tercero del nuevo concilio, decretaron que, sin licencia, consentimiento y examen de los obispos, los religiosos no podían administrar sacramentos por estar anulados los *motu proprio* de sus privilegios de exención. En seguida, y al parecer como reacción a las críticas de los virreyes, los títulos IV a VII del sínodo establecieron que los estipendios de doctrinas y parroquias no podían ser fijados,

---

[486] Carta del marqués de Cañete al rey, Los Reyes, 29 de diciembre de 1590, en Levillier, *Gobernantes...*, XII, 192.

[487] Carta del virrey a SM, Los Reyes, 29 de diciembre de 1590, en Levillier, *Gobernantes...*, XII, 192-193.

[488] Vargas Ugarte, 1959, vol. 2, 93.

administrados o regulados por jueces, ministros seculares, virreyes o gobernadores. Estos tampoco podrían participar en la administración y distribución de los bienes de las fábricas de las iglesias y hospitales de indios y españoles, por estar reservadas a los obispos. Los decretos del cuarto concilio también imponían la pensión para mantener el colegio seminario y prever para sus colegiales, a mediano plazo, el ministerio de cura de almas en parroquias y doctrinas. Aun cuando el arzobispo Mogrovejo remitió las actas tanto a Roma como al Consejo de Indias para su aprobación, este último no la concedió, por lo que los decretos del concilio cuarto serían letra muerta[489].

Como era de esperar, el marqués de Cañete explicó que el arzobispo había procedido sin orden real alguna y que se había fundado en los decretos del Concilio Tercero de Lima. También dijo que, con motivo de la reciente recepción de la aprobación oficial de ese sínodo, Mogrovejo, envalentonado, había hecho acopio de confianza y, en consecuencia, actuado de manera resuelta. Por real cédula de 19 de octubre de 1591 dirigida al arzobispo, el rey se pronunció de manera desfavorable respecto a las misivas del año anterior. Observó que, efectivamente, acababa de concluir el proceso de aprobación de los decretos del Tercer Concilio y que resultaba perjudicial a las diócesis y a sus obispos que estos se ausentaran por largos periodos. Una cédula análoga fue dirigida días después al virrey. En ella, el soberano manifestaba su intención de solicitar a la Santa Sede prórrogas respecto a convocar nuevos concilios[490].

A consecuencia de los diferendos en relación con el cuarto concilio y de estar los ánimos exaltados, una vez que se abrieron las puertas del seminario el marqués de Cañete pidió un dictamen al fiscal de la Audiencia. Este recomendó tomar posesión de él en nombre del patronato real, aun cuando hubiera empezado a funcionar con 30 colegiales que asistirían a la universidad para las lecciones. Tal acción fue llevada a efecto. Para justificarla ante Felipe II, el marqués expresó lo siguiente: si en los seminarios predominaban "los hijos de deudos y amigos de los prelados y de sus criados y allegados", es decir, el personal nombrado por los

---

[489] Pérez Puente, 2017, 198-203; Vargas Ugarte, 1959, vol. 2, 94.
[490] Tudini, 2024, 205-208.

obispos, pronto quedarían fuera del control del virrey. De ahí que pidiera que las personas que gobernaran dicho colegio "estén muy obligadas al servicio de vuestra Majestad y que para esto entren por nombramiento del arzobispo y presentación del virrey". Enseguida, al acusar al prelado de haber intentado impedir su determinación, ponía al desnudo el meollo de la contienda: "Viendo el arzobispo cuán de veras vuelvo por las cosas que tocan al patronazgo [...] ha procurado desde que entró en esta ciudad [de su larga visita pastoral] hacer todas las contradicciones que ha podido para estorbarlo"[491].

La acción violenta del marqués de Cañete cobra aún más relevancia si recordamos que por real cédula de octubre de 1588 se había concedido al conde del Villar, su predecesor, el gobierno del colegio jesuita de San Martín que estaba experimentando progresos y reciente financiamiento adicional debido a las gestiones del padre José de Acosta. Como se imaginará, el favor cada vez mayor dispensado por los virreyes a los jesuitas no fue apreciado por el arzobispo de Lima, en su esfuerzo por consolidar la fundación del seminario conciliar. La competencia entre el virrey y el prelado se acrecentaba. Y es que, para reforzar el colegio jesuita, el primero había solicitado disponer de las rentas de dos colegios de Lima previstos por el virrey Francisco de Toledo. Sin embargo, eso mismo había intentado hacer el arzobispo desde 1584 valido de un procurador en la corte del rey, o sea, agregar esos recursos a su seminario. Al final, el Consejo ordenó aplicar la renta para el propósito original previsto por el virrey Toledo a saber, un colegio para pacificadores y pobladores y otro para hijos de caciques, ambos adscritos a la universidad[492].

En los días de la toma del seminario, el marqués de Cañete rememoró una situación adicional favorable a la Compañía de Jesús que intensificó todavía más, si cabe, su oposición al arzobispo. Se refiere al barrio de indios de Lima llamado El Cercado, donde el antagonismo entre los jesuitas y el prelado se hizo manifiesto, enturbió sus relaciones y la mediación de los padres ante la Santa Sede en favor del arzobispo. Desde los años de su gobierno, el virrey Toledo había hecho instancia

---

[491] Carta del virrey a SM, Los Reyes, 29 de diciembre de 1590, en Levillier, *Gobernantes...*, XII, 207.
[492] Pérez Puente, 2017, 192.

para recoger ahí a los indios de la ciudad y confió su doctrina a esos religiosos. Se exceptuaban de El Cercado los indios del barrio de San Lázaro, ubicado del otro lado del río Rímac, ya que eran asistidos espiritualmente por un cura de la catedral.

A raíz de algunas quejas sobre maltrato infligido por los padres jesuitas, entre quienes figuraba como cura don Fernando de Mendoza, hermano del marqués, este último emprendió averiguaciones. Según estas, algunos vecinos habían inducido a los denunciantes a quejarse de los religiosos y, por lo tanto, a presentar oposición al virrey. Las quejas se atrajeron el favor del arzobispo, que erigió la iglesia de San Lázaro en parroquial nombrando clérigo para ella y, por supuesto, sin que mediara la presentación correspondiente del marqués. Los jesuitas reclamaban la jurisdicción completa de la doctrina de indios y excluían la facultad de visita por parte del arzobispo, para lo cual, evidentemente, contaban con el respaldo del virrey. Este había asimismo ordenado trasladar a El Cercado un grupo de indios de San Lázaro. Por su parte, el arzobispo habría pretendido obtener la sustitución de los jesuitas por clero secular y el retorno de aquellos indios a su parroquia de adscripción. Lanzó censura de excomunión contra el corregidor de los naturales y contra los jesuitas, que administraban la doctrina. El pleito se resolvió tres años después con una orden del rey a favor de la Compañía de Jesús[493]. Al parecer, desde junio de 1591 el Consejo de Indias se había inclinado a que los jesuitas conservaran la doctrina del Cercado. Con todo, la parroquia del arzobispo se asentó de manera definitiva y, pese a la oposición de los jesuitas, el prelado también elevaría a parroquia una ermita donde los indios veneraban una imagen de Nuestra Señora de Copacabana[494].

Desenlace

La crisis con el arzobispo esperaba respuesta de la corte, al tiempo que la oposición a la implantación de las alcabalas en Quito y en la propia

---

[493] Coello de la Rosa, 2006, 123-176.
[494] Carta del marqués de Cañete a SM, Los Reyes, 29 de diciembre de 1590, en Levillier, *Gobernantes…*, XII, 175-179; Pérez Puente, 2017, 196-197; Vargas Ugarte, 1959, vol. 2, 104-106.

Lima estragaba las fuerzas del virrey. El año 1592 fue especialmente difícil, tanto para el arzobispo Mogrovejo como para el marqués de Cañete. El primero acudió por escrito ante la curia pontificia en enero de 1593. Preguntó a Clemente VIII y al cardenal Mattei, prefecto de la Congregación del Concilio, su opinión acerca de algunos aspectos controvertidos vinculados al ejercicio del patronato regio en su provincia eclesiástica. La noticia de esa correspondencia llegó a la corte de Madrid. Lo que pone de manifiesto que, pese a las frecuentes tensiones entre normas canónicas y disposiciones regias, la Santa Sede aprobaba, en principio, procedimientos y decisiones de la Corona respecto a las Indias, según lo estipulara la bula *Eximia potestatem* de Gregorio XIV en 1591[495].

Por otro lado, el arzobispo se vio precisado a justificar sus acciones ante el rey y el Consejo. El 25 de mayo de 1593 se refirió al breve que Gregorio XIII le había concedido desde 1584 para celebrar concilios cada siete años en su provincia. Mientras el rey no impetrara un nuevo breve que derogara aquel, no quedaba más remedio al arzobispo que cumplimentar esa disposición, aun si las asambleas a que convocara tuvieran que ser ulteriormente invalidadas. Lo que pone en evidencia que el breve de 1584 no había estado sujeto al "pase regio" por el Consejo de Indias. El 29 de diciembre de 1593 el rey dirigió una cédula a todos los obispos y arzobispos de las Indias. Les pedía respetar su derecho de patronato y acudir a ese tribunal supremo de la corte ante cualquier ambigüedad.

Y, por lo que hace al virrey, al desaparecer de la escena cortesana don Pedro Moya de Contreras por deceso, en enero de 1592, las presiones del Consejo de Indias no se hicieron esperar. El marqués de Cañete decía estar enterado de que "a esos señores del Consejo les parece que se proveen y ejecutan algunas cosas que sería bien darles cuenta primero [antes] que esto se hiciese". Por lo cual, al quejarse al rey de que ese tribunal y sus miembros disponían nombramientos de corregidores sin tomarle opinión, recomendó a Felipe II designar consejeros de Indias a

---

[495] "Por parte del arzobispo de la Ciudad de Los Reyes se dio al papa un memorial en la sustancia de la relación que va con esta, a que respondió el agente [del embajador] que VM tiene en esta corte", consulta del Consejo, 20 de mayo de 1593 en AGI, *Lima* 1, f. 75, citado por Tudini 2024, 194; la bula en p. 202.

varios oidores ilustres de las Audiencias del Nuevo Mundo o bien "que no hubiese ninguno porque uno solo se hace daño de todo y no es en ello su Majestad bien servido". Molesto, se determinó a escribir al secretario del rey Juan de Ibarra para expresarle su cansancio y deseo de volver a España. Pero, sobre todo, para hacerle saber su sentir en lo concerniente a la repercusión de sus acciones en Madrid

> No me ha dado y da poco cuidado de verme tan lejos y que se juzguen allá las cosas de acá tan diferente de lo que lo hicieran si las tuvieran presentes y usaran de la vigilancia y cuidado que yo para acertar en ellas[496].

El enfrentamiento a causa del seminario fue zanjado por el Consejo a favor del arzobispo Mogrovejo. Por real cédula de 22 de junio de 1592 se ordenó al virrey, audiencias y gobernadores favorecer los seminarios y prestar auxilio a los prelados para su erección, fundación y conservación. Además, se les mandaba no interferir en su gobierno y administración ni en el nombramiento de los estudiantes. No obstante, el virrey y las audiencias tendrían que informar al rey cómo se cumplía con lo así ordenado. Meses después, el marqués de Cañete acusaba recepción[497].

La tendencia del Consejo a buscar equilibrios de coyuntura suscitaba la contrariedad del virrey del Perú. Sin embargo, no impedía la subsistencia de la modulación del dominio del rey producida dos décadas antes, más bien la adecuaba. Así lo verifican algunas determinaciones en respuesta a las quejas expresadas por el conde del Villar y el marqués de Cañete. En primer lugar, se reprendió al arzobispo Mogrovejo por no sujetar la documentación pontificia al pase por el Consejo

> Lo mal que había parecido sabiendo que no se use de despachos algunos de Roma sin haberse pasado por el Consejo y que cuando estos lo fueran, el término y modo de publicarlos fue muy malo, *debiendo primero comunicarlo con el virrey* y que de aquí en

---

[496] Carta del virrey al secretario Juan de Ibarra, Los Reyes, 28 de abril de 1592, en Levillier, *Gobernantes…*, XII, 241.

[497] La cédula, en AGI, *Indiferente* 427, libro 30, fs. 435-436, es reproducida en anexo por Pérez Puente, 2017. La recepción y acatamiento del virrey constan en carta del marqués de Cañete a SM, Los Reyes, 19 de enero de 1593, en Levillier, *Gobernantes…*, XII, 344-345.

adelante esté advertido para no proceder en cosas semejantes, de que está muy notado como por otras se le advirtió *y avísese al virrey de esto que se escribe*[498].

También fue advertido de los inconvenientes que se seguían de convocar tan a menudo a concilios provinciales "por las molestias y vejaciones de los naturales [es decir, de los indios usados como criados en los caminos] y ausencia de los sufragáneos de sus iglesias y que en España, con estar más en comodidad, no se hacen y [*que*] *al virrey se avise de esto*". Finalmente, se reconvino al arzobispo respecto a los diezmos: "Los diezmos que cobran los eclesiásticos son tan excesivos que se llevan la mayor parte de lo que valen los repartimientos [encomiendas] dejando perdidos los indios y encomenderos, que generalmente se quejan [de] que no les queda con qué sustentar, a causa de pagar a los clérigos tan crecidos estipendios y, además de esto, diezmos"[499].

Pese a la resolución favorable al arzobispo respecto al gobierno y administración del seminario, el virrey seguiría entendiendo en el destino de sus egresados. De suerte que se ordenó al marqués presentar a los colegiales beneméritos en las doctrinas de clérigos seculares, aunque no en aquellas que administraban los frailes, como habían pretendido los dos obispos del concilio cuarto de Lima. En cambio, sí procedió la obligación de las doctrinas administradas por los frailes de pagar la pensión conciliar conforme a lo dispuesto por el Concilio Tercero de Lima[500].

---

[498] Anotación del secretario de Consejo en Carta del virrey al secretario Juan de Ibarra, Los Reyes, 1 de agosto de 1592, en Levillier, *Gobernantes...*, XII, 308-309, cursivas mías.

[499] Carta del virrey a SM, Los Reyes, 19 de enero de 1593, en Levillier, *Gobernantes...*, XII, 344 y 345.

[500] Pérez Puente, 2017, 200.

II.- El virrey normalizador

La circulación de los mandatarios articula las pautas y secuencias de las modulaciones del dominio real en el ámbito eclesiástico. Empezando por la que en 1586 había desplazado hacia la corte de Madrid al arzobispo-visitador de México Moya de Contreras y a su principal aliado en la Nueva España, don Luis de Velasco, vástago de una prometedora reconfiguración de la autoridad del virrey. Según vimos, el prelado recomendó en 1588 el nombramiento de Velasco para el Perú en sustitución del conde del Villar. Sin embargo, una vez que el rey se inclinó por el marqués de Cañete, la designación de aquél no se hizo esperar para suceder en México al depuesto marqués de Villamanrique. El nombramiento cayó como fruto maduro en 1589. También dejamos asentado que ambos nombramientos ponían en relieve una pauta de arraigo, experiencia y sucesión de padre a hijo.

Don Luis de Velasco gobierna la Nueva España

De acuerdo con la reconducción del dominio real, se esperaba que Velasco contrarrestara las crisis recurrentes de poder en México que Moya de Contreras había intentado dirimir. Debía hacerlo negociando consensos e instaurando equilibrios y en esto el patronato eclesiástico tenía un papel relevante. En un reino con una geopolítica propensa a la integración, el ejercicio y defensa de ese patronato imponían a la conducción gubernamental el desafío de encausar la diversidad jurisdiccional, cuyas pugnas daban lugar a rupturas importantes del orden social. La gestión de Velasco sentó un precedente de normalización que, efectivamente, reconfiguró la autoridad del virrey.

Enseñanza no menor le habrá proporcionado la aún reciente gestión del arzobispo virrey y visitador Moya; pero, asimismo, el contacto epistolar entre ellos durante los años de 1590 y 1591, cuando el prelado se desempeñaba como visitador y presidente del Consejo de Indias. Velasco lo echó de menos poco después, con motivo de las condolencias que escribió a Felipe II por el deceso del arzobispo. Lamentaba "la falta que un tal ministro puede hacer en el servicio de vuestra Majestad teniendo tanta notoriedad en las cosas de las Indias"[501].

Los indios y la justicia

La forja de consensos entre 1590-1595 presenta implicaciones de índole geopolítica que, efectivamente, reflejan la tónica del reino de Nueva España. En el sentido de que la consolidación de su sistema expansivo de producción desplegaba impactos diferenciados en su núcleo y ejes de convergencia. Ellos subyacen a las acciones de don Luis de Velasco y de sus sucesores inmediatos. Comenzando por los indios, de quienes hizo un fundamento de gobierno. A poco de iniciar, Velasco estableció un juzgado general de naturales. Lo que implicaba que muy numerosos pleitos en los foros civil y criminal en adelante se despacharan de manera "breve y continua", es decir, ya no ante los corregidores y justicias en los ámbitos locales, sino en la capital[502]. Escuchar y remediar los agravios de los indios presentaba a la vez al virrey la conveniencia de estar al tanto "de lo que pasa en este reino para su conservación", o sea, de aprovechar la conducción de tipo compacto del tribunal para optimizar la experiencia, alcanzar una mirada de conjunto y convertirla en instrumento de mando[503].

Velasco entendía el gobierno de los indios como procuración de justicia. A este respecto, cabe mencionar dos medidas asimismo

---

[501] Carta del virrey Velasco a SM, México, 30 de mayo de 1592, en Correspondencia de Don Luis de Velasco, fs. 124-124r., Biblioteca Nacional de España [BNE], Biblioteca Digital Hispánica. Recuperado en: http://bdh-rd.bne.es/viewer.vm?id=0000014843&page=1. Agradezco a José Sovarzo compartirme esta referencia.

[502] El Juzgado surgió en el contexto de la competencia por la primera instancia en los pleitos y asuntos de los indios entre el virrey y la Audiencia. Velasco erigió el juzgado frente al foro de provincias que era prerrogativa de los oidores. Remito a Bautista y Lugo 2025.

[503] Advertimientos que don Luis de Velasco dejó al conde de Monterrey, 1596, en Hanke, (ed.), 1976, 273, II, 9-10. Sobre el juzgado remito a Borah, 1985.

reveladoras de la dinámica del reino: la primera suprimió la cobranza anual de un real por cabeza para costear la obra del camino nuevo de México al puerto de Veracruz, gravamen impuesto por el marqués de Villamanrique. Velasco procedió según el argumento de que los indios no se beneficiaban de las flotas de España, sino que más bien les eran perjudiciales al "bajar a tierra caliente y cobrar enfermedades, de que muchos peligran"[504]. La segunda medida consistió en mejorar el salario de los naturales por semana de 4 a 6 reales. "Acrecenté la paga de los indios, cosa que hasta entonces con grandes contradicciones se había dificultado y aunque se intentó, no se ejecutó". Fue una acción muy relevante en el proceso complejo de transición de los sistemas laborales hacia formas de trabajo libre retribuido. También era consecuente con la recomposición que desde la década de 1580 venían experimentando las actividades agropecuarias, de ahí el apremio de Velasco a los indios para que "sembraran y cultivaran sus tierras que tienen muchas y fértiles [...] encargando este cuidado a las justicias"[505].

El virrey también hizo frente a las dificultades para poner por obra la reubicación de las poblaciones autóctonas en orden a su conservación. Dijo haber intentado iniciar las congregaciones y convocado para ese efecto a los provinciales de las órdenes mendicantes. Empero, admitió fracaso "por ir los indios muy violentados y *tener muy pocas raíces que dejar dondequiera que se pueblan*", comentario asimismo elocuente de la tónica compacta de los pueblos de la Nueva España. En el sentido de que el proyecto desarraigaba a la población autóctona de sus antiguos señoríos, por más afectados que estuvieran a consecuencia de las epidemias.

Esa sensación de fracaso o al menos de acción frustrada o inconclusa, queda puesta de manifiesto en la comparación del propio Velasco acerca de "la perfección con que esto se hizo en el Perú, de que se han seguido tan buenos efectos". Más tarde, cuando gobernó las Indias meridionales, aduciría la principal razón del éxito de las congregaciones andinas puestas por efecto sobre todo en tiempos del virrey Toledo: "Esta

---

[504] Carta al rey del 6 de abril de 1595, en *Correspondencia del virrey Velasco*, f. 188.
[505] Advertimientos que don Luis de Velasco dejó al conde de Monterrey, 1596, en Hanke, (ed.), 1976, 273, II, 99-114.

tierra no es tan poblada como la Nueva España y las provincias de ella son tan distantes unas de otras y los pueblos de indios tan divididos y apartados entre sí". A lo que debe agregarse la práctica instaurada por el virrey Toledo, sin equivalente en la Nueva España, consistente en hacer previa "relación y memoria" de las poblaciones; ya fuera en orden a erigir obispados según la jurisdicción de la Audiencia respectiva en materia judicial, o bien para hacer converger jurídicamente a clérigos seculares y frailes. Mucho más tarde, a partir de 1606 y durante el segundo mandato de Velasco en México (1607-1611), se autorizaría una serie de regresos de los indios a sus pueblos originales[506].

Tierra Adentro y movilidad

Fue en dirección del llamado Camino Real de Tierra Adentro y en términos no de arraigo, sino de movilidad de frontera, que las acciones del virrey respecto a las congregaciones de indios alcanzaron logros. Recordemos que desde hacía dos décadas, por ese rumbo o eje septentrional del reino, el avance hispánico se hallaba sujeto a un frente de guerra contra las naciones autóctonas indómitas designadas con el nombre genérico de chichimecas. Para enfrentarlo, don Luis acrecentó la estrategia de poblamiento que venía desplegándose, hasta el grado de hablar ya no de la guerra sino de "la paz de los indios chichimecas de guerra" mediante congregaciones que los redujeran a la república cristiana y a una política de abastecimiento. De esa manera se garantizaba la seguridad "con que los vasallos de VM hacen sus haciendas y continúan sus contrataciones por los caminos". Para el virrey era sumamente provechoso que las diversas "naciones" chichimecas imitaran la "cristiana policía" de las poblaciones autóctonas densas de los valles centrales de Nueva España haciendo de ellos "indios de república". De esta suerte, ordenó sacar de

---

506 Advertimientos sobre la Nueva España que don Luis de Velasco dejó al conde de Monterrey, 1596, en Hanke, (ed.), 1976, 273, II, 111-112; la comparación con el Perú consta en la carta del virrey Velasco a SM, Lima, 10 de abril de 1597, en Levillier, *Gobernantes...*, XIV, 36-38; la autorización de regresos, al parecer a consecuencia de reclamos de mano de obra por parte de españoles, en Cline, 1949, 356, quien remite a AGN, *Tributos* V, expediente 3, fs. 20-20v. También refiero a Chimalpáhin, 2001, 105-107.

Tlaxcala 400 familias "para poblar la frontera" por medio del establecimiento de ocho villas principales que llenaran los huecos entre las áreas pobladas, cerrando así el paso a las incursiones chichimecas. Las capitulaciones que Velasco firmó con los tlaxcaltecas otorgaban a estos numerosos privilegios y mercedes de índole nobiliaria[507].

Por otra parte, pese a la preferencia del virrey por los religiosos de la Compañía de Jesús, de establecimiento más reciente (1572), se impusieron los usos y costumbres del régimen central mesoamericano basado en la alianza de los frailes con los señores indios. Como los tlaxcaltecas le reprocharan aquella preferencia, el virrey condescendió favoreciendo la presencia y acciones de los franciscanos en los asentamientos a que el poblamiento iba dando lugar. De suerte que los Frailes Menores adaptarían a esa situación sus procedimientos pastorales, catequéticos y administrativos, al tiempo que su orden, como las demás mendicantes primigenias, experimentaba un proceso de expansión de custodias y provincias simultáneo a la dilatación poblacional y agropecuaria a lo largo del Camino de Tierra Adentro en Jalisco, Zacatecas y hasta Santa Fe de Nuevo México[508].

La Compañía de Jesús, cuyo instituto religioso excluye la cura de almas, salvo excepciones, no encontraba por entonces cabida en sustitución de ninguna de las primitivas órdenes mendicantes. En consecuencia, sus actividades eran de índole misional con establecimientos pioneros fundados a invitación del gobernador de la Nueva Vizcaya a partir de 1591, tanto en la Sierra Madre Occidental (tepehuanos) como en la planicie litoral del Pacífico, de la provincia de Sinaloa (mayos y yaquis). Un primer grupo de jesuitas había asimismo pasado ya a las Filipinas. También ejercerían una actividad muy relevante como formadores en los colegios y residencias erigidos en las principales ciudades y villas del centro del reino[509]. En la Nueva España, los virreyes no contrarrestaron

---

[507] Carta a SM, México, 24 de diciembre de 1590 en *Correspondencia de don Luis de Velasco*, fs. 58-59v. Véanse, además, Poole, 2012, 262; Sovarzo, 2024, capítulo 3, "De la gestión de la violencia".

[508] Carta a SM, México, 6 de abril de 1594 en *Correspondencia de don Luis de Velasco*, f. 171v.; Rubial, (coord.), 2013, 174-181.

[509] Mazín, 2007a, 130; Rubial, (coord.), 2013, 203-205.

el poder e ímpetus de autarquía de los obispos favoreciendo a la Compañía de Jesús, como sí hicieron en el Perú. Tampoco se confió a los jesuitas el gobierno de los seminarios conciliares, como en tantos lugares de los Andes.

Otra diferencia muy importante respecto a las Indias meridionales estriba en que el virrey negoció consensos por separado con cada uno de los cleros y no en convergencia. En esto, pudo haberse inspirado de la concertación de equilibrios emprendida por el arzobispo virrey Moya a partir de 1576. Fue sobre todo en los reales de minas de los asentamientos de frontera, y en los pueblos y congregaciones que los abastecían, donde Velasco dirimió diferencias entre clérigos y frailes en nombre del patronato real. La cura de almas era ahí ejercida por unos y otros a causa de la presencia de indios sujetos a formas de trabajo retribuido llamados naborías[510].

En lo que respecta a los frailes, fue preciso instaurar un nuevo tipo de equilibrio. La disminución de aquellos procedentes de la Península cedió ante el incremento de los frailes "naturales de la tierra", lo que daba lugar a una mayor inserción de las provincias mendicantes en el orden social del reino. El equilibrio consistía en dar con fórmulas que neutralizaran las diferencias entre peninsulares y los cada vez más numerosos "criollos" en el gobierno de las órdenes. También consistía en sustituir a las generaciones envejecidas y en despachar religiosos a las Filipinas, de preferencia frailes hispanos nuevos, es decir, americanos[511].

El ámbito diocesano

En lo concerniente al episcopado y al clero secular, el gobierno de Velasco transcurrió en ausencia del arzobispo Moya de Contreras, valedor suyo y asesor del rey en Madrid. Por lo tanto, el gobierno de la sede metropolitana quedó bajo la conducción del maestrescuela Sancho Sánchez de Muñón, personaje de las clientelas de Juan de Ovando en quien recaía

---

[510] Carta a SM, México, 6 de abril de 1594 en *Correspondencia de don Luis de Velasco*, f. 172-172v.
[511] Carta del virrey a SM, México, 9 de octubre de 1593, en *Correspondencia de don Luis de Velasco*, f. 155; Rubial, (coord.), 2013, 177-179.

la confianza tanto del prelado desde Madrid, como del virrey. Recordemos, además, que el maestrescuela había ejercido como procurador de los negocios de la iglesia metropolitana y de algunas de sus sufragáneas ante el Consejo de Indias. Al menos hasta enero de 1592, las iglesias de Nueva España no pudieron contar con mejor representante en la corte que su propio arzobispo.

A la muerte de Moya de Contreras su sucesor, don Alonso Fernández de Bonilla, aun cuando fue consagrado en Lima y tomó posesión por poder en marzo de 1594, no llegó a hacerlo de facto, pues murió en esa capital en el año 1600 como visitador del Perú. Sánchez de Muñón fue entonces sustituido en el gobierno por el arcediano Juan de Cervantes. Es de enorme relevancia destacar que la ausencia de arzobispo durante tantos años (1586-1602) impuso un compás de espera a la tendencia al antagonismo de esa figura de autoridad con los virreyes. A la vez contribuyó a forjar en el cabildo eclesiástico metropolitano un vigoroso espíritu de cuerpo. Se fortaleció asimismo el intercambio de saberes y la circulación de prebendados de la catedral de México con las iglesias vecinas de Puebla y sobre todo Valladolid de Michoacán[512].

Con el resto de los obispos de Nueva España el virrey Velasco procedió favoreciendo, por un lado, el incremento de un clero originario del reino vinculado a las familias del patriciado urbano y demás grupos de poder económico. Por el otro, las cosas transcurrían conforme al contexto de la destitución del virrey marqués de Villamanrique. En el sentido de que proseguía la visita de residencia que a este último le hacía por orden real don Diego Romano, el obispo de la Puebla de los Ángeles, decano del reino. En su defensa, desde España, el marqués aseguraba que don Diego, el virrey Velasco y el arzobispo Moya protegían las actividades comerciales de eclesiásticos con bienes procedentes de Castilla y de China. Villamanrique también sostenía que el obispo de la Puebla, su visitador, era "íntimo amigo y aliado y conjurado con el arzobispo don Pedro Moya de Contreras y con don Luis de Velasco, mis enemigos y

---

[512] Castillo, 2018, cap. VII; Mazín, 1996, capítulo segundo; Mazín, 2007, 155, n. 92.

habiéndose conjurado para destituirme, no se hubo de cometer la dicha visita al dicho don Diego Romano"[513].

En lo referente a los cabildos eclesiásticos, auténticos "senados" de las iglesias catedrales, el de México alcanzó un momento de auge corporativo en el ceremonial urbano y de arraigo de sus miembros al reino. Su preeminencia les convencía de que sus prebendas eran ya "las más insignes de las Indias". No obstante, la dinámica de los cabildos catedrales en proceso de integración planteaba dificultades tanto en sede plena como durante las vacantes de los obispos. Durante la primera persistían los desacuerdos entre los prelados y capitulares, como en Valladolid de Michoacán, a causa de no haberse aún consolidado un sentido de corresponsabilidad entre unos y otros. Y durante las vacantes episcopales porque las diferencias y pleitos de jurisdicción solían enfrentar al vicario provisor, a cuyo cargo estaba el gobierno diocesano, con alguna facción de sus colegas prebendados, celosos defensores de la administración en cada iglesia. El propio virrey Velasco tuvo que echar mano de su temperamento conciliador para minorar susceptibilidades de competencia entre la catedral metropolitana y las iglesias de las órdenes religiosas en lo tocante al ceremonial a él debido en virtud del patronato[514].

Velasco se refirió a un antagonismo más del ámbito eclesiástico diocesano, el referente a litigios entablados entre algunos curas de asentamientos de población hispánica y los cabildos catedrales respectivos. Y es que la apertura de frentes de poblamiento a la vera del Camino Real de Tierra Adentro iba transcurriendo en paralelo con la expansión de las parroquias permanentes o definitivas en las diócesis de Michoacán y de Guadalajara de Nueva Galicia. Como en ciertos pueblos, villas o congregaciones de reciente establecimiento había que sustentar al cura beneficiado que les impartía los sacramentos, sus titulares o incluso los vecinos hacendados o estancieros, que pagaban diezmos a la catedral, reclamaban a esta retener una porción equivalente a 22% de ese impuesto recaudado en cada una de esas localidades. Efectivamente, la producción agropecuaria que abastecía los reales mineros incrementaba la gruesa de diezmos que en derecho estaba destinada al obispo y a su cabildo

---

[513] Peña, 2018, 281, cita procedente de AGI, *Escribanía de Cámara* 271C, pieza 18.
[514] Mazín 1996, 115-117; Mazín, 2007a, 161 y Castillo, 2018, 275-281.

catedral. Por este motivo y, mediante el recurso judicial conocido como "de fuerza", las Audiencias de México y Guadalajara sentenciaron algunos pleitos a favor de aquellos clérigos como nuevos curas beneficiados[515].

Potenciar los ejes cardinales del reino

En las advertencias de 1596 a su sucesor, el conde de Monterrey, el virrey Velasco puso de manifiesto que el designio prioritario consistente en consolidar la república cristiana no podía realizarse en la Nueva España si se ignoraba la dinámica integradora del reino, es decir, sus ejes geopolíticos. De ahí que, bajo el rubro guerra y defensa, exaltara primeramente el poblamiento de "algunos lugares *tierra adentro* haciendo congregaciones, monasterios, iglesias, dándoles religiosos y compañía de indios de paz", lo que consideraba "casi [el] único remedio que hasta hoy se ha conservado". Enseguida ponderaba el abastecimiento con artillería de los puertos marítimos de San Juan de Ulúa y de Acapulco, a lo cual había "puesto buen principio" para incentivar el creciente comercio en todos sentidos: transoceánico Atlántico/Pacífico con su derivación complementaria hacia los yacimientos mineros del norte y aquel mediante el cual "los mercaderes podrían interesar y ahorrar en las mercaderías que envían de Veracruz a Guatemala, Sonsonate y otras partes […] y quedar en toda la costa del Mar del Sur en que con recuas se debe gastar mucha suma de dineros", es decir, un eje más que aludía a la travesía del istmo entre los dos océanos[516].

Para esos años, en el cabildo de la Ciudad de México predominaban los mercaderes hasta en 75%. Por lo cual, estos y el regimiento en su conjunto solicitaron reactivar las gestiones emprendidas al parecer desde 1581, bajo el gobierno del conde de Coruña, para establecer un

---

[515] Carta del virrey a SM, México, 4 de noviembre de 1591, en *Correspondencia de Don Luis de Velasco*, fs. 103-103v.; Mazin 2007, 19, 22, 39 y 60n. Remito asimismo a Becerra Jiménez, 2025, autora que estudia el caso de Santa María de los Lagos en el contexto del Tercer Concilio Provincial de México.

[516] "Advertimientos que don Luis de Velasco dejó al conde de Monterrey, 1596", doc. 2 en Hanke, (ed.), 1976-1980, 280, cursivas mías.

consulado o tribunal que conservara, arraigara y defendiera los intereses mercantiles y a la vez imprimiera eficacia al comercio. Debió resultar decisiva la instancia y presencia del virrey Velasco, antiguo miembro del ayuntamiento de esa capital, emparentado con los principales empresarios del Camino Real hacia las minas de Zacatecas. En 1590, el rey pidió que se le informara acerca de dicha solicitud y por real cédula de 15 de junio de 1592 concedió el privilegio para establecer el consulado. A partir de enero de 1594 los primeros miembros de este último ejercerían jurisdicción no solo dentro del reino, sino aun sobre los mercaderes que trataban con los reinos de Castilla, el Perú, las Filipinas y China[517].

Una preocupación más del virrey Velasco también tenía que ver con la implantación de controles a la dinámica de integración reforzada por los avances del sistema de producción de la Nueva España. Se refería a la presencia de "navíos sueltos que sin licencia navegan con la ocasión y ganancia de no haber flotas y porque muchos de ellos toman los corsarios y otros se quedan por las islas sin pagar derechos y los que por acá llegan hacen muchos fraudes y engaños [en] perjuicio de los derechos de VM", es decir, de un contrabando en aumento. En lo sucesivo, esos desvíos aumentarían alcanzando proporciones que excederían cualquier medida de vigilancia. Hasta el grado de desafiar a los virreyes tanto de Nueva España como del Perú, que buscarían medidas legales para normalizar la situación ante los órganos de gobierno peninsular[518].

Recapitulación

¿Qué se sigue de la modulación del dominio real para la Nueva España en términos de su normalización por el virrey Velasco? Que sus acciones hallan sustento en la tónica geoestratégica del reino. Es el caso del establecimiento de un Juzgado General de Indios con sede única en la ciudad capital. Ahora bien, suscitaban esa tónica la centralidad del Anáhuac y la intersección en él de los ejes dinamizadores del reino. De ahí que el

---

[517] Souto Mantecón, 2006, 22-23.
[518] Carta del virrey a SM, México, 13 de octubre de 1590, en *Correspondencia de don Luis de Velasco* fs. 39-39v.

arraigo milenario de los pueblos, los antiguos señoríos, resistiera a los intentos de congregar a las poblaciones autóctonas. También la dificultaba la fuerza de arrastre de las formas de trabajo forzado o retribuido generados por un vigoroso sistema económico que el rey alentó erigiendo un Consulado de Comercio en la Ciudad de México.

Las congregaciones de indios que sí prosperaron fueron aquellas resultantes del poblamiento activado por el Camino Real de Tierra, uno de los ejes cardinales. Las llevaron sobre sus hombros los contingentes de pobladores de Tlaxcala que el virrey Velasco en persona salió a ver pasar por Otumba rumbo a la comarca de los Chichimecas, nuevos émulos de la "cristiana policía". La determinante geopolítica del reino presidía las acciones que instauraban o preservaban sus equilibrios, por endebles y provisionales que fueran.

Por eso la convergencia jurídica de los actores no era imprescindible, como sí lo era la de ambos cleros en los Andes bajo la autoridad del virrey en turno. Por difícil que fuese, en la Nueva España la negociación de consensos era diferenciada porque cada grupo se articulaba de manera peculiar a la determinante integradora. Así tenemos que en el Camino Real de Tierra Adentro, los franciscanos adaptaron los procedimientos pastorales que décadas antes habían implantado en los primitivos señoríos mesoamericanos. Los acomodaron a una intensa movilidad espacial y social que, en el tiempo largo, haría que sus misiones se transformaran en doctrinas y a veces en cabeceras parroquiales conforme avanzaban los circuitos de la economía hispánica. Al competir con los clérigos, los frailes "franciscos" tendrían que concertar arreglos complicados con las autoridades reales y con los obispos neo gallegos cada vez más asertivos, dispuestos a secularizar misiones y doctrinas[519]. El clero secular, igualmente móvil y cada vez más injertado en las haciendas de pujantes familias señoriales del septentrión, disputó exitosamente porciones del ingreso agropecuario local a las catedrales de Valladolid y Guadalajara, de suerte que sus sacerdotes se abrieron paso entre los hacendados, ganaderos y mineros de la tierra. Por último, debe evocarse la creciente preponderancia de un episcopado compacto y bien comunicado que ya se hacía

---

[519] Leyva, 2024.

oír en la corte del rey mediante personeros. También era capaz de hacer valer su preeminencia canónica a ochocientos kilómetros o más de las sedes diocesanas en el septentrión de Nueva España.

III.- Secuencia continental

El traslado de los virreyes de México a Lima fue reanudado por don Luis de Velasco en junio de 1596. Don Martín Enríquez había hecho ese trayecto en 1581, cuando una de las modulaciones de reconducción del dominio real estaba siendo implementada en la Nueva España, mientras que la otra se hallaba recién constituida en el Perú. Quince años después, el del virrey Velasco no era cualquier traslado. Reviste especial relevancia porque, por vez primera, un virrey gobernaría en ambos reinos conforme a la reconducción implantada en cada uno. Los siguientes mandatarios, sin interrupción hasta mediar la segunda década del siglo XVII, presentan una secuencia excepcional que no es casual. En otras palabras, hay indicios para proponer que don Luis de Velasco, el conde de Monterrey y el marqués de Montesclaros, no solo normalizaron, sino que, como veremos, fueron conscientes de depurar las modulaciones del dominio en ambas latitudes.

El virrey Velasco y el Perú

La primera nota característica del gobierno de don Luis de Velasco en el Perú es el asombro ante la inmensidad y diversidad andina, así como la comparación, explícita o no, con la Nueva España. También así procederían sus sucesores. Parangonar la nueva experiencia con el reino septentrional debe haber contribuido a clarificar las modulaciones respectivas. De suerte que a la "suavidad" con que Velasco negociara consensos en México sobrevinieron los escollos de las inercias disgregadoras en los Andes. Esto era inevitable pese a la "universal superioridad" que suponía conducir las Indias meridionales.

Empezando por el mundo de los indios, que también fue el principal tema de interés de Velasco en el Perú. Ya vimos que lo entendía como procuración de justicia, sobre todo en virtud del patronato eclesiástico, de ahí que se propusiera reforzar las atribuciones del virrey en ese ámbito. Es cierto que el nervio de la economía indiana radicaba en la minería y que el fomento de esta era imposible sin el abasto correspondiente de mano de obra, pues "el dejar de socorrer a los mineros con gente es acabarse en esta tierra las Indias", como había expresado don Luis al rey desde México[520].

Sin embargo, la cuestión planteaba problemas morales o de conciencia apremiantes al dominio real y las dimensiones andinas complicaban las cosas. Esa tierra no era tan poblada como la de Nueva España. Sus provincias eran sumamente distantes unas de otras y sus pueblos de indios se hallaban apartados entre sí. No podían, por lo tanto, ser bien doctrinados. Velasco consideraba que la enmienda era casi imposible "por el desorden y poca caridad con que algunos ministros de doctrina, sobre todo clérigos, acuden a lo que están obligados". De ahí que pusiera al tanto al rey de "las fuerzas que tienen la mala costumbre […] de muchos años a esta parte" por las que tanto corregidores como eclesiásticos abusaban de los indios con impunidad insuperable haciéndolos trabajar en su comercio y "granjerías" contraviniendo las ordenanzas de gobierno de sus predecesores[521].

Los efectos del relieve geográfico, las distancias y las contradicciones del dominio hispano hacían que esa situación fuera aún más lamentable. De manera que los ultrajes padecidos por los indios en la labor de minas, labranzas, crianzas y trajines, de por sí "intolerables", se hallaban acrecentados, tanto por una siniestra movilidad forzada, como por una morbilidad que diezmaba cotidianamente a la población. Según el virrey, había indios a quienes se hacía caminar "30, 50, 100 y 200 leguas de sus pueblos a las minas de Potosí donde los tienen 2, 4, 6 meses y un año".

---

[520] BNE, *Correspondencia de D. Luis de Velasco…*, carta del 30 de mayo de 1591, f. 79.
[521] Carta del virrey a SM, Lima, 10 de abril de 1597, en Levillier, *Gobernantes…*, XIV, 36-38.

La ausencia y desarraigo les hacían perecer o tener que abandonar sus reducciones. Se había informado a Velasco que, desde el Cuzco hasta el Cerro Rico de Potosí, es decir, a lo largo de poco más de mil kilómetros, cundía la despoblación, hasta el grado de que "casi no se ven indios sino como por maravilla". Para su amparo no había ordenanzas ni justicia que saliera al quite

> Y así ha menester cada indio un ángel de la guarda para su defensa, de que tengo la pena y sentimiento que puedo encarecer y *juzgo por dichosos a los de la Nueva España porque, aunque no huelgan, son sin comparación más relevados y mejor tratados y pagados y no han de servir tan lejos como los de aquí* [...] Verdaderamente repugna al buen tratamiento y conservación de estos pobres la servidumbre y cosas forzosas a que les compelen a acudir, [en] especial la de las minas[522].

Para mitigar los daños ocasionados por las labores a causa de la extracción del mercurio en los socavones de Huancavelica, Velasco mandó que se trabajara a tajo abierto para así cerrar la entrada de aquel pozo que muchos conocían como la boca del infierno[523].

Como del despoblamiento por huida se seguían perjuicios a la cristianización, con la consecuente persistencia de las idolatrías, el virrey tuvo que imprimir nuevos bríos a la reducción de las poblaciones para hacer regresar la gente a sus pueblos. Declaró que la mayoría de los corregidores habían "acudido con cuidado y traído de diversas partes muchos [indios], con que los pueblos se han reformado". En acuerdo con la Audiencia de Lima, el virrey dispuso que el costo de tan portentosa acción recayera por mitad en la Real Hacienda, para los pueblos de la Corona, y la otra sobre los encomenderos[524]. Por otra parte, el trabajo arduo de los indios y la disminución de estos a consecuencia de las epidemias habían hecho necesario remplazarlos con esclavos africanos. Conforme a la pauta de la convergencia jurídica, el virrey convocó a juntas de

---

[522] Carta del virrey a SM, Lima, 10 de abril de 1597, en Levillier, *Gobernantes...*, XIV, 38, cursivas mías.

[523] Vargas Ugarte, 1954 b, p. 90.

[524] Carta del virrey a SM, Callao, 2 de mayo de 1599 en Levillier, *Gobernantes...*, XIV, 171.

peritos de las órdenes religiosas y al deán de Lima Pedro Muñiz para que deliberaran sobre la justicia de la mita, entre ellas una "secreta" en la que, al parecer, también participó el arzobispo[525].

Luego de despachar visitadores a muchos obrajes, Velasco también dispuso el pago de más de 50 000 pesos de jornales con ocho y hasta diez años de atraso a los indios. Otro tanto hizo con los chasquis o correos autóctonos. Sus súplicas al monarca acerca del maltrato y vejaciones deben haber encontrado eco en la real cédula de 24 de noviembre de 1601. Dejando un margen importante de acción al virrey, en ella se ordenaba que cesaran los repartimientos para servicios personales hasta entonces obligatorios en la labor "de los campos, edificios, guarda de ganados y servicio de las casas" y "en los obrajes de paños de españoles, en los ingenios de azúcar, lino, lana, seda o algodón"[526]. Los esfuerzos de Velasco para aliviar las condiciones de trabajo de los indios enfrentaron ambigüedad de pareceres por la dificultad que entrañaba poner por efecto esa cédula "sin gran ruina y detrimento de la república". Como resultado de las juntas, el virrey emitió una real provisión el 10 de abril de 1603 que suspendía la cédula, no sin remitir al rey el conjunto de los pareceres sobre la justicia de la mita y aun acerca de la sustitución de la mano de obra con operarios de origen africano y asiático[527].

---

[525] Fox, 1962.

[526] Real cédula al virrey del Perú, Valladolid, a 24 de noviembre de 1601, en Levillier, *Gobernantes…*, XIV, 302.

[527] Fox, 1962, 66-71. Este autor consigna una cita de Juan de Solórzano Pereyra, oidor de Lima a partir de 1610, al respecto de los pareceres. Ella pone de manifiesto los términos del grave dilema moral: "La saca del oro y la plata en que consiste la unión y conservación de España y de las Indias, y por mejor decir, de toda su dilatada Monarquía; y la defensa y dilatación de la Santa Fe Católica en que siempre han puesto y ponen su principal cuidado nuestros Católicos Reyes". La toma de la *Política Indiana*, II, xv, 11. Por una cédula del 3 de enero de 1603 sabemos que Felipe III agradeció a Velasco el crecimiento de los ingresos por su intervención en Potosí y sus propuestas para introducir chinos en el trabajo de las minas. Citada por Villarreal, 2024, 248, procede de BNE, Ms. 2989, fol. 193.

En la relación de gobierno a su sucesor, el conde de Monterrey, el virrey escribiría: "El patronazgo real en este reino está muy impugnado y combatido de todo el clero y en particular de los prelados, que lo procuran obstruir y evitar en todo cuanto pueden [...] Vuestra excelencia ha de tener guerra perpetua con ellos, es bueno hacer esta advertencia"[528].

Vayamos por partes. Desde el inicio de su gestión, Velasco debió hacer elaborar y remitir a Madrid una serie de relaciones con el acopio del número de religiosos, de los pueblos y doctrinas según las encomiendas, de las dignidades y prebendas de las iglesias catedrales, así como de los beneficios eclesiásticos de los pueblos tanto de españoles como de indios. Esa información, que servía a fines fiscales y a la designación de cargos y oficios, también lo dotaba de instrumentos para hacer frente a las numerosas competencias de jurisdicción con que habían lidiado el conde del Villar y el marqués de Cañete, sus predecesores.

La primera de esas rivalidades incumbía a los clérigos provistos en beneficios de cura de almas a quienes judicialmente se encontraba culpables de crímenes o ultrajes a sus feligresías, sobre todo indias. Al verse privados de sus beneficios, sus titulares apelaban por vía del recurso de fuerza ante las Audiencias y estas sentenciaban a su favor, por lo que difícilmente se les podía remover de sus cargos. Para remedio, Velasco pidió al rey ordenar que esos tribunales no pudiesen conocer de tales casos y que el obispo respectivo, de acuerdo con el virrey, procediera a declarar vacantes los beneficios eclesiásticos implicados.

Esta sugerencia no era aislada, formaba parte del designio de supremacía de los virreyes del Perú. De ahí que, un año después, a propósito de la visita y nombramiento de nuevos oidores del lejano tribunal de Charcas, Velasco volviera a la carga: "Convendría que los virreyes tuviesen alguna más superintendencia de la que tienen en estas audiencias, con que se atajarían muchos de los inconvenientes que suceden de

---

[528] Relación del Sr. virrey Don Luis de Velasco al Sr. conde de Monterrey sobre el estado del Perú, 28 de noviembre de 1604, en Hanke, (ed.), 1976-1980, 280, II, p. 57-58, documento procedente de RAH, Colección Muñoz, XXII, a fojas 54-71v.

ordinario"[529]. Estas instancias del virrey Velasco en relación con las Audiencias parecen haber encontrado respuesta. Una real cédula de 15 de febrero de 1601 reforzaría la "concordia", es decir, la facultad del vice patrón y del obispo respectivo para remover de tal o cual doctrina a su titular, anulando cualquier posibilidad, para este último, de apelar ante los tribunales del rey[530]. Con todo, Velasco seguía considerando que la costumbre consistente en poner y quitar beneficiados "por modo de ínterin por no vacar los beneficios" obstruía la preeminencia del rey en la presentación de los ministros.

Otra materia de competencia y aun de controversia en el ejercicio del patronato por el virrey se refiere a los salarios de los sacerdotes, clérigos y frailes que administraban las doctrinas. Habían disminuido a consecuencia de los estragos de las epidemias y del maltrato a los indios de las encomiendas, de suerte que las tasaciones más recientes resentían dicha reducción en términos del número de tributarios. De ahí que los virreyes consideraran necesario "moderar algo el salario del sacerdote, del corregidor y caciques y lo que se saca para la fábrica y hospital y lo restante para el encomendero en las partes adonde pareciera excesivo y esto en tan poca cantidad que por ello no se les quita la suficiente y congrua sustentación".

La reacción del arzobispo Mogrovejo y de sus vicarios no se hizo esperar. Según Velasco, estos no hacían caso de la moderación salarial, de manera que parecían ignorar que el mandatario en turno había siempre hecho la tasación y señalado dicho salario y estipendio por proceder de "bienes legos y no [de] rentas decimales ni eclesiásticas". Con todo, el prelado y sus asistentes procedían contra los corregidores ordenándoles, so pena de imponerles censuras eclesiásticas, pagar a los sacerdotes el salario entero conforme a una tasación original dispuesta por el virrey Toledo. Pese a que la Audiencia de Lima procuraba venir al remedio de esa situación, el virrey insistía en que, si el arzobispo Mogrovejo no concurría a la ejecución de lo ordenado por las leyes reales, las cosas no se podían encaminar con "buena paz y conformidad" ni en esa, ni en otras

---

[529] Cartas respectivas del virrey a SM., Lima, 10 de abril de 1597 y Los Reyes, 3 de noviembre de 1598, en Levillier, *Gobernantes...*, XIV, 39 y 125.
[530] Latasa Vassallo, 1997, 173.

materias que se ofrecían al patronazgo y jurisdicción real, pese a reconocer que la vida y cristiandad del prelado eran "de gran ejemplo"[531].

En realidad, las cosas eran bastante más complejas. Efectivamente, la asignación por medio de los corregidores de la porción correspondiente a las fábricas y hospitales de los pueblos había sido hecha por el virrey Toledo. Sin embargo, ahora se traslapaba con el proceder de los obispos apegado a lo dispuesto por el Tercer Concilio Provincial de Lima. De ahí que, conforme visitaba su arzobispado, Mogrovejo había tomado cuentas de lo que juzgaba pertenecerle en derecho, ya que recibía numerosos memoriales de los doctrineros. Más aún, en cada sitio, el prelado había también ordenado a los corregidores acudir con 3% de los sínodos o estipendios, tanto de clérigos como de frailes, para sustento del seminario conciliar de Lima, a defecto de lo cual procedía su excomunión.

El arzobispo insistió ante la Corona en que esos bienes fuesen considerados adscritos a la jurisdicción eclesiástica. También había acudido a la Santa Sede y pedido a Clemente VIII, en noviembre de 1590, que amparara esa causa y le despachara un breve. Por fin, el 28 de agosto de 1591 el rey había intervenido directamente en respuesta a los pedidos del prelado, aunque no sin sancionar la autoridad de las ordenanzas de gobierno del virrey Toledo : "Es mi voluntad que vos el arzobispo y vuestros sucesores y visitadores podáis visitar los bienes pertenecientes a las fábricas y hospitales de indios y tomar cuenta a los mayordomos y administradores y cobrar alcances y ponerlo en la caja de comunidad para que de ahí se distribuyan conforme a lo proveído por el virrey don Francisco de Toledo"[532].

Más tarde, en 1602, se atribuyó a los obispos la prerrogativa de controlar las cuentas y vigilar la ejecución de las decisiones relativas a obras pías, capellanías y hospitales de indios. Por su parte, el virrey Velasco acabó por reconocer que, estando el tercer concilio aprobado por el rey, tales situaciones se prestaban a considerar que, por su fin y destino, los bienes asimilados a las porciones de fábrica y hospital y de pensión

---

[531] Carta del virrey y de la Audiencia de Lima a SM, Los Reyes, 13 de abril de 1598, en Levillier, *Gobernantes…*, XIV, 84.

[532] AGI, *Patronato*, 248 r. 17 (3), cédula real citada por Tudini, 2024, 148.

conciliar podían, efectivamente, ser considerados como eclesiásticos. Con todo, asumía no haber "estado en costumbre cobrarse ni pedirse para este efecto desde que se fundaron". Por lo tanto, prevalecía la duda de si debía o no cumplirse con lo dispuesto veinticinco años atrás. Velasco concluía pidiendo al rey que en esto mandara lo que "más conviniere a su real servicio". En febrero de 1602 el monarca le ordenó poner fin a los inconvenientes resultantes de que los corregidores utilizaran el dinero para sus fines particulares[533].

Como vemos, a diferencia de sus predecesores inmediatos, Velasco admitió prevalecer duda respecto a la jurisdicción que el arzobispo de Lima podía ejercer en lo tocante al salario de los ministros de lo sagrado. También reconocía la cristiandad y ejemplaridad de vida del prelado, lo que aquéllos no habían admitido de manera explícita. Esto último era acaso reflejo de su familiaridad con la modulación del dominio real de la Nueva España, tan templada de episcopalismo. Sin embargo, reconocía el proceder de sus predecesores como celosos defensores del patronato real, de ahí que actuara de manera consecuente con la modulación andina. Así que, por un lado, hizo calcular el importe equivalente a 3% de los estipendios o sínodos de todos los que administraban doctrinas en el arzobispado, que ascendía a "2431 pesos y 5 tomines ensayados" al año como pensión para el seminario conciliar; y, por el otro, comparó esa cantidad con el valor de la renta anual de la catedral de Lima, que para entonces sumaba 60 000 pesos. Deploraba, en consecuencia, que los eclesiásticos no fuesen sensibles a la disminución de las tasaciones de tributos por muerte y ausencia de los indios "con gran daño y perjuicio de los tributos de la Corona real y encomenderos […] y si ahora se introdujese lo que el arzobispo deja mandado sería hacerle dueño de lo que tan derechamente es del patronazgo real".

Basado en su propia experiencia, Velasco hizo saber al Consejo lo que se practicaba en la Nueva España cuando los encomenderos dilataban la paga del salario al ministro de doctrina. Este último la pedía ante el virrey, el mandatario mandaba pagarla y se cumplía sin réplica. Al respecto, el Consejo de Indias ordenó lo siguiente: que por una parte se

---

[533] Carta de don Luis de Velasco a SM., Callao, 16 de abril de 1598, en Levillier, *Gobernantes…*, XIV, 94; Tudini, 2024, 143-148.

siguiera la práctica referida por el virrey; y, por la otra, que se escribiera al arzobispo Mogrovejo ordenándole que "guarde el patronazgo y no se embarace en esto ni en *otra cosa* que sea contra él ni lo debiera haber hecho"[534].

Quinto Concilio de Lima

"Otra cosa" aludía a la reluctancia del arzobispo a una primera reconvención del virrey para que no convocara a un nuevo concilio provincial, ya que, de nuevo, no mediaba licencia del rey. Pese a una real cédula de 1594 que reiteraba no ser necesario convocar a concilios con frecuencia y deber preferirse los sínodos diocesanos, durante su segunda visita pastoral, Mogrovejo había, efectivamente, convocado a esa nueva asamblea en enero de 1596 y previsto su apertura dos años después, en marzo de 1598. Además de exhortar al prelado a esperar dicha licencia, Velasco había argumentado que algunas diócesis estaban vacantes. Al parecer, en respuesta a las instancias del arzobispo, los prelados sufragáneos habían alegado dificultades para acudir a causa de la lejanía y lo costoso del viaje. Por su parte, el metropolitano consultó a una junta de varios letrados que le aconsejaron aplazar, ya que sin licencia real la asamblea sería ineficaz, como había acontecido con el cuarto concilio en 1591. Prevaleció, pues, el aplazamiento. Sin embargo, en 1599 el arzobispo decidió volver a la carga, convocó al quinto concilio y comunicó al rey su determinación argumentando que el breve de Pío V (1570) a los obispos de Indias y, aquel que a él concediera Gregorio XIII en 1584, lo obligaban.

Al inicio de esta tercera parte, adelanté que la Corona no tenía conocimiento de este último documento pontificio. Además, se le había informado, al parecer con dolo, que Mogrovejo pretendía reunir asambleas provinciales cada tres años. "No sé quién pudo hacer tal relación y tan siniestra. Jamás he celebrado concilios a los tres años, ni a cinco

---

[534] Carta de don Luis de Velasco a S.M., Callao, 16 de abril de 1598, en Levillier, *Gobernantes...*, XIV, 94, cursivas mías.

conforme al breve de Pío V, sino a los siete", explicó más tarde el prelado[535]. A fin de reiterar la posición de la Corona, se envió una carta a don Luis de Velasco en que se le pedía persuadir al arzobispo para que suspendiera la convocatoria. Como Velasco insistiera en que la autorización del rey era precisa, advirtió una vez más al prelado que, sin ella, no asistiría, por lo cual "todo lo que se hiciere será nulo". El dictamen que el fiscal de la Audiencia emitió al respecto tampoco bastó para disuadir a Mogrovejo[536].

Igual que en 1591, el arzobispo se vio una vez más constreñido a justificar sus acciones y a enviar a Madrid copia de los breves de Pío V y Gregorio XIII. También reiteró no haber convocado a sus sufragáneos con tanta frecuencia. Pero el prelado se salió con la suya[537]. El 11 de abril de 1601 inauguró la nueva asamblea solamente en compañía de los obispos de Quito, Panamá y, al parecer, la Imperial de Chile. Ese quinto concilio solamente tuvo dos acciones y emitió cinco decretos referentes al nombramiento de jueces sinodales y a un interrogatorio para la provisión de obispados. Fue clausurado días después debido a que, una vez más, todo era y sería letra muerta a falta de la autorización del rey. El virrey Velasco dio cuenta al monarca de lo ocurrido y encomió a los obispos que no habían asistido a la reunión por guardar el decoro debido a la real persona y su patronato. Al dorso de esa comunicación, el Consejo de Indias recomendó que se reprendiera al arzobispo[538].

Represión

Felipe III expresó su insatisfacción al arzobispo en octubre de 1602. Lo reprendió por haber convocado y celebrado un concilio provincial sin tener debida cuenta de los inconvenientes que él mismo le había presentado años antes, y también por no haber esperado la respuesta que el rey esperaba de la Santa Sede respecto a la frecuencia con que los concilios

---

[535] Lissón, IV, 314, Mogrovejo al rey, 28 de abril de 1600, citado por Tudini, 2024, 208.
[536] Vargas Ugarte, 1959, II, 96-99.
[537] Tudini, 2024, 209.
[538] Vargas Ugarte, 1959, II, 96-99. El autor cita la carta del virrey a SM, de Lima, a 1 de mayo de 1601.

se debían convocar y celebrar. Le reclamó, además, no haber dado comunicación al virrey Velasco, cuya ausencia en el sínodo había impedido que la Corona quedara suficientemente informada. Al final, se pidió al prelado hacer llegar relación detallada de la asamblea para que en el Consejo de Indias se pudiesen conocer las decisiones conciliares[539].

La recomendación del Consejo al dorso de la carta del virrey, de mayo de 1601 sobre reprender al arzobispo en Lima, no era la primera. Otra, de años atrás, se refería a un supuesto memorial que Mogrovejo había dirigido a Roma. En él habría pedido a la Santa Sede que se le concedieran las rentas de las canonjías vacantes y la mitad de las percepciones de los demás beneficios de su catedral, para sustento del seminario. Al parecer, el prelado también habría insinuado que en las Indias los obispos tomaban posesión de sus iglesias sin haber recibido sus bulas. Como consecuencia, el Consejo había pedido al rey que Mogrovejo compareciera ante la Audiencia de Lima a fin de recibir la correspondiente reprimenda. En aquel momento, Felipe II lo había tenido a bien y enviado una carta al virrey marqués de Cañete fechada el 29 de mayo de 1593.

En esta última, el rey pedía que se hiciera saber al prelado su sentir por su mal proceder en una "relación tan incierta" y de la que el monarca esperaba una explicación satisfactoria. Según Vargas Ugarte, el arzobispo había dado esa explicación desde el 10 de marzo de 1594. En ella, Mogrovejo había primero agradecido varias cédulas reales en favor de la fábrica de su catedral, del seminario y hospitales. En lo tocante a su comparecencia ante la Audiencia, el prelado adujo no haber podido regresar de inmediato a Lima ante la proximidad de la Semana Santa, por estar aún en su segunda visita pastoral. También negó haber escrito aquel memorial. Con todo, explicó, justificó y rectificó los cargos que se le habían hecho. Por último, señaló haber escrito no solamente al papa, sino también al monarca. Había aprovechado esa instancia para insistir en que los corregidores debían darle cuenta del dinero de los hospitales y fábricas de las iglesias.

---

[539] Tudini, 2024, 210.

Mogrovejo había asimismo dicho estar dispuesto a dejar la silla arzobispal si así lo disponían el rey y el pontífice. Lo que sí lamentaba era que en Lima se hubiera propagado la noticia de su represión. Al parecer, pidió que esta le fuese sobreseída y que su persona fuese restituida en buena opinión. El marqués de Cañete había deplorado que el arzobispo no regresara a tiempo a la capital para comparecer ante la Audiencia. Pero le llegó su relevo como virrey y se embarcó rumbo a Panamá en abril de 1596. Mogrovejo no volvió a Lima sino hasta finales de 1597. De ahí que fuera don Luis de Velasco quien llevara a efecto la comisión encargada al marqués de Cañete[540].

No obstante que Velasco cumplimentaba la modulación del dominio real referente a la preeminencia de los virreyes del Perú como celosos defensores del patronato eclesiástico, llama la atención el siguiente gesto de deferencia atribuible a su temperamento conciliador, pero también a su sensibilidad para con la preeminencia episcopal desplegada en México. En lugar de hacer comparecer al arzobispo Mogrovejo en la sala de la Real Audiencia, el virrey dispuso su aposento de las casas reales y en él recibió al prelado el 14 de marzo de 1598 para leerle dos cédulas del rey. Además, Velasco quiso que para esa ocasión estuviera presente don Alonso Fernández de Bonilla, el sucesor de Moya de Contreras en el arzobispado de México, quien aún se desempeñaba en Lima como visitador de la Audiencia. Al parecer, una de esas cédulas era de represión y se refería a "ciertos capítulos que dicho arzobispo escribió a su Santidad y satisfacción que se dio de ellos por mandado de su Majestad, como en ella se contiene". Una vez oída, Mogrovejo reiteró haber escrito varias misivas al rey y al Consejo de Indias dándoles satisfacción, así como al papa. También explicó haberlas enviado abiertas "para que se entendiese lo que escribía y se encaminasen a su Santidad y a ellos se remite"[541].

[540] Vargas Ugarte, 1959, II, 108-110.
[541] Autos citados por Vargas Ugarte, 1959, II, 110-111.

La capilla del rey

Durante una parte considerable de su larga gestión (1581-1606), el arzobispo de Lima vivió lejos de la iglesia catedral. Es comprensible. De esa manera habrá intentado evadir la preponderancia pertinaz de los virreyes, que seguramente vivió como un acoso permanente. Hemos visto que a partir del paradigma sentado por el virrey Francisco de Toledo, esos mandatarios ejercieron el patronato eclesiástico como una palanca del dominio real para contrarrestar las fuerzas disgregadoras del ámbito andino. Cuando recién tomó posesión del gobierno en Lima, don Luis de Velasco encontró una capilla en las casas reales con título y nombre de "capilla real" que había fundado el marqués de Cañete. Se la dotaría con los tributos de algunas encomiendas vacantes. Por la prisa en la partida del marqués o por otras razones, pareció a Velasco que su predecesor no había dejado bien asentadas ciertas cosas que ahora presentaban inconvenientes, por lo que procedió a asentarlas.

La más importante consistía en impedir que los obispos tuvieran injerencia alguna en la capilla. También debía impedirse a sus capellanes y al receptor de rentas poseer las capellanías que los sustentaban en propiedad, es decir, que serían amovibles a voluntad del virrey. La figura del receptor desapareció y fue sustituida por los oficiales de Real Hacienda, que llevarían la administración de la capilla por cuenta aparte. A decir del virrey, los capellanes tomaron a mal el nuevo asiento, máxime que les ordenó celebrar el culto de la capilla sin la pompa y solemnidad que pretendían, para no perjudicar el concurso de gente a la iglesia mayor tan próxima a las casas reales[542].

Las fábricas catedrales

El patronato real también debía ser preeminente en la edificación de las iglesias sede. Desde su llegada a Lima, el virrey Velasco realizó una inspección de la fábrica en curso que sustituiría a la primera, por ser esta última estrecha y pequeña, "pobre y desautorizada", máxime que el culto

---

[542] Carta del virrey a SM, Callao, 9 de abril de 1597, en Levillier, *Gobernantes...*, XIV, 20-24.

se seguía celebrando ahí. De la traza de aquella le pareció que lo que estaba hecho iba "encaminado a mucho gasto, demasiada grandeza y poca seguridad para los terremotos que aquí suele haber". Por lo tanto, hizo reformar todo y reducirlo "a una medianía convenible, de suerte que la costa sea menor, la obra más segura y [que] se acabe en breve tiempo".

Desde que los cimientos se sacaran por la parte del ábside, el virrey Toledo había sido del mismo parecer, esto es, que se redujeran las proporciones de la nueva fábrica. Sobre todo, porque, a raíz de un terremoto en 1586, los trabajos, que se habían tenido que reiniciar, fueron al poco tiempo suspendidos. Velasco hizo, pues, saber al rey que su reforma iba "pareciendo y luciendo bien lo que se gasta". A decir del arzobispo Mogrovejo, en 1602 la fábrica llevaba mucho adelanto "cubriéndose las naves de bóvedas que a todos causa sumo contentamiento". Por otra parte, desde el principio el virrey Velasco asumió la bicefalia del reino. De ahí que ordenara que lo mismo se hiciera con la fábrica de la catedral de Cuzco que "también estaba días ha comenzada". Le parecía inconcebible que al cabo de tantos años "en reino de donde tanto oro y plata se ha sacado, estas dos iglesias que son las más principales, no estén acabadas"[543].

Las órdenes religiosas

Conviene reiterar que, conforme a la costumbre instaurada por don Francisco de Toledo, el ejercicio del patronato por el virrey del Perú hacía converger jurídicamente bajo su mandato tanto al clero secular como al regular. El desempeño de Velasco concerniente a las órdenes religiosas comprendió dos rubros, la movilidad en orden a la misión y el suministro y edificación de sus iglesias. Respecto al primero, las instrucciones recibidas por el virrey estipulaban acordar con los provinciales que en los conventos de las principales ciudades solamente se mantuviera un determinado número de religiosos y que el resto fuesen enviados a "las demás

---

[543] Carta del virrey a SM, Los Reyes, 3 de noviembre de 1598, en Levillier, *Gobernantes...* XIV, 122-124 y Vargas Ugarte, 1959, II, 111-112. Sobre el cerramiento de las bóvedas, este autor cita una carta de Mogrovejo al rey del 12 de septiembre de 1602 en AGI, *Patronato* 248, R.33.

partes y lugares donde se supiera haber necesidad de ministros, especialmente para Chile, Santa Cruz de la Sierra, Tucumán u otra de las provincias de guerra o fronteras de Chiriguanes"[544].

En lo concerniente al segundo rubro, Velasco dio a conocer al rey que en la Nueva España había costumbre y orden para que de la Real Hacienda se diera lo necesario a todos los religiosos que acudían a misiones. En cambio, para el Perú no encontraba una orden equivalente. Por lo tanto, pidió al monarca proveer que los misioneros, sobre todo de la Compañía de Jesús, no abandonaran las fronteras ni faltaran padres para los nuevos descubrimientos[545].

Y en lo tocante a las iglesias, el virrey agradeció al monarca la merced y limosna que hacía a los monasterios de frailes y monjas del reino "de vino, aceite, cera y dieta", ya que le constaba personalmente "que todos son muy pobres y necesitados a causa de que van haciendo sus iglesias y casas, que ninguno de los de esta ciudad las tiene acabadas". Se le había informado que, en consecuencia, comían y vestían con "mucha tasa y limitación" por la carestía de los bastimentos. Una vez más, aludió a la situación análoga prevaleciente en la Nueva España, donde el rey había hecho merced a las religiones "para el edificio de sus iglesias y conventos y a las de aquí no". Por lo tanto, lamentaba que, si en Lima y su comarca, como principal entre las demás provincias, prevalecía esa estrechez, "bien es verosímil que será lo mismo en otras"[546].

Recapitulación

Cualquier conclusión acerca de la gestión de don Luis de Velasco en el Perú debe considerar dos aspectos: primero, la normalización de las modulaciones de reconducción del dominio real. Y, en consecuencia, segundo, el recurso sistemático a la comparación con la Nueva España. Por ejemplo, en ocasión del abastecimiento de pólvora y armamento para

[544] Instrucción del rey a don Luis de Velasco, 22 de julio de 1595, en Hanke, (ed.), 1976-1980, 273, I, remite a AGI, *Lima*, 570, lib. XV.
[545] Carta del virrey a SM, Lima 2 de mayo de 1599, en Levillier, *Gobernantes...* XIV, 162.
[546] Carta del virrey a SM, Callao, 16 de abril de 1598, en Levillier, *Gobernantes...*, XIV, 103-114.

repeler a los corsarios ingleses, en 1597 el nuevo virrey del Perú había evocado el carácter compacto y más integrado del reino septentrional, donde "hay más abundancia y está todo más a la mano". También intentó imponer el estilo de gobierno de la Universidad de México a la de San Marcos Lima para elegir al rector, "pareciéndome ser más útil y necesario que lo fuera siempre un oidor o alcalde de esta real audiencia, por turno, *como lo es en México*, no mandando VM otra cosa". Sin embargo, Velasco debió dar marcha atrás en su intento y sujetarse a la costumbre local prevaleciente que una cédula del rey amparaba. Por lo que "di lugar a que este año eligiesen […] la persona que les pareciese […], que fue el deán de esta iglesia en quien concurren las partes que se requieren y así salió electo. Inclineme a esto por darles gusto y no ir totalmente contra una real cédula que tienen de VM en que les concede hagan la elección a su voluntad. Y por esta forma se procederá hasta que VM mande lo que se deba hacer"[547].

En el Perú el derecho de patronato, siempre muy reivindicado, se ejercía haciendo converger instancias y actores antagónicos. En cambio, en la Nueva España reivindicar el patronato equivalía a instaurar consensos con que potenciar la dinámica integradora del reino. Así tenemos que, en las Indias meridionales, el virrey podía a la vez supervisar la fábrica de las catedrales y alentar la edificación de iglesias de las órdenes religiosas. O bien que, para reformar la política de congregación de los indios, hiciera converger a la Real Hacienda, a los encomenderos y a los corregidores. En cambio, en las Indias septentrionales integrar la "tierra adentro" al dominio real implicaba instaurar consensos o concordias, ya fuera entre indios de paz e indios de guerra o entre clérigos y frailes en unos mismos territorios. Por otro lado, es impensable que en la Nueva España la Audiencia o el virrey hubieran pedido a la corte que se reprendiera al metropolitano de México, dado que este había logrado negociar con mucho éxito su propia modalidad de interacción con el real patronato, lo que había sentado un precedente para los arzobispos sucesivos. En cambio, hemos visto que la reivindicación tenaz de dicho patronato

---

[547] Carta del virrey a VM, Los Reyes, 3 de noviembre de 1598, en Levillier, *Gobernantes…*, XIV, 126.

por los virreyes en el Perú acabó orillando al arzobispo de Lima a la resiliencia.

El trajín o circulación de los mandatarios también nos enseña que la experiencia del virrey Velasco en el Perú suponía una estrecha relación familiar y biográfica con el reino septentrional que, además, había gobernado durante casi seis años (1589-1595). Por ejemplo, al pedir desde el Perú al soberano que le concediera una merced en dinero para saldar sus deudas familiares, le rogó asignar el monto con cargo a la real caja de México. Esas interacciones derivaron en situaciones de coalescencia o asociación entre ambas Indias Occidentales y sentaron un importante precedente[548]. La correspondencia del virrey Velasco con el monarca, tanto durante su gobierno de Nueva España (1589-1595), como en el Perú (1596-1604), está caracterizada por numerosos referentes del exterior y refleja la importancia creciente de los intercambios.

En la primera predominan alusiones a las posesiones asiáticas y al cada vez más vigoroso tránsito interoceánico vía Nueva España; en la segunda se advierten consideraciones de índole comparativa con el conjunto septentrional. Pero también se alude a los gestores marítimos del cabotaje andino y a la necesidad creciente de reforzar la defensa de los puertos a todo lo largo del litoral Pacífico. Los grandes mercaderes de México se hallaban cada vez más asociados a los "peruleros" en una exitosa articulación comercial de la plata del Perú que circulaba, por vía de las costas de Nueva España, hacia las posesiones y mercados de Asia, para cuyos productos había ya fuerte demanda en el Nuevo Mundo[549].

Así tenemos que, a causa de la mayor distancia del Perú respecto a la corte del rey y, por ser sumamente escasas las embarcaciones diferentes de la flota, cuyas fechas eran más o menos fijas, desde Lima, el virrey Velasco despachaba a menudo correspondencia a la Península por vía de Nueva España. Lo hacía aprovechando la salida de un navío con destino a Panamá, desde donde las comunicaciones eran más numerosas; o bien porque, de manera excepcional, don Juan de Velasco, su teniente de capitán general desde que gobernó la Nueva España y que en Lima seguía

---

[548] Memorial del virrey Velasco al rey, en Levillier, *Gobernantes...*, XIV, 238.
[549] Suárez, 2001: caps. 5 y 6; Del Valle Pavón, 2005; Bonialian, 2019: 40-45.

bajo sus órdenes, "bajara a la Tierra Firme" a llevar la plata del rey con algunas naos de la armada del Mar del Sur[550].

Todavía mayor relevancia tiene una de las sentencias del juicio de residencia que años más tarde se hiciera a don Luis de Velasco. En ella consta que en enero de 1600 el virrey despachó a Chile al general Juan de Velasco al frente de cuatro navíos con orden de perseguir al enemigo corsario que incursionaba en los mares. Al no hallarlo, le ordenó volver al Callao de Lima. La mayor parte de los oidores de la Audiencia, con el virrey, acordaron en seguida que dicho general llevase la plata con esas cuatro naos de la armada hasta Panamá para mayor seguridad "corriendo la costa buscando a los enemigos". Pero, una vez en Panamá, el general tuvo nueva orden del virrey para que, entregada la plata, "saliese con la armada la vuelta de Nueva España buscando los enemigos hasta las Californias". Concluida esa misión, al regresar al puerto de Acapulco les abatió una gran tormenta y la armada estuvo a punto de irse a pique. La nao capitana San Andrés sí se hundió "con más de 400 hombres y mucha artillería que valdría más de 400 000 pesos. Lo cual excusara el virrey si no ordenara [...] el viaje a la Nueva España, *gobierno que no estaba a su cargo*, con que quedó aquel puerto y reinos de él con riesgo y peligro". No obstante que su sucesor, el conde de Monterrey, habría de proseguir la exploración de la costa de las Californias, tenemos aquí un indicio del interés del virrey del Perú por mantener condiciones propicias para la navegación no solamente en el espacio del Pacífico sur, sino a todo lo largo de la costa poniente de las Indias Occidentales de Castilla[551].

Tres virreyes en circulación

Desde 1599 don Luis de Velasco había hecho saber al rey que debido a su "mucha edad, poca salud y falta de fuerzas con que me hallo, [...] como por la seguridad de mi conciencia, con toda humildad" le suplicaba proveer el gobierno del Perú en otra persona "cristiana, desinteresada y

---

[550] Dos cartas del virrey a SM, una de Los Reyes a 8 de febrero de 1598, la otra de Lima a 15 de octubre de 1599, ambas en Levillier, *Gobernantes...*XIV, 76 y 199.

[551] "Sentencias dadas a la residencia hecha al virrey don Luis de Velasco, 1 de febrero de 1613", en Hanke, (ed.), 1976-1980, 280, II, p. 66.

de edad que pueda cumplir con el peso y obligaciones de tan grande oficio". Recibió su jubilación de Felipe III el 15 de octubre de 1603. Se retiraría a México a disfrutar de su encomienda de Tultitlán, al norte de la cuenca del Anáhuac y también recibiría los beneficios de la de Tamiahua, en el golfo o Seno Mexicano[552].

Fue sucedido en el gobierno de las Indias meridionales por don Gaspar de Zúñiga y Acevedo, el quinto conde de Monterrey, cuyo gobierno ahí fue corto. Este fue el último virrey designado por Felipe II para gobernar la Nueva España, cuando Velasco había pasado al Perú. Al regresar don Luis a México, a finales de 1604, un año antes, había tomado posesión en esa ciudad, para remplazar a Monterrey, don Juan de Mendoza y Luna, el joven marqués de Montesclaros. Estos tres virreyes, don Luis de Velasco, el conde de Monterrey y el marqués de Montesclaros, integran un trío excepcional porque transita de las Indias septentrionales a las meridionales en secuencia. Eran desplazamientos que en la corte del rey se tenían bien asumidos, como lo expresara Paulo de Laguna, a la sazón presidente del Consejo

> Me ha parecido no ser necesario [nombrar un nuevo virrey desde España], más que advertir que el conde de Monterrey ha que sirve en la Nueva España más de siete años y con muy buena satisfacción y por razón de la inteligencia que es necesaria de las cosas del Perú, *que se adquiere por la gran correspondencia que hay con la Nueva España* y haber poca diferencia en el gobierno, *ha sido necesario pasar los virreyes de Nueva España al Perú, especialmente cuando hay buena satisfacción de todos los demás* […][553]

Se despeja así un espectro de circulación que contribuyó a depurar las modulaciones de dominio. Su primera pauta consiste en una especie de asimetría. En el sentido de que Velasco, a quien sabemos arraigado a la Nueva España, gobernó en esta de 1589 a 1595 y en seguida fue

---

[552] Carta del virrey a SM, Los Reyes, 20 de enero de 1599, en Levillier, *Gobernantes…*, XIV, 129.
[553] Consignado en Villarreal, 2024, 175-176. Sustento documental en "Billete del presidente de Indias por la provisión de virrey del Perú, Valladolid, 16 de agosto de 1602, AGI, *Lima* 1, fols. 642-643, cursivas mías.

trasladado como virrey del Perú (1596-1604). El mandato de Monterrey en Lima fue breve, apenas pasó del primer año, pues murió ahí en febrero de 1606. Por lo tanto, su gobierno de ocho años en México (1595-1603) reviste mayor importancia en términos de esa depuración. Finalmente, en lo concerniente a Montesclaros, su gobierno de cuatro años en México (1603-1607) fue relativamente breve si se le compara con el que ejerció en las Indias meridionales, a las que pasó a consecuencia del deceso prematuro de Monterrey. Su gobierno en Lima, pues, al comprender casi una década, de 1607 a 1616, es más relevante a mi propósito. Ahora bien, el traslado de Montesclaros al Perú acabó con la jubilación de don Luis de Velasco, ya que Felipe III le pidió encabezar por segunda vez el gobierno de la Nueva España (1607-1611). No solo porque se encontraba en México, sino "por el crédito de su nombre y experiencia"[554].

Hasta aquí, hemos examinado la normalización de las modulaciones de reconducción del dominio real en el ámbito eclesiástico. Primero la identificamos a lo largo de las gestiones del conde del Villar y del marqués de Cañete, en el Perú; luego en las del virrey Velasco en ambas latitudes de las Indias Occidentales. Consideremos ahora dichas modulaciones desde la perspectiva de su depuración. Es decir, interesa ahondar en la preeminencia del virrey del Perú como conductor del patronato eclesiástico y en el episcopalismo mediador de equilibrios de la Nueva España, para así corroborar pervivencia y acendramientos.

Lo haremos evocando una serie de ejemplos. Ya no es necesario hurgar a lo largo de las gestiones, sino evocar pasajes, a manera de "instantáneas". De acuerdo con la asimetría antes evocada, que despliega la duración de los periodos de gobierno del trío de virreyes en circulación, destacaremos esos episodios relevantes conforme a la siguiente secuencia: el conde de Monterrey en la Nueva España, el marqués de Montesclaros en el Perú y el segundo periodo de gobierno de don Luis de Velasco en México, que cierra el ciclo.

---

[554] Consulta del Consejo de Indias para avisar cuán acepta ha sido en toda la Nueva España la provisión del virrey don Luis de Velasco, Madrid, 12 de enero de 1608, AGI, *México*, 1 s/f. Citada en Villarreal, 2024, 248.

Al llegar don Gaspar de Zúñiga y Acevedo procedente de México en 1604 a Lima para suceder a don Luis de Velasco, este le escribió que el patronazgo real en el Perú estaba "muy impugnado y combatido de todo el clero y en particular de los prelados". Lo estaba en perjuicio del virrey como vértice de la modulación del dominio real en las Indias meridionales. Por eso le aconsejó: "vuestra excelencia ha de tener perpetua guerra con ellos"[555]. A Velasco no le faltaba razón, pues, como vimos, por todos los medios él y sus predecesores habían reafirmado su supremacía. En cambio, una práctica análoga había rehuido el afán de control del conde de Monterrey durante su largo gobierno en la Nueva España (1595-1603). En principio habría tenido el escenario disponible, ya que gobernó sin que Alonso Fernández de Bonilla, el nuevo arzobispo, pudiera de facto tomar posesión de su sede.

Efectivamente, el conde de Monterrey había aprovechado la ausencia de prelado metropolitano hasta 1602 para intentar ganar terreno en favor del patronato. Lo hizo enfrentando el desafío que ya le imponían las catedrales de Nueva España. De ahí que en 1598 propusiera al monarca que el virrey pudiera nombrar un gobernador en cada iglesia al sobrevenir la vacante de sede. Y, a diferencia de algunos obispos que proponían la misma solución, don Gaspar de Zúñiga sugería que la designación dependiera del virrey o en su defecto del concurso del virrey con la Audiencia. Nótese, por un lado, su intención de reducir el poder de los cabildos catedrales. Pero también la de prescindir de los prelados en el nombramiento de un eventual gobernador. Adviértase, en fin, que, con astucia, el vice patrono se postulaba como virtual elector, aunque sin excluir a la Audiencia.

Pero, además, el remedio debía admitir matices regionales según la iglesia de que se tratara. Es aquí, precisamente, donde se ve que la situación de las catedrales de Nueva España entrañaba ya un problema relevante de control. El caso de México, advirtió el conde de Monterrey al monarca, no admitía aquella solución, pues la catedral metropolitana

---

[555] Hanke, (ed.), 1980, 282, II, 57.

tenía al virrey y a la Audiencia a unos pasos de por medio. No solo eso, sino que en ella las prebendas eran más cuantiosas y en su cabildo había más letrados gracias a la Real Universidad.

Por su parte, la Puebla de los Ángeles, dijo, "participa de estas comodidades, aunque poco". No tanto a causa de su cercanía a México, sino a que sus rentas eran las más abundantes del reino y a que su clero era más numeroso y estaba más arraigado que en otros obispados[556]. En cambio, "Michoacán y Guaxaca [sic] y otras partes yo entiendo que padecen mucho", añadía el virrey. Concluía que en estas otras sedes la raíz del mal estaba en que "viven en lugar pequeño, desviados de la presencia del virrey y la Audiencia". La apreciación del conde de Monterrey parece justa. A diferencia de las diócesis de México y Guadalajara, en las que había virrey o gobernador, además de Real Audiencia, en Puebla, Michoacán y Oaxaca la autoridad secular era de menor estatura. No sorprende por qué, durante las sedes vacantes, ahí se recrudecía el vacío de poder.

Como se imaginará, la propuesta del virrey no prosperó. Además de ingenua, corroboraba la modalidad de dominio favorable a un episcopalismo que, no por estar las sedes de las iglesias en vacante, era menos vigente. Como veremos, se instruyó al conde dejar las cosas como estaban, sin pretensión alguna de modificarlas. En lo tocante a las vacantes, el Consejo de Indias determinó escribir al obispo y cabildo respectivo, o a cada uno aparte, instándoles a la paz y a la armonía "sin dar lugar a quejas".

Un aspecto más merece ser destacado. El conde de Monterrey se valió de una comparación entre las catedrales. En la relación de candidatos al episcopado que enviaba al Consejo de Indias también comparaba entre sí los obispados. Y es que por entonces se iban definiendo en la corte del rey los criterios de promoción del clero a lo largo y ancho de los dominios de Indias. Pero también una escala de prestigio, una jerarquía entre las diócesis. Dos elementos contribuían a fijarla: la antigüedad de cada fundación y la importancia de las rentas correspondientes.

---

[556] Gerhard, 1972; Mazín, 1989, 69-86.

El lugar ocupado por cada iglesia en esa jerarquía llegó a constituir una verdadera prenda para el estatuto de los cabildos eclesiásticos, como corporaciones, y para sus miembros en lo particular. En 1602 las catedrales de Puebla y México, en ese orden, eran las más opulentas en rentas decimales. La de Michoacán ocupaba el tercer lugar en términos de prestigio para la promoción del clero de las iglesias. En cambio, por lo que hace a rentas, el conde de Monterrey no estaba del todo seguro. Guadalajara de Nueva Galicia, vecina del poniente respecto a Michoacán, se extendía sobre las inmensas provincias de Nueva Galicia, Nueva Vizcaya y el Nuevo Reino de León en su límite noreste, donde en 1596 se había fundado Monterrey en homenaje al virrey. Sin embargo, esa situación pudo haber cambiado con la erección en 1620 del obispado de Guadiana (Durango) en la Nueva Vizcaya[557].

A la llegada en octubre de 1602 del siguiente arzobispo de México, el monje jerónimo don García de Santa María Mendoza y Zúñiga, se reanudó la tendencia de antaño al enfrentamiento entre las dos autoridades máximas del reino. Tanto el gobernador del arzobispado, como el cabildo secular de la ciudad, pusieron al tanto al virrey de la pompa y solemnidad con que se recibiría al nuevo metropolitano, debajo de palio, luego de quince años de ausencia de prelado. El conde de Monterrey dio su anuencia, aunque no sin presentarla como una concesión: "mostré particular inclinación al aplauso de la gente porque además de lo mucho que se debe a la dignidad arzobispal y por haber tantos años que no entraba en su iglesia, pareció muy conveniente cualquier solemnidad *de las permitidas*"[558].

A causa de haber llegado indispuesto y ser ya de noche, el arzobispo Mendoza y Zúñiga se excusó de ir a las casas reales a presentarse ante el virrey, como había anunciado que haría. Los días pasaron sin que la entrevista se produjera, mientras que las excusas se seguían

---

[557] Mazín, 1996, 139-140: El conde de Monterrey al rey, México, 1 de mayo de 1598 y 1602-1603, respectivamente en AGI, *México* 24 y 25: "He reparado, para ello, que no sé si ésta [Michoacán] es de más renta que la de Guadalajara […] y la dificultad que para esto hace la calidad y largueza de aquellas dos provincias de la Galicia y Vizcaya", apuntó el virrey.

[558] Carta del virrey conde de Monterrey, México, a 4 de diciembre de 1602, AGI, *México* 25, n. 17, citada por Castillo, 2018, 301, n.6, cursivas mías.

agregando. Por fin, fue el conde quien visitó al prelado en su casa, más interesado, al parecer, en saber si traía para él alguna comunicación de parte del rey[559]. Pero las rencillas aumentaron a consecuencia de haber intentado, el nuevo metropolitano, poner por efecto el nuevo ceremonial de los obispos promulgado por el papa Clemente VIII en el año jubilar de 1600.

Ahora bien, ese documento pontificio no había sido aprobado por el Consejo de Indias, ni se había aún promulgado e implantado en las iglesias de la Península. El primero en oponerse con energía al prelado fue su cabildo catedral, que defendía las costumbres de la iglesia metropolitana en materia de culto y ceremonias con precedente en las de Sevilla. Por si fuera poco, en varios capítulos del ceremonial se contenían prescripciones perjudiciales a la autoridad y jurisdicción del rey como patrono. Destacaba en especial la pretensión de preeminencia episcopal sobre el virrey, hecho que mucho desagradó al conde de Monterrey. Por ejemplo, en aquel orden social donde las formas y el atuendo expresaban jerarquía y autoridad, se consideraba indecente y en desdoro de la autoridad secular que el prelado fuera en procesión dejando suelta hasta el suelo la larga falda que vestía debajo de la capa pluvial, sobre todo cuando "vaya al lado del virrey"[560].

El cabildo eclesiástico obtuvo un fallo favorable de la Audiencia y se suspendió el nuevo ceremonial romano mientras no fuera revisado y enmendado en el Consejo[561]. Años después, el canónigo Jerónimo de Cárcamo, uno de los procuradores de la catedral de México en la corte, pediría que una bula del mismo Clemente VIII obtenida a petición de las iglesias de España y que reconocía "la moderación, temple y compostura" de que el Ceremonial precisaba, valiera asimismo para las iglesias de las Indias[562].

A consecuencia de los desencuentros del conde de Monterrey con el nuevo arzobispo, es preciso mencionar una carta que el primero escribió en plena navegación rumbo al Perú y dirigió al marqués de

---

[559] Referido por Castillo, 2018, 301-302.
[560] Mazín, 2007a, 198 y n. 61; Castillo, 2018, 302-309; Schäfer, 2003, II, 220-221.
[561] Castillo, 2018, 308.
[562] Mazín, 2007a, 198 y n. 61.

Montesclaros, su sucesor en México. La relevancia de este testimonio excede a toda ponderación. De manera explícita, el conde se hace cargo de la modulación del dominio real característica de la Nueva España, para entonces ya plenamente consagrada. Pero no solamente, pues da por sentado que en el Perú no se podía tolerar porque limitaba el "superior gobierno", o sea la modulación meridional fincada en la supremacía del virrey.

El conde de Monterrey recomienda, pues, al marqués de Montesclaros, proceder con cuidado en lo tocante al arzobispo García de Santa María Mendoza. Le dice reconocer que el "natural del prelado y la protervia que de él se tenía por la gente grave y cuerda", podían eventualmente llevarlo a decidir "embarcar a un prelado", en acatamiento a la autoridad del rey. Aun cuando la carta fue suscitada por las rencillas con el arzobispo, el conde echa la memoria años atrás y se hace cargo de una costumbre al estilo de "estas partes", es decir, alude al episcopalismo de la Nueva España que "ataba las manos" al virrey mediatizándolo. En otras palabras, Monterrey corrobora la determinante de la modulación del dominio real, una vez que de la Corte le había venido la confirmación de que, en efecto, así funcionaban las cosas en el reino septentrional. Razón por la cual ya no se había atrevido a replicar si quería que el resto de su gobierno transcurriera "sin sobresalto". Se imponía, pues, a los virreyes de Nueva España, la necesidad de vigilar con buenos medios "para que el desasosiego y diferencias no pasen a escándalo". Su carta es nítida, no admite desperdicio

> Mas también sé que *el Consejo me limitó este remedio* [embarcar al arzobispo] que para con semejantes personas *es él el poderoso y el fuerte en estas partes*, dando claro a entender, por un capítulo de instrucción, que no se ha de hacer esto por el virrey sin dar primero cuenta de las causas al Consejo. Reparé yo en la cortedad en que podía hallarme por esta razón en algún caso y quise asegurarme más en ello con escribir a SM de la manera que yo entendía aquel capítulo y que me sentía con las manos atadas para esto.

> Y esto creo que fue en cartas de julio o agosto de 1597. Se me respondió por octubre, si bien me acuerdo de 1598, que así era, como yo lo tenía entendido. *Y no lo repliqué por parecerme que aunque en*

el Perú podría ser de graves inconvenientes esta limitación del superior gobierno, podría tolerarse en la Nueva España donde a necesidad puede contentarse la persona que gobierna y vivir sin sobresalto, con sólo tener la mano con vigilancia, industria y buenos medios para que el desasosiego y diferencias no pasen a escándalo de mal ejemplo, como a mí me ha sucedido con este negocio[563].

El marqués de Montesclaros y el afianzamiento de la autoridad real en el Perú

Con semejante correspondencia del conde de Monterrey y, al cabo de las conversaciones que seguramente tuvo con don Luis de Velasco, al llegar el marqués de Montesclaros a Lima, procedente de México, iba consciente del muy considerable poder del virrey en ese reino meridional. Hasta el grado de evocar el gobierno de don Francisco de Toledo como una especie de principio y fundamento.

En consecuencia, entendía su nuevo cargo como una "universal superioridad" que, no obstante, le hacía proceder con suma prudencia. Primero, porque su potestad y jurisdicción comprendían "1200 leguas de norte a sur" y se ejercía sobre seis reales audiencias y sus distritos en reinos y provincias tan diversos y dispersos como Panamá, Santafé de Bogotá, Lima, Quito, La Plata o Chuquisaca y Santiago de Chile. La mano del virrey, por lo tanto, no debía "obrar igualmente en todas partes", de suerte que era mucho lo que se dejaba "a cuenta de los gobernadores"[564].

En seguida, para que ese poder no fuera estorbado, Montesclaros manifestó a la Corona su firme oposición al envío de visitadores generales. En cambio, a causa de la inmensidad del territorio, compartir atribuciones en lo eclesiástico con los presidentes y gobernadores de los reinos y provincias era un cauce bien instaurado precisamente desde tiempos

---

[563] Carta del conde de Monterrey al marqués de Montesclaros sobre el gobierno eclesiástico, 30 de abril de 1604, en Hanke, (ed.), 1976, 273, II, 216-230. Tomada de AGI, *México* 26, a fojas 1-16.

[564] "Instrucción del marqués de Montesclaros a su sucesor, el príncipe de Esquilache, 1615", en Hanke, (ed.), 1980, 282, II, 91-92.

de Toledo, no sin reacomodos o ajustes[565]. En efecto, a este propósito una real cédula de 4 de abril de 1609 autorizaba no solo al virrey, también a los gobernadores, a escoger a los candidatos examinados para los beneficios eclesiásticos y las doctrinas. Y los escogían no por ser los más "dignos", sino los más "a propósito" es decir, apropiados, dada la convergencia jurídica de ambos cleros como estrategia que paliaba las tendencias a la disgregación.

Esto suponía que las autoridades seculares ya no estarían obligadas a optar por los candidatos del obispo respectivo, lo que según el virrey favorecía el derecho de patronazgo. Entonces, el marqués estaba ahora en posibilidad de mandar a hacer informaciones sobre los candidatos presentados. De ahí que el más "digno" podía no reunir las calidades particulares de que precisaba "la naturaleza de los feligreses que ha de administrar". Además, la nueva cédula delegaba, por vez primera en los virreyes y gobernadores, la concesión de títulos perpetuos tanto a clérigos como a frailes, esto es, sin necesidad de presentar la confirmación del rey.

En repetidas ocasiones, Montesclaros había sugerido que esa misma facultad se aplicara en la Nueva España, a causa de haber experimentado el gran poder que en ese reino ejercían las órdenes mendicantes[566]. Lo que, en caso de proceder, reforzaría el sustento de autoridad que la mayoría de los virreyes encontraban en los frailes, es decir, una de las condiciones subyacentes a la modulación del dominio real en las Indias septentrionales.

En lo tocante a desposeer a algún cura o doctrinero de su beneficio, lo cual hacían de manera conjunta el virrey y obispo respectivo, mediante una "concordia", Montesclaros admitió caberle duda. Así que, mientras esperaba que el Consejo zanjara esta cuestión, mantuvo una cláusula de dicha cédula de 1609 por la que se dejaba a curas y doctrineros amovibles al arbitrio del gobierno secular y del eclesiástico, aunque ya sin posibilidad para el sujeto removido de apelar ante las Audiencias. He aquí, pues, una estrategia de control que permitía a los pastores de ambos

---

[565] Instrucción del marqués de Montesclaros a su sucesor, el príncipe de Esquilache, 1615", en Hanke, (ed.), 1980, 282, II, 92-93.
[566] Latasa Vassallo, 1997, 218.

cleros cumplir con sus obligaciones y a la vez "enfrenar" a los eclesiásticos abusivos, vocablo predilecto, como se recordará, del virrey Toledo[567].

En lo tocante al clero de las catedrales, aun cuando la provisión de arzobispos, obispos, dignidades, canónigos y racioneros era prerrogativa del rey en su Consejo, el marqués de Montesclaros entendía ser la voluntad del monarca que los virreyes "consultemos general y particularmente los sujetos que nos parecieren dignos", conforme a lo que desde 1574 estipulara la Ordenanza del Patronazgo. Así también, para los concursos de oposición a las canonjías de oficio que se iban estableciendo en algunas sedes diocesanas, el virrey debía asimismo nombrar a los comisarios para los exámenes e incluso podía acudir en persona a los certámenes. El mandatario recibía enseguida de cada cabildo catedral la nominación abierta de los tres sujetos mejor calificados, misma que turnaba al Consejo de Indias para que este hiciera la elección final. Con el propósito de fomentar la promoción de los naturales de la tierra, es decir, de los criollos, Montesclaros planteó la posibilidad de que en las catedrales de reciente erección él mismo proveyera durante algún tiempo las vacantes de los cabildos[568].

Por otra parte, la afluencia de población autóctona e hispana en las provincias donde se explotaban las minas hizo necesaria la erección de nuevos obispados entre 1607 y 1614 mediante la desmembración de los ya fundados. Recordemos que ese proceso alcanzó un momento culminante con el establecimiento de un arzobispado más en las Indias meridionales, el de La Plata o Chuquisaca (1609). Tendría por iglesias sufragáneas las de Asunción, La Paz y Santa Cruz de la Sierra. En 1607 se habían recibido las bulas de erección de estas últimas diócesis. El desempeño del marqués de Montesclaros fue aún más activo en la creación de las iglesias de Huamanga (1609), Arequipa (1577, 1609) y Trujillo (1577, 1609), aun cuando la erección de las dos últimas se había previsto desde tiempos del virrey Toledo. No obstante, la fundación no se había concretado porque la desmembración correspondiente era perjudicial a los intereses y rentas de las sedes del Cuzco y de Lima. Ahora recaía en

[567] Latasa Vassallo, 1997, 173-174; Solórzano, 1996, libro IV, cap. XV, no. 18.
[568] Latasa Vassallo, 1997, 195; Hanke, (ed.), 1976-1981, 282, II, 95-96.

Montesclaros no solo la delimitación territorial, sino también la asignación de los ingresos de cada nueva iglesia. La primera fue preparada mediante la elaboración de una "descripción y cosmografía de estos reinos" por el P. Diego Méndez y del corregidor del Cuzco Pedro de Córdoba Messía, que recogió la información correspondiente[569].

Y en lo tocante a los ingresos de las nuevas mitras, en particular de Trujillo, Huamanga y Arequipa, su asignación suscitó el resentimiento de los cabildos eclesiásticos afectados por la desmembración. De ahí que el virrey determinara que los de Quito, el Cuzco y Lima siguieran percibiendo la misma renta anterior, lo que acarreó el agravio de los nuevos. Pero, como la composición de estos últimos se hallaba en ciernes, no podrían disponer de recursos antes de que sus primeros capitulares fuesen promovidos a otras iglesias o fallecieran. El problema de dotar a las nuevas sedes hizo que el virrey indagara sobre el número posible de prebendas que cada iglesia podía sustentar conforme a la demarcación y rentas disponibles. Al parecer, sus estimaciones fueron bastante optimistas. Confiaba en que el ingreso por diezmos aumentara si se le cobraba a los indios y a las haciendas de los religiosos que, conforme las adquirían, eximían del pago de ese impuesto. Como se ve, el grado de intervención del virrey del Perú en materia de las iglesias estaba en las antípodas respecto a Nueva España. Era de tal envergadura, que dificultaría sobremanera las posibilidades de interacción jurídica de las catedrales meridionales a favor de sus intereses comunes. También la estorbaría la escasez de recursos de las diócesis incipientes, la disparidad de sus intereses, su interacción judicial con la Audiencia real respectiva y la pugna de precedencia entre las sedes del Cuzco y Lima.

Como se recordará, desde 1593 y 1595 el Consejo de Indias había ordenado al virrey del Perú suministrarle información acerca del número de frailes, doctrinas y de la cuantía de los propios que hasta entonces habían adquirido. Como esa orden fuese reiterada, el marqués de Montesclaros la cumplimentó en 1612. Fue esa información que envió a la Corte la que movió al Consejo a tramitar para las Indias un breve análogo al de León XI de 1605 para hacer diezmar a los jesuitas de Castilla. Para

[569] Latasa Vassallo, 1997, 177-180.

entonces, en el Perú ninguna otra orden religiosa aventajaba a la Compañía de Jesús en predios y rentas. En cambio, desde la Nueva España el virrey marqués de Guadalcázar, cuya autoridad se hallaba en buena medida fincada en el respaldo de los frailes, no envió ninguna información. Por lo demás, la que en ese reino había disponible no era fehaciente, pues se hallaba minimizada. En lo concerniente a ese litigio de diezmos se puede corroborar que mientras más presencia hizo en él el virrey del Perú, menos interés tendrían las catedrales meridionales en concertarse con sus homólogas de Nueva España a partir de 1624. En cambio, entre las iglesias septentrionales la relevancia de ese contencioso no cesó de aumentar, ya que era inversamente proporcional a la distancia que se tomaba del virrey y al influjo determinante del episcopado[570].

Una más de las áreas de intervención del virrey Montesclaros en el plano del gobierno diocesano fueron las sedes vacantes de los obispos. Al inicio de su gestión, esa situación prevalecía en las iglesias más importantes, en Lima por deceso del arzobispo Mogrovejo en 1606, en el Cuzco y en Charcas. El problema más apremiante consistía en los desaciertos del gobierno diocesano por parte de los cabildos, ya que durante la vacante recaía sobre estos el nombramiento de los beneficiados y visitadores eclesiásticos. Lo cual hacía que el virrey interviniera para corregir la situación, sobre todo ahí donde no había una Real Audiencia, como en el Cuzco[571]. En cambio, hemos visto que en Nueva España no había procedido la iniciativa del conde de Monterrey sobre que el gobierno de las iglesias en sede vacante recayera en un gobernador elegido por el virrey y por la Audiencia.

Al emprender su gobierno en las Indias meridionales, a finales de 1607, Montesclaros tuvo presentes las recomendaciones que el conde de Monterrey le había hecho dos años atrás acerca del trato complicado con el arzobispo de México. Y es que, como se recordará, las relaciones de los virreyes anteriores con el arzobispo Mogrovejo habían distado de ser cordiales. El inicio del gobierno del marqués de Montesclaros coincidió en tiempo con el de don Bartolomé Lobo Guerrero, sucesor de aquel prelado. El nuevo arzobispo contaba con larga experiencia en las Indias.

---

[570] Mazín, 2017a, 224, 433-435.
[571] Latasa Vassallo, 1997, 182-185.

Primero se había desempeñado como fiscal del Santo Oficio en México en 1580, durante los días de don Pedro Moya de Contreras y, a partir de 1593, de inquisidor en esa misma capital. Al ser presentado a la silla de Santafé de Bogotá en 1596, fue consagrado nada menos que por don Diego Romano, prelado de Puebla y decano del episcopado de Nueva España en 1597[572].

Luego, a partir de 1599, gobernó la arquidiócesis del Nuevo Reino de Granada. Es plausible suponer que el trato con Moya, sus años en México y su experiencia neogranadina familiarizaran a Lobo Guerrero con las modulaciones respectivas de reconducción del dominio real en las Indias, hasta el grado de permitirle "normalizar" su sentido de la dignidad episcopal a costa, por cierto, de sonadas diferencias con el presidente de la Audiencia de Santafé[573]. Su relación con el marqués de Montesclaros se halló caracterizada por el respeto y el entendimiento mutuos, hasta el grado de haber puesto fin a la conflictividad. Y es que, luego de una década, el prelado se acomodó, según veremos, a la preeminencia del virrey del Perú. Antes de que Lobo Guerrero entrara en Lima, el marqués de Montesclaros había pedido al rey que lo previniera para no hacerlo debajo de palio, como sí lo había hecho el arzobispo Mendoza y Zúñiga en México en 1602, en perjuicio del conde de Monterrey. El nuevo arzobispo de Lima cedió y, a su vez, el virrey se afanó en dar la mayor solemnidad posible a su recibimiento en esa Ciudad de Los Reyes el 4 de octubre de 1609. En respuesta de prudente deferencia, Lobo Guerrero entró al palacio del virrey antes que al suyo[574].

Las deferencias y cumplimientos prosiguieron con ecos inversos a lo acontecido al conde de Monterrey con el metropolitano de México. Así, por ejemplo, el marqués de Montesclaros no consentía que al prelado se le llevase la falda en los actos de culto y en las procesiones en que él comparecía, aunque una real cédula posterior, del año 1614, autorizaría que un criado "llevase la falda" al arzobispo. El apogeo del buen entendimiento entre ambas autoridades tuvo lugar en 1611, cuando los

---

[572] García-Molina, 2021, cap. segundo; Vargas Ugarte, 1986b.

[573] Álvarez Tobos, 2020, cap. 2.

[574] Carta del marqués de Montesclaros al rey, Los Reyes, 31 de enero de 1608, AGI, *Lima* 275, f. 1, citada por Latasa Vassallo, 1997, 187-188.

cabildos eclesiástico y secular de Lima solicitaron que se otorgara a Lobo Guerrero la dignidad de cardenal de la Iglesia. Para no alterar "la conformidad y paz en que nos hallamos virrey y arzobispo", Montesclaros se abstuvo de dar a conocer su parecer a ese respecto y remitió el asunto al Consejo de Indias confiando en que ese tribunal le pondría fin.

El arzobispo se hacía cargo de que la estrecha colaboración entre ambos dignatarios *"ha parecido nueva aquí* y más vernos juntos en actos públicos, comunicarnos y tratarnos con los respetos y cortesías que en toda buena amistad y urbanidad se permiten". Lobo Guerrero ponderaba a la vez "la cristiandad, cuerdo proceder y gobierno del Marqués y otras partes de grande estimación que concurren en su persona". Por lo demás y, a diferencia de tiempos recientes, en que el arzobispo Mogrovejo recelara de la Compañía de Jesús, ahora prelado y virrey compartían su predilección por esa orden. La pusieron de manifiesto en las solemnes y concurridas fiestas de beatificación de Ignacio de Loyola en la primavera de 1610[575].

Poco después, una materia requirió del mayor cuidado y atención de parte del marqués. Según este, fue a instancias suyas que el arzobispo Lobo Guerrero organizó en 1613 una "congregación sinodal" o nuevo sínodo diocesano. En realidad, el prelado había previsto convocar a un nuevo concilio provincial, el sexto de Lima, lo cual el virrey secundó en principio. No obstante, la dilación que solía mediar para recibir la correspondiente licencia real movió a Montesclaros a pedir a la corte de Madrid que se delegara a él, como virrey, la valoración de los argumentos del arzobispo. El proyecto del nuevo concilio no prosperó y ante el apremio de hacer frente a las idolatrías, el marqués acabó por proponer a Lobo Guerrero la celebración de un sínodo para el que no se requería de licencia real[576].

Las constituciones sinodales, publicadas al año siguiente, son un cuerpo doctrinal, pastoral y legal de gran trascendencia para la reforma de las costumbres y del clero. En la memoria o instrucción de gobierno dirigida a su sucesor, el príncipe de Esquilache, Montesclaros dejó bien

---

[575] Latasa Vassallo, 1997, 214, cursivas mías.
[576] Latasa Vassallo, 1997, 228-229.

asentado que "se comunicaron [los eclesiásticos] conmigo y alteré lo que podía ser en perjuicio del Patronato real". Y, pese a que el monarca tampoco autorizaba la publicación de los sínodos "sin haberse visto [antes] en el Consejo", esta vez pareció al virrey que "la necesidad no sufría espera y así permití se publicase, de que he dado cuenta al rey"[577].

¿A qué asuntos necesarios se refería? A la persistencia de la idolatría entre los indios y a la necesidad de mejorar la instrucción para ambos cleros. Con precedentes en el Nuevo Reino de Granada donde, como vimos, Lobo Guerrero había ejercido casi diez años como arzobispo de Santafé de Bogotá, los virreyes Montesclaros y Esquilache presidieron y supervisaron las campañas unificadas de extirpación de las idolatrías características de la modalidad meridional de dominio. Constaban de una serie de acciones: la reducción de las poblaciones autóctonas, la propagación de la "lengua general" del Perú (quechua y aimara), el nombramiento de "jueces visitadores" con facultades extraordinarias, el establecimiento de "casas de reclusión" para reforma de los "maestros de idolatrías" y el de colegios para formación de los hijos de curacas o señores indios, así como la instrucción de curas y doctrineros[578]. "La Compañía de Jesús es de suma utilidad para todos los ministerios de la religión, así para la extirpación de la idolatría como para la enseñanza de los indios", expresó más tarde el virrey príncipe de Esquilache. Efectivamente, la Compañía desplegó gran actividad, adaptó su instituto religioso a las condiciones del poli centrismo andino y consolidó en Suramérica una mayor presencia, poder e influjo que en Nueva España[579].

En esta última, las "campañas de extirpación" no conocieron equivalente. Las denuncias de "idolatría" eran aisladas o tenían lugar en zonas bien delimitadas como Oaxaca o la capitanía de Yucatán. Esto no quiere decir que en ese reino no cundieran numerosas creencias y prácticas religiosas. Lo que pasa es que no fueron objeto de supervisión y control unificado por parte de las autoridades, como en el Perú.

---

[577] Hanke, (ed.), 1980, 282, II, 101.

[578] Hanke, (ed.), 1980, 282, II, 193.

[579] Carta del arzobispo al rey, Lima, 15 de marzo de 1610 de AGI, *Lima* 301, citada por Latasa Vassallo, 1997, 189; Hanke, (ed.), 1980: 282, II, 194: Relación del Príncipe de Esquilache, s/f *Ca.* 1621.

Recordemos que en Nueva España prevalecía un régimen de exención de los frailes doctrineros y que las diferencias entre el virrey y el episcopado solían ser mayúsculas. Pudo también haber contribuido un panorama lingüístico y religioso denso y más variopinto que el andino[580].

Un último rasgo debe destacarse en relación con la pervivencia de las modulaciones de reconducción del dominio real. Concierne a la relación de Montesclaros con tres eclesiásticos que bajo su patrocinio llegaron a obispos de sedes meridionales. En primer lugar, Alonso de Peralta, natural de Arequipa, que se desempeñara como inquisidor en sustitución de Lobo Guerrero y como arcediano en México a partir de 1594. Coincidió en esta última capital con el marqués cuando este fue virrey de Nueva España (1603-1607). Desde ahí elogió la "virtud, letras y prudencia" de Peralta ante el Consejo de Indias. Al partir Montesclaros hacia el Perú, Peralta entendió en México tanto en sus asuntos pendientes como en el correspondiente juicio de residencia. Finalmente, en carta del 12 de febrero de 1609 comunicó a su protector el nombramiento que el rey le hizo como primer arzobispo de la sede de La Plata o Charcas recién elevada a arquidiócesis[581].

El segundo eclesiástico miembro de la clientela del marqués de Montesclaros era Fernando de Mendoza, jesuita elegido como obispo del Cuzco en 1608. No obstante, se le puso por condición aceptar los términos establecidos por el virrey para la desmembración de esa diócesis, próxima a realizarse. La correspondencia entre ellos, según Latasa Vassallo, no solo corrobora un tono cordial y familiar, sino que se hace eco de una referencia común a los condes de Lemos como valedores de ambos en la corte de Madrid.

El tercer caso es el de Hernando Arias de Ugarte. Es quizá el que mejor ilustra la adaptación afortunada del virrey a la modulación meridional. Originario de Santafé de Bogotá y formado como jurista de formación, Arias Ugarte se desempeñó en diversos cargos de gobierno secular, entre ellos como corregidor de Potosí y más tarde como oidor de Panamá, Charcas y Lima. Aun cuando en 1607 fue ordenado sacerdote,

---

[580] Mazín, 2009, 82.
[581] Castillo, 2018, 338; Latasa Vassallo, 1997, 190.

la Audiencia le encargó presidir el gobierno de Huancavelica. El marqués de Montesclaros, que apreciaba su formación jurídica, lo nombró su asesor. Tanto el arzobispo Lobo Guerrero, como el virrey, propusieron a Arias Ugarte al Consejo de Indias para que presidiera alguna mitra, con especial insistencia de Montesclaros en la de Quito, vacante por muerte de su prelado en 1612, súplica que fue atendida de manera favorable por el monarca. El arzobispo de Lima lo consagró en 1613 y el marqués costeó su pontifical y ceremonia. Interesaba en particular a Montesclaros que Arias y Ugarte también asumiera el cercenamiento de territorios de esa mitra en provecho de la sede episcopal de Trujillo[582].

Las trayectorias de estos eclesiásticos presentan al menos dos rasgos que durante el siglo XVII integrarían una pauta característica de los Andes. Uno es la circulación por diversas sedes diocesanas de las Indias meridionales, y excepcionalmente también septentrionales, previa a su designación como arzobispos de Lima. El otro es su alternancia en ciertos cargos de gobierno o justicia seculares como presidentes gobernadores y oidores en las Audiencias, así como de carácter inquisitorial.

El virrey Velasco cierra un ciclo

El segundo gobierno de don Luis de Velasco en la Nueva España (1607-1611) fue determinante, pues acabó de depurar la modulación del dominio real de ese reino. Su rasgo más conspicuo corresponde al ámbito eclesiástico que hemos venido estudiando. Consistió en un proceso de transición de la autoridad. Fue análogo, aunque inverso, según veremos, al que se había producido veinticinco años atrás, entre 1584 y 1586. Inició a la muerte del arzobispo Mendoza y Zúñiga, cuando en octubre de 1606 el cabildo catedral metropolitano asumió la conducción de la sede vacante. Recordemos que ese senado había consolidado un espíritu de cuerpo en los primeros años de la década de 1590, en parte a causa de la asociación estrecha del virrey Velasco con el arzobispo Moya de Contreras durante los últimos meses de vida de este, cuando fungía como visitador y en seguida presidente del Consejo de Indias.

---

[582] Ospina Suárez, 2011; Latasa Vassallo, 1997, 192.

Hay que tener presente que la convivencia entre ese cabildo eclesiástico fortalecido y el arzobispo Mendoza y Zúñiga había sido ríspida. Como vimos, también hubo escollos y desencuentros entre el prelado y el virrey conde de Monterrey. Recordemos, en fin, que cuando este último se trasladaba al Perú advirtió al marqués de Montesclaros, su sucesor en México, que debía proceder con suma cautela en lo concerniente al arzobispo. La vieja tendencia al enfrentamiento entre las máximas autoridades de la Nueva España se había, pues, reanudado.

Por lo tanto, a partir de finales de 1606 la sucesión en esa silla arzobispal pasó a ser cuestión prioritaria, para los capitulares y para don Luis de Velasco. Al regreso de este a la Nueva España en 1604, para gozar de su jubilación, se había percatado del detrimento en el sentido de corresponsabilidad entre el prelado anterior y su "senado". En México, capital tan propensa a que los pleitos de poder se magnificaran y a que las crisis de autoridad prevalecieran, era imprescindible que en la corte real se acertara en esa sucesión episcopal. En el sentido de prever condiciones para una relación armoniosa entre el nuevo jerarca y el virrey. Velasco, exitoso sobreviviente de la diarquía que había constituido con don Pedro Moya de Contreras, debió no solo tratar esa cuestión con el virrey marqués de Montesclaros a finales de 1606, sino que incluso habrá echado mano de las relaciones de ambos en Madrid para que se designara a un prelado ilustre y cercano a la real persona. Sobre todo, tendrían en cuenta los vínculos con el conde de Lemos, a la sazón presidente del Consejo de Indias[583].

Esa instancia es aún más plausible porque no figura entre las tareas que se encargaron al canónigo Jerónimo de Cárcamo, nombrado procurador de la iglesia metropolitana ante la corte del rey, hacia la cual partió en mayo de 1607[584]. Entretanto, en Madrid, desde finales de noviembre anterior, se había tomado la decisión de trasladar al Perú al marqués de Montesclaros por deceso del conde de Monterrey en Lima, sin que esperara en México a su sucesor. Por lo cual, en principio se consideró encargar el gobierno a la Audiencia, aunque no sin que esta contara con el parecer de don Luis de Velasco "que ha sido virrey del Perú y Nueva

[583] Villarreal, 2024, cap. 3.
[584] Mazín, 2007a, 170.

España y está al presente en México". Para no prolongar la vacante se puso fin a su jubilación, que solo duró tres años y medio. Como adelanté, el rey le pidió asumir por segunda vez el gobierno de las Indias septentrionales[585].

Esta noticia se supo en México el 20 de junio de 1607. Velasco recibió instrucciones, así como la real cédula que le ordenaba suceder al marqués de Montesclaros. Este último dejó esa capital para embarcarse rumbo al Perú el 29 de junio, luego de haber gobernado en ella por espacio de tres años y medio. Don Luis hizo su segunda entrada pública en la ciudad de México el 15 de julio. Meses después, en diciembre, se dio a conocer el nombre de la persona en quien recaía la dignidad episcopal vacante. La designación correspondiente se hizo en Madrid poco después que la del nuevo virrey, pues la consulta respectiva del Consejo de Indias a Felipe III lleva fecha de 31 de julio de 1607[586].

De suerte que el 20 de octubre de 1607, día de la entrada del procurador de la catedral de México Jerónimo de Cárcamo en Madrid, había también entrado en ella, ya con destino al Nuevo Mundo, don fray García Guerra O.P., prior del convento dominico de San Pablo de Valladolid. Igual que el virrey Velasco, el nuevo arzobispo era originario de la provincia de Palencia. Don Luis había nacido en Carrión de los Condes en 1538 o 1539 y aquél una veintena de años después, en Frómista, hacia 1560. Sobre el Camino de Santiago, ambas poblaciones distan escasos 50 k una de otra. Sin embargo, es todavía más relevante corroborar que mientras se desempeñó como prior de San Pablo de Valladolid, el dominico fray García Guerra, noble de las casas de Vega y Guerra, ganó el favor de la casa real para su provincia de Santo Domingo en Castilla.

Recordemos que la corte había tenido por sede precisamente Valladolid entre 1601 y 1606. Ahora bien, en la pascua de Pentecostés de 1605 fray García Guerra, siendo ya prior, celebró capítulo general de la orden de Santo Domingo en aquel convento de San Pablo. A él

[585] Consulta del Consejo de Indias sobre la conveniencia que gobierne la Audiencia de la Nueva España, Madrid, 29 de noviembre de 1606, en AGI, *México*, 1 s/f. Consignada por Villarreal, 2024, 248.

[586] Sobre el relevo entre Montesclaros y Velasco remito a Chimalpáhin 2001; la consulta sobre el nuevo arzobispo de México en Herrera Heredia, 1983, tomo II.

acudieron "huéspedes de naciones y provincias, cuantos pocas veces se vieron juntos en España". Según el cronista dominico fray Alonso Franco, el prior Guerra dispuso tan bien las cosas para esa ocasión, que en prenda de gratitud el general de la orden y el capítulo le concedieron el grado de maestro en teología. Franco también nos dice que fray García "hizo grandes oficios con el Excelentísimo duque de Lerma, D. Francisco de Sandoval y Rojas, [es decir, con el valido de Felipe III], para que admitiese debajo de su protección y amparo toda [la] dicha provincia de Castilla con sus conventos y casas". En consecuencia, el prior Guerra trabó conversación y amistad con grandes personajes de la corte[587].

El cronista Franco destaca asimismo otro aspecto de cercanía de fray García a la casa real. El 8 de abril de 1605, pocos días antes de iniciar el capítulo general de la orden de Santo Domingo, había nacido en el palacio real de Valladolid el príncipe heredero, es decir, el futuro Felipe IV de España. Ahora bien, a causa de la devoción de su padre, el rey, al patriarca Santo Domingo y a la orden de Predicadores, el soberano quiso que el niño fuese bautizado en San Pablo. Para este otro acontecimiento se hizo traer desde Caleruega, lugar de nacimiento del fundador de la orden, distante 125 k, la pila bautismal en la que santo Domingo fuera bautizado en el año 1170[588]. El bautizo del infante tuvo lugar en la capilla mayor el domingo de Pentecostés 29 de mayo. Se lo impartió el cardenal de Toledo Bernardo de Sandoval y Rojas, tío del duque de Lerma, quien le puso por nombre, literalmente de pila, Felipe Domingo Víctor[589].

Cuando, dos años después, fray García se alojó en el convento dominico de Nuestra Señora de Atocha, en octubre de 1607, la corte ya se había reinstalado en Madrid. Y mientras esperaba ser consagrado para embarcarse rumbo a su nueva sede e iglesia metropolitana alternó, efectivamente, con personajes cercanos al duque de Lerma, en especial con uno de sus hijos, el conde de Saldaña, que ahí lo visitaba con alguna frecuencia. De hecho, fue a causa de una de esas visitas que se interrumpió la primera entrevista que el procurador de México Jerónimo de Cárcamo sostenía con su nuevo prelado. Debió regresar a Atocha para reanudarla.

---

[587] Franco, 1900, 333.
[588] Rucquoi, 2016.
[589] Franco, 1900, 334.

El procurador Cárcamo tenía la consigna de desengañar a fray García de lo que los criados del arzobispo Mendoza y Zúñiga podían haberle dicho sobre los capitulares eclesiásticos de México, tenidos como "sujetos cerriles e indómitos a la vez que arrogantes". Sin embargo, otros personajes como don Luis de Velasco y ciertos miembros de la Audiencia de México, eran testigos de que el trato difícil con aquel prelado no se había limitado al cabildo catedral. El arzobispo electo Guerra le dijo al procurador estar dispuesto a proceder con bondad y mansedumbre frente a ese cuerpo colegiado del cual, efectivamente, se le había dado una imagen poco halagüeña.

No del todo convencido, Cárcamo escribió a sus lejanos poderdantes. Les dijo que esperaba que el nuevo prelado debería antes superar cuatro grados de dificultad: la consagración episcopal, que aún no se verificaba, la travesía atlántica, el recibimiento del nuevo arzobispo al desembarcar e incursionar en el reino de Nueva España y, en fin, verse sentado en su cátedra de México ante la grandeza de aquella dignidad en el concierto de las Indias Occidentales. El procurador se hallaba ofuscado, pues corroboraba en persona la cercanía de fray García a los personajes más cercanos al rey. Luego de su consagración, que tuvo lugar el 5 de abril de 1608, el arzobispo debe haberse entrevistado de manera oficial con don Pedro Fernández de Castro, el conde de Lemos, sobrino, yerno y pariente predilecto de Lerma, quien a la sazón se desempeñaba efectivamente, como presidente del Consejo de Indias, cargo que ocupaba desde abril de 1603[590].

El nuevo prelado se embarcó rumbo al Nuevo Mundo el 12 de junio en la flota del capitán Lope Díez de Armendáriz, sujeto natural de Quito que, dos décadas después, llegaría a ser virrey de Nueva España. Navegaron durante dos meses hasta el 19 de agosto. Bien pudo fray García encomendar esa travesía a fray Pedro González Telmo o San Telmo (1190-1246), antepasado suyo y hermano de religión con fama de santidad. Según el cronista fray Alonso Franco, fray García le era sumamente devoto a causa de sus milagros "de que está lleno el mundo y los

---

[590] Mazín 2007a, 177-179 Remito a la carta del Dr. Jerónimo de Cárcamo al Deán y cabildo de México, Madrid, 20 de octubre de 1607 en ACCMM, *Correspondencia*, vol. 20. Véanse asimismo Schäfer, 2002, vol. II, 221, n. 774 y Villarreal, 2024.

navegantes saben la obligación que le tienen". Contemporáneo de santo Domingo, fray Pedro, también oriundo de Frómista y que ingresara en la orden de Predicadores en Palencia, fue predicador itinerante por España. En la diócesis de Tuy, en Galicia, dejó fama de constructor de puentes a causa de las frecuentes inundaciones del río Miño. Mientras le duró esta vida, prosigue el cronista, fray García Guerra "tuvo en su celda y en su aposento un natural retrato de San Telmo".

Bien advertido acerca del lustre de su nuevo prelado, el cabildo catedral metropolitano preparó solemnidades para la recepción, empezando por el desembarco en el puerto de Veracruz, al cual envió 40 criados, caballos, mulas, alimentos y un carruaje. El aviso del nombramiento de Guerra había llegado provisto de la autorización de este para que se tomara posesión en su nombre por poder, lo que hizo el deán Luis de Robles el día de Santo Domingo, es decir el 8 de agosto de 1608, cuando la embarcación de fray García estaba próxima a tocar tierra. También el virrey don Luis de Velasco le envió un emisario hasta el puerto, así como la concertación de una primera entrevista de ambos en las afueras de México[591]. Nada más desembarcar, los frailes dominicos le dieron la bienvenida y le condujeron a su convento del puerto, luego de lo cual se sumaron a la numerosa comitiva del viaje hacia México, que duró un mes por numerosos pueblos donde los indios le erigieron ricos arcos triunfales[592].

El virrey Velasco envió a su maestresala Feliciano de Vascones en busca del prelado, no sin mandarle decir que hubiese deseado ir en persona "a besarle las manos y ofrecerse a su servicio". Vascones encontró la comitiva de fray García en Apam, primer pueblo del arzobispado. En seguida, el virrey le envió una carroza para que su emisario "le viniese sirviendo como a su misma persona en oficio de Caballerizo y así lo ejerció desde Otumba". A invitación e insistencia de Velasco, la primera entrevista de ambos dignatarios tuvo finalmente lugar en Huehuetoca, literalmente en las goteras de la capital, el 18 de septiembre. El arzobispo

[591] Castillo, 2018, 318-319; García-Abasolo, 2018.
[592] Franco, 1900, 333; Alemán, 1983, 30-31.

vería ahí la terminación de una obra del desagüe de la cuenca de México tan a menudo expuesta a inundaciones.

Poco antes de llegar al sitio de encuentro, en el camino, el séquito episcopal vio al maestro mayor, el alemán Enrico Martínez, quien explicó al prelado el principio del tajo abierto de dicha obra. Luego de la comida, yendo ya con el virrey a bordo de la carroza, rumbo a las lumbreras del desagüe, "en un paso no dificultoso se trastornó [el carruaje] con ambos, aunque no recibieron daño de consideración"[593]. Este incidente pudo hacer que fray García evocara una escena de la vida de fray Pedro González Telmo. Cuando, montado en un caballo ricamente enjaezado, quiso recorrer la ciudad de Palencia antes de su conversión, "el caballo se desbocó y le derribó en un lodazal. Oyó burlas y esto le ayudó a reconsiderar su vida"[594].

La inundación de 1604 y una más reciente de 1607 habían sido tan graves, que México había estado en peligro de perecer. El agua brotaba del suelo de las iglesias y en la de Santo Domingo casi llenó la nave principal, hasta el grado de tener que bombearla porque el lugar, "convertido en laguna, causaba lástima". Así que, por orden del virrey, primero se empezó a excavar un canal en Amaquemecan-Chalco, pero, por no ser suficientemente hondo, no se logró sacar el agua. Entonces, según el cronista Chimalpahin, en noviembre de 1607 se empezó a excavar otro canal en Huehuetoca "para abrir por en medio y horadar el cerro", al tiempo que en México se rellenaba la tierra y se elevaban las calzadas en febrero siguiente. Así, pues, el 18 de septiembre de 1608, al cabo de casi diez meses de trabajos, "se abrió el canal que había sido excavado por entre el cerro en Citlaltepec para echar y llevar hasta Tula el agua que amenazaba y solía inundar México". En presencia de ambas autoridades "se abrió el canal por donde corría el agua. El arzobispo bendijo el sitio" y luego prosiguió su camino rumbo a la capital impartiendo el sacramento de la confirmación a su paso por Teoloyucan, Tepotzotlán, Cuautitlán y San Cristóbal Ecatepec[595].

---

[593] Alemán, 1983, 32.
[594] González García, 2018.
[595] Alemán, 1983, 31-32; Chimalpáhin, 2001, 93-94, 127, 133, 139.

A diferencia del arzobispo Lobo Guerrero en Lima, cuya entrada bajo palio prohibió el virrey marqués de Montesclaros, en México don Luis de Velasco no contradijo los suntuosos preparativos del cabildo eclesiástico para dar la bienvenida al nuevo prelado. Por el contrario, alentó la iniciativa del deán para que los regidores de la ciudad acompañaran a aquel cuerpo eclesiástico para ir al santuario de Guadalupe y conducir a fray García Guerra, en procesión, bajo palio, "por ser tan importante y calificado requisito de honor". Primero llegaron a la iglesia de Santo Domingo donde se aderezó un pórtico y en seguida hasta la entrada solemne en la iglesia mayor bajo un arco ejecutado con dispendio de la iglesia por Baltasar de Echave, el pintor más prestigiado del momento[596].

Muy impresionado por la cercanía del nuevo arzobispo con la casa real, el cabildo catedral cerró filas y evitó incurrir en cualquier contrariedad en asuntos tocantes al gobierno, el culto o la administración. Cabildo y prelado restañaban así el lastimado sentido de corresponsabilidad. Como harían las demás catedrales del reino, lo hicieron rememorando la tradición fundacional o mito de origen de su iglesia. De ahí que evocaran la vida y virtudes de don fray Juan de Zumárraga, el prelado fundador, que consideraban "planta y principio de la grandeza y majestad que hoy en día tiene". En el verano de 1610 procedieron a poner sus restos mortales en un túmulo[597].

La sede metropolitana de Nueva España no sólo se redimensionaba puertas adentro. También acentuó su vocación integradora para con sus iglesias sufragáneas. En cambio, en las Indias meridionales la presencia de hasta tres iglesias metropolitanas iba dando lugar a pautas diferenciadas de intercambio y circulación. Además, las sedes sufragáneas de cada una interactuaban judicialmente hasta con seis reales Audiencias: Panamá, Santafé, Quito, Lima, La Plata y Santiago de Chile.

Centro único de decisiones, la ciudad de México acogía a ministros seculares y eclesiásticos, a embajadas y embajadores de Asia oriental en tránsito rumbo a la corte del Rey Católico. Por ella circulaban obispos y

[596] Castillo, 2028, 319.
[597] Castillo, 2018, 324.

prebendados dentro del reino, allende este, y a menudo también rumbo a los reinos andinos, como el inquisidor don Alonso de Peralta, deudo del marqués de Montesclaros, a quien antes me referí. Fue consagrado en México por fray García Guerra el 30 de noviembre de 1609 como primer arzobispo de La Plata, iglesia recién erigida en metropolitana[598].

Días después del recibimiento solemne del arzobispo Guerra, entró en la ciudad en octubre de 1608 el agustino fray Baltasar de Covarrubias, obispo procedente de Oaxaca en camino hacia Valladolid de Michoacán, a cuya diócesis había sido promovido. Permaneció en la capital de Nueva España cuatro meses y medio[599]. Por su parte, el arcediano de México Juan de Cervantes se trasladó a Oaxaca para suceder en su catedral al obispo Covarrubias. También salieron de la capital siete franciscanos, uno de ellos comisario, rumbo a Santa Fe de Nuevo México. A finales de abril de 1609 llegó don Diego Vázquez del Mercado, obispo de Yucatán, quien viajaba rumbo "a Manila en la China para ser allá arzobispo", y fue asimismo consagrado por fray García. Con pregón, en mayo se anunció el nombramiento de un nuevo visitador, don Juan de Villela, hasta entonces presidente de la Audiencia de Guadalajara de Nueva Galicia. Finalmente, en diciembre de 1610 entró en México un contingente de 19 japoneses presidido por un noble como embajador del emperador, delegación que llevaba a la corte del rey la encomienda de hacer la paz con los cristianos[600].

En tal escenario no podían faltar las noticias de allende el Atlántico. Una primera recompensaba a don Luis de Velasco por su larga lealtad al rey. Efectivamente, el correo de España del 2 de septiembre de 1609 llegó a México con la noticia de que el 18 de julio de ese mismo año, Felipe III le había otorgado a su virrey de la Nueva España el título de marqués de las Salinas del Río Pisuerga, localidad al norte de su provincia natal de Palencia. Al día siguiente se hizo fiesta en honor del nuevo marqués con el palacio real adornado con candelas luminarias en su azotea[601]. También llegó de España la noticia de la beatificación de Ignacio

[598] Chimalpáhin, 2001, 205.
[599] Mazín, 2018a.
[600] Chimalpáhin, 2001, 141, 199, 217, 219.
[601] Chimalpáhin, 2001, 203, 205.

de Loyola, fundador de la Compañía de Jesús. De manera alusiva, el 31 de julio de 1610 se dedicó la iglesia de la Casa Profesa de esa orden religiosa con una gran procesión con el Santísimo Sacramento entre la catedral y la nueva iglesia, donde predicó el arzobispo Guerra[602].

Hubo gestos de deferencia del arzobispo para con el virrey, cuyo yerno, don Juan Altamirano, comendador de la orden de Santiago, falleció el 31 de octubre de 1610. "Llevaron su cuerpo para sepultarlo en San Francisco. Lo llevaban en hombros los provinciales y priores religiosos y delante iba el señor arzobispo acompañado por todos los canónigos […] El señor virrey don Luis de Velasco iba inmediatamente detrás". O bien, aquel otro acto, celebrado días después, para dar la bienvenida al sobrino del mandatario don Rodrigo de Vivero, procedente del Japón, que se había extraviado en el mar mientras regresaba a México luego de haberse desempeñado como gobernador de Manila. Don Rodrigo presidía la comitiva de la embajada nipona, uno de cuyos fines era "que los mercaderes españoles pudieran entrar al Japón sin que se lo impidiera la gente de allá y asimismo que los japoneses pudieran entrar a México a comerciar vendiendo los bienes que allá se producen[603].

Desde el verano de 1609 sobrevino en la corte de Madrid una serie de cambios en las cúpulas del poder. Aunque el duque de Lerma seguía teniendo control sobre los cargos de mayor importancia en los Consejos, se iban produciendo otros nombramientos que debilitarían su influencia. Propiciaron una ruptura en la cadena de lealtades que hasta entonces Lerma había sido capaz de sostener. Dos decisiones fueron sumamente importantes: primero, el conde de Lemos fue nombrado virrey de Nápoles en diciembre de 1609, lo cual exigió del valido real remplazar al presidente del Consejo de Indias. La otra decisión, anunciada en mayo del mismo año consistió en la desaparición de la Cámara de Indias con el fin de restablecer la paz y unión en el Consejo, pero, sobre todo, de propiciar mayor probidad en la atribución de los cargos seculares y eclesiásticos en el gobierno de los dominios del Nuevo Mundo[604].

---

[602] Chimalpáhin, 2001, 209, 211.
[603] Chimalpáhin, 2001, 215, 217, 219.
[604] Mazin, 2007 a, 201-202.

Para sustituir a Lemos en el Consejo de Indias se nombró a don Juan de Acuña, antiguo colaborador del duque de Lerma e indirectamente emparentado con él por ser pariente de la mujer del hijo mayor del duque, el duque de Uceda. Para ese efecto, Acuña dejó el Consejo de Hacienda que venía presidiendo. Sin embargo, su gestión al frente de las Indias duró escasos diez meses. A causa de la jubilación, enfermedad y deceso de don Pedro Manso, en noviembre de 1610 el monarca tuvo que nombrar nuevo presidente del Consejo de Castilla en un momento en que el conflicto cortesano empezaba a ser significativo. Gracias a los vínculos de Acuña con el duque de Uceda y contra los deseos de Lerma, que tenía otro candidato, el rey optó por el primero. La decisión sorprendió a todos y Acuña fue presidente de Castilla hasta 1615[605].

Como la presidencia del Consejo de Indias quedara vacante, el 13 de noviembre de 1610 se publicó el nombramiento de un nuevo presidente de ese tribunal. Se atribuyó a nadie menos que al marqués de las Salinas del Río Pisuerga, es decir, a don Luis de Velasco, virrey de la Nueva España. El canónigo Jerónimo de Cárcamo procurador de la iglesia de México en Madrid, fue informado al respecto semanas antes, ya que lo anunció a sus poderdantes el 30 de octubre. Su primera reacción fue ambivalente. Por un lado, para él andaba "toda la corte varlobenteando [*sic*] haciendo presidente de Indias a este y al otro. ¿Cómo se puede negociar fácilmente con tanta variedad de presidentes?", preguntaba. Por el otro, la noticia de la promoción del virrey Velasco le movió a salir de la corte para esperar su llegada. Pasarían algunos meses mientras don Luis tomaba posesión y el procurador podía tratarle los negocios de su catedral. Y quizá algún tiempo más, para que "su excelencia aspire a ellos y los confirme con su gran autoridad". Al estar Cárcamo al final de su gestión como procurador en Madrid, escribía al cabildo: "bastará con que vuestra señoría me prorrogue un año la comisión"[606].

No hubo necesidad. El último día de febrero de 1611, el solicitador de la iglesia metropolitana en Madrid informó a México que el rey había concedido a don Jerónimo de Cárcamo el obispado de Trujillo "en la

---

[605] Feros, 2002, 396.

[606] Mazín, 2007 a, 210. Remito a la carta del 30 de octubre de 1610 en ACCMM, *Correspondencia*, vol. 20.

tierra más apacible y en lo mejor del Perú". Era evidente que ese nombramiento correspondía a la dinámica de aquellos clérigos que, como a Alonso de Peralta, el marqués de Montesclaros había tratado y protegido desde que gobernara la Nueva España. Ninguno de ellos escapaba a su consideración ahora que el marqués se ocupaba de la provisión de la arquidiócesis de La Plata y de las diócesis de Trujillo y Arequipa.

La promoción de don Luis de Velasco a la presidencia del Consejo de Indias debió plantear en la corte, de inmediato, la interrogación sobre la vacante de virrey que habría en México. La sincronía con la que transcurrieron las cosas hace plausible considerar que la designación de Velasco habrá sido prácticamente simultánea al nombramiento del arzobispo Guerra como virrey interino. Aunque ya remoto, el recuerdo de don Pedro Moya de Contreras había sentado jurisprudencia. Evidencias más recientes, como la aseveración del conde de Monterrey sobre el influjo de la figura arzobispal en la Nueva España, permiten corroborar que la modulación del dominio real en ese reino se hallaba ya bien acendrada en la corte.

De esta suerte, Velasco habrá recibido en México la noticia de ambas investiduras. Efectivamente, el 18 de abril de 1611 fray García Guerra acudió a la sala capitular de la antigua catedral primitiva o "de prestado". Ahí anunció al cabildo que por asenso de don Luis de Velasco a la presidencia del Consejo de Indias, el monarca lo designaba a él como virrey de la Nueva España. También aprovechó ese momento para anunciar, además, la designación de su sobrino Diego Guerra, a la sazón canónigo lectoral, como nuevo procurador de la iglesia catedral en la corte del rey, en sustitución de Cárcamo[607].

Tres semanas más tarde, el 10 de mayo, el virrey Velasco salió de la ciudad de México. Habiendo salido del palacio avanzaron juntos. "A la izquierda marchaba el arzobispo en su caballo y a la derecha iba en el suyo el señor don Luis de Velasco hasta llegar a Santa Ana, iglesia de extramuros, próxima a Tlatelolco, "donde se despidieron con muchos comedimientos y palabras". Luego de tres años y diez meses de su segundo gobierno, Velasco no volvería nunca a la Nueva España. En esta

607 Castillo, 2018, 340-341.

dejaba tres hijas: una, viuda, doña María de Ircio y dos monjas de Regina Coeli, doña Beatriz y doña Isabel. También permaneció en México doña Ana de Castilla hermana mayor del virrey, viuda de Diego de Ibarra. Solo acompañaron en la flota a don Luis su nuera, doña Mariana de Ibarra y Velasco, viuda de don Francisco de Velasco, cuyos hijos heredarían en España, a la muerte de aquél, el marquesado de las Salinas del Río Pisuerga[608]. Un mes después, cuando se supo que el marqués se había hecho a la vela, fray García fue conducido desde la residencia de los prelados en Tacubaya al santuario de Guadalupe, para pedir a la Virgen su intercesión para el buen gobierno del reino. Su solemne entrada pública y recibimiento como prelado virrey tuvieron lugar el domingo 19 de junio[609].

Ahora bien, entre la despedida de don Luis de Velasco y la entrada pública del arzobispo virrey, es decir, el viernes 10 de junio de 1611, a las 15 horas de la tarde, sobrevino un eclipse total. "Sucedió que se cubrió la faz del sol o, como decían los antiguos, el Sol fue comido y desapareció completamente la luz", escribió el cronista. "De pronto se hizo como si fueran las ocho de la noche [...] y aparecieron las estrellas del cielo", hasta el punto de que "nadie andaba ya por las calles de la ciudad de México [que] estaban desiertas" y la gente turbada[610]. El carácter aciago o de mal agüero de ese fenómeno astronómico, fue poco después plasmado por escrito. Mateo Alemán dijo que el eclipse había mostrado

> Según su significador que fue Mercurio, muerte de algún príncipe y que, por ser en México, en casa de la religión y salir eclipsándose de la décima casa, que es de los oficios y dignidades, prometía muerte de príncipe de la Iglesia constituido en dignidad secular[611].

Efectivamente, fray García Guerra falleció meses más tarde, el 22 de febrero de 1612 a las 13:45 horas, a consecuencia de una afección hepática. Días antes había recibido el viático, "estando presentes los dichos señores de la Real Audiencia y los dos Cabildos, eclesiástico y

608 Chimalpáhin, 2001, 227.
609 Alemán, 1983, 36.
610 Chimalpáhin, 2001, 233.
611 Alemán, 1983, 35.

seglar, les hizo una muy tierna y elegante plática […] sobre aquellas palabras del capítulo trece de San Juan que dicen: *Cum dilexisset suos qui erant in mundo, in sinem dilexit eos*" ["habiendo amado a los suyos que estaban en el mundo, los amó hasta el extremo"][612].

Los autores que vivieron ese acontecimiento consideraron que el final prematuro del gobierno del segundo prelado virrey de la Nueva España había sido consecuencia del eclipse. En realidad, su gestión duró ocho meses y cuatro días. Está dentro del margen promedio de ocho y hasta trece meses que duraría la mayoría de los gobiernos de los numerosos prelados virreyes en ese reino. Tras el deceso de fray García, algunos cambios contrarrestaron el influjo de poder por él ejercido, como si se hubiera pretendido eclipsarlo[613]. En primer lugar, el cabildo catedral revocó los poderes que diez meses antes se habían otorgado al canónigo Diego Guerra. Procedió asimismo a la destitución de algunos personeros del prelado. Finalmente, tuvo lugar un pleito de espolios entre la iglesia y los deudos del difunto. Pero nada desvirtuó la modulación del dominio real que la transición de autoridad apenas producida acendraba. A la inversa de lo acontecido veinticinco años atrás, cuando el prelado virrey pasó a la corte para convertirse en el asesor de Felipe II, ahora había permanecido en el reino para estabilizar la transición. En cambio, el virrey Velasco, adalid de los grupos locales y partícipe de ambas modulaciones de la reconducción del dominio real, pasaba a presidir el Consejo de Indias colmado de experiencia y saber acerca de los dominios del Nuevo Mundo.

---

[612] Alemán, 1983, 43.
[613] Castillo, 2018, 344-346.

Epílogo: "miradas al porvenir"

Retorno del patriarca

Al aceptar su designación como virrey de Nápoles en agosto de 1609, es probable que don Pedro Fernández de Castro, el VII conde de Lemos, haya expresado que no tendría mejor sucesor al frente del Consejo de Indias que don Luis de Velasco y Castilla, el primer marqués de las Salinas del Río Pisuerga[614]. Este, antiguo caballero del príncipe heredero en Bruselas, se había ganado la confianza de Felipe II desde 1566 como delator de la conjuración Ávila/Cortés en México. Más tarde, en 1584, el rey había expresado su beneplácito ante la posibilidad de que Velasco lo representara en el Tercer Concilio Mexicano. Años después, en 1589, el monarca lo nombró virrey de la Nueva España, que gobernó por seis años.

En enero de 1603, Velasco recibió muestras de gratitud del nuevo soberano por su desempeño de la Real Hacienda en el Perú, donde para entonces gobernaba[615]. Al término de esa gestión, Felipe III le concedió su jubilación en premio por su lealtad y servicios, incluidos los de su casa, ya que, como es sabido, don Luis, su padre, había sido el segundo virrey de la Nueva España (1550-1564). Confianza y beneplácito, entonces, por los gobiernos sucesivos como virrey en ambas Indias del Nuevo Mundo. Sin embargo, con la libertad de esa misma confianza, el rey, su señor, le interrumpió la jubilación en 1607. Como sabemos, encargó a Velasco el gobierno de la Nueva España por segunda vez.

---

[614] Villarreal, 2024, 246.

[615] Villarreal, 2024, 248.

Franqueza y experiencia no eran todo. Un hombre tan afortunado debía estar a la altura del "imperio", es decir, del establecimiento de un orden de cosas heterogéneas y de su cumplimiento[616]. Un último desafío apareció en el horizonte vital del virrey Velasco en noviembre de 1610. Felipe III le otorgó un poder y responsabilidad aún mayores, la presidencia del Consejo de Indias. Se entendía como el "buen gobierno espiritual y temporal" de ese conjunto de dominios, la "conservación y buen tratamiento de los indios naturales de ellos" y el "acrecentamiento y buen recaudo de nuestra hacienda", todo en virtud del "servicio a Dios nuestro Señor y nuestro"[617]. Hemos corroborado que a la dignidad del Rey Católico como lugarteniente de Dios, y a su calidad de patrono por delegación apostólica, subyacía el "imperio" sobre esos reinos, provincias y señoríos en orden a su cristianización.

Por haber gobernado el Consejo de Indias durante seis años (1603-1609), el conde de Lemos contaba con una visión panorámica de esas posesiones. Semejaba "un edificio compuesto por piezas interconectadas de alto impacto para la monarquía"[618]. El trajín oceánico articulador de trayectorias personales y de intereses de grupos, la circulación de los virreyes y la normalización de las modulaciones de dominio en el ámbito eclesiástico habían acendrado los parámetros geoestratégicos. En el Consejo se tenía consciencia de todo ello, como vimos que había expresado don Paulo de Laguna, el antecesor del conde de Lemos

> Por razón de la inteligencia que es necesaria de las cosas del Perú, que se adquiere por *la gran correspondencia que hay* con la Nueva España […], *ha sido necesario pasar a los virreyes de Nueva España al Perú, especialmente cuando hay buena satisfacción de todos los demás*[619].

---

[616] Definición de "presidir", según el *Tesoro de la lengua castellana o española* (1611) de Sebastián de Covarrubias, consignada en Villarreal, 2024, 162.

[617] Villarreal, 2024, 162.

[618] Villarreal, 2024, 218.

[619] Billete del presidente de Indias por la provisión del virrey del Perú, Valladolid, 16 de agosto de 1602, AGI, *Lima* 1, fs. 642-643. Citado por Villarreal, 2024, 175-176. Cursivas mías.

Ese entendimiento había estado implícito en 1604, cuando se procedió a hacer la división administrativa del Consejo en dos secretarías, Perú y Nueva España. Efectivamente, el criterio geográfico de reinos y provincias era considerado de "mayor comodidad, más provechoso y de mejor inteligencia"[620]. Debe considerarse, además, que durante su gobierno, Lemos buscó consensos de moderación y equilibrio. Mucho debió apreciar, en consecuencia, que don Luis de Velasco gobernara en ambas sedes de virrey del Nuevo Mundo y una segunda vez en Nueva España[621].

Efectivamente, el conde valoraba la participación en el Consejo de sujetos curtidos en el desempeño del Nuevo Mundo, a causa del aprovechamiento que podía hacerse de su experiencia. Por su parte, Velasco, de natural conciliador y dueño de un temperamento grave, apegado a prudencia y sobriedad, admiraba y se reconocía en el estilo de conducción de Lemos. De ahí que todavía en México hubiera lamentado el relevo inminente del conde con destino a Nápoles. Al respecto, dirigió una misiva al consejero de Indias Rodrigo de Aguiar y Acuña que dice

> Mucho me pesa que se avive la voz de la mudanza del conde, que Dios guarde, porque sin duda sería el mayor daño que a las Indias les puede venir [...] y que yo tan interesado por todo sentiría más que nadie. Sírvase nuestro Señor oírnos, como para el bien de estas provincias es menester[622].

Una vez que Lemos partió rumbo a Italia y que el nuevo nombramiento de Velasco fue publicado, el duque de Lerma envió en diciembre de 1610 un billete al presidente del Consejo de Castilla. Se mandaría un navío de aviso a la Nueva España en busca de don Luis para trasladarlo cuanto antes a la corte[623]. Este se puso en marcha el 10 de mayo de 1611 rumbo a Veracruz para embarcarse. Dejaba la ciudad de México para

[620] Villareal, 2024, 222-224.
[621] Villarreal, 2024, 200.
[622] Carta de don Luis de Velasco a don Rodrigo de Aguiar y Acuña, México, 10 de octubre de 1609, en British Library (BL), *Additional Ms.* 13992, fol. 511r, citada por Villarreal, 2024, 244.
[623] Billete del duque de Lerma al presidente de Castilla por el nombramiento del presidente de Indias Luis de Velasco, Valdemoro, 8 de diciembre de 1610, AHN, *Estado*, 6402, s/f. Citado por Villarreal, 2024, 246.

nunca volver a esa patria suya. En su séquito viajaba el canónigo Diego Guerra, sobrino de fray García, el arzobispo virrey interino que en aquel momento le sucedía en el gobierno. Diego iba nombrado procurador de su iglesia catedral en Madrid.

Llega el momento del balance y la prospectiva. Balance, porque me interesa hacer acopio de lo sustancial de las modulaciones de dominio. Don Luis llegaba a Madrid imbuido de ese saber, luego de veintidós años de experiencia como virrey en México (1589-1595), en Lima (1596-1604) y de nuevo en México (1607-1611). Y prospectiva porque, al repercutir, esas modulaciones siguieron depurando los términos del patronato eclesiástico de las Indias en las siguientes décadas. Como ahora sabemos, no era una instancia monolítica, sino un sustento imperial diferenciador de reinos y provincias. Velasco presidió el Consejo de Indias durante seis años. Ciertas acciones de su mandato, que en seguida veremos, sugieren que estuvo a la altura del "imperio" que entrañaba la acción de "presidir". El 7 de agosto de 1617 le fue concedida nueva jubilación, exactamente un mes antes de su muerte, acaecida en Sevilla el 7 de septiembre a la edad de 83 años[624].

El Consejo de Indias y su presidente se hacían cargo de las dinámicas según las cuales la monarquía presentaba un rostro diferente en cada latitud. Sin embargo, podían o no ser incorporadas a la práctica gubernativa según las necesidades, apremios y estrategias de la Corona. La circulación de ministros y funcionarios entre los reinos y provincias, según sus ritmos, es quizá un indicador para discernir en qué momentos el diseño de políticas en la corte fue más o menos sensible a las modulaciones del dominio en los reinos. Efectivamente, tanto seglares como eclesiásticos circulaban entre las gubernaturas, las Audiencias o bien entre las iglesias catedrales, de suerte que se familiarizaban con el "estilo del país" al que eran designados.

---

[624] Mazín, 2007a, cap. 4.

Traigamos a la memoria, entonces, que en los Andes la estrategia medular para ejercer el patronazgo real consistía en hacer converger jurídicamente actores antagónicos bajo la preeminencia del virrey del Perú y demás autoridades delegadas. Se trata del "freno" o mecanismo de disciplina eclesiástica que informaba acciones tales como la reducción de las poblaciones autóctonas, la reconducción de encomenderos y señores indios, la unificación de la doctrina y del culto para desterrar "idolatrías", el nombramiento de curas y doctrineros interinos por el virrey o el gobernador y su sanción por cada obispo, la exigencia del aprendizaje de las lenguas generales, la asistencia a concilios provinciales y sínodos en nombre del soberano y la disputa por el control y distribución de las rentas, entre otras.

Consecuentemente, la modulación andina dio lugar a un vigoroso sistema de vice patrones integrado por el virrey, los presidentes de Audiencia y los gobernadores de provincia, que designaban a los eclesiásticos de ambos cleros y arbitraban sus actividades[625]. Hacían alarde de colaboración cuando era pacífica y mediante el recurso de fuerza dirimían ante las Audiencias sus diferendos judiciales. Ahora bien, tengo la impresión de que si el cargo de presidente de esos tribunales recaía eventualmente sobre eclesiásticos, podía ejercer un efecto neutralizador; o bien, si, a la inversa, los oidores y gobernadores pasaban a ser obispos, aunque esto último fue más excepcional[626]. También se buscó neutralizar cualquier veleidad autonomista del clero de las catedrales en materia legislativa, hacendaria y fiscal[627].

Algunos ejemplos ilustran esa pauta en tres latitudes de las Indias meridionales. Para Lima, recordemos que el virrey marqués de Montesclaros reivindicó haber sido, a instancias suyas, que el arzobispo Lobo Guerrero llevó a efecto en 1613 una "congregación sinodal" o nuevo sínodo diocesano. Le movía el propósito de no alterar "la conformidad y

---

[625] Galeano, 2025.

[626] Fue el caso de Hernando Arias Ugarte, gobernador, oidor y más tarde obispo de Quito, arzobispo de La Plata y de Lima. Ospina Suárez, 2011; Latasa Vassallo, 1997, 192.

[627] Álvarez Tobos, 2020.

paz en que nos hallamos virrey y arzobispo"[628]. A su vez, el prelado ponderaba "la cristiandad, cuerdo proceder y gobierno del Marqués y otras partes de grande estimación que concurren en su persona"[629]. Parece plausible que, en calidad de presidente del Consejo de Indias, don Luis de Velasco haya visto con beneplácito ese proceder de las máximas autoridades del Perú. También habrá acogido con entusiasmo la publicación de los decretos de dicho sínodo en 1614.

Un segundo par de casos se ubica en Santafé de Bogotá. En 1606 y, pese a sus diferendos por cuestiones disciplinares, tales como la antinomia entre visitas pastorales y "visitas de la tierra", es decir, profanas, don Bartolomé Lobo Guerrero, por entonces arzobispo de esa sede, firmó una carta al unísono con don Juan de Borja, presidente de la audiencia santafereña. De manera conjunta anunciaban al monarca la celebración de un sínodo diocesano o "congregación", a la luz del concilio tercero de Lima, y del cual también resultaron constituciones sinodales[630]. Luego de siete años en el Nuevo Reino de Granada, ya que antes había ejercido como fiscal e inquisidor del Santo Oficio de México, Lobo Guerrero pasó a gobernar el arzobispado de Lima una vez familiarizado con la modulación meridional del patronato real. Hasta el grado de asumir la supremacía del virrey del Perú en prudente interacción tanto con el marqués de Montesclaros como con el príncipe de Esquilache.

El caso de don Hernando Arias Ugarte, uno de los sucesores de Lobo Guerrero en Santafé es, ciertamente, el más representativo de la pauta que vamos siguiendo. Don Luis de Velasco conocía bien su trayectoria, primero cuando fue virrey del Perú y ahora como presidente del Consejo de Indias. Así tenemos que Arias Ugarte fue primero oidor de Panamá (1595), luego de La Plata o Charcas (1597) y aun de Lima (1603). Su desempeño de cargos de índole secular o "civil" también lo había llevado a ser corregidor de la villa imperial de Potosí (1599) y gobernador de Huancavelica (1605). A partir de 1607 abrazó la vida eclesiástica y en 1612, a instancias del virrey marqués de Montesclaros ante

---

[628] Carta del marqués de Montesclaros al rey, Los Reyes, 31 de enero de 1608, AGI, *Lima* 275, f. 1, citada por Latasa Vassallo, 1997, 187-188.

[629] Latasa Vassallo, 1997, 214, cursivas mías.

[630] Álvarez Tobos, 2020, 172.

el rey, fue preconizado obispo de Quito, consagrado por el arzobispo Lobo Guerrero en 1613 y entronizado en 1615. Realizaba su primera visita pastoral cuando fue elevado al arzobispado de Santafé en 1616, donde gobernó hasta 1625. Su meteórica carrera lo convirtió más tarde en arzobispo de La Plata (1625-1629) y culminó su vida nada menos que como arzobispo de Lima (1630-1638)[631].

En 1618, al inicio de su pontificado en Santafé, el arzobispo Arias Ugarte manifestó su interés al presidente Juan de Borja, ya mencionado, para exhortar conjuntamente al clero al aprendizaje obligatorio de las lenguas autóctonas. También expresó a Borja la intención de llevar a cabo un primer concilio provincial en el Nuevo Reino de Granada. El presidente le dio su apoyo para obtener la respectiva licencia real, de acuerdo con la cual la asamblea tuvo lugar del 13 de abril al 2 de mayo de 1625. A todas sus sesiones acudieron Borja y el fiscal de la Audiencia. Como se ve, interesaba sobremanera a las autoridades manifestarse ante el monarca como mutuas colaboradoras, entre otras acciones en la "extirpación de idolatrías"[632].

Las cosas, sin embargo, no siempre caminaban con entendimiento y colaboración. El tercer par de ejemplos, más tardío, es de la jurisdicción de La Plata. También concierne a las relaciones entre autoridades eclesiásticas y seculares. En 1641 fue preciso que fray Melchor Maldonado de Saavedra, obispo de Tucumán, una de las iglesias sufragáneas, pidiera al virrey del Perú, en acuerdo con su cabildo eclesiástico, suspender a Juan Palacios, visitador de la Real Audiencia por mandato del rey. Lo acusaban de ayudar en secreto a eclesiásticos a emprender la huida "estando en suma necesidad el obispado de clérigos". También lo denunciaron por restringir la libertad de la Iglesia y su jurisdicción, así como por proceder judicialmente de manera parcial "con algunas familias y personas particulares y con el gobernador de ella don Francisco de Avendaño". En respuesta, el virrey marqués de Mancera ordenó a la Real

---

[631] Vargas Ugarte, 1986, 260-261.
[632] Álvarez Tobos, 2020, 174.

Audiencia hacer suspender "el uso y ejercicio" de la visita de Palacios, pues "dejó alborotados los ánimos de los súbditos de ese obispado"[633].

Dos años después, cuando por orden del soberano, el marqués de Mancera había procedido a nombrar un presidente interino de la Audiencia de La Plata, por muerte del titular, debió mediar como virrey en un pleito eclesiástico entre ese interino y el arzobispo Francisco Vega Borja O.S.B. Al primero, llamado Dionisio Pérez Manrique, debió apartarlo de la ciudad de Chuquisaca o La Plata y, a la vez, "estrechar las cartas con el arzobispo obligándole con ruegos, consejos y exhortaciones a la paz y conformidad con don Dionisio y con los ministros de la Audiencia"; así como exhortar a estos "con palabras de toda ponderación" para que preservaran las "ocasiones de encuentros y diferencias"[634].

Un último asunto durante la primera mitad del siglo XVII es sumamente revelador de la modulación meridional del dominio real, pues la corrobora. Se refiere al largo litigio de las catedrales de Indias para hacer que las haciendas adquiridas por las órdenes religiosas les pagaran diezmos. Ahora bien, a diferencia de las iglesias de Nueva España, que habían decidido entablar ese contencioso ante el Consejo de Indias, la iglesia de Lima pugnó desde un principio, en nombre suyo y de sus sufragáneas, para que dicho litigio fuese conducido en el plano local ante las Reales Audiencias y por vía de gobierno. Su propuesta se fincaba en la diferenciación acentuada y en la prevalencia andina de los ámbitos regionales.

Sin embargo, como en la corte el pleito en justicia ante el Consejo se hallaba adelantado, las iglesias de Nueva España impusieron su dinámica judicial a las andinas. Es decir, la concertación a partir de 1625 de las principales iglesias de todas las Indias para concluir el pleito y vencer a las órdenes religiosas, lo cual lograron por sentencia definitiva o de "revista" en 1657. En Nueva España había una centralidad capaz de hacer coadyuvar esfuerzos y en los Andes una actitud de resistencia a la integración, es decir una "no centralidad" o, si se quiere, un "poli

---

[633] AGI, *Gobierno, Lima*, 51 fol. 125. Agradezco al Dr. Marcelo Correa por compartir conmigo este testimonio.

[634] AGI, *Gobierno, Lima*, 52, carta no. 13 del gobierno secular. Mismo agradecimiento al Dr. Correa.

centrismo" acrecentado por el dinamismo de hasta seis reales Audiencias y el surgimiento de nuevos obispados en la primera década del siglo[635].

Modulación septentrional

Como se recordará, en Nueva España el virrey sustentaba su poder en buena medida en los frailes. La mediatización que en consecuencia imponía el episcopado a su figura de autoridad, dificultó su preeminencia. De ahí que prevaleciera la búsqueda de consensos por separado y no de manera convergente, como en el Perú. Por lo tanto, una estabilidad siempre precaria era instaurada luego de crisis recurrentes de integración en ese reino geográfica y socialmente más compacto. En otras palabras, el ejercicio del patronato eclesiástico era reivindicado de manera discordante tanto por el virrey como por el arzobispo de México y el resto del episcopado. El traslado de algunos virreyes a los dominios andinos, donde sí ejercían "universal superioridad", les compensaba de esa mediatización. Esta no podía ser eliminada, al contrario, alcanzó tal envergadura que en la corte fue asumida como modulación del dominio real destinada a durar.

Ahora bien, a esa discordancia de las autoridades superiores y a la antinomia de los cleros regular y secular subyacían las principales contradicciones del orden social. Dos temas de índole contenciosa, referentes al patronato eclesiástico, alimentaron la modulación septentrional de dominio: por un lado, la pugna por la jurisdicción sobre las doctrinas y, por otra, el largo litigio antes evocado del impago del diezmo de las haciendas adquiridas por las órdenes religiosas, en perjuicio de las iglesias catedrales. Como veremos, en ambos asuntos la corte real desempeñó un papel determinante en términos de representación y agencia respecto al influjo de los arzobispos de México y su relación con los virreyes.

De esta suerte, fue bajo los auspicios de don Luis de Velasco como presidente del Consejo de Indias, que en marzo de 1613 el canónigo y procurador de la catedral de México Diego Guerra pasó a Zamora a entrevistarse con el canónigo magistral de esa sede, don Juan Pérez de la

---

[635] Mazin, 2007a, "Conclusiones".

Serna. Dos meses antes, el rey lo había escogido para suceder a fray García Guerra en esa mitra metropolitana de las Indias septentrionales. El procurador fue bien recibido por su nuevo prelado. Con la templanza que le infundía ser sobrino del difunto arzobispo virrey de Nueva España, Guerra significó a don Juan el grandioso cargo para el que el soberano lo presentaba: "ser prelado y cabeza del más ilustre cabildo de ese Nuevo Mundo"[636].

Años más tarde, el arzobispo Pérez de la Serna intercedería ante su cabildo catedral para que a Guerra se le renovaran los poderes como procurador. En 1618 se le hizo volver a Madrid en una segunda gestión para proseguir los litigios de la Iglesia. Empero, el deceso de don Luis de Velasco en septiembre de 1617 le dificultó retomar los asuntos en la corte a causa de la intransigencia de Fernando Carrillo, el siguiente presidente del Consejo. No obstante, los sucesores inmediatos de este último fueron más sensibles a las modulaciones del dominio real y a la representación de la iglesia de México[637].

Si el presidente Velasco resolvió satisfactoriamente la sucesión arzobispal en México, no contó con la misma fortuna en la designación del siguiente virrey de Nueva España. Recordemos que los traslados en secuencia de México a Lima del propio don Luis de Velasco, del conde de Monterrey y del marqués de Montesclaros, habían dado continuidad a la normalización de las modulaciones del dominio. Y aun cuando ese traslado del virrey volvería a tener lugar en 1621, la dinámica de continuidad fue alterada. La influencia del duque de Lerma para dirigir el nombramiento de los virreyes disminuyó en 1612. Además de no haber logrado aplazar la consulta respectiva a la candidatura por él favorecida, el rey impuso la de don Diego Fernández de Córdoba, el primer marqués de

---

[636] Diego Guerra al Deán y cabildo de México, Madrid, 7 de marzo de 1613 en ACCMM, *Correspondencia*, vol. 20.

[637] Mazín, 2007a, cap. 4. A la muerte de Carrillo en abril de 1622 le sucedió Juan de Villela, antiguo oidor en Lima y presidente de la Audiencia de Guadalajara de Nueva Galicia. Una vez en la corte a partir de 1611, Villela se había desempeñado como consejero en los de Indias, Cruzada y Castilla. Fue sucedido en enero de 1626 por García de Avellaneda y Haro, futuro segundo conde de Castrillo.

Guadalcázar, esposo de quien fuera una de las damas de la reina Margarita de Austria, fallecida apenas en octubre de 1611[638].

No tardó en reanudarse el antagonismo de costumbre en México, ahora entre Guadalcázar y el arzobispo Pérez de la Serna. Se centró en el tema de las doctrinas. En virtud de una real cédula de 10 de diciembre de 1618, el prelado mandó que los provinciales de las órdenes enviasen a los religiosos doctrineros a la catedral para ser examinados en las lenguas autóctonas de los pueblos que doctrinaban. Los frailes, especialmente los franciscanos, se opusieron. El virrey, aliado de los regulares, se rehusó a poner por efecto esa cédula, pese a contener instrucciones expresas procedentes de Madrid[639]. En 1620 los frailes desafiaron abiertamente a Pérez de la Serna y lograron que la Real Audiencia ordenara al arzobispo detener la ejecución de dicha cédula. Confiado en sus contactos en la corte del rey, el arzobispo dijo que obedecía, pero que de ninguna manera emprendería nuevo pleito sobre una cuestión ya juzgada en juicio contradictorio por el Consejo de Indias.

Por lo que hace al pleito de los diezmos, los virreyes de Nueva España dilataron cuanto pudieron el envío de la información solicitada dos décadas atrás por la Corona, acerca de los conventos y propiedades adquiridas por las órdenes de Santo Domingo, San Agustín, La Merced y la Compañía de Jesús. En cambio, sus homólogos del Perú sí la habían remitido a Madrid. Y es que en Nueva España, gracias a las propiedades agropecuarias de los frailes, las doctrinas habían ido transformándose en unidades socioeconómicas relativamente eficaces siempre necesitadas de mano de obra.

Siendo el de los diezmos y el de las doctrinas, litigios diferentes, la tónica integradora de la Nueva España acabó por sobreponerlos. En octubre de 1620 la iglesia de México anunció a su procurador en Madrid

---

[638] Villarreal, 2024, 381-382. Para la intención de aplazar la consulta, esta autora remite al billete del duque de Uceda al secretario Juan Ruiz de Contreras "para que no se consulte la provisión del virrey de Nueva España en el Consejo", San Lorenzo, 20 de agosto de 1612 (AGI, *México* 12, sin folio). El candidato del duque de Lerma era don Íñigo López de Mendoza, marqués de Mondéjar, descendiente de don Antonio de Mendoza, virrey, como se recordará, tanto de Nueva España como del Perú. El marqués de Guadalcázar se había casado casó con Mariana Riederer, dama de la reina de origen alemán.

[639] Citada en Juan de Solórzano Pereyra, 1996 [libro IV, capítulo XV, número 10].

que consideraba inútil insistir ante el virrey Guadalcázar, por lo que reforzaría su representación ante el Consejo de Indias. En adelante, la cuestión relativa al pago de diezmos por los religiosos sólo difícilmente pudo disociarse de la discusión sobre una eventual secularización de las doctrinas por ellos administradas.

El traslado de Guadalcázar al Perú en 1622, y las urgencias financieras de la Corona, ya en guerra planetaria al inicio del reinado de Felipe IV, decidieron del nombramiento de un mandatario sucesor para la Nueva España. Tenía la consigna de implantar una serie de reformas sumamente estrictas para reforzar a la Corona. Las circunstancias bélicas y fiscales de la monarquía pondrían en tensión los principios contractuales de justicia consagrados por la tradición. Por eso, en Madrid se había previsto la posibilidad de que aquel, don Diego Carrillo de Mendoza y Pimentel, el marqués de Gelves, recién designado virrey, entrara en conflicto con el arzobispo Juan Pérez de la Serna. Fue, de nuevo, la controversia sobre las doctrinas, es decir, una causa de justicia, la que desencadenó en México una crisis de alcances sin precedentes.

El virrey desterró a varios regidores del Ayuntamiento de México, suspendió a algunos oidores y tomó represalias contra la Audiencia, que ahora favorecía el examen de lenguas de los doctrineros por el arzobispo. Además, persiguió a clérigos e infringió el derecho de asilo de las iglesias, por lo que el prelado declaró a Gelves enemigo de la Iglesia. Poco después, lo agregó a una lista de excomuniones que se negó a levantar. El 3 de enero de 1624 el arzobispo habló de la posibilidad de declarar un entredicho que cerraría todas las iglesias de la ciudad. El dramatismo llegó a su apogeo cuando, días más tarde, Pérez de la Serna encabezó una gran procesión que tuvo por objeto pedir ante la Audiencia que su causa fuese escuchada y se le impartiera justicia.

El marqués de Gelves determinó intervenir con energía. Seguramente ignoraba las ya lejanas advertencias del conde de Monterrey sobre no violentar el trato con los arzobispos. Obligó a los oidores a tomar una acción extrema, sentenciar al prelado a abandonar la ciudad de México y ser deportado a España. Una vez en marcha hacia Veracruz, el séquito episcopal se detuvo en el santuario de Nuestra Señora de Guadalupe. De pronto, y con el ánimo de presionar al marqués, la Real Audiencia tomó la decisión de suspender la sentencia y hacer volver al arzobispo. Movido por la cólera, el virrey ordenó el encarcelamiento de tres oidores. A las siete de la mañana del 15 de enero de 1624, antes de que Pérez de la Serna entrara en México, el cabildo catedral proclamó el entredicho. Esto suscitó la rebelión en gran escala que aquel día derrocó el gobierno del marqués de Gelves, quien buscó refugio con los franciscanos en su convento[640].

La más seria dificultad enfrentada por la Audiencia de México, en quien recayó el poder, fue justificarse ante Madrid. Luego de consultar al arzobispo, el tribunal determinó que el mejor medio para hacerse oír de manera convincente era que el prelado mismo viajara. Don Juan Pérez de la Serna encabezó entonces una delegación a España. Su principal cometido consistió en reforzar la posición e intereses de los grupos contrarios al virrey. También consistió en expresar al soberano su desacuerdo abierto con la designación del marqués de Cerralvo como siguiente mandatario real de Nueva España. El prelado habría deseado que se designara a un miembro del Consejo de Indias[641].

El dictamen de un visitador enviado a hacer las averiguaciones judiciales correspondientes, puso de manifiesto la desconfianza de la corte a la Audiencia de México. Esta sería desprovista de la facultad de asumir el gobierno durante los periodos de vacante del virrey. En lo sucesivo se impondría el nombramiento de prelados-virreyes[642]. El prelado desplegó una intensa actividad ante el Consejo de Indias. Se percató de la "valentía" con que procedía el procurador Diego Guerra y al mismo tiempo se congratuló de que este último fuese "conocido en esta corte y, por lo mismo, estimado y bien acogido por los consejeros". Aun cuando no se

---

[640] Bautista y Lugo, 2021.

[641] Diego Guerra al Deán y cabildo de México, Madrid, 27 de junio de 1624 en ACCMM, *Correspondencia*, vol. 20.

[642] La posesión del gobierno por parte de la séptima Audiencia gobernadora en 1649 aconteció sólo a causa de la muerte inesperada del gobernador-obispo [de Yucatán] Marcos de Torres y Rueda. Salvo el caso fuera de serie de 1741, que mencionaré más abajo, en la Nueva España no volvió a haber Audiencia gobernadora sino hasta 1760 en condiciones excepcionales, y en 1786-1787. No obstante, en agosto de 1787 se designó virrey interino, una vez más, al arzobispo Alonso Núñez de Haro y Peralta. Mazin, 2007b, Remito al anexo de los virreyes que reproduzco al final de este libro.

permitió al arzobispo volver a su iglesia, tal vez el logro más trascendente de Pérez de la Serna radica en el litigio de los diezmos. Consistió en una petición formal en nombre de la iglesia para que fuera el Consejo de Indias, y no los tribunales de Roma, quien sentenciara ese contencioso sobre las haciendas de las órdenes religiosas a causa de ser el rey, como "patrono universal" en las Indias, dueño de los diezmos[643]. Como podemos ver, un episcopalismo beligerante se arrogaba una vez más la defensa del real patronato.

Me interesa asimismo poner en relieve que en 1626 don García de Avellaneda y Haro, gobernador con calidad de presidente del Consejo entre enero y agosto de ese año, se percató de lo vulnerable que era el dominio directo de la Corona en México, en el sentido de que el tumulto acaecido dos años antes había derrocado al virrey de la Nueva España. También se hizo cargo de la capacidad de resistencia de los poderes y actores locales al abrigo del arzobispo. Comprendió, por lo tanto, la necesidad de alcanzar una solución negociada que aprovechara a la Corona, pero que estabilizara el reino[644]. A guisa de solución, se contempló la gracia de un indulto o perdón del rey a la Ciudad de México. Y para proclamarlo se nombró nada menos que al consejero de Indias Francisco Manso y Zúñiga quien, por si fuera poco, fue también designado arzobispo de México para beneplácito de don Juan Pérez de la Serna y desaprobación de don Rodrigo Pacheco y Osorio, el marqués de Cerralbo, nombrado virrey sucesor de Gelves[645]. La designación de Manso emite un sentido histórico, la activación, una vez más, del episcopalismo que al templar la relación autoridad-justicia venía caracterizando la evolución de Nueva España desde mediados del siglo XVI.

Cerremos esta sección con el episodio quizá más paradigmático de la modulación septentrional del dominio real. En marzo de 1639, el conde duque de Olivares, valido real, propuso al monarca la designación de un miembro más del Consejo de Indias, don Juan de Palafox y Mendoza, como visitador general de Nueva España a causa de la

---

[643] Mazín, 2007a, cap. 4.

[644] Mazín, 2023b.

[645] Bautista y Lugo, 2021. Los testimonios de la visita del inquisidor Martín Carrillo en México se localizan en el legajo 224 del ramo *Patronato* del Archivo General de Indias.

inestabilidad persistente en México al menos desde 1624. Pero, adicionalmente, y como diez años antes aconteciera con el comisionado Francisco Manso y Zúñiga, el visitador fue, además, nombrado obispo de la Puebla de Los Ángeles, sede por entonces vacante. Como Palafox llevaba una década desempeñándose en el Consejo como fiscal y consejero, al tomar posesión sabía exactamente qué procedía hacer en materia de doctrinas y del diezmo de los religiosos, de ahí que sus acciones hayan sido rotundas.

Tocante a las primeras arguyó reducir las cosas a justicia. Entendía esta como defensa de las órdenes del rey que desde hacía décadas disponían los procedimientos del gobierno espiritual. También la entendía como obediencia a esas órdenes. Sin ella, el oficio de los frailes carecía de legitimidad. Reducir a justicia también implicaba que siguieran administrando las doctrinas, sí, pero a condición de sujetarse a la presentación de los individuos más idóneos al virrey, así como al examen de éstos en religión y lenguas de los indios por la autoridad eclesiástica ordinaria. A falta de lo cual, el obispo visitador procedió a secularizar una treintena de doctrinas en su diócesis, la mayoría en manos de franciscanos, entre diciembre de 1640 y enero de 1641.

La coyuntura de la rebelión de Portugal en diciembre de 1640, que llevara al trono lusitano al duque de Braganza, repercutió en México. Su primo, el duque de Escalona, virrey en aquel momento, fue destituido por el visitador Palafox conforme a real orden. De suerte que, una vez más, este último desempeñó el cargo de virrey interino de Nueva España durante seis meses del año 1642. También ejerció temporalmente como arzobispo dada la vacante de la iglesia metropolitana. Nadie, desde los días de Moya de Contreras, había vuelto a acumular tanto poder en la Nueva España, como Palafox. Sin embargo, la caída de su protector, el conde duque de Olivares, en enero de 1643, desencadenó una guerra sin cuartel contra el prelado visitador orquestada por el conde de Salvatierra, el sucesor de Escalona. El conde agudizó el antagonismo aprovechando un pleito del obispo contra la Compañía de Jesús en su diócesis de Puebla por el pago de diezmos de sus haciendas. El enfrentamiento solo terminó cuando Salvatierra fue trasladado al Perú como virrey en 1648 y el rey ordenó a don Juan de Palafox volver a España sin poder regresar a su iglesia[646].

Episcopalismo estructural

Reparemos en una pauta. Luego de la secuencia de tres virreyes normalizadores en ambas Indias (1589-1616), la gestión de los no familiarizados con la modulación del dominio en la Nueva España reanuda y encona el antagonismo de las autoridades superiores. Lo hace de manera estrepitosa, hasta el grado de poder derribar el gobierno, lo que contribuyó a reforzar el episcopalismo. Ahora este iba más allá del mero nombramiento de ciertos obispos como gobernadores o virreyes interinos. Es decir, la estabilidad del reino se confiaba a miembros del Consejo de Indias que ejercían como comisionados o visitadores, sin que necesariamente ocuparan el cargo de virrey. Pero, además, para que su autoridad se consolidara conforme al "estilo del país", se les atribuía una mitra vacante, ya fuera la de México o la de Puebla de los Ángeles. Esta pauta fue protagonizada respectivamente por el arzobispo Juan Pérez de la Serna, comisionado del reino ante el rey (1624); por Francisco Manso, comisionado y arzobispo sucesor de aquel para proclamar el perdón real a la Ciudad de México (1627) y por el visitador general y obispo de la Puebla Juan de Palafox (1640-1649). El episcopalismo de Nueva España adquiría, pues, proporciones estructurales.

De ahí el despliegue hasta de 11 prelados virreyes o gobernadores interinos para la Nueva España a lo largo de tres siglos de dominio del Rey Católico, sin contar aquellos eclesiásticos que, por orden del Consejo, fungieron como comisionados o simples observadores-informantes. Suscitar consensos para instaurar equilibrios, asegurar una transición por vacante del virrey y ser designado de manera premeditada, aunque oculta, para darla a conocer en ocasión de la apertura del pliego de providencia o "mortaja" sucesoria, son las razones que presiden aquellos

---

[646] Álvarez de Toledo, 2011.

nombramientos[647]. Ahora bien, a partir de 1649 el reforzamiento del episcopalismo hizo que la duración de los interinatos, que promediaba 8 y hasta 12 meses, se extendiera de manera inaudita hasta poco más de seis años. Esto último aconteció en dos periodos, durante los gobiernos de los arzobispos-virreyes fray Payo Enríquez de Rivera O.S.A. (1674-1680) y Juan Antonio de Vizarrón y Eguiarreta (1734-1740).

Una serie de circunstancias del ámbito general de la monarquía lo explican: alteraciones del sistema de comunicación trasatlántica, pues el Rey Católico ya no podía salvaguardar con sus armadas las costas contra los otros poderes europeos o las bandas salteadoras de corsarios y piratas. De ahí que la defensa y protección del territorio correspondieran cada vez más a las poblaciones locales. Efectivamente, los grupos dirigentes vivían una edad de virtual autonomía y de esplendor en sus reinos. Sus esfuerzos fiscales eran reconocidos por la Corona mediante el otorgamiento inusitado de gracias y mercedes. Por otra parte, el poder del virrey podía tambalearse ante movimientos locales de resistencia organizada, como a consecuencia del tumulto de 1692 en la ciudad de México, y aprovechar a los grupos de poder que amparaba el episcopado. En resumen, la autoridad en el "imperio" de las Indias dependía de quienes le suministraban el consenso social suficiente. Las poderosas elites comerciales de México y Perú no vacilaron en significarlo ante las autoridades reales delegadas. Por eso, la monarquía hispánica sobrevivía con opulencia ahí donde se combinaban fuerza exigua y favor a los intereses locales. Todo eso intervino para que la Corona determinara dilatar la duración del gobierno del siguiente virrey y para que el sucesor pudiera alcanzar su destino[648].

El episcopalismo debió asimismo su refuerzo a la interacción exitosa de las iglesias catedrales de Nueva España. La suscitaban varias

---

[647] Pedro Moya de Contreras (1584-1585); fray García Guerra, O.P. (1611-1612); Juan de Palafox y Mendoza (1642); Marcos de Torres y Rueda, obispo de Yucatán, (1648-1649); Diego Osorio de Escobar y Llamas, obispo de Puebla (1664); fray Payo Enríquez de Ribera, O.S.A. (1674-1680); Juan de Ortega y Montañés, como obispo de Michoacán (1696); Juan de Ortega y Montañés como arzobispo (1701); Juan Antonio de Vizarrón y Eguiarreta (1734-1740); Alonso Núñez de Haro y Peralta (1787); Francisco Javier Lizana y Beaumont (1809-1810), en Mazín, 2007b, "genealogías". Remito al anexo correspondiente en este libro.
[648] Ruiz Ibáñez y Mazin, 2021, 115-117.

situaciones: la circulación de obispos y de prebendados entre las sedes y sus cabildos, ya que entre la segunda mitad del siglo XVII y la primera mitad del XVIII se configuraron rutas o canales de promoción de eclesiásticos en el reino[649]. En México, Puebla, Guadalajara y Valladolid, las gestiones episcopales fueron más prolongadas a partir del último tercio del siglo XVII. También intervenía la representación jurídica concertada de las iglesias en la corte real mediante procuradores.

La sucesión dinástica contribuyó asimismo a consolidar el poder de los obispos. A medida que en Europa crecía la incertidumbre respecto a la sucesión de Carlos II, un monarca sin heredero, los virreyes se vieron obligados a conducirse con prudencia, incluso después del triunfo de Felipe V, o sea, de los intereses dinásticos de Francia. En otras palabras, sus carreras tropezaban con filiaciones políticas sumamente movedizas. Desprovisto de neutralidad, el estilo de su conducción favoreció, por lo tanto, ya no solamente al arzobispo.[650] El prelado de Puebla, sumamente influyente desde los días de Diego Romano, consolidó su figura de autoridad pese al saldo favorable para el reino, aunque no necesariamente para la Corona, de don Juan de Palafox. Su sucesor, don Diego Osorio de Escobar y Llamas (1656-1673), fue aclamado en febrero de 1663 cuando se anunció que sucedería como virrey interino, aun por unos meses, al tristemente célebre gobierno de don Juan Francisco Leiva y de la Cerda, el conde de Baños[651]. Cuando en octubre de 1664 don Antonio Sebastián de Toledo, el segundo marqués de Mancera, tomó posesión, dijo que la casa del obispo don Diego Escobar era "el albergue público de los enemigos del conde"[652].

Pero el episcopalismo rebasó aun los límites del arzobispado y de la Puebla. Pese a haberse anunciado dos veces la promoción a la iglesia metropolitana de don Manuel Fernández de Santa Cruz, obispo de Puebla, fue don Francisco de Aguiar y Seijas, el prelado de Michoacán, quien llegó al arzobispado en 1681 ¿Se habrá buscado, con la incidencia de esta última diócesis, contener a los sucesores de Palafox y optar por

---

[649] Mazin, 1996, 246-248.
[650] Hauberger y Mazín, 2010, apartado 4.
[651] Ragon, 2016.
[652] Ragon, 2016, 260 y siguientes.

una cierta "neutralidad" de Valladolid, tercera en importancia de las catedrales del reino? Fernández de Santa Cruz también declinó el cargo de virrey interino, que en 1696 le fue asignado a don Juan de Ortega y Montañés, otro obispo de Valladolid de Michoacán. Finalmente, recayó en este último y no en el obispo de la Puebla, muerto ocho meses antes, la sucesión del difunto Aguiar y Seijas en el arzobispado. Esta circulación y la continuidad de las acciones episcopales vinculaban como nunca antes a las iglesias en torno a un mismo ciclo y proyecto socio cultural[653].

Supremacía convergente

En las Indias Occidentales el prelado virrey como figura de autoridad no fue exclusivo de Nueva España, aunque sí característico de ella. En comparación con los once sujetos que en México ocuparon ese cargo a lo largo de la era de la monarquía hispánica, en Lima solo se cuentan tres prelados y cuatro gestiones, ya que el tercero gobernó por segunda vez. Además, sus gobiernos se circunscriben al periodo 1678-1724[654]. Sin embargo, en términos de este relato, lo más relevante es que en Lima la figura del prelado virrey no llegó a trastocar la supremacía del virrey del Perú. Dicho de otra manera, en el ámbito eclesiástico se corrobora que la gestión de los prelados virreyes en una y otra latitud se acomodó a los rasgos sobresalientes de cada modulación del dominio real en las Indias.

Para México, vimos que la reanudación del antagonismo extremo entre el virrey y el arzobispo acarreó el refuerzo del episcopalismo a partir del advenimiento del marqués de Guadalcázar en 1613. Ahora bien, en Lima la transición entre este último y su sucesor (1627-1628), el conde de Chinchón, también presenta implicaciones inusitadas. Por entonces, el Consejo de Indias defendió, con vehemencia, la supremacía del virrey de las Indias meridionales nada menos que ante Felipe IV. Fue

---

653 Mazín, 1996, 246-248.
654 Don Melchor de Liñán y Cisneros (1678-1681); don Diego Ladrón de Guevara, obispo de Quito (1710-1716); fray Diego Morcillo Rubio de Auñón O.S.S. T., arzobispo de La Plata (1716); fray Diego Morcillo Rubio de Auñón O.S.S. T., (1720-1724), arzobispo de La Plata y a partir de 1723 de Lima hasta su muerte en 1730. Remito al anexo correspondiente.

el diferendo que hace más de setenta años recogiera Enrique Sánchez Pedrote[655].

En primer lugar, por él sabemos que en el Perú la designación de prelados virreyes se halló, al parecer más asociada que en la Nueva España, al pliego de providencia o "mortaja", el cual se abría y leía al sobrevenir la vacante. En él se contenían las providencias de sucesión para paliar los perjuicios que pudieran resultar. También sabemos que en el Perú las vacantes de virrey favorecían a la Real Audiencia de Lima, que tenía precedencia sobre los demás tribunales andinos. Efectivamente, el pliego que ahora mismo interesa, dispuesto desde el año 1623 y previsto para el final del gobierno de Guadalcázar, es sumamente relevante para mi propósito.

Cuando en la corte se tenía ya contemplado autorizar el regreso del marqués a España, sin que esperara a su sucesor en Lima, el contenido del pliego dio lugar en 1627 a un debate trascendental. Esta vez el rey pretendía hacer recaer el mando interino en don Gonzalo de Ocampo, el arzobispo de Lima, y no en la Real Audiencia. La principal objeción del Consejo de Indias a semejante providencia radicó en la incompatibilidad del prelado respecto a la supremacía del virrey del Perú en materia de patronato

> Como VM tiene allí el patronazgo real *que ejercitan los virreyes* se ofrecen de ordinario muchas cosas que defienden los Prelados y sus diferencias se tratan y determinan en la Audiencia, donde entendiéndose que habrá de residir el Arzobispo y gobernar aquel Reyno, por ausencia o muerte del Virrey, la Audiencia no tendrá el valor y constancia necesaria para oponerse al dicho Arzobispo en las cosas tocantes a la jurisdicción temporal y patronazgo real, que tendría si no supiesen que habían de depender de él en el caso referido y podrán resultar algunos encuentros.

De manera categórica, el Consejo insistió en el peligro de subvertir nada menos que la modulación del dominio real sustentada en la convergencia de actores antagónicos bajo la autoridad del virrey. De ahí que previera

---

[655] Sánchez Pedrote, 1950, 224 y siguientes.

Los inconvenientes que pueden resultar de entrar el gobierno en persona eclesiástica porque *siendo tan ordinarias y de consideración las competencias que suele haber sobre la jurisdicción*, por poco tiempo que esté el gobierno en manos de eclesiásticos se pueden hacer daños e introducir cosas que después sean muy dificultosas de remediar[656].

El rey cedió. Con todo, ordenó que, puesto que se declaraba "la razón contra un prelado", el Consejo indagara todavía más en "las conveniencias o inconvenientes", es decir, en el sustento de las razones que defendía. Estas estaban, como aquí sabemos, fincadas en la tradición de gobierno de las Indias instaurada casi medio siglo atrás. Por lo tanto, el Consejo recomendó que el marqués de Guadalcázar esperara en Lima la llegada de su sucesor. Lo cual aprobó el rey por cédula de 8 de marzo de 1627.

No obstante, si recordamos el tenor de la gestión del arzobispo Mogrovejo, hay que reconocer que en el Perú había un sustento de episcopalismo que se pronunciaba por medidas tales como la eliminación de los corregidores de indios y su sustitución por alcaldes en quienes recayera la impartición de la justicia. También defendía que esta última estaría mejor impartida si los cargos y oficios se proveían en los "beneméritos criollos de Lima y otras partes", en lugar de en "la muchedumbre de criados" de cada virrey seglar. Un informe al rey escrito en 1619 por fray Pedro de Perea O.S.A., obispo de Arequipa, no solo se seguía pronunciando en esos sentidos. Más aún, el prelado añadía que, en caso de no haber persona que aceptara gobernar bajo tales condiciones, el monarca podía "introducirlo y asentarlo nombrando por Virrey en el ínterin [...] al Arzobispo de Lima que por tiempo fuere, el cual lo tendrá por acrecentamiento y merced"[657]. Ahora bien, la figura del prelado virrey fue implementada en las Indias meridionales hasta medio siglo después, y ciertamente no en términos de ese sustrato de episcopalismo.

---

[656] Sánchez Pedrote, 1950, 226. Remite a AGI, *Lima* 5, Informe del Consejo de 27 de febrero de 1627, cursivas mías.

[657] Sánchez Pedrote, 1950, 229, remite a AGI, *Lima* 309, informe del obispo Perea a SM, Lima, 25 de abril de 1619.

Pasemos entonces a considerar los rasgos más conspicuos de los prelados virreyes del Perú. La nota más sobresaliente radica en sus trayectorias. Reflejan patrones de circulación de funcionarios característicos de la modulación meridional del dominio que hemos venido estudiando. Uno es la alternancia en cargos tanto seculares como eclesiásticos. Así tenemos que don Melchor Liñán y Cisneros, fue antes gobernador y capitán general del Nuevo Reino de Granada y presidente de la Real Audiencia de Santafé (1671-1675). Por su parte, don Diego Ladrón de Guevara había asumido en 1695 de manera provisional el gobierno y la comandancia general de la provincia de Tierra Firme, así como la presidencia de la Audiencia de Panamá.[658]

Está, en seguida, el rasgo referente al tránsito por diversas sedes diocesanas antes de la llegada a la iglesia de Quito o, sobre todo, a las metropolitanas de La Plata y de Lima, desde donde se produjo la designación como virrey del Perú, ya fuera interino o propietario. Al parecer, la necesidad de contar con una mayor adhesión y fidelidad al rey durante la crisis dinástica de la monarquía y el primer reinado de Felipe V, hizo que dos de los tres prelados virreyes del Perú llegaran a tener carácter de titular o propietario[659].

Volvamos al primero de ellos, don Melchor Liñán y Cisneros. Fue antes obispo de Santa Marta (1664-1668), de Popayán (1665-1672), arzobispo de La Plata y finalmente arzobispo de Lima (1677-1708), periodo, este último, durante el cual don Melchor se desempeñó como virrey interino (1678-1681). Don Diego Ladrón de Guevara fue primero obispo de Panamá (1689-1699), enseguida de Huamanga (1700-1704) y de ahí pasó a Quito por haber quedado vacante ese obispado. Servía allí cuando en 1610, a la muerte del virrey Castell-dos-Rius, su nombre figuró en primer lugar en el pliego de providencia. Tomó, pues, don Diego, posesión como virrey propietario el 14 de septiembre de ese año. Cesó en el mando el 9 de noviembre de 1716 con licencia para irse a España. Por último, el religioso trinitario fray Diego Morcillo Rubio de Auñón fue originalmente preconizado en 1701 como obispo de León, en Nicaragua, pero antes de tomar posesión se le designó obispo de La Paz,

[658] Sánchez Concha, 2018; López y Aguilar, 2016.
[659] Sánchez Pedrote, 1950, 235.

que gobernó entre 1708 y 1714. Enseguida fue arzobispo de La Plata, en la provincia de Charcas (1714-1723). Su nombre, que también figuraba en el pliego de providencia, le hizo ausentarse de esa, su sede metropolitana, para gobernar en Lima como virrey interino por relevo de Ladrón de Guevara durante 50 días del año 1716 (agosto-septiembre). Lo hizo en espera de la llegada de Nicola Caracciolo, príncipe de Santo Buono, el nuevo virrey titular[660]. Años después, al sobrevenir el relevo del príncipe, el arzobispo de la Plata Morcillo recibió de nuevo el encargo como virrey, esta vez como propietario, a la edad de 78 años, y tomó posesión el 26 de enero de 1720. Fue durante su gobierno, que concluyó el 14 de mayo de 1724 con la llegada del militar marqués de Castellfuerte que, al morir el arzobispo Antonio de Soloaga, Morcillo fue preconizado arzobispo de Lima el 12 de mayo de 1723. Murió ya muy anciano al frente de esa iglesia metropolitana, el 12 de marzo de 1730[661].

Gobiernos breves en la mayoría de esas sedes diocesanas es otro de los rasgos comunes a esos prelados. Ciertas de sus acciones corroboran el ejercicio de una autoridad que seguía haciendo converger instancias y actores antagónicos en el ámbito del patronato eclesiástico, sobre todo si consideramos su experiencia en la alternancia de cargos seculares y eclesiásticos, lo que contribuyó a reforzar el sistema de vice patrones que recaía en los presidentes y gobernadores. Este parece haber sido más vigoroso a partir del último tercio del siglo XVII y sobre todo en la primera mitad del siguiente[662].

Así, por ejemplo, el virrey Melchor de Liñán destituyó a varios curas de parroquia por expoliar a los indios, a la vez que conminaba a los superiores de las órdenes para que no permitieran que frailes suplentes estuvieran al frente de las doctrinas. En 1680 incluso empleó la fuerza armada para aplacar los disturbios suscitados por la acción de los franciscanos más recalcitrantes de un pleito de su orden entre criollos y

---

[660] En 1716, el paso del arzobispo Morcillo por la villa de Potosí rumbo a Arica, para embarcarse, fue consignado años más tarde tanto al pincel como a la pluma. Melchor Pérez de Holguín pintó la escena en un cuadro que actualmente custodia el Museo de América de Madrid y Bartolomé Arzans de Orsúa y Vela la narró en su *Historia de la Villa Imperial de Potosí* (1730).

[661] Sánchez Concha, 2018; López y Aguilar, 2016; Peralta, 2018.

[662] Galeano, 2025.

peninsulares. Poco después, ya solo como arzobispo, Liñán entró en una controversia sobre inmunidad eclesiástica con el duque de La Palata, su sucesor, por considerar que la vulneraban unas ordenanzas expedidas por el nuevo virrey[663].

Los gobiernos de los prelados virreyes del Perú coincidieron en tiempo con un momento de auge de la reivindicación de derechos de los beneméritos naturales del Perú, pronunciados contra el nepotismo de los virreyes. Efectivamente, estos dispensaban a manos llenas cargos y oficios militares, así como encomiendas y corregimientos entre sus criados y parientes. La Corona consideró poder revertir esa situación, por lo que el 28 de febrero de 1678 expidió una real cédula en que el rey y su Consejo retiraban a los virreyes la facultad de proveer cargos y oficios, misma que en adelante sería exclusiva del monarca. El arzobispo Liñán y Cisneros, a la sazón al frente del gobierno, protestó enérgicamente. Sus argumentos me interesan en la medida en que corroboran la supremacía del virrey del Perú como vértice de la modulación meridional. Al ponerse por efecto la cédula, dicha supremacía se vería vulnerada

> Si el virrey quedase con la espada de la justicia en la mano, pero no con la rama fructífera del premio, haría horrorosa la imagen del rey y se hallaría destituido del afecto común. Sobre todo, porque la nobleza, mejor se deja vencer y llevar de la ingenua y decorosa esencia del premio, que del servil afecto del temor[664].

El rey dio marcha atrás y derogó la cédula el 29 de febrero de 1680 restituyendo a los virreyes la facultad de conceder oficios. Según Torres Arancivia, esa derogación fue nominal y el soberano se adjudicó dicha facultad a contracorriente de los reclamos de los virreyes y de la frustración de los naturales de la tierra. El duque de La Palata, sucesor de Liñán, también defendió ante el soberano las prerrogativas del virrey y la composición de su corte. Explicaba que los virreyes preferían pagar las multas que les imponía el juicio de residencia, antes que dejar de premiar a

---

[663] Sánchez Concha, 2018.
[664] Torres, 2006, 121, remite a "Despachos del arzobispo-virrey Liñán y Cisneros de 2 de marzo y 1 de noviembre de 1679" dados a conocer por don Guillermo Lohmann Villena en *El corregidor de indios en el Perú bajo los Austrias*, 2001 [1957].

sus cortesanos. Por eso propuso al rey que les autorizara a nombrar doce de sus criados en los corregimientos. De esa manera se contentaría a una parte de su corte y a la vez se reconfortaría a los beneméritos, pues el resto de los corregimientos les correspondería. Al final, el rey dio su acuerdo y expidió una real cédula de 19 de noviembre de 1680 que autorizaba a los virreyes de Lima y México a emplear doce criados de su casa en los corregimientos[665]. Después de 1724 no se volvió más a designar virrey a ningún prelado en el Perú. El saldo de la práctica gubernamental de los tres que habían gobernado daba la razón a los argumentos defendidos por el Consejo ante el rey en 1627, para no designar eclesiásticos. En el sentido de corroborar la supremacía que los virreyes seglares ejercían en términos de la modulación meridional de dominio en el ámbito eclesiástico.

Ahora bien, las objeciones a la figura del prelado virrey como modalidad gubernamental se hicieron oír de nuevo en la corte de Madrid en el segundo reinado de Felipe V, hasta el grado de haber dado lugar a la real cédula de 22 de julio de 1739 que prohibió la coalescencia de las jurisdicciones eclesiástica y secular en una misma persona[666]. La expedición de esa real cédula se hizo eco de un informe de 1737 al rey por parte de don Mateo Pablo de Díaz de Lavandero, marqués de Torrenueva, consejero de la Cámara de Indias. En él, por cierto, ese funcionario criticaba las gestiones gubernamentales de Ladrón de Guevara y de Morcillo en el Perú tachándolas de "deficientes" y a sus titulares de una "debilidad" de la que había resultado una serie de "irregularidades"[667]. Pero esa real cédula también respondía a la serie de peticiones y a un memorial de don Antonio de Vizarrón y Eguiarreta, arzobispo virrey de Nueva España (1734-1740), en que renunciaba y pedía ser relevado del gobierno de ese reino. Atendiendo a esos deseos del prelado, por decreto del 18 de febrero de 1739 fue designado don Pedro de Castro Figueroa y Salazar, duque de la Conquista. Sin embargo, este no hizo su entrada

---

[665] Torres, 2006, 121-123.

[666] La real cédula decía, a la letra: "He resuelto que en lo futuro no se unan las dos jurisdicciones en una misma persona en aquellos reinos para que se eviten los perjuicios que el Consejo considera", en Sánchez Pedrote, 1950, 237. Sobre el arzobispo virrey Vizarrón, remito a Castañeda y Arenas, 1998, capítulo VII, 257 y siguientes.

[667] Sánchez Pedrote, 1950, 243.

en México sino hasta el 17 de agosto de 1740. Al año siguiente, el duque falleció. Luego de abrirse el pliego de providencia o "mortaja", se vio que años antes se había previsto que el poder volviera a recaer en el arzobispo Vizarrón. Tan reciente era la cédula prohibitiva, que pareció excesivo contravenirla, por lo que el gobierno provisional recayó excepcionalmente en la Audiencia de México.[668]

Sin embargo, pese a la cédula de 1739, en la Nueva España pesaba más el episcopalismo como vértice de la modulación local del dominio real, que la legislación cortesana o los cambios sobrevenidos durante los reinados de Fernando VI y Carlos III. En el sentido de que la figura de autoridad del virrey transitó hacia la de un burócrata al servicio de las reformas administrativas borbónicas tendentes a "recuperar" por todos los medios la autoridad de la Corona. Con todo, durante unos meses de 1787 y luego en el bienio 1809-1810, el gobierno volvió a recaer respectivamente en los arzobispos Alonso Núñez de Haro y Peralta y Francisco Javier Lizana y Beaumont.

En ese mismo periodo destaca un prelado virrey más en las Indias meridionales, aunque no en el Perú, sino en el Nuevo Reino de Granada, nuevo asiento de virrey desde inicios de siglo. Se trata de don Antonio de Caballero y Góngora, arzobispo de Santafé de Bogotá. Con todo, sus vínculos con don José de Gálvez, ex visitador general de Nueva España y ministro de las Indias, parecen vincularlo más a la órbita de las Indias septentrionales que a los prelados virreyes del Perú.

Hemos llegado al final de nuestro recorrido. Lo concibo como una síntesis de los temas e intereses de mi trayectoria como investigador. Se trata de una serie de propuestas que invitan a la discusión y al diálogo. También pretendo incentivar nuevas indagaciones que corroboren, cuestionen o corrijan las aquí contenidas.

---

[668] Castañeda y Arenas, 1998, 263. Para el informe de Torrenueva estos autores se basan en Sánchez Pedrote, 1950.

Fuentes y referencias bibliográficas

Fuentes

Acosta S.I., José de, (1984-1987), *De procuranda indorum salute* [1577], Madrid, Consejo Superior de Investigaciones Científicas, *Corpus hispanorum de pace*, 2 vols.

Actas de Cabildo de la Ciudad de México, (1889), México, edición del Municipio Libre publicada por sus propietarios y editor Ignacio Bejarano.

Alba Ixtlilxóchitl Fernando de, (1985), *Obras históricas* [Ca. 1600-1612], México, Universidad Nacional Autónoma de México.

Alemán, Mateo, (1983), *Sucesos de don fray García Guerra y Oración fúnebre* [1613], preliminar y transcripción modernizada por José Rojas Garcidueñas. Prólogo de Antonio Castro Leal, México, Academia Mexicana de la Lengua.

Balbuena, Bernardo de, *Grandeza mexicana*, (1604), México, Melchor Ocharte.

Becerra Tanco Luis, (1675), *Felicidad de México en el principio y milagroso origen que tuvo el santuario de la Virgen María Nuestra Señora de Guadalupe*, México, Viuda de Bernardo Calderón. [Este libro, póstumo, estuvo precedido por el opúsculo del mismo autor: *Origen del santuario de Nuestra Señora de Guadalupe*, México, Viuda de Bernardo Calderón, 1666].

Carrillo Cázares, Alberto, (2006), *Manuscritos del Concilio Tercero Provincial Mexicano (1585)*, edición, estudio introductorio, notas, versión paleográfica y traducción de textos latinos, 2 vols., México, El Colegio de Michoacán-Universidad Pontificia de México.

Castillo de Bobadilla, Jerónimo, (1978), *Política para Corregidores y Señores de vasallos en tiempo de paz y de guerra y para Prelados en lo espiritual y temporal entre legos, Jueces de Comisión, Regidores, Abogados y otros oficiales públicos: y de las jurisdicciones y preeminencias, residencias y salarios de ellos: y de lo tocante a las Órdenes y Caballeros de ellas* [1597], Madrid, Edición facsímil, Instituto de Estudios de la Administración Local.

Cedulario de Encinas [1596], (1990), edición de Alfonso García Gallo, Madrid, Ediciones de Cultura Hispánica.

Chimalpáhin, Domingo, (2001), *Diario* [1590-1615], paleografía y traducción de Rafael Tena, México, Conaculta, (Cien de México).

Correspondencia de D. Luis de Velasco con Felipe II y Felipe III, acerca de la administración de los virreinatos de Nueva España y del Perú durante los años 1590 a 1601, Biblioteca Nacional de España [BNE], Biblioteca Digital Hispánica, http://bdh-rd.bne.es/viewer.vm?id=0000014843&page=1.

Epistolario de Nueva España 1505-1818, (1939, 1942) Francisco del Paso y Troncoso, (ed.), México, Antigua Librería Robredo de José Porrúa e Hijos, 16 vols.

Fita Fidel, (1905), "Don Luis de Velasco y Castilla, virrey de México y del Perú. Sus pruebas de nobleza para que se le diese en 1559 el hábito de caballero de Santiago", *Boletín de la Real Academia de la Historia*, tomo LXXXVI, cuaderno 1, 499-508.

Franco, fray Alonso, O.P., (1900) *Segunda parte de la historia de la provincia de Santiago de México, Orden de predicadores en la Nueva España*, Año de 1645. México, Museo Nacional.

Fuentes Manuel Atanasio, ed., (1859), *Memorias de los virreyes que han gobernado del Perú: durante el tiempo del coloniaje español*, Lima, Felipe Bailly, 6 vols.

García Icazbalceta Joaquín, (1954), *Bibliografía Mexicana del Siglo XVI. Catálogo razonado de los libros impresos en México de 1539 a 1600, con biografías de autores y otras ilustraciones*, México, Fondo de Cultura Económica [Nueva edición por Agustín Millares Carlo].

Hanke Lewis con la colaboración de Celso Rodríguez, eds., (1976-1980) *Los virreyes españoles en América durante el gobierno de la Casa de Austria*, México 5 vols.; Perú, 7 vols., Madrid, Biblioteca de Autores Españoles.

Herrera Heredia, Antonia, *Catálogo de las consultas del Consejo de Indias* (1983), Sevilla, Diputación Provincial.

Las Casas, fray Bartolomé de, (1553), *Tratado comprobatorio*, Sevilla, en Casa de Sebastián Trugillo.

Las Siete Partidas glosadas por el Licenciado Gregorio López, (1555), Salamanca, Domingo Portonarijs Ursino.

Le Code Théodosien, Livre XVI, et sa réception au Moyen Âge, (2002), Elisabeth Magnou-Nortier (ed.), París, Cerf.

León Pinelo, Antonio, (1629), *Epítome de la biblioteca oriental y occidental, náutica y geográfica*, Madrid, Francisco Martínez.

Levillier Roberto, dir., (1919), *Organización de la Iglesia y órdenes religiosas en el virreinato del Perú en el siglo XVI. Documentos del Archivo de Indias*, Madrid, Sucesores de Ribadeneyra, 2 vols.

Levillier Roberto, dir., (1921; 1924-1926), *Gobernantes del Perú. Cartas y papeles siglo XVI. Documentos del Archivo de Indias*, Madrid, Sucesores de Rivadeneyra, S.A. Madrid, Juan Pueyo, 14 vols.

Lissón Chávez Emilio, (1943-1947), *La Iglesia de España en el Perú. Colección de documentos para la historia de la Iglesia en el Perú, que se encuentran en varios archivos*, Madrid, Editorial Católica Española, 4 volúmenes en 22 fascículos.

Maldonado de Torres, Alonso (1609), *División en tres obispados de la Iglesia de Los Charcas por Alonso Maldonado de Torres en 1609*.

Martínez Ferrer Luis, (ed.), José Luis Gutiérrez, (trad.) (2017), *Tercer Concilio Limense (1583-1591). Edición bilingüe de los decretos*, Lima, Universidad Pontificia de la Santa Cruz, Sociedad de San Pablo.

Martínez López-Cano, María del Pilar, (coord.), (2004), *Concilios Provinciales Mexicanos. Época Colonial*, México, Universidad Nacional Autónoma de México, Cd-rom.

Memorial y noticias sacras y reales del Imperio de las Indias Occidentales, al muy piadoso y poderoso señor rey de las Españas y Nuevo Mundo D. Felipe IV N.S. en su Real y Supremo Consejo de las Indias, Cámara y Junta de Guerra en manos de Juan Bautista Sáenz Navarrete, caballero de la orden militar de Alcántara, de su Consejo y su Secretario en él, y en el de la Cámara y Junta... Comprende lo Eclesiástico, secular, político y militar que por su secretaría de la Nueva España se provee (1932), escríbale por el año de 1646 Juan Díez de la Calle, oficial segundo de la misma secretaría, tomado de la edición de Joaquín Ramírez Cabañas, México, Bibliófilos Mexicanos.

Memorial del viaje a Nueva España de Álvaro Manrique de Guzmán (sin fecha), Archivo Histórico de la Nobleza, OSUNA, c. 3910, d. 129.

Mota y Escobar Alonso, *Historia y descripción de la Nueva Galicia, sus ciudades y puertos, indios tributarios y de encomienda*. Dedicado a Don Pedro Fernández de Castro, Marqués de Sarria, en Pascual Gayangos (1875), *Catalogue of the Spanish MSS in The British Museum*, Add. 13.964. Spanish Settlements in America. Descripción de Indias, II vol.,

Kingsborough Collection, 72-128. Véase también la edición de Pedro Robredo, México, 1940.

Paso y Troncoso Francisco del, (1939-1942), *Epistolario de Nueva España (1505-1818)*, México, Antigua Librería Robredo de J. Porrúa e Hijos, 15 vols.

Pérez del Hierro, Antonio, (2009), *Aforismos de las cartas y relaciones* [1598], ed. Andrea Herrán y Modesto Santos, Zaragoza, Prensas Universitarias de Zaragoza.

Philosophia moral de principes, para su buena criança y gouierno, y para personas de buenos estados, (1602) compuesta por Juan de Torres de la Compañía de Jesús, Burgos, por Juan Bautista Varesio.

Poma de Ayala Felipe Guamán (1980), *Nueva Corónica y buen gobierno* [1615], México, Siglo XXI.

Primera Crónica General de España [Ca. 1289], (1977), ed. por Ramón Menéndez Pidal & Diego Catalán, Madrid, Gredos.

Relaciones Geográficas del Perú, (1887), tomo III de la Biblioteca de Autores Españoles, Madrid, 1887.

Resana, Benito (2006), *Libro de Visitas de Santo Toribio de Mogrovejo (1593-1606)*, Introducción, transcripción y notas de José Antonio Benito, Lima, Pontificia Universidad Católica del Perú (PUCP) y Fondo Editorial, Colección Clásicos Peruanos. IV Centenario de Santo Toribio de Mogrovejo.

Saavedra Fajardo Diego de, (2010), *Empresas políticas*, ed. Francisco Javier Díez de Revenga, Alicante, Biblioteca Virtual Miguel de Cervantes.

Sigüenza y Góngora Carlos de, (1684), *Parayso occidental, plantado y cultivado por la liberal benéfica mano de los muy Cathólicos y poderosos reyes de España, nuestros señores en su magnífico Real Convento de Jesús María de México, de cuya fundación y progresos y de las prodigiosas maravillas y virtudes, con que exalando olor suave de perfección florecieron en su clausura la venerable Madre Marina de La Cruz y otras exemplarísimas religiosas, da noticia en este volumen D. Carlos de Sigüenza y Góngora, presbítero mexicano,* con licencia de los superiores, en México por Juan de Rivera, impresor y mercader de libros.

Solórzano Pereira, Juan de, (1996), *Política Indiana* [1647], Madrid, Fundación José Antonio de Castro, 4 vols.

Solórzano Pereira, Juan de, (1629), *Memorial y discurso de las razones que se ofrecen para que el Real y Supremo Consejo de las Indias deba preceder en todos los actos públicos al que llaman de Flandes*, Madrid, Francisco Martínez.

Torres, S.I., Juan de, *Philosophia moral de Príncipes, para su buena crianza y gobierno: y para personas de todos los estados [...] trátanse en ella varias materias muy útiles para predicadores*, en Burgos por Juan Bautista Varesio, 1602.

Tovar y Valderrama Diego, (1645), *Instituciones políticas: en dos libros divididas, es a saber de República i Príncipe*, Madrid, a costa de Pedro Lasso.

Referencias

Abadía Quintero, Carolina, (2021), *'Por una merced en estos reinos'. Redes, circulación eclesiástica y negociación política en el obispado de Popayán, 1546-1714*, Bogotá, Editorial Universidad del Rosario.

Abril Stoffels Miguel J., (2003), "La visita de Juan de Ovando al Consejo de Indias y la Junta Magna de 1568 la política imperial de Felipe II ", tesis doctoral, Universidad Complutense de Madrid.

Aguirre Salvador, Rodolfo, (2014), "El tercer concilio mexicano frente al sustento del clero parroquial", *Estudios de Historia Novohispana*, (51), 9-44.

Aguirre Salvador, Rodolfo, (2024), "Cura, mercader y amante. La compleja vida parroquial de Francisco Gudiño a inicios del siglo XVII", en Francisco Javier Cervantes Bello, María del Pilar Martínez López-Cano, coord., *Historias de vida en la Iglesia novohispana*, Benemérita Universidad Autónoma de Puebla, Universidad Nacional Autónoma de México, pp. 19-52.

Albani, Benedetta, (2012), "Nuova luce sulle relazioni tra la Sede apostolica e le Americhe. La pratica dela concessione del "pase regio" ai documenti pontifici destinati alle Indie", en C. Ferlan, ed., *Eusebio Franceso Chini e il suo tempo. Una riflessione storica*, Trento FBK Press, pp. 83-102.

Altman, Ida, (1992), *Emigrantes y sociedad. Extremadura y América en el siglo XVI*, Madrid, Alianza Editorial.

Álvarez de Toledo Cayetana, (2011), *Juan de Palafox: obispo y virrey*, prólogo de Sir John H. Elliott, Madrid, Centro de Estudios Europa Hispánica-Marcial Pons Historia.

Álvarez-Ossorio Alvariño, Antonio, Cristina Bravo Lozano y Roberto Quirós Rosado, (eds.), (2025), *Bifronte imperio de dos mundos. La Monarquía de Carlos II en Europa y América*, Madrid y Frankfurt am Mein, Iberoamericana-Vervuert.

Álvarez Tobos, Martín Ernesto (2020), "Poder temporal y poder espiritual. Conflictos por el adoctrinamiento de almas en el Nuevo Reino de Granada

(1590-1654)", Tesis de doctorado en Historia, Universidad de los Andes, Bogotá.

Armas Medina, Fernando, (1965), "La jerarquía eclesiástica peruana en la primera mitad del siglo XVII", *Anuario de Estudios Americanos*, número 44, tomo XXII, pp. 673-703.

Aramburu Zudaire José Miguel, (1990), "Don Sebastián de Lartaún, un obispo guipuzcoano en Cuzco (siglo XVI)", en *Evangelización y teología en América (siglo XVI). X Simposio Internacional de Teología de la Universidad de Navarra*, Pamplona, Servicio de Publicaciones de la Universidad de Navarra, pp. 377-393.

Arango Puerta, Mauricio, (2022), "Las ciudades y sus confines en la Monarquía hispánica: poblamiento y guerra en el territorio de los indios pijaos, Nuevo Reino de Granada, 1550-1664", tesis de doctorado en historia, El Colegio de México.

Arias Cuba, Ivette, (2019), "Integración de un sistema devocional indiano en la Monarquía Hispana. El culto de Santa Rosa de Santa María en las ciudades de Lima y México, 1668-1737", Tesis de doctorado en Historia, El Colegio de México.

Assadourian Carlos Sempat, (1989), "Acerca del cambio en la naturaleza del dominio sobre las Indias: la mita minera del Virrey Toledo, documentos de 1568-1571", *Anuario de estudios americanos*, 46, 3-70.

Bahena Pérez, Martha Atzin, (2024), *Una sociedad de frontera. Lazos interpersonales y configuración de la vecindad en Ciudad Real de Chiapa (1524-1630)*, México, Universidad Nacional Autónoma de México, Presses Universitaires du Midi.

Baltar Rodríguez Juan Francisco, (1998), *Las Juntas de gobierno en la Monarquía Hispánica (Siglos XVI-XVII)*, Madrid, Centro de Estudios Políticos y Constitucionales.

Bautista y Lugo, Gibran, (2021), *Integrar un reino. La ciudad de México en la monarquía de España 1621-1628*, México, UNAM.

Bautista y Lugo, Gibran, (2023), "Escalas migratorias en la configuración imperial ibérica", *Prohistoria*, año XXVI, 39, junio, pp. 1-32.

Bautista y Lugo Gibran, (2024), "Los avatares de la memoria trasatlántica: Migración y escritura de indianos residentes en España en el tránsito del siglo XVI", *Tiempos Modernos* (en prensa).

Bautista y Lugo, Gibran (2025), "Migrantes, solares y justicias en la ciudad de México: Yopico a finales del siglo XVI", *Relaciones*, núm. 181, pp. 185-209.

Becerra Jiménez, Celina Guadalupe, (2025), "Diezmos y sustento de los párrocos. Los memoriales de los obispados de Guadalajara y de Chiapa ante el Tercer Concilio Provincial Mexicano, *Relaciones*, vol. 46, núm. 181, 210-234.

Bonialian Mariano A., (2019), *La América española: entre el Pacífico y el Atlántico. Globalización mercantil y economía política, 1580-1840*, México, El Colegio de México.

Borah, Woodrow, (1985), *El Juzgado General de Indios en la Nueva España*, México, Fondo de Cultura Económica.

Burrieza Sánchez Javier, (2018), "Toribio Alfonso de Mogrovejo", en *Diccionario biográfico español*, Madrid, Real Academia de la Historia. DB~e.

Buttin, Anne-Marie (2000), *La Grèce Classique*, París, Les Belles Lettres (Guides des Civilisations).

Cabañas Agrela Miguel, (2018), "Lorenzo Suárez de Mendoza", en *Diccionario biográfico español*, Madrid, Real Academia de la Historia. DB~e.

Caranci Carlo A., "El tornaviaje Andrés de Urdaneta (1564-1565)", (2016), Sociedad Geográfica Española, en https://sge.org/exploraciones-y-expediciones/galeria-de-exploradores/la-vuelta-al-mundo/el-tornaviaje-andres-de-urdaneta-1564-65.

Cardim, Pedro y Joan-Lluís Palos, (coords.), (2012), *El mundo de los virreyes en las monarquías de España y Portugal*, Madrid y Frankfurt, Iberoamericana Vervuert.

Cardim, Pedro, (2014), *Portugal unido y separado. Felipe II, la unión de territorios y el debate sobre la condición política del Reino de Portugal*, Valladolid, Ediciones Universidad de Valladolid. (Colección "Síntesis" XVI).

Carmagnani Marcello, (2012), "La organización de los espacios americanos en la monarquía española (siglos XVI-XVIII)", en Óscar Mazín y José Javier Ruiz Ibáñez, (eds.), *Las Indias Occidentales. Procesos de incorporación territorial a las monarquías ibéricas*, México, El Colegio de México, pp. 331 356.

Carrillo Cázares, Alberto, Elisa Luque Alcaide, (2003), *Vasco de Quiroga, la pasión por el Derecho*, Zamora, El Colegio de Michoacán, Universidad Michoacana de San Nicolás de Hidalgo, 2 vols.

Castañeda de la Paz María y Roskamp, Hans, eds., (2013), *Los escudos de armas indígenas de la Colonia al México independiente*, México, El Colegio de Michoacán, Instituto de Investigaciones Antropológicas, UNAM.

Castañeda Delgado Paulino, (1983), *Los memoriales del padre Silva sobre predicación pacífica y repartimiento*, Madrid, Consejo Superior de Investigaciones Científicas.

Castañeda Paulino e Isabel Arenas Frutos, (1998), *Un portuense en México: Don Juan Antonio Vizarrón, arzobispo y virrey*, El Puerto de Santa María, Ayuntamiento de El Puerto de Santa María.

Castillo Flores José Gabino, (2018), *El cabildo eclesiástico de la catedral de México (1530-1612)*, Zamora, El Colegio de Michoacán.

Chevalier François, (1976), *La formación de los latifundios en México: tierra y sociedad en los siglos XVI y XVII*, México, Fondo de Cultura Económica.

Cline Howard, (1949), "Civil Congregations of the Indians in New Spain, 1598-1606", *The American Historical Review*, vol. XXIX, núm. 3, agosto, pp. 349-369.

Coello de la Rosa, Alexandre, (2006), *Espacios de exclusión, espacios de poder: El Cercado de Lima colonial (1568-1606)*, Lima, Instituto de Estudios Peruanos- PUCP.

Connell Tim, (1978), "New Spain and the Tribute System in the XVIth Century. Diego Ramírez and Jerónimo de Valderrama: justo juez and azote de indios", *Ibero-amerikanisches Archiv*, Vol. 4, No. 2, pp. 161-170.

Cuevas, S.J. Mariano, (1921-1926), *Historia de la Iglesia en México*, Tlalpan (México), Imprenta del Asilo Patricio Sanz, 4 vols.

Dagron Gilbert, (1996), *Empéreur et prêtre. Étude sur le césaropapisme byzantin*, París, Gallimard.

De Solano, Francisco, ed., (1988), *Cuestionarios para la formación de las relaciones geográficas de Indias, siglos XVI/XIX*, Madrid, Consejo Superior de Investigaciones Científicas.

Del Valle Pavón, Guillermina, (2005), "Los mercaderes de México y la transgresión de los límites al comercio Pacífico en Nueva España, 1550-1620", *Revista de Historia Económica. La economía en tiempos del Quijote*, Madrid, vol. XXIII, pp. 213-240.

Dussel Enrique, (1979), *El episcopado latinoamericano y la liberación de los pobres 1504-1620*, México, Centro de Reflexión Teológica.

Estenssoro Fuchs Juan Carlos, (2003), *Del paganismo a la santidad. La conversión de los indios del Perú al catolicismo 1532-1750*, Lima, Instituto Francés de América Latina, Instituto Riva Agüero, Pontificia Universidad Católica del Perú.

Fernández de Córdova Álvaro, (2021), *El Roble y la Corona. El ascenso de Julio II y la monarquía hispánica (1471-1504)*, Granada, Universidad de Granada.

Feros, Antonio, (2002), *El duque de Lerma. Realeza y privanza en la España de Felipe III*, Madrid, Marcial Pons Historia.

Fox, K.V., (1962), "Pedro Muñiz, Dean of Lima, and the Indian Labor Question (1603)", *The Hispanic American Historical Review*, vol. 42, No. 1, pp. 63-88.

Galeano Ramírez, Juan Camilo, (2025), "Gobierno eclesiástico en la diócesis de Popayán (1672-1804)", tesis de doctorado en historia, Zamora (México), El Colegio de Michoacán.

Gálvez Martín, Rubén, (2023), "Los virreyes indianos de la Monarquía Hispánica: una revisión historiográfica", *Revista de Historiografía*, 38, pp. 147-194.

Gänger, Stefanie, (2017), "Circulation: reflections on circularity, entity and liquidity in the language of global history", *Journal of Global History*, 12, 303-318.

García-Abasolo Antonio F., (1983), *Martín Enríquez y la reforma de 1568 en Nueva España*, Sevilla, Diputación Provincial de Sevilla.

García-Abasolo Antonio F., (2018), "Fray García Guerra", en *Diccionario biográfico español*, D-B~e.

García Martínez Bernardo, (1969), *El Marquesado del Valle. Tres siglos de régimen señorial en Nueva España*, México, El Colegio de México.

García Martínez Bernardo, (2008), *Las regiones de México. Breviario geográfico e histórico*, México, El Colegio de México.

García Martínez Bernardo, (2011), "Encomenderos españoles y British Residents. El sistema de dominio indirecto desde la perspectiva novohispana", *Historia Mexicana*, vol. 60, núm. 4 (240), abril-junio, pp. 1915-1978.

García Martínez Bernardo, (2019), *La naturaleza política y corporativa de los pueblos de indios*, México, Academia Mexicana de la Historia.

García-Molina Riquelme, Antonio M., (2021), *La familia Carvajal y la Inquisición de México*, México, UNAM (Instituto de Investigaciones Jurídicas).

Gerhard Peter, (1972), *A guide to the historical geography of New Spain*, Cambridge, Cambridge University Press.

Gil Pujol Xavier, (1989), "De las alteraciones a la estabilidad. Corona, fueros y política en el reino de Aragón, 1585-1648", tesis de doctorado, Universidad de Barcelona.

Gil Pujol Xavier, (2012), "Integrar un mundo. Dinámicas de agregación y de cohesión en la Monarquía de España", en Óscar Mazín y José Javier Ruiz Ibáñez, *Las Indias Occidentales: procesos de incorporación territorial a las monarquías ibéricas (siglos XVI -XVIII)*, México, El Colegio de México, Red Columnaria, pp. 69-108.

Gil Pujol Xavier, (2016), *La Fábrica de la Monarquía. Traza y conservación de la Monarquía de España de los Reyes Católicos y los Austrias*, Madrid, Real Academia de la Historia.

Gil Pujol Xavier, (2023), "Imperio, monarquía, universalidad. España y el mundo ibérico, desde mediados del siglo XV a inicios del siglo XVII", en Carmen Sanz Ayán, *et.al.*, *El valor de la Historia*, Madrid, Fundación Tatiana Dykinson, S.L., pp. 69-104.

González García, Teodoro O.P., "Pedro González (San Telmo)", en *Diccionario biográfico español*, D-B~e.

González González Enrique, (1996), "Un espía en la Universidad. Sancho Sánchez de Muñón, maestrescuela de México (1560-1600)", en Margarita Menegus, (coord.), *Saber y poder en México, siglos XVI al XX*, México, CESU, Universidad Nacional Autónoma de México,

Hanke Lewis, "El visitador Lic. Alonso Fernández de Bonilla y el virrey del Perú, el conde del Villar", *Memoria del II congreso venezolano de historia*, (Caracas, 1975), 2, pp. 13-127.

Hartog, François, (1991), *Le miroir d'Hérodote : essai sur la représentation de l'autre*, París, Gallimard.

Hausberger Bernd y Mazín Óscar, (2010), "Nueva España, los años de autonomía", en Bernardo García Martínez, (dir.), *Nueva Historia General de México*, México, El Colegio de México, pp. 263-283.

Hassig Ross, (1985), *Trade, Tribute and Transportation, the sixteenth-century Political Economy of the Valley of Mexico*, Norman, The University of Oklahoma Press.

Herrejón Peredo, Carlos, ed., (2021), *Vasco de Quiroga. Humanista, abogado, apóstol*, Zamora y Ciudad de México, El Colegio de Michoacán, Universidad Panamericana.

Herzog, Tamar, (2006), *Vecinos y extranjeros. Hacerse español en la Edad Moderna*, Madrid, Alianza.

Hespanha, Antonio Manuel, (2006), "A movilidade social na sociedade de Antigo Regime", *Tempo*, vol. 11, núm. 21, pp. 121-143.

Iñurritegui Rodríguez José María, (1995), "La gracia y la república: el lenguaje político de la teología y el Príncipe cristiano de Pedro de Ribadeneyra" tesis doctoral, Madrid, Universidad Autónoma de Madrid.

Israel Jonathan I., (1980), *Razas, clases sociales y vida política en el México colonial, 1610-1670*, México, Fondo de Cultura Económica.

Klein, Herbert, (2015), *Historia mínima de Bolivia*, México, El Colegio de México.

Latasa Vassallo, Pilar, (1997), *Administración virreinal en el Perú: el gobierno del Marqués de Montesclaros (1607-1615)*, Madrid, Editorial Centro de Estudios Ramón Areces, S.A.

Leturia, Pedro de, (1927), "El origen histórico del Patronato de Indias", *Razón y Fe*, vol. 78, pp. 25-36.

Levillier Roberto, (1935), *Don Francisco de Toledo, supremo organizador del Perú: su vida, su obra (1515-1582). Años de andanzas y de guerras (1515-1572)*, Madrid, Espasa Calpe.

Leyva Gutiérrez, Nancy Selene, (2024), *Sacerdotes en tierra de indios. La Iglesia y la oligarquía en el noreste de la Nueva España (siglos XVII y XVIII)*, Zamora, El Colegio de Michoacán.

Lienhard Martin, ed., (1992), *Testimonios, cartas y manifiestos indígenas*, Caracas, Editorial Ayacucho.

Lira Andrés y Rodrigo Martínez Baracs, (coords.), (2019), *A 450 años de fray Bartolomé de Las Casas*, México, Academia Mexicana de la Historia.

Lira González, Andrés, (2019), "Pecadores y delincuentes en la obra de fray Bartolomé de Las Casas", en Lira, Andrés y Rodrigo Martínez Baracs (coords.), (2019), *A 450 años de fray Bartolomé de Las Casas*, México, Academia Mexicana de la Historia, pp. 121-149.

Lohmann Villena Guillermo, (1988), "Las Cortes en las Indias", en *Las Cortes de Castilla y León, 1188-1988. Actas de la Tercera Etapa del Proyecto Científico sobre las Cortes de Castilla y León*, Madrid, Cortes de Castilla y León, pp. 591-623.

López, Carlos y Aguilar Julia, (2016), "Diego Ladrón de Guevara", *Historia del Perú*, https://historiaperuana.pe/biografia/diego-ladron-guevara.

Loriga, Sabina, (2010), « Écriture biographique et écriture de l'histoire aux XIXe et XXe siècles », *Les Cahiers du Centre de Recherches Historiques*, pp. 47-71.

Lundberg Magnus, (2002), *Unification and Conflict. The Church Politics of Alonso de Montúfar O.P. Archbishop of Mexico, 1554-1572*, Uppsala, Lund University.

Maldavsky, Aliocha, (2002), « Les visites *ad limina* des archevêques de Lima au XVIIe siècle », en P. Boutry y B. Vincent, (eds.), *Les chemins de Rome. Les visites* ad limina *à l'époque moderne dans l'Europe méridionale et le monde ibéro-américain*, Rome, École Française de Rome, 213-234.

Mansilla Demetrio, (1980), "Panorama histórico-geográfico de la Iglesia española en los siglos XV y XVI", en Ricardo García Villoslada, (dir.), *Historia de la Iglesia en España*, Madrid, Biblioteca de Autores Cristianos, v. III, t. 1, pp. 3-24.

Martin Céline, (2003), *La géographie du pouvoir dans l'Espagne visigothique*, Lille, Presses Universitaires du Septentrion.

Martínez Baracs, Rodrigo, (1999), "Secuencias de una investigación imaginaria", *Relaciones* 77, invierno, vol. XX, pp. 151-182.

Martínez Ferrer, Luis, (2013), "Los decretos del Tercer Concilio Provincial Mexicano (1585). Problemas y posibilidades en su edición crítica", en Andrés Lira González, Alberto Carrillo Cázares, Claudia Ferreira Ascencio, (eds.), *Derecho, política y sociedad en Nueva España a la luz del Tercer Concilio Provincial Mexicano (1585)*, México y Zamora, El Colegio de México, El Colegio de Michoacán, Conacyt, pp. 27-54.

Martínez López-Cano Pilar, Elisa Itzel García Berumen y Marcela Rocío García Hernández, (2004), "Estudio introductorio. Tercer concilio provincial mexicano (1585)", en Martínez López-Cano, María del Pilar, (coord.), (2004), *Concilios Provinciales Mexicanos. Época Colonial*, México, Universidad Nacional Autónoma de México, cd-rom.

Mazín Óscar y Carmen Val Julián, (1995), *En torno a la Conquista, une anthologie*, París, École Normale Supérieure de Fontenay-Saint Cloud y Ellipses.

Mazin Óscar, (1996), *El cabildo catedral de Valladolid de Michoacán*, Zamora, El Colegio de Michoacán.

Mazín Óscar, (2006), *Una Ventana al Mundo Hispánico. Ensayo bibliográfico*, vol. I, México, El Colegio de México.

Mazín Óscar, (2007a), *Gestores de la Real Justicia. Procuradores y agentes de las catedrales hispanas nuevas en la corte de Madrid. El ciclo de México 1568-1640*, México, El Colegio de México, 2007.

Mazin Óscar, (2007b), *Iberoamérica. Del Descubrimiento a la Independencia*, México, El Colegio de México.

Mazín Óscar, (2008), "Pensar la monarquía, pensar las catedrales: dos fiscales del orbe indiano, Juan de Solórzano y Juan de Palafox", en Francisco Javier Cervantes Bello, Alicia Tecuanhuey Sandoval y María del Pilar Martínez

López-Cano (coords.), *Poder civil y catolicismo en México, siglos XVI al XIX*, México, Benemérita Universidad Autónoma de Puebla/Universidad Nacional Autónoma de México, 2008, pp. 165-178.

Mazín Óscar, (2009), "Cristianización de las Indias: algunas diferencias entre la Nueva España y el Perú", *Historias*, núm.72, pp.75-90.

Mazín Óscar, (2010 a), "Clero secular y orden social en la Nueva España de los siglos XVI y XVII", en Margarita Menegus, Francisco Morales, Óscar Mazín, *La secularización de las doctrinas de indios en la Nueva España*, México, UNAM, Instituto de Investigaciones sobre la Universidad y la Educación, pp. 139-202.

Mazín Óscar, (2010 b) "El lugar de las indias occidentales en la Monarquía española del siglo XVII", *Memorias de la Academia Mexicana de la Historia*, tomo LI, pp. 263-279.

Mazín Óscar, (2012 a), "Architect of the New World: Juan de Solórzano Pereyra and the Status of the Americas", en Pedro Cardim, Tamar Herzog, *et. al.* (eds.), *Polycentric Monarchies. How did Early Modern Spain and Portugal Achieve and Maintain a Global Hegemony?* Sussex, Cham-Sussex, Sussex University Press, pp. 27-42.

Mazín Óscar, (2012 b), "Una jerarquía hispánica. Los obispos de la Nueva España", en Víctor Gayol, *Formas de gobierno en México. Poder político y actores sociales a través del tiempo*, Zamora, El Colegio de Michoacán, vol. I, pp. 121-142.

Mazín Óscar, (2012 c), "Representaciones del poder episcopal en Nueva España (siglo XVII y primera mitad del XVIII)", en Óscar Mazín, ed., *Las representaciones del poder en las sociedades hispánicas*, México, El Colegio de México, pp. 373-401.

Mazín Óscar, (2013a), *Una Ventana al Mundo Hispánico. Ensayo bibliográfico*, vol. II, México, El Colegio de México.

Mazín Óscar, (2013b), "Leer la ausencia: las ciudades de Indias y las Cortes de Castilla, elementos para su estudio (siglos XVI y XVII)", *Historias 84*, pp. 98-110.

Mazín Óscar, (2015a), "Hacia una historia comparada del Perú y la Nueva España: presupuestos desde la Iglesia y el orden social", en Alicia Mayer y José de la Puente Brunke (eds.), *Iglesia y sociedad en la Nueva España y el Perú*, Pamplona, Centro de Estudios Mexicanos-UNAM-España/ Instituto Riva-Agüero/ Pontificia Universidad Católica del Perú/ Monasterio de Irache, cap. 11, pp. 249-262.

Mazín Óscar, (2015b), "El rey de las Indias: elementos de su percepción en Nueva España", en *La Monarquía hispánica en el arte*, México, Museo Nacional de Arte, Iberdrola-Arte Mexicano Promoción y Estrategia, A.C.-Banamex-HSBC, cap. 4, pp. 101-111.

Mazín Óscar, (2016), "Laberintos cortesanos: proyección madrileña de un consejero-obispo-visitador (1632-1653)", en Francisco Javier Cervantes Bello y María del Pilar Martínez López Cano (coords.), *La dimensión imperial de la Iglesia novohispana*, Puebla, Instituto de Ciencias Sociales y Humanidades "Alfonso Vélez Pliego" -BUAP, Instituto de Investigaciones Históricas-UNAM, cap. 6, pp. 201-224.

Mazín Óscar, (2017), *Gestores de la Real Justicia. Procuradores y agentes de las catedrales hispanas nuevas en la corte de Madrid. II.- El ciclo de las Indias (1632-1666)*. México, El Colegio de México, Red Columnaria.

Mazín Óscar con Jean-Pierre Berthe, (2018 a), *Reinar por relación y noticia. Cinco informes de la diócesis de Michoacán 1619-1649*, San Luis Potosí, El Colegio de San Luis.

Mazín Óscar, (2018 b), "'Entre Dos Majestades'. Orden social y reformas en la Nueva España borbónica. Pedro Anselmo Sánchez de Tagle, obispo de la provincia y diócesis de Michoacán (1758-1772)", en Martha Eugenia García Ugarte, (coord.), *Ilustración Católica. Ministerio episcopal y episcopado en México (1758-1829)*, México, UNAM, Instituto de Investigaciones Sociales, 2018, pp. 417-452.

Mazín Óscar, (2019), "Alarde de Monarquía: las diócesis del Cuzco y Michoacán en 1650", en Francisco Javier Cervantes Bello y María del Pilar Martínez López-Cano (coords.), *La iglesia en la construcción de los espacios urbanos, siglos XVI al XVIII*, México, Universidad Nacional Autónoma de México-Benemérita Universidad Autónoma de Puebla, pp. 297-338.

Mazín Óscar, (2020), "De mojoneras, espacios y territorios. Reflexiones sobre las diócesis en las Indias Occidentales de España", en María del Pilar Martínez López Cano y Francisco Cervantes Bello, *La Iglesia y sus territorios, siglos XVI-XVIII*, México, UNAM, Instituto de Investigaciones Históricas, (Serie Novohispana, 109), pp. 181-208.

Mazín Óscar, (2023 a), "Proyección del saber antiguo de las Indias", en Óscar Mazín y Gibran Bautista y Lugo, (coords.), *El espejo de las Indias Occidentales. Un mundo de mundos: interacción y reciprocidades*, México, El Colegio de México, Instituto de Investigaciones Históricas UNAM, Red Columnaria, pp. 85-124.

Mazín Óscar, (2023 b), "Empalmes de poder y gobierno del Consejo de Indias en 1626", en Antonio Jiménez Estrella, Julián J. Lozano Navarro, Francisco Sánchez-Montes González, (eds.), *Urdimbre y memoria de un imperio global. Redes y circulación de agentes en la Monarquía Hispánica.*, Granada, Universidad de Granada, Red Columnaria, pp. 353-362.

Mazin Óscar, (en proceso), "Territorio y orden social en la consolidación de Nueva España: el ámbito eclesiástico diocesano".

Mejía Torres, Karen Ivett, (2024), *Armonía y conflicto entre corporaciones en Toluca. Un régimen corporativo eclesiástico en la integración urbana, 1669-1799*, Toluca, El Colegio Mexiquense.

Menegus, Margarita, (1992), "la costumbre indígena en el derecho indiano, 1529-1550", *Anuario Mexicano de Historia del Derecho*", n. 4, pp. 151-159.

Merluzzi Manfredi, (2007), "Religion and State Policies in the Age of Philip II: the 1568 Junta Magna of the Indies and the New Political Guidelines for the Spanish American Colonies", en Joaquim Carvalho, (ed.), *Religion and Power in Europe: Conflict and Convergence*, Pisa, Plus-Pisa University Press, pp. 183-201.

Merluzzi Manfredi, (2003), *Politica e Governo del Nuovo Mondo. Francisco de Toledo, viceré del Perù (1569-1581)*, Roma Carocci. [Traducción] (2014), *Gobernando los Andes. Francisco de Toledo virrey del Perú (1569-1581)*, Lima, Fondo Editorial Pontificia Universidad Católica del Perú, Colección Estudios Andinos.

Morong Reyes Germán, (2016), *Saberes hegemónicos y dominio colonial. Los indios en el 'Gobierno del Perú' de Juan de Matienzo (1567)*, Rosario, Prohistoria Ediciones.

O'Gorman Edmundo, (1986), *Destierro de sombras. Luz en el origen de la imagen y culto de Nuestra Señora de Guadalupe del Tepeyac*, México, Universidad Nacional Autónoma de México.

Olival Fernanda, (2012) "Los virreyes y gobernadores de Lisboa (1583-1640): características generales", en Pedro Cardim y Joan-Lluís Palos, eds., *El mundo de los virreyes en las monarquías de España y Portugal*, Madrid, Iberoamericana-Vervuert, 287-316.

Orozco y Berra Manuel, (1853), *Noticia histórica de la conjuración del Marqués del Valle*, México, Tipografia de R. Rafael.

Ortiz Treviño, Rigoberto Gerardo, (2008), "Los Obispos-Virreyes en la Nueva España, una sola espada (1584-1696)", en José de la Puente Brunke, Jorge Armando Guevara Gil, eds., *Derecho, instituciones y procesos históricos*,

XIV Congreso del Instituto Internacional de Historia del Derecho Indiano, tomo II, cap. 59, pp. 635-652.

Ortuño Martínez Manuel, (2018), "Martín Enríquez de Almansa", en *Diccionario biográfico español*, Madrid, Real Academia de la Historia. DB~e.

Ospina Suárez, Pedro Antonio, (2011), *Hernando Arias de Ugarte (Bogotá, 1561- Lima, 1638): el Obispo de América del Sur*, Bogotá, Universidad Pontificia Bolivariana.

Padden, Robert C., (2000), "The Ordenanza del Patronazgo of 1574: An interpretative Essay", en *The Church in Colonial Latin America*, Wilmington, Scholarly Resources Books, pp. 27-47.

Parker Geoffrey, (1972), *The Army of Flanders and the Spanish Road, 1567-1659. The logistics of Spanish victory and defeat in the Low Countries's Wars*, Cambridge, Cambridge University Press.

Patlagean, Evelyne, "Bizance et la question du roi-prêtre", *Annales. Histoire, Sciences Sociales*, 55ᵉ Année, No. 4 (Jul-Aug., 2000), pp. 871-878.

Peña Cámara J. D. L., (1941) "Las redacciones del Libro de la gobernación espiritual. Ovando y la Junta de Indias en 1568", *Revista de Indias*, 2(3), 93.

Peña Espinosa Jesús Joel, (2018), "Diego Romano, juez y obispo al servicio del rey y la Iglesia en el orbe hispánico, 1536-1606", Tesis doctoral, El Colegio de Michoacán.

Peralta Ruiz, Víctor, (2018), "Diego Morcillo Rubio y Auñón", en *Diccionario biográfico español*, Madrid, Real Academia de la Historia. DB~e.

Pérez Puente Leticia, Enrique González González, Rodolfo Aguirre Salvador, (2004), "Estudio introductorio a los Concilios Provinciales Mexicanos Primero y Segundo", en Martínez López-Cano, María del Pilar, (coord.), *Concilios Provinciales Mexicanos. Época Colonial*, México, Universidad Nacional Autónoma de México, cd-rom.

Pérez Puente Leticia, (2017), *Los cimientos de la iglesia en la América española. Los seminarios conciliares, siglo XVI*, México, Universidad Nacional Autónoma de México, Instituto de Investigaciones sobre la Universidad y la Educación, (Colección La Real Universidad de México, estudios y textos, XXXVI).

Piazza, Rosalba, (2016), *La conciencia oscura de los naturales. Procesos de idolatría en la diócesis de Oaxaca (Nueva España), siglos XVI-XVIII*, México, El Colegio de México.

Poole, C.M. Stafford, (1987) *Pedro Moya de Contreras. Catholic Reform and Royal Power in Spain 1571-1591*, Berkeley, Los Angeles, University of California Press.

Poole, C.M. Stafford, (2004), *Juan de Ovando. Governing the Spanish Empire in the Reign of Philip II*, Norman, University of Oklahoma Press.

Poole Stafford C.M., (2012), *Pedro Moya de Contreras. Reforma católica y poder real en la Nueva España, 1571-1591*, trad. Alberto Carrillo Cázares, Zamora, El Colegio de Michoacán, Fideicomiso Teixidor.

Prodi Paolo, (1982), *Il sovrano pontefice: un corpo e due anime: la monarchia papale nella prima età moderna.* Società Editrice il Mulino.

Ragon, Pierre, (2016), *Pouvoir et corruption aux Indes espagnoles. Le gouvernement du comte de Baños, vice-roi du Mexique*, París, Belin.

Ramírez Méndez, Jessica, (2014), "Las nuevas órdenes religiosas en las tramas semántico-espaciales de la ciudad de México, siglo XVI", *Historia Mexicana* vol. LXIII, 3, pp. 1015-1075.

Ramos Demetrio, (1982), "La Junta Magna y la nueva política", en *Historia general de España y América* 7: 437-454, 19 vols. Madrid, Ediciones Rialp.

Ramos Demetrio, (1986), "La crisis indiana y la Junta de 1568", *Jahrbuch für Geschichte Lateinamerikas*, 23, pp. 1-61.

Raup Wagner Henry, (1967) with the collaboration of Helen Rand Parish, *The Life and Writings of Bartolomé de las Casas*, Albuquerque, The University of New Mexico Press.

Robert, Jean Noël, (1999), *Rome*, París, Les Belles Lettres (Guides des civilisations).

Rubial García, Antonio, coord., (2013), *La Iglesia en el México Colonial*, México, Universidad Nacional Autónoma de México (UNAM) y Benemérita Universidad Autónoma de Puebla (BUAP).

Rubial García Antonio y Jessica Ramírez Méndez, (2024), *Ciudad anfibia. México Tenochtitlan en el siglo XVI*, México, Universidad Nacional Autónoma de México.

Rucquoi Adeline, (1992), "De los Reyes que no son taumaturgos. Los fundamentos de la realeza en España", *Relaciones*, núm. 51, pp. 55-100.

Rucquoi Adeline, (1993), "El Rey Sabio: cultura y poder en la Castilla Medieval", en *Repoblación y conquista* (III Curso de Cultura Medieval, 1991) Aguilar de Campoó (1993), pp. 249-262.

Rucquoi Adeline, (1998), "*Studia Generalia* y pensamiento hispánico medieval", *Relaciones* núm. 75, pp. 243-280.

Rucquoi Adeline, (2006), *Rex, Sapientia, Nobilitas*. Estudios sobre la Península Ibérica Medieval, Granada, Universidad de Granada.

Rucquoi Adeline, (2012 a), "'*Cuius Rex, eius religio*'. Ley y religión en la España medieval", en Óscar Mazín, (ed.), *Las representaciones del poder en las sociedades hispánicas*, México, El Colegio de México, pp. 133-174.

Rucquoi Adeline, (2012 b), "Tierra y gobierno en la Península ibérica medieval", en Óscar Mazín y José Javier Ruiz Ibáñez (eds.), *Las Indias Occidentales. Procesos de incorporación a las Monarquías ibéricas*, México, El Colegio de México, Red Columnaria, pp. 45-69.

Rucquoi, Adeline, (2016), *Dominicus Hispanus: ochocientos años de la orden de Predicadores*, Valladolid, Junta de Castilla y León.

Rucquoi, Adeline, (2024), *La Reconquête. L'Espagne de 711 à 1502*, Châteauneuf-sur-Charente, CLD Éditions.

Ruiz Gomar, Rogelio, (1986), "Capilla de los Reyes", en *Catedral de México. Patrimonio artístico y cultural*, México, Secretaría de Desarrollo Urbano y Ecología y Fomento Cultural Banamex, pp. 17-43.

Ruiz Guadalajara, Juan Carlos, (2004), *Dolores antes de la Independencia. Microhistoria del Altar de la Patria*, El Colegio de Michoacán, El Colegio de San Luis, CIESAS, 2 vols.

Ruiz Ibáñez, José Javier, (2003), *Felipe II y Cambrai. El consenso del pueblo. La soberanía entre la práctica y la teoría política. Cambrai (1595-1677)*, Rosario, Prohistoria Ediciones.

Ruiz Ibáñez José Javier y Bernard Vincent, (2007), *Historia de España, 3er milenio. Los siglos XVI y XVII*, Madrid, Editorial Síntesis.

Ruíz Ibáñez José Javier y Óscar Mazín, (2021), *Historia mínima de los mundos ibéricos*, México, El Colegio de México.

Ruiz Ibáñez, José Javier, (2022), *Hispanofilia. Los tiempos de la hegemonía española*, Madrid, Fondo de Cultura Económica, Red Columnaria, 2 vols.

Rumeu de Armas Antonio, (1993-1994), "El jurista Gregorio López, editor de las 'Partidas'", *Anuario de Historia del Derecho Español*, tomo LXIII-LXIV, pp. 345-449.

Salinero Gregorio, (2017), *Hombres de mala corte. Desobediencias, procesos políticos y gobierno de las Indias en la segunda mitad del siglo XVI*, Madrid, Cátedra.

Sánchez-Concha, Barrios, Rafael, (2018), "Don Melchor de Liñán y Cisneros", en *Diccionario biográfico español*, Madrid, Real Academia de la Historia. DB~e.

Sánchez Pedrote, Enrique, (1950), "Los prelados virreyes", *Anuario de Estudios Americanos*, tomo VII, pp. 211-253.

Schäfer Ernesto, (1947), *El Consejo Real y Supremo de las Indias. Su historia, organización y labor administrativa hasta la terminación de la casa de Austria*, Sevilla, Consejo Superior de Investigaciones Científicas, Escuela de Estudios Hispanoamericanos, 2 vols.

Sholes France V. y Adams Eleonor B., (1961), *Cartas del Licenciado Jerónimo Valderrama (1563-1565)*, México, José Porrúa e Hijos.

Schwaller John F., (1985), *Orígenes de la riqueza de la Iglesia en México. Ingresos eclesiásticos y finanzas de la Iglesia 1523-1600*, México, Fondo de Cultura Económica.

Schwaller John F., (2003), "The Early Life of Luis de Velasco, the Younger: The Future Viceroy as Boy and Young Man", *Estudios de Historia Novohispana*, (29), pp. 17-47.

Semboloni Capitani, Lara, (2013), "El Tercer Concilio Provincial Mexicano y el virrey, una interpretación", en Andrés Lira González, Alberto Carrillo Cázares, Claudia Ferreira Ascencio, (eds.), *Derecho, política y sociedad en Nueva España a la luz del Tercer Concilio Provincial Mexicano (1585)*, México y Zamora, El Colegio de México, El Colegio de Michoacán, Conacyt, pp. 359-370.

Semboloni Capitani Lara, (2014), *La construcción de la autoridad virreinal en Nueva España, 1535-1595*, México, El Colegio de México.

Simpson Lesley B., (1966), *The Encomienda in New Spain: The Beginning of Spanish Mexico*, Berkeley, University of California Press.

Souto Mantecón, Matilde, (2006), "Creación y disolución de los consulados de comercio de la Nueva España", *Revista Complutense de Historia de América*, vol. 32, pp. 19-39.

Sovarzo, José, (2025), "Consolidación de la autoridad virreinal, consenso local y gestión de la violencia en las administraciones virreinales de Luis de Velasco y Castilla en la Nueva España y el Perú (1590-1611)", tesis doctoral, El Colegio de México.

Staples, Anne, (2013), "Tentaciones de oro y plata. Casos de teología moral", en Andrés Lira González, Alberto Carrillo Cázares, Claudia Ferreira Ascencio, (eds.), *Derecho, política y sociedad en Nueva España a la luz del Tercer Concilio Provincial Mexicano (1585)*, México y Zamora, El Colegio de México, El Colegio de Michoacán, Conacyt, pp. 371-384.

Suárez Margarita, (2001), *Desafíos trasatlánticos. Mercaderes, banqueros y el estado en el Perú virreinal, 1600-1700*, Lima, Pontificia Universidad Católica del Perú Instituto Riva-Agüero, Fondo de Cultura Económica, Instituto Francés de Estudios Andinos.

Torres Arancivia, Eduardo, (2006), *Corte de virreyes. El entorno del poder en el Perú del siglo XVII*, Lima, Pontificia Universidad Católica del Perú.

Traslosheros Hernández, Jorge, (2014), *Historia judicial eclesiástica de la Nueva España*, México, Editorial Porrúa.

Tudini, Flavia, (2024), *Governare una diocesi nella Monarchia spagnola: gli arcivescovi di Lima, la Corona e Roma (1541-1606)*, Roma, Viella.

Urrejola Davanzo, (2017), *El relox del púlpito, Nueva España en el contexto de la Monarquía, según sermones de la época (1621-1759)*, México y Santiago de Chile, El Colegio de México, Universidad de Chile.

Val Julián, Carmen y Musset, Alain, (1998), "De la Nueva España a México: nacimiento de una geopolítica", *Relaciones*, No. 75, Vol. XIX, 112-140.

Vallen Nino, (2014), "Buscando el orden oriental. Agencias novohispanas y la invención discursiva de un mundo conectado", en Aarón Grageda Bustamante, (coord.), *Intercambios, actores, enfoques. Pasajes de la historia latinoamericana en una perspectiva global*, Hermosillo, Universidad de Sonora, pp. 101-116.

Vallen Nino, (2015), "Healing Power: Land-Surveing Politics and the Archive of Mendoza's America", en Romy Köhler/Anne Ebert (eds.), *Las agencias de lo indígena en la larga era de la globalización*, Berlín, Ibero-Amerikanisches Institut Preussischer Kulturbesitz/Gebr. Mann Verlag, pp. 77-98.

Vargaslugo Elisa y otros, (2005a), *Imágenes de los naturales de la Nueva España, siglos XVI al XVIII*, México, Fomento Cultural Banamex, UNAM.

Vargaslugo Elisa (2005b), "Imágenes de la conquista en el arte del siglo XVII: dos visiones" en *Imágenes de los naturales de la Nueva España, siglos XVI al XVIII*, México, Fomento Cultural Banamex, UNAM.

Vargas Ugarte S.J. Rubén, (1953-1959), *Historia de la Iglesia en el Perú*, Burgos, Imprenta de Aldecoa, 4 vols.

Vargas Ugarte, S.J., Rubén, (1954a), *Concilios Limenses 1551-1772*, Lima, Tipografía Peruana, S.A., 3 vols.

Vargas Ugarte, S.J., Rubén, (1954b), *Historia del Perú, Virreinato (Siglo XVII)*, Buenos Aires, Imprenta López.

Vargas Ugarte, S.J., Rubén, (1986), "Arias de Ugarte, ilustrísimo Hernando", en Carlos Milla Batres, (ed.), *Diccionario Histórico y biográfico del Perú. Siglos XV a XX*, Lima, Editorial Milla Batres, 260-261.

Vargas Ugarte, S.J., Rubén, (1986b), "Lobo Guerrero, Bartolomé", en Carlos Milla Batres, (ed.), *Diccionario Histórico y biográfico del Perú. Siglos XV a XX*, Lima, Editorial Milla Batres, sección 12, p. 259.

Vicens Hualde María, (2021), *De Castilla a la Nueva España. El marqués de Villamanrique y la política de gobierno en tiempos de Felipe II*, Valencia, Albatros.

Villarreal Brasca, Amorina, (2024), *El Duque de Lerma. Política y gestión para América en la Monarquía de Felipe III*, Madrid, Albatros Editores.

Wiel, Constant van de, (1991), *History of Canon Law*, Lovaina, Louvain Peeters Press Collection.

Zavala, Silvio Arturo, (1935), "La encomienda indiana", *El Trimestre Económico*, Vol. 2, No. 8, pp. 423-451. [Resención de *La encomienda indiana*, Madrid, Helénica, 1935].

Zavala, Silvio Arturo, (1971), *Las instituciones jurídicas en la conquista de América*, 2ª ed., México, Editorial Porrúa.

Zavala, Silvio Arturo, (1975), "Apuntes sobre virreyes de Nueva España trasladados al Perú", *Diálogos*, vol. 11 (6), pp. 16-22.

Zúñiga, Jean-Paul, (2002), *Espagnols d'outre-mer, Emigration, métissage et reproduction sociale à Santiago du Chili, au 17ᵉ siècle*, París, Editions de l'École des Hautes Etudes en Sciences Sociales.

Genealogías

Reyes y Virreyes

Reyes	Virreyes			
Corona de España	Nueva España	Perú	Nuevo Reino de Granada	Río de la Plata
Casa de Trastámara				
Fernando II de Aragón (1479-1516) + Isabel de Castilla (1474-1504)				
Casa de Austria				
Carlos I (Carlos V emperador a partir de 1519) (1516-1556)	1535-1550 Antonio de Mendoza 1550-1564 Luis de Velasco y Alarcón	1542-1546 Blasco Núñez de Vela 1549-1551 Pedro de la Gasca, presidente de la audiencia de Lima y emisario del rey. 1551-1552 Antonio de Mendoza		

		1552-1556 Audiencia gobernadora		
Felipe II (1556-1598)		1556-1559 Andrés Hurtado de Mendoza, marqués de Cañete

1561-1564 Diego López de Zúñiga y Velasco, conde de Nieva | | |
	1566-1567 Gastón de Peralta, marqués de Falces	1564-1569 Lope García de Castro, gobernador		
	1568-1580 Martín Enríquez de Almansa	1569-1580 Francisco de Toledo y Figueroa		
	1580-1583 Lorenzo Suárez de Mendoza, conde de Coruña	1580-1583 Martín Enríquez de Almansa		
	1584-1585 Pedro Moya de Contreras, arzobispo de México (interino)	1583-1586 Audiencia gobernadora		
	1585-1590 Álvaro Manrique de Zúñiga, marqués de Villamanrique	1586-1589 Fernando de Torres y Portugal, conde del Villar don Pardo		

	1589-1595 Luis de Velasco y de Castilla	1588-1595 Diego García Hurtado de Mendoza, marqués de Cañete		
Felipe III (1598-1621)	1595-1603 Gaspar de Zúñiga y Acevedo, conde de Monterrey 1603-1607 Juan de Mendoza y Luna, marqués de Montesclaros 1607-1611 Luis de Velasco y Castilla, marqués de Salinas 1611-1612 Fray García Guerra OP, arzobispo de México (interino)	1595-1604 Luis de Velasco y Castilla 1603-1606 Gaspar de Zúñiga y Acevedo, conde de Monterrey 1607-1615 Juan de Mendoza y Luna, marqués de Montesclaros		
	1612-1621 Diego Fernández de Córdoba, marqués de Guadalcázar	1615-1621 Francisco de Borja y Aragón, príncipe de Esquilache		
Felipe IV (1621-1665)				
	1621-1624 Diego Carrillo de Mendoza Pimentel, marqués de Gelves y conde de Priego 1624-1635 Rodrigo Pacheco y Osorio, marqués de Cerralvo	1621-1629 Diego Fernández de Córdoba, marqués de Guadalcázar 1629-1639 Luis Jerónimo Fernández de Cabrera y		

	1635-1639 Lope Diez de Aux y Armendáriz, marqués de Cadereyta	Bobadilla, conde de Chinchón 1639-1648 Pedro de Toledo y Leyva, marqués de Mancera		
	1640-1642 Diego López Pacheco Cabrera y Bobadilla, marqués de Villena y duque de Escalona, Grande de España 1642 (junio a noviembre), Juan de Palafox y Mendoza, obispo de la Puebla de los Ángeles (interino) 1642-1648 García Sarmiento de Sotomayor y Luna, conde de Salvatierra, marqués de Sobroso			
	1648-1649 Marcos de Torres y Rueda, obispo de Yucatán (interino) 1650-1653 Luis Enríquez de Guzmán, conde de Alba de Liste y de Villaflor	1648-1654 García Sarmiento de Sotomayor y Luna, conde de Salvatierra, marqués de Sobroso		

	1653-1660 Francisco Fernández de la Cueva y Enríquez, duque de Alburquerque, Grande de España	1655-1661 Luis Enríquez de Guzmán, conde de Alba de Liste y de Villaflor		
	1660-1664 Juan de Leyva y de la Cerda, marqués de Leyva y de Ladrada, conde de Baños	1661-1665 Diego Benavides y de la Cueva, conde de Santisteban		
	1664 (junio-octubre) Diego Osorio de Escobar y Llamas, obispo de la Puebla de los Ángeles (gobernador interino)			
Carlos II (1666-1700)	1664-1673 Antonio Sebastián de Toledo y Salazar, marqués de Mancera	1666-1672 Pedro Antonio Fernández de Castro, conde de Lemos		
	1673 (diciembre) Pedro Nuño Colón de Portugal, duque de Veragua y marqués de Jamaica			

	1673-1680 Fray Payo Enríquez de Rivera OSA, arzobispo de México (interino)	1674-1678 Baltasar de la Cueva y Enríquez, conde de Castellar		
	1680-1686 Tomás Antonio de la Cerda y Aragón, conde de Paredes y marqués de la Laguna	1678-1681 Melchor de Liñán y Cisneros, arzobispo de Lima (interino)		
	1686-1688 Melchor Portocarrero y Lasso de la Vega, conde de la Monclova	1681-1689 Melchor de Navarra y Rocafull, duque de la Palata		
	1688-1696 Gaspar de La Cerda Sandoval Silva y Mendoza, conde de Galve	1689-1705 Melchor Portocarrero y Lasso de la Vega, conde de la Monclova		
	1696 Juan de Ortega y Montañés, obispo de Michoacán (interino)			

Casa de Borbón				
Felipe V (1700-1723 / 1724-1746)	1696-1701 José Sarmiento y Valladares, conde de Moctezuma y de Tula, Grande de España			
	1701 (noviembre) Juan de Ortega y Montañés, arzobispo de México (interino)			
	1701-1711 Francisco Fernández de la Cueva Enríquez, duque de Alburquerque, marqués de Cuéllar	1705-1707 Audiencia Gobernadora		
		1707-1710 Manuel de Sentmenat-Oms de Santa Pau y de Lanuza, marqués de Castel dos Rius		
	1711-1716 Fernando de Alencastre Noroña y Silva, duque de Linares	1710-1716 Diego Ladrón de Guevara, obispo de Quito		

	1716-1722 Baltasar de Zúñiga y Guzmán, marqués de Valero y duque de Arión	1716 Fray Diego Morcillo Rubio de Auñón, arzobispo de Charcas, (interino)	1717-1718 Antonio de la Pedrosa y Guerrero (gobernador)	
	1722-1734 Juan de Acuña y Bejarano, marqués de Casafuerte	1716-1720 Carmine Incola Caracciolo, príncipe de Santo Buono, duque de Castel de Sangro	1718-1723 Jorge de Villalonga, conde de la Cueva [supresión del virreinato]	
Luis I (1723)		1720-1724 Fray Diego Morcillo y Rubio de Auñón, arzobispo de Lima	1724 Antonio Manso y Maldonado, presidente gobernador	
		1724-1736 José de Armendáriz, marqués de Castelfuerte		
	1734-1740 Juan Antonio de Vizarrón y Eguiarreta, arzobispo de México, (interino)	1736-1745 José Antonio de Mendoza Caamaño y Sotomayor, marqués de Villagarcía		
	1740-1741 Pedro de Castro y Figueroa, duque de la Conquista, marqués de Gracia Real		1740-1748 Sebastián de Eslava Alzaga Berrio y Eguiarreta	
	1742-1746 Pedro Cebrián y Agustín, conde de Fuenclara			

Fernando VI (1746-1759)	1746-1755 Francisco de Güemes y Horcasitas, conde de Revillagigedo	1745-1761 José Antonio Manso de Velasco y Sánchez Samaniego, conde de Superunda	1749-1753 Juan Alfonso Pizarro, marqués del Villar	
	1755-1760 Agustín de Ahumada y Villalón, marqués de las Amarillas		1753-1761 José Manuel de Solís y Folch de Cardona	
Carlos III (1759-1788)	1760 (abril-octubre) Francisco Cajigal de la Vega			
	1760-1766 Joaquín de Montserrat y Ciurana, marqués de Cruillas	1761-1776 Felipe Manuel Cayetano Amat y Junyent Planella y Vergós	1761-1772 Pedro Messía de la Cerda, marqués de la Vega de Armijo	
	1766-1771 Carlos Francisco de Croix, marqués de Croix			
	1771-1779 Antonio María de Bucareli y Ursúa		1772-1775 Manuel de Guirior y Portal de Amate	
		1776-1780 Manuel de Guirior y Portal de Amate	1776-1782 Manuel Flórez Martínez de Angulo Maldonado y Bodquín	1776-1778 Pedro Antonio de Cevallos Cortés y Calderón
	1779-1783 Martín de Mayorga	1780-1784 Agustín de Jáuregui y Aldecoa	1782 (abril-junio) Juan de Torresar y Díaz Pimienta	1778-1784 Juan José Vértiz y Salcedo

	1783-1784 Matías de Gálvez		1782-1788 Antonio Caballero y Góngora, arzobispo de Santa Fe	
	1785-1786 Bernardo de Gálvez, vizconde de Galveston y conde de Gálvez	1784-1790 Francisco Teodoro de Croix		1784-1789 Nicolás del Campo Maestrecuesta de Saavedra, marqués de Loreto
	1786-1787 Audiencia Gobernadora			
	1787 (agosto) Alonso Núñez de Haro y Peralta, arzobispo de México			
Carlos IV (1789-1808)	1787-1789 Manuel Antonio Flórez Martínez de Angulo Maldonado y Bodquín		1789 (enero-julio) Francisco Gil de Taboada Lemos y Villamaría	
	1789-1794 Juan Vicente Güemes Pacheco de Padilla y Horcasitas, conde de Revillagigedo	1790-1796 Francisco Gil de Taboada Lemos y Villamaría	1789-1797 José de Ezpeleta y Galdeano Dicastrillo y Prado	1789-1795 Nicolás Antonio de Arredondo
	1794-1798 Miguel de la Grúa Talamanca, marqués de Branciforte	1796-1801 Ambrosio O'Higgins, marqués de Osorno		1795-1797 Pedro Melo de Portugal y Villena

	1798-1800 Miguel José de Azanza		1797-1803 Pedro de Mendieta y Múzquiz	1797-1798 Antonio Olaguer y Feliu 1799-1801 Gabriel de Avilés y Fierro, marqués de Avilés
	1800-1803 Félix Berenguer de Marquina y Fitz-Gerald	1801-1806 Gabriel de Avilés y Fierro, marqués de Avilés		1801-1805 Joaquín del Pino y Rozas
	1803-1808 José Joaquín Vicente de Iturrigaray y Aróstegui de Gainza y Larrea	1806-1816 José Fernando de Abascal y Souza	1803-1810 Antonio Amar y Borbón Arguedas y Vallejo de Santa Cruz	1805-1807 Rafael de Sobremonte, marqués de Sobremonte
José **Bonaparte** (1808-1813)	1808-1809 Pedro Garibay, virrey interino			1807-1809 Santiago de Liniers y de Bremond, conde de Buenos Aires
Fernando VII (1808, 1814-1833)	1809-1810 Francisco Javier Lizana y Beaumont, arzobispo de México, (interino)			1809-1810 Baltasar Hidalgo de Cisneros
	1810-1813 Francisco Javier Venegas de Saavedra		1810-1812 Benito Pérez de Valdelomar	1811 Francisco Javier de Elío y Olóndriz
	1813-1816 Félix María Calleja del Rey y Bruderlosada Campeño y Montero de Espinosa, conde de Venadito		1812-1818 Francisco Montalvo, capitán general 1818-1820 Juan de Sámano	

	1816-1821 Juan José Ruiz de Apodaca y Eliza Gastón de Iriarte López de Letona y Lasqueti	1816-1821 Joaquín de la Pezuela Griñán y Sánchez Muñoz de Velasco		
	1821 (julio) Pedro Francisco Novella, (interino)		1821-1822 Juan de la Cruz Mourgeon	
	1821 (julio-octubre) Juan O'Donojú y Orián, jefe político			

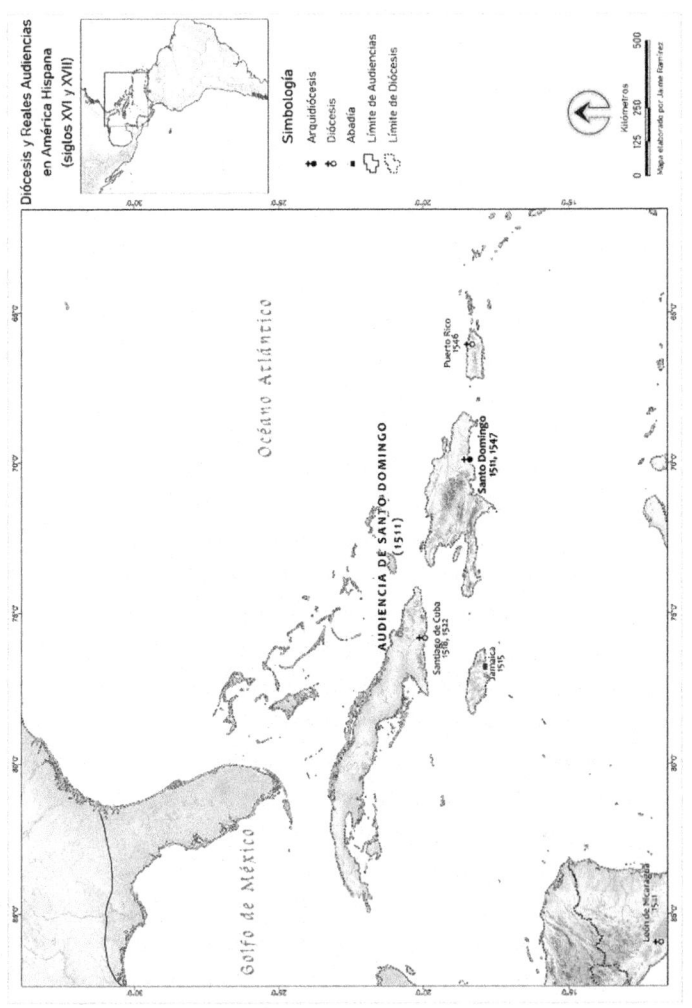

Diócesis y Reales Audiencias en América Hispana (siglos XVI y XVII)

Simbología

- ✠ Arquidiócesis
- ✝ Diócesis
- ■ Abadía
- ▭ Límite de Audiencias
- ▱ Límite de Diócesis

Océano Atlántico

Golfo de México

AUDIENCIA DE SANTO DOMINGO (1511)

Puerto Rico
1546

Santo Domingo
1511, 1547

Santiago de Cuba
1518, 1522

Jamaica
1515

León de Nicaragua
1531

Kilómetros
0   125   250   500

Mapa elaborado por Javier Ramírez

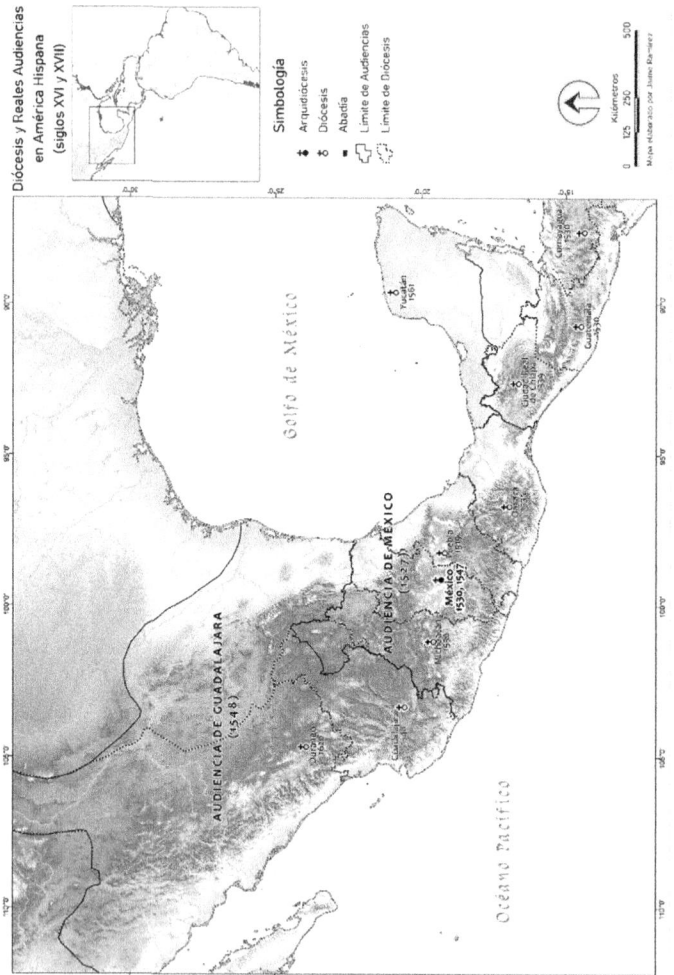

Diócesis y Reales Audiencias
en América Hispana
(siglos XVI y XVII)

Simbología

+ Arquidiócesis
ô Diócesis
■ Abadía
⌐⌐ Límite de Audiencias
⌐⌐ Límite de Diócesis

Golfo de México

Océano Pacífico

AUDIENCIA DE GUADALAJARA
(1548)

AUDIENCIA DE MÉXICO
(1527)

México
1530, 1547

Yucatán
1561

0   125   250   500
Kilómetros

Mapa elaborado por José Jaime Ramírez

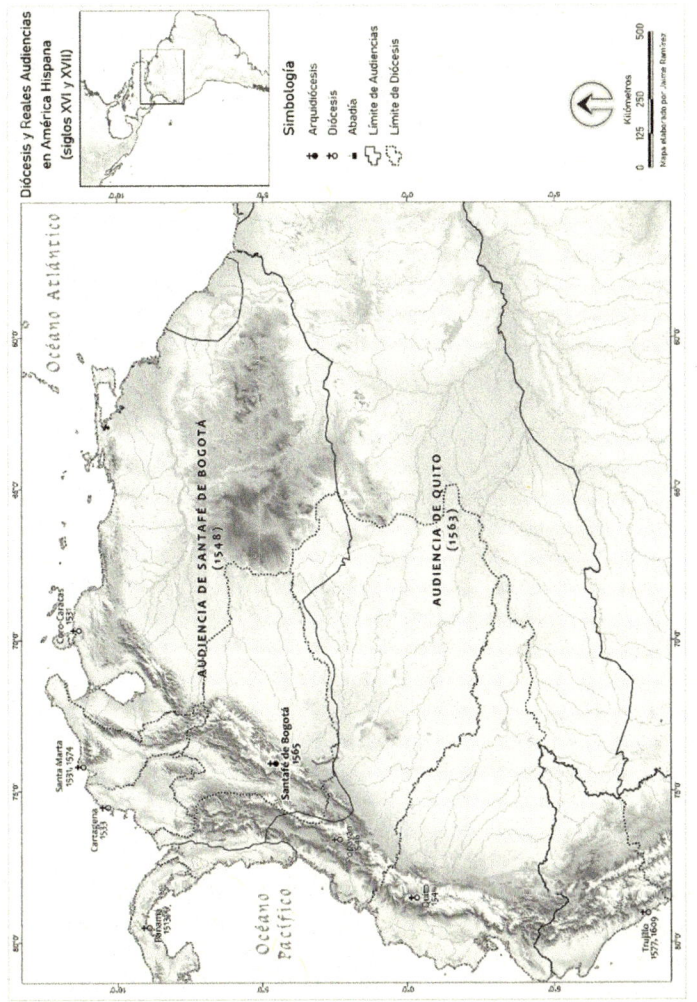

Diócesis y Reales Audiencias
en América Hispana
(siglos XVI y XVII)

Simbología

- ✛ Arquidiócesis
- ✚ Diócesis
- ▪ Abadía
- ⬚ Límite de Audiencias
- ⬚ Límite de Diócesis

Océano Atlántico

AUDIENCIA DE SANTAFÉ DE BOGOTÁ
(1548)

AUDIENCIA DE QUITO
(1563)

Océano Pacífico

Santa Marta
1531, 1574

Coro (Caracas)
1531

Cartagena
1533

Popayán
1546, 1564

Santafé de Bogotá
1565

Quito
1546

Trujillo
1577, 1609

Kilómetros
0   125   250   500

Mapa elaborado por Jaime Ramírez

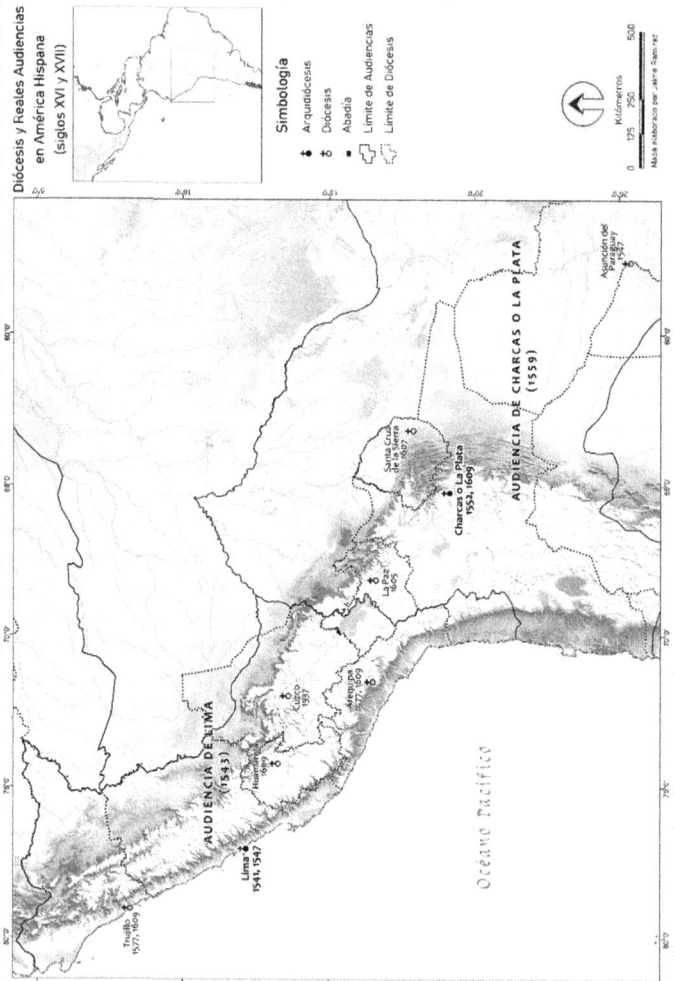

Diócesis y Reales Audiencias en América Hispana (siglos XVI y XVII)

Simbología

✠	Arquidiócesis
✞	Diócesis
▪	Abadía
⬚	Límite de Audiencias
⬚	Límite de Diócesis

AUDIENCIA DE LIMA (1543)

Trujillo 1577, 1609

Lima 1544, 1547

Huamanga 1609

Cuzco 1537

Arequipa 1577, 1609

La Paz 1605

Santa Cruz de la Sierra 1607

Charcas o La Plata 1552, 1609

AUDIENCIA DE CHARCAS O LA PLATA (1559)

Asunción del Paraguay 1547

Océano Pacífico

Kilómetros
0 125 250 500

Mapa elaborado por Jaime Ramírez

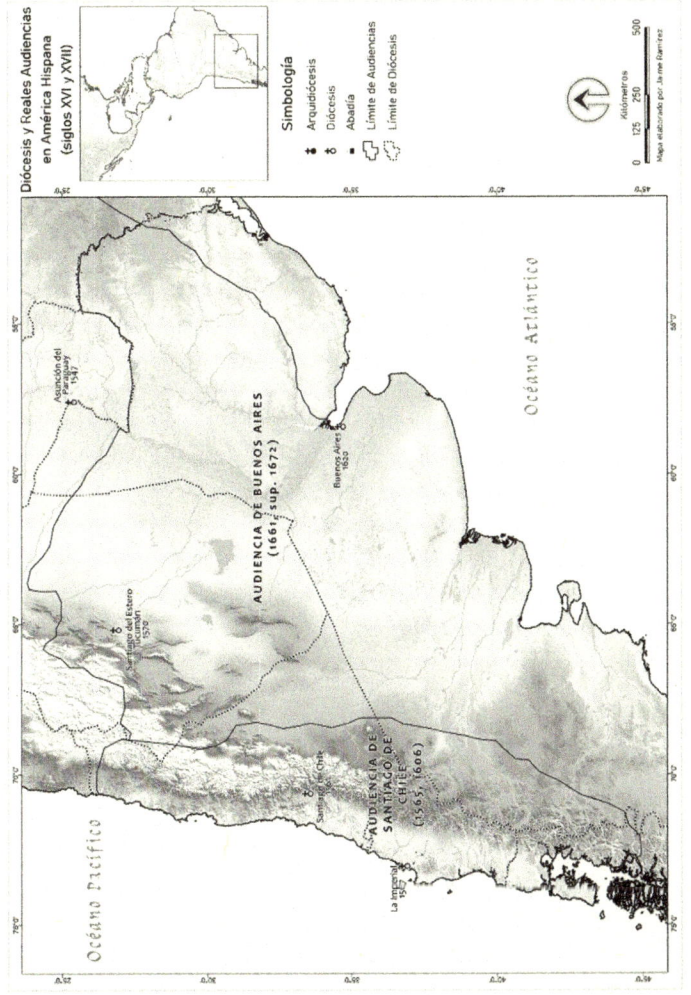

Diócesis y Reales Audiencias en América Hispana (siglos XVI y XVII)

Simbología
- Arquidiócesis
- Diócesis
- Abadía
- Límite de Audiencias
- Límite de Diócesis

Kilómetros
0   125   250   500

Mapa elaborado por Javier Ramírez

Océano Pacífico

Océano Atlántico

Asunción del Paraguay
1547

Santiago del Estero
Tucumán
1570

AUDIENCIA DE BUENOS AIRES
(1661; sup. 1672)

Buenos Aires
1620

Santiago de Chile

AUDIENCIA DE SANTIAGO DE CHILE
(1565; 1606)

La Imperial
1577

Otros títulos de la Colección "Síntesis"

12. KAGAN, Richard L.- **El Rey recatado. Felipe II, la historia y los cronistas del Rey.** 108 págs. (Ref. 9319) (ISBN 84-8448-274-X)   Agotado

13. BENNASSAR, Bartolomé.- **«Confesionalización» de la monarquía e inquisición en la época de Felipe II.** 44 págs. (Ref. 9372)
(ISBN 978-84-8448-514-8)   9,20 €

MARCOS MARTÍN, Alberto y BELLOSO MARTÍN, Carlos (Coord.).- **Felipe II y la Monarquía de España.** Estudios de la Cátedra "Felipe II". Recopilatorio de los volúmenes I a XII en CD-ROM. (Ref. 9377) (ISBN 978-84-8448-533-9)   13,45 €

14. BOUZA, Fernando.- **Felipe II y el Portugal Dos Povos. Imágenes de esperanza y revuelta.** Prólogo de Nuno Gonçalo Monteiro. 102 págs.
(ISBN 978-84-8448-597-1)   9,52 €

15. RUIZ IBÁÑEZ, José Javier.- **Laberintos de hegemonía. La presencia militar de la Monarquía Hispánica en Francia a finales del siglo XVI.** Prólogo de Carlos Belloso Martín. 128 págs. (ISBN 978-84-8448-721-0)   9,62 €

16. CARDIM, Pedro.- **Portugal unido y separado. Felipe II, la unión de territorios y el debate sobre la condición política del Reino de Portugal.** Prólogo de Jean-Frédéric Schaub. 290 págs. (ISBN 978-84-8448773-9)   12,02 €

17. SORIA MESA, Enrique.- **La realidad tras el espejo. Ascenso social y limpieza de sangre en la España de Felipe II.** Prólogo de Teófanes Egido. 138 págs.
(ISBN 978-84-8448-868-2   11,54 €

18. CHECA CREMADES, Fernando.- **Renacimiento Habsbúrgico. Felipe II y las imágenes artísticas.** Prólogo de Miguel Ángel Zalama. 204 págs.
(ISBN: 978-84-8448-950-4)   14,42 €

19. RODRÍGUEZ DE DIEGO, José Luis.- **Memoria escrita de la monarquía Hispánica. Felipe II y Simancas.** Prólogo de Diego Navarro Bonilla. 236 págs.
(ISBN 978-84-8448-963-4)   14,42 €

MARCOS MARTÍN, Alberto y BELLOSO MARTÍN, Carlos (Eds.).- **Estudios de la Cátedra "Felipe II" en su 50 aniversario.** 596 págs. (ISBN 978-84-1320-075-0)
                                                                                        40,00 €

20. SANZ AYÁN, Carmen.- **Éxitos y fracasos de una nobleza efímera: Nicolao Grimaldo, el gran banquero de Felipe II.** Prólogo de Isabella Iannuzzi. 174 págs. (ISBN 978-84-1320-220-4)   15,39 €

21. CÁMARA MUÑOZ, Alicia.- **Grandeza de poder y saber. Felipe II y sus ingenieros.** Prólogo de Carlos Belloso Martín. 200 págs.
(ISBN: 978-84-1320-227-3)   11,54 €

22.- RIVERO RODRÍGUEZ, Manuel.- **Felipe II, la Tercera vía y la monarquía universal**. Prólogo de M. J. Rodríguez-Salgado. 135 págs.
(ISBN 978-84-1320-278-5)   12,50 €